Hermann Parzinger

VERDAMMT UND VERNICHTET

Kulturzerstörungen vom Alten Orient bis zur Gegenwart

AF587268

C.H.Beck

Mit 47 Abbildungen

© Verlag C.H.Beck oHG, München 2021
www.chbeck.de
Umschlaggestaltung: Rothfos & Gabler, Hamburg
Umschlagabbildung: Entweihung und Zerstörung einer religiösen Stätte durch die Roten Khmer in Kambodscha, © akg-images/Pictures from History
Satz: Fotosatz Amann, Memmingen
Druck und Bindung: Druckerei C.H.Beck, Nördlingen
Gedruckt auf säurefreiem und alterungsbeständigem Papier
Printed in Germany
ISBN 978 3 406 76484 4

myclimate

klimaneutral produziert
www.chbeck.de/nachhaltig

INHALT

VORWORT 9

EINFÜHRUNG 13

1. DIE ANFÄNGE IM ALTERTUM 19

Brandstiftungen und Plünderungen 19
Verdammung und Tilgung 24
Die Zerstörung des Tempels von Jerusalem 34

2. DIE UMBRÜCHE IN DER SPÄTANTIKE 43

Der Fall des Serapeums von Alexandria 43
Tempelzerstörungen von Konstantin bis Justinian 52
Religiöse, machtpolitische und ökonomische Interessen 60

3. DER BYZANTINISCHE BILDERSTREIT 67

Kampf zwischen Kirche und Staat 67

4. DAS SPÄTMITTELALTER UND DIE PRÄLUDIEN DER REFORMATION 79

Die Hussitenbewegung 79
Der hussitische Bildersturm 84
Savonarola in Florenz 89

5. DIE FRÜHE NEUZEIT UND DIE REFORMATION 95

Die Hintergründe des reformatorischen Bildersturms 95
Die Anfänge der Bildvernichtung in Deutschland und der Schweiz 101
Die Zweite Welle mit den Schwerpunkten Frankreich, Niederlande, England 111

6. DIE FRANZÖSISCHE REVOLUTION UND IHRE FOLGEN 119

Bildersturm und Kunstzerstörung 119
Von der Rettung der Kunstwerke zum ersten Museum 128
Säkularisation zwischen Zerstörung und Aneignung 134

7. DAS ZEITALTER KOLONIALER EROBERUNGEN 139

Der Untergang der Großreiche in der Neuen Welt 139
Kulturzerstörungen in China zwischen Opiumkriegen und Boxeraufstand 150
Benin und das Ende eines afrikanischen Königreichs 162

8. DIE UMBRÜCHE IM FRÜHEN 20. JAHRHUNDERT 169

Drei Monate im Jahre 1914 169
Oktoberrevolution und Stalinismus 176

9. DER NATIONALSOZIALISMUS UND SEINE FOLGEN 195

Verfemte Kunst 195
Vernichtung jüdischer Kultur 209
Kulturzerstörungen in besetzten Gebieten 216

10. DIE ZEIT NACH 1945 229

China, Kulturrevolution und Tibet 229
Kambodscha unter den Roten Khmer 239
Bosnien und Kosovo 243

11. DER ISLAMISTISCHE IKONOKLASMUS 251

Die Anfänge der Bilderfeindlichkeit im Islam 251
Bamiyan und die Taliban 255
Timbuktu und die Ereignisse in Mali 263
Die Verheerungen des IS in Syrien und Irak 268

12. SCHLUSSBETRACHTUNG 281

Formen von Ikonoklasmus 281
Kulturzerstörung versus Vermögensumverteilung und Ausverkauf 290
Wege der Regulierung und Kulturgutschutz 293

13. AUSBLICK 301

Die internationale Dimension 301
Die innere, nationale Dimension 303

ANHANG

Anmerkungen 308
Bibliographie 327
Bildnachweis 358
Personenregister 359
Verzeichnis der Städte, Länder und Regionen 364

VORWORT

Mindestens genauso weit wie meine Beschäftigung mit Fragen der frühen Menschheitsgeschichte reicht meine Wahrnehmung bewusster, zielgerichteter Kulturzerstörung zurück. Jeder, der archäologisch forschend tätig ist, stößt auf die verheerenden Folgen von Raubgräberei. Antiken werden unsachgemäß dem Boden entrissen, weil es nur um den ästhetischen oder monetären Wert der Objekte geht, die dadurch für immer ihren historischen Kontext verlieren. Die illegale Archäologie hat inzwischen fast industrielle Ausmaße angenommen, und zwar nicht nur in Syrien und Irak und anderen Ländern des Nahen Ostens, sondern in nahezu allen Teilen der Welt, auch direkt vor unserer Haustür. Der dabei verursachte Verlust an geschichtlichem Wissen und das Ausmaß der Kulturzerstörung sind weitreichend. Doch das ist nur ein Teilaspekt einer viel größeren und facettenreicheren Geschichte.

Dass diese Geschichte eine enorme zeitliche Tiefe besitzt, wurde mir klar, als wir einmal einen vor 2500 Jahren errichteten monumentalen Grabhügel der skythenzeitlichen Tagar-Kultur im sibirischen Minusinsker Becken am mittleren Jenissei ausgruben. Seine ursprünglich reich ausgestattete Grabgruft hatte man nämlich nicht einfach nur ausgeraubt, sondern regelrecht vernichtet und entweiht. Täter waren Angehörige einer unmittelbar nachfolgenden und in diese Region von außen zugewanderten Bevölkerung, die im Sinne einer *damnatio memoriae* offenbar bewusst ein traditions- und identitätsbildendes Denkmal für die damals dort lebenden Menschen zerstörten. Ähnliche Beispiele gibt es in der Antike und in späteren Epochen zuhauf.

Machen wir wieder einen Sprung zurück in die Gegenwart: Die

weltweit verbreitete filmische Dokumentation von der Sprengung der kolossalen Buddha-Statuen von Bamiyan haben viele von uns noch vor Augen, auch wenn sie bald zwei Jahrzehnte zurückliegt. In ihrer radikalen Brutalität mag sie für manchen vielleicht überraschend gewesen sein, doch hatte sie durchaus eine Vorgeschichte. Im Jahre 1998 bereiste ich erstmals die unmittelbar an Afghanistan grenzenden Gebiete am Oberen Indus in den *Tribal Areas* Nordpakistans, eine archäologisch bis heute noch weitgehend unerforschte Region. Während eine Forschergruppe der Heidelberger Akademie der Wissenschaften unter der Leitung von Harald Hauptmann dort Inschriften und Felsbilder dokumentierte und dabei Pionierarbeit leistete, begannen fundamentalistische Extremisten bereits in den 1990er Jahren damit, die schönsten und bedeutendsten Buddha-Darstellungen – gleichsam unbemerkt von der Weltöffentlichkeit – aus den Felswänden zu sprengen.

Mit drei unterschiedlichen Formen intentioneller Kulturzerstörung kam ich also bereits als Archäologe in Berührung: Habgier, politisch motivierter Zerstörungswut und fundamentalistischem Wahn. Oder anders ausgedrückt: Es ging um Geld, um Macht und um religiöse Verblendung.

Mit meinem Wechsel vom Deutschen Archäologischen Institut zur Stiftung Preußischer Kulturbesitz erweiterten sich nicht nur die Aufgaben und Tätigkeitsfelder, vielmehr ließ der Blick auf andere Zeitperioden auch weitere Formen von Kulturzerstörung hinzutreten. Dazu gehörte der Zivilisationsbruch der Nationalsozialisten gleich in dreifacher Hinsicht: mit der Zerstörung der sogenannten «entarteten Kunst», mit dem Holocaust und der systematischen Verfolgung der jüdischen Kultur sowie mit dem Vernichtungsfeldzug gegen Polen und die Sowjetunion, der auch die Auslöschung der polnischen und russischen Kultur zum Ziel hatte. Die Folgen davon beschäftigen uns noch heute.

Auch die Gestaltung der historischen Mitte Berlins erzählt seine eigene emotionale Geschichte. Die Sprengung des Berliner Schlosses durch das kommunistische Regime der DDR in den

Jahren 1950/51 hatte ideologische Gründe, sollte dieses Symbol für Monarchie, Feudalismus und Militarismus doch für immer getilgt werden. Ähnliche Beweggründe unterstellte man beim Abriss des Palasts der Republik, wenngleich diese Geschichte komplexer war. Wir werden sie im Reigen der hier erörterten Beispiele nicht weiter ausbreiten, sehr wohl aber einige der kulturellen Verheerungen im Kontext kolonialer Eroberungen, weil diese mit dem Streben des Humboldt Forums nach einer kritischen Reflexion der kolonialen Vergangenheit und ihrer Folgen als Basis für eine gemeinsame, gleichberechtigte Welt in der Zukunft eng verbunden sind.

Jüngst sorgten die barbarischen Zerstörungen des sogenannten Islamischen Staats in Irak und Syrien weltweit für Schlagzeilen, und unweigerlich fühlte man sich – bei allen offensichtlichen Unterschieden zum NS-Regime – an das dunkelste Kapitel deutscher Geschichte erinnert. So gingen erstens die Verheerungen mit schwersten Menschenrechtsverletzungen und Völkermord einher, zweitens wurde Weltkulturerbe aus ideologischen Gründen zerstört und diese Aktion auch noch propagandistisch ausgeschlachtet, und drittens wurden jene aus ideologischen Gründen für vernichtenswert erachteten Kulturgüter dann aber doch auch ins Ausland verkauft, um der Kriegsmaschinerie dringend benötigte Devisen zuzuführen.

Damit ist ein in jeder Hinsicht weiter Rahmen gesetzt, der es lohnend erscheinen lässt, sich Fragen intentioneller Kulturzerstörung einmal in diachroner Perspektive zuzuwenden. Die Auswahl der Beispiele ist subjektiv, viele von ihnen haben mich in den vergangenen Jahren in unterschiedlichen Kontexten mal mehr und mal weniger intensiv beschäftigt, treiben mich aber beständig um. Das Buch erhebt keinerlei Anspruch auf Vollständigkeit, sondern versucht stattdessen, den einen oder anderen roten Faden durch die Geschichte der Kulturzerstörungen zu legen. Wenn wir uns heute bewusstmachen, dass noch im Januar 2020 der US-amerikanische Präsident Donald Trump im Zuge des eskalierenden Konflikts mit Iran die Zerstörung dortiger Kulturerbestätten angedroht hat, dann zeigt uns dieser unfassbare Vorgang, dass diese Geschichte noch längst nicht zu Ende erzählt ist. Und während das Buch seine letzten Korrekturen erfährt, hören wir von weiteren Zerstörungen im Konflikt zwischen Armenien und Aserbaidschan um die Region Nagorny-Karabach: Wieder wird das kulturelle Erbe zur Zielscheibe.

Dem Verlag C.H.Beck danke ich für die Aufnahme des Bandes in sein Verlagsprogramm und Stefan von der Lahr für die gewohnt professionelle Betreuung von Lektorat und Herstellung.

Berlin, im Herbst 2020 *Hermann Parzinger*

EINFÜHRUNG

Bewusste Kulturzerstörungen finden sich in nahezu allen Epochen vom Altertum bis in die Gegenwart. Einen solchen weiten zeitlichen Betrachtungsrahmen zu öffnen, birgt immer das Risiko der Unvollständigkeit. Denken wir an Ereignisse der Gegenwart, so ist von Syrien und Irak die Rede, nicht aber von Jemen und Libyen, wo sich ähnliche Beispiele finden ließen, auch wenn die Weltöffentlichkeit ihrer weniger gewahr wird. Sprechen wir von den Kulturzerstörungen im Zeitalter des Kolonialismus, so wird vom Boxeraufstand in China und vom Königreich Benin zu lesen sein, nicht jedoch vom Königreich Dahomey oder vom Maji-Maji-Krieg in ehemals Deutsch-Ostafrika. Thematisiert wird die römische Plünderung Korinths 146 v. Chr., nicht aber diejenige Athens 86 v. Chr., obwohl im Zuge beider Ereignisse bedeutende Zeugnisse griechischer Kunst nach Rom verschleppt wurden. Viele weitere Beispiele ließen sich nennen.

Doch hier geht es nicht um Vollständigkeit, angestrebt wird kein Handbuch der Kulturzerstörungen. Vielmehr ist das Ziel, in ihrer Wirkkraft bedeutende und exemplarisch ausgewählte Fälle von Ikonoklasmus genauer zu betrachten, in ihren jeweiligen historischen, politischen, sozialen, religiösen und kulturellen Kontext einzuordnen, um sich auf diese Weise einem tieferen Verständnis des Phänomens anzunähern.

Im Zusammenhang mit Kulturzerstörung spricht man meist von «Ikonoklasmus», «Bildersturm» oder «Vandalismus». Diese Begriffe werden teils unterschiedlich, teils aber auch synonym angewendet. Für beides gibt es gute Gründe. Nach meinem Verständnis sind lediglich Ikonoklasmus und Bildersturm synonym zu gebrauchen, beide Begriffe lassen sich jedoch nicht mit Vandalismus gleichsetzen,[1] obwohl es auch dafür Beispiele gibt.[2]

Das Wort «Ikonoklasmus» kommt aus dem Griechischen und bedeutet übersetzt «das Zerbrechen von Abbildern», wobei Bildersturm eine besondere Form von Ikonoklasmus sein kann. Immer handelt es sich um eine – aus unterschiedlichen Gründen – bewusste Beseitigung oder Zerstörung von Bildern bzw. Symbolen. In besonderen Fällen spricht man auch von Denkmalsturz, zu dem es in der Regel kommt, wenn ein damit verbundenes politisches, ideologisches, religiöses, ökonomisches oder kulturelles System beseitigt wird. Solche Umbrüche werden häufig durch symbolische Zerstörungsakte sichtbar gemacht, oder es wird jegliche Erinnerung an ein gestürztes System für immer getilgt. Die Vernichtung kann dann Statuen und Bilder treffen, aber auch Gebäude, Grabmäler und andere Monumente. Doch jeder eruptive Systemwechsel, ob mit Kulturzerstörung verbunden oder nicht, schafft sich auch wieder seine eigenen neuen Bilder und Symbole. Ikonoklasmus bzw. Bildersturm sind immer wiederkehrende Phänomene, die aber stets eine ganz spezifische Entstehungsgeschichte besitzen, und um diese geht es uns hier.

Vandalismus stellt dagegen einen eher willkürlichen Vernichtungsakt dar, wodurch er sich fundamental von Ikonoklasmus oder Bildersturm unterscheidet. Er ist gleichbedeutend mit blinder Zerstörungswut, die zwar eine bestimmte Zielsetzung verfolgen kann, aber nicht muss. Daher gilt Vandalismus allgemein als zwecklos, irrational und bisweilen auch nihilistisch, er kann Zerstörung aus purem Zeitvertreib oder aus aggressiver Lust sein, ein Abreagieren von Wut oder eine Form von Imponiergehabe. In diesem Kontext sind höchstwahrscheinlich auch die jüngsten Anschläge mit einer ölhaltigen Flüssigkeit auf Kunstwerke in Häusern der Berliner Museumsinsel (Oktober 2020) sowie in Schloss Cecilienhof in Potsdam (September 2020) zu sehen, über deren Hintergründe man noch nichts Näheres weiß. Die gezielte Beschädigung oder Beseitigung von Kunstwerken, Denkmälern oder anderen Symbolen in einem größeren politischen, ideologischen, religiösen oder ökonomischen Kontext muss aber nicht zwangsläufig Vandalismus sein.

Eingeführt wurde der Begriff *«vandalisme»* im Jahre 1794 von Henri Grégoire, der sich dabei auf die Verwüstung und Plünderung der Königsgräber von Saint-Denis im Zuge der Französischen Revolution bezog.[3] Später wurde der Ausdruck dann ins Deutsche übernommen. Da die Zerstörung dieser Königsgräber eindeutig politisch motiviert war und keinen reinen Willkürakt darstellte, würden wir nach unserer Definition von Ikonoklasmus sprechen, und zwar von revolutionärem Ikonoklasmus. Die historische Herleitung des Begriffs Vandalismus von dem germanischen Volksstamm der Vandalen, die 455 Rom überfielen, ist im Übrigen weitgehend unbegründet, denn die Plünderung der Ewigen Stadt soll – soweit wir wissen – für damalige Verhältnisse durchaus gesittet vor sich gegangen sein, nachdem Papst Leo I. zugesichert hatte, dass es keinen Widerstand der Römer geben würde.

Hinzu kommt, dass die Begriffe in den unterschiedlichen Wissenschaftssprachen auch abweichende Anwendung finden, oder bestimmte Termini kehren bevorzugt in spezifischen historischen Kontexten wieder: Ikonoklasmus in Byzanz, Bildersturm in der Reformation und Vandalismus in der Französischen Revolution. Wie dem auch sei, auch wenn es eine einheitliche, allgemein anerkannte und verbindliche Terminologie nicht wirklich gibt, wollen wir die Begriffe im Kontext dieses Buches doch klar voneinander trennen und konsequent verwenden.

Was außerhalb der Betrachtung bleibt, sind die sogenannten Kollateralschäden, also Zerstörungen von Kunst- und Kulturgütern im Zuge militärischer Konflikte, die nicht gezielt herbeigeführt wurden, sondern vielmehr die Folge von Unachtsamkeit, vermeintlicher militärischer Notwendigkeit, von sich massiv auswirkenden Angriffen oder vielleicht auch von Missachtung waren, nicht jedoch Teil eines politischen, religiösen oder wie auch immer gearteten Programms gegen Kunst und Kultur.

Doch nicht immer sind die Grenzen scharf zu ziehen. Das gilt auch für absichtliche Kulturzerstörungen infolge von Plünderungen, auf die wir in unterschiedlichen Epochen immer wieder stoßen. Allen Landkriegsordnungen zum Trotz war das Plündern von der Antike bis heute fester Bestandteil kriegerischer Konflikte und konnte durch völkerrechtliche Konventionen allenfalls eingeschränkt, nicht jedoch völlig beseitigt werden. Schon gar nicht gelang dies in der jüngsten Vergangenheit, als im Kontext von *failing states* Terrorgruppen und andere kriminelle Banden das Geschehen bestimmten und sogenannte Schattenökonomien entstehen ließen. Wir beziehen solche Fälle nur dann ein, wenn sie Teil eines ikonoklastischen Programms waren.

Eine besondere Form der Plünderung bildet der systematische Kunstraub, dessen Anfänge ebenfalls bis in die Antike zurückreichen.[4] Der napoleonische Kunstraub, jener der Nationalsozialisten oder die Aktivitäten der sowjetischen Trophäenkommissionen am Ende des Zweiten Weltkriegs und andere Beispiele sind teilweise bereits sehr gut erforscht und nicht Thema dieses Buches, auch wenn wir sie vereinzelt streifen. Schließlich geht es in diesen Fällen nicht um die intentionelle Vernichtung von Kulturgut, sondern zunächst einmal darum, Werte möglichst unbeschadet an einen anderen Ort zu verbringen. Selbstverständlich ist dem Autor bewusst, dass das Entfernen von Objekten aus einem spezifischen Kontext, in dem sie ihre wahre Bedeutung besitzen, auch eine Art von Zerstörung sein kann.

Zwei große Bereiche der gezielten und programmatischen Kulturvernichtung werden nicht ausführlicher als eigene Stränge verfolgt, sondern lediglich fallweise im Kontext der jeweiligen Epochenereignisse erörtert: Denkmälersturz und Bücherverbrennung. Für beides finden sich zahlreiche Beispiele von der Antike bis in die Gegenwart. Sei es die Beseitigung von Königsdarstellungen auf assyrischen Reliefs, die Zerstörung von Bildnissen des französischen Königs Ludwigs XIV. oder der Sturz von Lenin-Denkmälern,[5] seien es die Verbrennung widerstreitender philosophischer Schriften unter dem chinesischen Kaiser Qin in vorchristlicher Zeit, die Bücherverbrennung auf dem Berliner Opernplatz 1933 oder Koran-Verbrennungen durch US-amerikanische GIs 2012 in Afghanistan;[6] beide Phänomene ziehen sich wie rote Fäden durch nahezu alle Epochen unserer Geschichte.

Kulturerbe bildet in gewisser Weise materialisierte Geschichte und ist seit jeher eng mit kollektiver Erinnerung verbunden, für die Schaffung von Identität und deren Fortbestehen hatte es zu allen Zeiten eine besondere Bedeutung. Dadurch war es immer wieder vehementen Angriffen ausgesetzt, denen wir uns im Folgenden zuwenden wollen. Die Art und Weise dieser Attacken und deren Motivation konnten sehr unterschiedlich sein, sie sagen jedoch sehr viel über die jeweilige Epoche aus.

Der sogenannte Titus-Bogen auf dem Forum Romanum wurde zu Ehren des römischen Feldherrn Titus (Kaiser von 79–81 n. Chr.) errichtet, der im Jahr 70 n. Chr. Jerusalem erobert hatte. Der Ausschnitt aus dem linken Innenrelief zeigt, wie bedeutende Kultgegenstände aus dem Tempel von Jerusalem als Beute weggeführt wurden: Besonders gut ist der siebenarmige Leuchter (Menora) zu erkennen. Mit der in allen antiken Kulturen üblichen Praxis der Zerstörung von Kultgebäuden und der Plünderung von Kulturgütern nach einer siegreichen Eroberung sollte in diesem konkreten Fall Roms neuer Herrschaftsanspruch markiert werden, der nicht zuletzt in der Errichtung der Provinz Judäa zum Ausdruck kam.

1. DIE ANFÄNGE IM ALTERTUM

BRANDSTIFTUNGEN UND PLÜNDERUNGEN

Nahezu sämtliche Formen von Kulturzerstörung sind bereits in der Antike nachgewiesen. Dabei galt Gewalt gegen Kunst eigentlich als barbarisch, und der Kanon der Sieben Weltwunder macht deutlich, dass z. B. die Griechen auch Meisterwerken fremder Kulturen hohe Anerkennung zollten.[1] Höchst unterschiedlich war dabei schon im Altertum die jeweils dahinterstehende Motivation: Geltungssucht, Strafe, Rache, politischer Vernichtungswille oder religiöser Eifer. Da die Liste der Beispiele lang ist, wollen wir uns hier auf einige wenige ausgewählte beschränken.

Es war wohl Geltungssucht, die Herostrat, gewissermaßen den ‹Stammvater› aller Kunstzerstörer, dazu bewog, im Jahre 356 v. Chr. das Artemision, den der Göttin Artemis geweihten Tempel in Ephesos, in Brand zu stecken.[2] Schon der griechische Geschichtsschreiber Theopomp, der darüber berichtete, legte diese Argumentation nahe, wenngleich wir über Herostrats tatsächliche Motive nichts Genaueres wissen. Theopomp war es auch, der uns überlieferte, dass Herostrats Name nach dieser abscheulichen Tat in Ephesos bei Androhung der Todesstrafe nicht mehr genannt werden durfte, er wurde schlichtweg totgeschwiegen. Schlechte Aussichten für jemanden, der als Brandstifter zu einzigartiger Berühmtheit gelangen wollte, wenn dies denn so zutraf und nicht etwa ein durch Folter erpresstes Geständnis oder gar eine eigenwillige Interpretation des Chronisten war, jedenfalls gibt es in der Forschung durchaus auch Zweifel an dieser Deutung.[3]

Längst nicht mehr gewiss ist auch der Kaiser Nero als Wahnsinnstat zugeschriebene Brand von Rom im Jahre 64 n. Chr.[4] Es war wohl nur ein Gerücht, dass Nero selbst es gewesen sein soll, der das Feuer legen ließ, um die Stadt danach neu und noch prachtvoller aufzubauen, wenngleich eine solche Deutung auch nicht gänzlich auszuschließen ist. Wahrscheinlich brach der Brand – Nero war zu jenem Zeitpunkt gar nicht in Rom – durch eine Unachtsamkeit aus und verbreitete sich in Windeseile in der ganzen Stadt. Trotzdem gilt Nero in der Geschichte als der Brandstifter Roms,[5] wer will schon das Unwahrscheinliche heute gänzlich ausschließen. Tatsache ist jedenfalls, dass die angeblich Schuldigen schnell gefunden waren und der Brand als Vorwand für eine grausame Christenverfolgung diente.[6]

Was den Brand der im Altertum weltberühmten Bibliothek von Alexandria betrifft, so herrscht noch nicht einmal über den Zeitpunkt des Ereignisses Gewissheit, geschweige denn über die wahren Hintergründe. Fast 500 000 Schriftrollen sollen damals dort verwahrt worden sein,[7] ein intellektueller Schatz unvorstellbaren Ausmaßes. Einigen Vermutungen zufolge verbrannte die Bibliothek 48 v. Chr., als Caesar sich in Alexandria aufhielt und Cleopatra bei innerägyptischen Auseinandersetzungen um die Thronfolge unterstützte. Dabei soll er in Hafennähe, wo sich auch die Bibliothek befand, in Kämpfe verwickelt worden sein.[8] Gewiss ist dies jedoch keineswegs, ebenso wenig wie der Zusammenhang mit späteren Ereignissen, etwa im Jahre 270, als Aurelian dort gegen Unterstützer des sich von Rom losgesagten Königreichs von Palmyra vorging.[9] Eine dritte Legende geht vom Untergang der Bibliothek anlässlich der Eroberung Alexandrias durch die Araber 642 aus.[10] Kurzum, die Frage nach Zeitpunkt und genauen Ursachen muss ungelöst bleiben.

In der Antike gibt es viele Beispiele für die völlige Zerstörung ganzer Städte einschließlich ihrer Kunstwerke und Kulturschätze, war doch die Plünderung einmal eroberter Städte der Normalfall. Insbesondere nach römischem Verständnis stellte ein solcher Raub auch keine Straftat dar, es galt geradezu als Recht des Siegers, dem Besiegten seine Kunstwerke und andere Güter zu entwenden und frei darüber zu verfügen. Folglich ist die Vorstellung, dass solcher Raub Unrecht sei, vergleichsweise modern. Dabei ging es gar nicht darum, Kunst im Sinne eines ikonoklastischen Akts zu zerstören, vielmehr wurden die Kunstwerke zum Gegenstand politischer Aneignung und Umwidmung und befanden sich in einem Spannungsfeld zwischen Siegestrophäe und aristokratischem Prestigeobjekt. Gerade für die stadtrömische Aristokratie sollte die Integration von geraubten Kunstwerken in den eigenen Bezugsrahmen durch eine Aufstellung im städtischen Raum einen Sieg verewigen, militärische Erfolge über andere Völker dauerhaft memorieren und die Überlegenheit und den Herrschaftsanspruch Roms für jedermann visualisieren.[11]

Zu einer besonders starken Zerstörung kam es in der Regel nur dann, wenn es um Rache ging. Dies war bei der Verwüstung Korinths im Jahre 146 v. Chr. der Fall.[12] Nachdem die Stadt es gewagt hatte, sich gegen Rom zu stellen, wurde sie unter Führung von Lucius Mummius erobert und dem Erdboden gleichgemacht, während ihre Bewohner der Überlieferung zufolge das Schicksal der Sklaverei erlitten. Mummius brachte Unmengen bedeutender Kunstwerke aus der Stadt, darunter viele aus sogenanntem «korinthischen Erz», eine zufällig bei der Brandschatzung Korinths entstandene Legierung aus geschmolzenem Gold, Silber und Bronze. Wenige Jahre später soll Mummius einige dieser Kunstwerke noch Heiligtümern in Griechenland und Italien gestiftet haben.[13] Die Bezeichnung «korinthisches Erz» blieb jedenfalls noch lange der Inbegriff für Metall von besonderem Wert.

Das zweite berühmte Beispiel für die vollständige Vernichtung einer antiken Stadt war der Untergang der punischen Hauptstadt Karthago am Ende des Dritten Punischen Kriegs (149–146 v. Chr.). Ähnlich wie im Falle Korinths wurde auch Karthago erobert, geplündert, dem Erdboden gleichgemacht, die Einwohner wurden versklavt und eine unmittelbare Neubesiedlung an Ort und Stelle wurde verboten. Die Nachrichten darüber sind spärlich, insofern bleibt auch die ganze Wucht der Zerstörung durch die Truppen von Scipio Aemilianus heute schwer nachvollziehbar. Wahrscheinlich war es der unbedingte politische Vernichtungswille Roms, der zu diesem Ergebnis führte.[14]

Ein drittes Beispiel liefert die Zerstörung von Persepolis, der Hauptstadt des Perserreichs, mitsamt ihren Prachtbauten. Im Jahre 330 v. Chr. verwüstete Alexander der Große nicht nur die 520 v. Chr. von Dareios I. gegründete Residenzstadt der persischen Könige, sondern auch die Bewässerungsanlagen in ihrer Umgebung, so dass das gesamte Areal wieder von der Wüste in Besitz genommen wurde.[15] Doch bereits in der Antike selbst war man sich nicht sicher, ob Alexander Persepolis wirklich bewusst plündern, niederbrennen und zerstören ließ. Der Überlieferung zufolge hatte die Stadt Alexander bei seiner Ankunft die Unterwerfung und all ihre Schätze angeboten, um der Vernichtung zu entgehen. Wenn es also nur um die Reichtümer von Persepolis gegangen wäre, um beispielsweise weitere Kriegszüge oder andere Maßnahmen zu finanzieren, hätte er die Stadt nicht brandschatzen müssen. Doch er soll abgelehnt und Persepolis als Revanche für die Zerstörung der Athener Akropolis durch die Perser 480/79 v. Chr. vernichten lassen haben.[16] Für einen Makedonen wie Alexander, der wenige Jahre zuvor noch selbst Kriege gegen Athen und Theben führen musste, um seine Macht unter den griechischen Stadtstaaten durchzusetzen, war dies immerhin ein bemerkenswertes Argument. Folgt man dieser Darstellung, so dürfte es sich hier also weniger um politischen Vernichtungswillen als um eine Zerstörung aus Rache gehandelt haben.

Ein im Hinblick auf die Zerstörung von Persepolis interessantes Detail kam schon bei den Ausgrabungen 1945 zum Vorschein, wurde aber erst wesentlich später in seiner vollen Bedeutung erkannt und veröffentlicht. In einem als «Schatzhaus» bezeichneten riesigen Gebäudekomplex stieß man auf mehrere Fragmente einer griechischen Marmorstatue, die eine sitzende, trauernde Frau darstellte, das Motiv der Penelope aus Homers Odyssee.[17] Bei dem Gebäude selbst, das bei der Eroberung der Stadt von Alexanders Soldaten schwer in Mitleidenschaft gezogen worden war, handelte es sich offenbar um eine Art königliches Archiv, in dem auch diplomatische Geschenke verwahrt wurden. Die Skulptur dürfte um 450 v. Chr. hergestellt worden sein und gelangte vielleicht als diplomatische Gabe von Griechenland aus an den Hof des persischen Königs, der sie in einem der Höfe dieses «Schatzhauses» aufstellen ließ. Als das Heer Alexanders dann ein Jahrhundert später über Persepolis herfiel, stieß man auch auf diese Statue und zerschlug sie wie alle anderen. Die Krieger enthaupteten die Figur der Penelope und schlugen Hände und Füße ab, die sie vielleicht als Souvenirs mit sich nahmen, weil sie sich nirgendwo im Gebäude mehr fanden. Der Torso wurde schließlich umgestoßen und unter dem einstürzenden Gebäude begraben.[18]

Da es nicht der Zielsetzung dieses Buches entspricht, sämtliche aus der Antike überlieferten Plünderungen eroberter Städte zu betrachten, soll die Reihe der wenigen, bewusst ausgewählten Beispiele, die schon in der Antike weithin bekannt waren, mit der Plünderung Roms vom 24. bis 27. August 410 durch die Westgoten unter Alarich enden.[19] Es handelte sich um die erste Eroberung der «Ewigen Stadt», nachdem die Gallier unter ihrem Anführer Brennus 800 Jahre zuvor, 390 v. Chr., in Rom eingefallen waren. Folgt man den spätantiken Quellen, so soll dies eine der «manierlichsten» Plünderungen des Altertums gewesen sein, bei der es geradezu gesittet zugegangen sein dürfte: Die heiligen Stätten der Stadt wurden geschont, das Kirchenasyl respektiert und frommen Römerinnen kein Leid zugefügt. Ob dies wirklich so gewesen ist, mag man mit Recht in Frage stellen, zumal die Nachrichten dazu durchaus dissonant sind.[20]

Tatsächlich aber handelte es sich um keine wirkliche Eroberung, vielmehr wurde eine meuternde Söldnerarmee angeblich durch ein geöffnetes Tor in die Stadt gelassen. Insofern unterschied sich diese Plünderung fundamental von den zuvor beschriebenen in Korinth, Karthago oder Persepolis. Nichtsdestoweniger dürfte die Stadt danach um etliche Reichtümer und Schätze ärmer gewesen sein. Das eigentlich Traumatische für die Zeitgenossen war jedoch die Tatsache, dass die Weltstadt Rom überhaupt in fremde Hände gefallen war, was so etwas wie den «11. September» der Spätantike darstellte, der den Verfall für jedermann sichtbar machte und eine Zeitenwende historischer Größenordnung markierte.[21] Die ideelle und emotionale Wirkung übertraf den materiellen Verlust also bei weitem.

VERDAMMUNG UND TILGUNG

Die demonstrative und systematische Verdammung und Tilgung des Andenkens an eine Person durch die Nachwelt im Sinne einer *damnatio memoriae* war im Altertum weit verbreitet. Die Namen der Verfluchten wurden dabei aus Annalen und Inschriften getilgt, die Bildnisse entweder zerstört oder zumindest doch die Gesichter unkenntlich gemacht. Bisweilen wurden auch die Grabstätten bekannter Persönlichkeiten ‹vernichtet›. Bemerkenswert ist jedoch eine Beobachtung, die nahezu alle aus dem Altertum bekannten Fälle gemeinsam haben: Es ging nicht wirklich darum, die Erinnerung an bestimmte Personen vollständig aus dem Gedächtnis der Nachwelt zu tilgen, sondern im Gegenteil die Tatsache ihrer Verfluchung ganz bewusst und ostentativ in Erinnerung zu halten. Dazu ließ man kleinere Teile von Inschriften oder Bildwerken absichtlich stehen, damit auch jeder erkannte, wer der Verdammte war.[22]

Mitunter finden sich auch in prähistorischen Kulturen Hinweise auf *damnatio memoriae*, die also keineswegs nur auf Zivilisationen mit schriftlicher Überlieferung und portraithaften öffentlichen Bildnissen beschränkt war, wenngleich sie sich dort ungleich leichter identifizieren lässt. Einen diesbezüglich geradezu spektakulären Befund lieferte die Untersuchung eines monumentalen Großgrabhügels (Kurgan) bei Barsučij Log in Südsibirien der skythenzeitlichen Tagar-Kultur aus dem 4. Jahrhundert v. Chr. Die etwa 10 m hohe Anlage stellte schon aufgrund ihrer pyramidalen Aufschüttung und ihrer aus gewaltigen Steinplatten errichteten Einfassung eine Besonderheit dar. Der Grabhügel gehörte zu einer Gruppe von etwa einem Dutzend wahrhaft monumentaler Kurgane zwischen Salbyk und Barsučij Log nördlich der chakassischen Hauptstadt Abakan. Da es in der gesamten Region des außerordentlich fundreichen Minusinsker Beckens am mittleren Jenissei trotz Tausender anderer gleichzeitiger Grabhügel keine weitere Nekropole mit derartig gigantischen Grabbauten gab, vermutet man hier die Begräbnisstätte der Herrscher dieses Gebietes in der Zeit zwischen 700 und 200 v. Chr.[23]

Unter der Westhälfte der Aufschüttung des Großkurgans von Barsučij Log stießen wir bei den Ausgrabungen auf eine hölzerne Grabkammer, die jedoch – wie ein riesiger Trichter in der Aufschüttung darüber bereits vermuten ließ – in späterer Zeit massiv geplündert worden war. Anders als bei einem schlichten Grabraub allerdings war der Holzboden herausgerissen, selbst ein Großteil der Knochen fehlte, und die wenigen verbliebenen waren durcheinandergeworfen und lagen teilweise sogar außerhalb der Grabgrube. Der Befund lässt nur eine Deutung zu: Hier fand eine wüste Zerstörungsorgie statt, bei der das Grab regelrecht vernichtet werden sollte, und zwar für Zeitgenossen und Nachwelt gleichermaßen sichtbar. Zudem ließ sich dieses Ereignis sogar genau datieren: Die Grabschänder deponierten nach der Vernichtung des Grabes einen Hundekopf in der Grube, der über eine Radiokarbonprobe in das 1. Jahrhundert v. Chr. datiert werden konnte und damit in die Zeit der auf Tagar folgenden Tes'-Kultur gehört. Die Hinterlegung von ganzen Hunden oder Hundeköpfen in geplünderten Tagar-Bestattungen, um diese zu schänden und zu entweihen, gilt als charakteristisch für die Träger der Tes'-Kultur,[24] die mit den Xiongnu in Verbindung gebracht werden, einer an der nördlichen Peripherie Chinas beheimateten Ethnie. Auf jeden Fall handelte es sich dabei um einen gänzlich anderen, in der Zeit ab 200 v. Chr. ins Minusinsker Becken von Südosten aus

Das Wandrelief stammt vom Totentempel der Hatschepsut, der in der 18. Dynastie nahe der antiken Stadt Theben in Oberägypten errichtet wurde (1. Hälfte 15. Jahrhundert v. Chr.) und Teil der Totenstadt Deir el-Bahari ist. Links ist der Umriss einer Figur erkennbar: Das Bildnis der Hatschepsut ist herausgemeißelt worden und somit erkennbar der *damnatio memoriae* anheimgefallen. Hatschepsut regierte als erster weiblicher Pharao.

einströmenden Personenverband. Es spricht einiges dafür, dass diese neu eingedrungenen Gruppen anscheinend gezielt die ‹Königsgräber› der früheren Herrscher dieser Region, die auch Erinnerungsorte waren, öffneten und plünderten, ja regelrecht vernichteten, wohl um damit die sakrale Macht der bisherigen Herren vor den Augen der Bevölkerung zu brechen und ihre eigene wirkungsvoll zu implantieren.

Noch eindeutiger sind die aus schriftlichen Kulturen bekannten Fälle von *damnatio memoriae*. So verging man sich auch im pharaonischen Ägypten immer wieder an Gräbern, wenn sie Erinnerungsmonumente ihrer Zeit waren und die Bedeutung der in ihnen bestatteten Persönlichkeiten für die Ewigkeit sichtbar halten sollten. Gegen Ende des 3. Jahrtausends v. Chr. kam es zum Zusammenbruch des Alten Reichs, in dessen Zuge die herrlichen Grabbauten der größten Herrscher jener Zeit Opfer wahrer Zerstörungsorgien wurden und viele dabei der gänzlichen Vernichtung anheimfielen, um genau diese Erinnerung für die Ewigkeit zu brechen.[25]

Bekanntestes Beispiel einer Namenstilgung in Altägypten war Hatschepsut (etwa 1479–1458 v. Chr.), Königin der 18. Dynastie und Gemahlin von Thutmosis II. Nach dessen Tod war Thutmosis III., sein Sohn aus der Verbindung mit einer Nebenfrau, rechtmäßiger Nachfolger, doch aufgrund seines kindlichen Alters übernahm Hatschepsut die Regentschaft und gab sie bis zu ihrem Tod nicht wieder ab. Ihre Regierungsjahre zählen zu den Blütezeiten der ägyptischen Geschichte.[26] Unter anderem begann sie mit der Anlage monumentaler, im Inneren reich mit Bildern verzierter Felsgräber in Theben-West («Tal der Könige» und «Tal der Königinnen»), wo auch sie sich ihre letzte Ruhestätte einrichten ließ. Nach ihrem Tod wurden ihre Namenskartuschen auf zahllosen Reliefs und Statuen unkenntlich gemacht, die Erinnerung an sie sollte für alle sichtbar getilgt werden.[27] Zunächst hielt man Thutmosis III. für den Verursacher, weil sie ihn um den Thron gebracht hatte, doch scheint diese Erklärung längst nicht mehr sicher. Auch spätere Zerstörungen werden in

Betracht gezogen, möglicherweise um eine durchgehende männliche Erbfolge für die offizielle ägyptische Überlieferung zu konstruieren.

Mag Hatschepsuts Rolle als erste glanzvoll herrschende Frau auf dem Pharaonenthron für die damalige Zeit revolutionär gewesen sein, so war es Echnatons ebenfalls zur 18. Dynastie zählende Regierungszeit (ca. 1351–1334 v. Chr.) allemal, in der dieser Pharao die Hauptstadt kurzerhand in das neu gegründete Achetaton (Amarna) verlegte, dort in Rekordzeit eine gigantische Stadt aus dem Wüstensand stampfte und überdies gegen den Willen vieler erstmals einen Monotheismus einführte, dem zufolge nur mehr Aton angebetet werden sollte. Seine Herrschaft war mit zahlreichen grundlegenden Neuerungen verbunden, besonders in der Kunst: Diese sollte die Wirklichkeit abbilden und Schematisierung und Standardisierung durch lebensnah Portraithaftes ersetzen, wie dies die berühmte Büste seiner Gemahlin Nofretete am deutlichsten zum Ausdruck bringt.

Dennoch war Echnaton schon damals ob seiner grundstürzenden religiösen Neuerungen eine höchst umstrittene Herrscherpersönlichkeit. Seine Maßnahmen hatten für einen Großteil der Priesterschaft den Verlust von Privilegien zur Folge, es kam zu Tempelschließungen, zur Beschlagnahmung von Gütern und Bildnisse anderer Götter und deren Kultstätten verfielen, was ihm den Beinamen «Ketzerpharao» einbrachte.[28] Hinzu kam ein wirtschaftlicher Niedergang. Seine kurze Regierungszeit konnte jedoch mit dem Althergebrachten nicht endgültig brechen. Die alten Kulte wurden insgeheim weitergeführt und blühten nach dem Tode Echnatons sofort wieder auf. Seine Herrschaft war nicht mehr als eine, wenn auch bemerkenswerte, Episode in der altägyptischen Geschichte.[29]

So wie Echnaton jedoch seine Ziele durchzusetzen versuchte, indem er den Namen des Gottes Amun und selbst den seines Vaters Amenophis III. aus Inschriften und von Denkmälern tilgen ließ,[30] erging es ihm selbst nach dem Ende seiner Herrschaft; denn auch sein Name wurde beseitigt,[31] allerdings bei weitem nicht mehr mit der Systematik, die ihn selbst auszeichnete. Echnaton trachtete nämlich danach, den Absolutheitsanspruch des neuen Gottes Aton so wirkmächtig durchzusetzen, dass er den Namen Amun auslöschte, wo immer er ihn antraf, etwa an den bedeutenden Tempeln von Luxor und Karnak.[32] Gleichzeitig zerstörte er, soweit er konnte, auch die bis dahin in Theben-West angelegten Gräber der Eliten des Neuen Reichs (ab etwa 1550 v. Chr.).[33]

Viele andere Beispiele für *damnatio memoriae* im pharaonischen Ägypten ließen sich noch hinzufügen, die genannten sind lediglich die bekanntesten. Zentrale Strategie des «Vergessenmachens» war dabei die Tilgung der Namen, indem man insbesondere an öffentlichen Denkmälern und Orten die entsprechenden Namenskartuschen zerstörte oder sie unlesbar machte. Selbst in jenen Fällen, in denen man die Grabstätten verwüstete, war es entscheidend, etwa auf Sarkophagen die Namenshieroglyphe entweder gänzlich auszulöschen oder zumindest zu entstellen.[34] Letzteres geschah wahrscheinlich vor allem dann, wenn die Nachwelt – womöglich als Warnung – durchaus daran erinnert werden sollte, wer hier in Ungnade fiel und verteufelt wurde.

Auch im Alten Orient war die Zerstörung oder Verstümmelung von Namen und Texten ein höchst probates Mittel, um jegliche Erinnerung an Personen auszulöschen.[35] Dies unterstreicht umgekehrt aber auch, welche Wirkkraft gerade in frühen schriftführenden Kulturen Namensnennungen im öffentlichen Raum zugekommen sein muss. Jedenfalls ist die Schrift nicht minder häufig das Ziel der Vernichtung wie das Bild, was bereits in sumerischer Zeit zu beobachten ist.[36]

Eine besondere Epoche in der mesopotamischen Geschichte beginnt mit Sargon, der das Reich von Akkad als dessen erster König im 24. oder 23. Jahrhundert v. Chr. begründete. Die Erinnerung an die akkadischen Herrscher lebte nach dem 3. Jahrtausend v. Chr. noch lange fort und wurde durch Inschriften, Texte und Standbilder wachgehalten. In den folgenden Jahrhunderten kam es dabei immer wieder zu Versuchen einer *damnatio memoriae*, indem man entsprechende Texte oder Inschriften eliminierte oder an die akkadischen Könige erinnernde Bilder verunstaltete, verstümmelte oder gänzlich vernichtete.[37] Interessanterweise lassen sich dabei durchaus regional unterschiedliche Formen beobachten: So kam es im sumerisch geprägten Süden Mesopotamiens mit den Zentren Uruk und Ur häufiger zur Zerstörung von Texten, Inschriften und Standbildern, während im assyrischen Norden deren Verstümmelung vorherrschend war.[38] Hier ist nicht der Ort, auf diese Fragen ausführlicher einzugehen, doch zeigen die Beobachtungen, dass sowohl in Altägypten als auch in Mesopotamien verschiedene Formen von *damnatio memoriae* weit verbreitet waren und ihre umfassendere Untersuchung ein höchst lohnendes Forschungsfeld wäre.

Angriffe auf das kollektive Gedächtnis der jeweiligen Zeit gab es aber auch in der Folge militärischer Eroberungen von Städten und Reichen, wenn deren emblematische Kerne regelrecht ausgelöscht wurden. Dabei handelte es sich um Versuche, durch eine systematische Zerstörung von Erinnerung Geschichte umzuschreiben und die darauf aufbauende Gegenwart neu zu gestalten. Die Vernichtung von Kunstwerken und anderen kulturellen Zeugnissen spielte in solchen Fällen in der Regel eine zentrale Rolle. Interessant ist dies insofern, als das Ausradieren von Symbolen der Unterlegenen und damit der Erinnerung an sie keinesfalls die zwangsläufige Folge einer Niederlage war. Kriegerische Auseinandersetzungen gab es seit der Antike reichlich, sie sind schier unzählbar, und meist nahmen im Zuge solcher Kämpfe auch Kunst- und Kulturgüter Schaden. Und doch ist dies in den meisten Fällen nicht gezielt und systematisch geschehen. Die Fälle aber, in denen es sich absichtsvoll so ereignet hat, verdienen genauere Betrachtung.

Das Assyrer-Reich gehörte über Jahrhunderte zu den wichtigsten Machtfaktoren im Vorderen Orient und dehnte seinen Herrschaftsbereich im Zuge von Eroberungen zeitweise weit über die Gebiete seiner Nachbarn aus. Doch 614 v. Chr. hörte es auf zu existieren und verschwand für immer aus der Geschichte: Der

Mederkönig Kyaxares hatte Assur, das religiöse Zentrum des Reichs, nicht nur erobert und den Assyrern damit eine empfindliche Niederlage beigebracht, sondern die Stadt regelrecht dem Erdboden gleichgemacht. Nur zwei Jahre später erlitt Ninive das gleiche Schicksal.[39] Es waren tödliche Schläge, von denen sich die Assyrer nicht mehr erholten.

Der archäologische Befund in Assur wie in Ninive lässt den unglaublichen Hass erkennen, mit dem die Eroberer die Zentren der assyrischen Macht vernichteten. In Assur plünderte man zunächst die Tempel, um sie anschließend bis auf die Grundmauern niederzubrennen. Aber auch die heiligste Stätte des assyrischen Königtums, nämlich die Gräber der assyrischen Könige im Alten Palast von Assur, war das Ziel systematischer Zerstörung. Die Grüfte wurden zerschlagen und die Sarkophage zuerst in Brand gesetzt und anschließend durch Übergießen mit Wasser regelrecht gesprengt.[40] Die Hauptstadt Ninive mit ihren königlichen Palästen wurde derartig verwüstet, dass sie für Jahrhunderte nicht mehr besiedelt werden konnte; die verbliebenen und wieder ausgegrabenen Reste sprengte 2600 Jahre später dann der IS, doch das ist eine andere Geschichte.

Die kaum zu bändigende Wut der Eroberer von Assur und Ninive war auch eine Folge der unfassbaren Grausamkeit, mit der die Assyrer ihre Nachbarn unterjocht hatten. Diese wird zum Beispiel deutlich aus den Berichten über die Kriege der Assyrer gegen Elam während der Regierungszeit von Assurbanipal (669–627 v. Chr.). Die Entscheidungsschlacht fand 653 v. Chr. vor den Toren der elamischen Hauptstadt Susa statt. Noch auf dem Schlachtfeld wurde Te'umman, der unterlegene König von Elam, enthauptet und sein Kopf anschließend mehrfach vor aller Augen geschändet, ehe ihn ein gefangener aramäischer Fürst, der mit Te'umman verbündet war, um den Hals tragen musste. Andere Verbündete des Königs von Elam wurden gezwungen, die Gebeine ihrer verstorbenen Vorfahren zu exhumieren und zu Staub zu zermahlen.[41]

Assurbanipal ließ seinen Sieg über Elam im Südwest-Palast von

Ninive in einem repräsentativen Reliefzyklus verherrlichen. Nachdem diese Reliefs im Zuge der Ausgrabungen wieder freigelegt worden waren, fiel bei genauerer Betrachtung auf, dass sie anlässlich der Zerstörung Ninives 612 v. Chr. durch die Meder offenbar gezielt beschädigt wurden. So hatte man etwa die Gesichter Assurbanipals und seiner Frau systematisch schwer zugerichtet, so gut wie keine Darstellung Assurbanipals blieb unversehrt, meist wurden seinem Antlitz die Augen ausgestochen, sofern es nicht gänzlicher Zerstörung anheimfiel. Nicht anders erging es den Darstellungen von bekannten Kollaborateuren der Assyrer. Ganz offensichtlich hatte man die Königspaläste von Ninive nicht sofort in Brand gesteckt und zerstört, sondern die Reliefbilder vorher absichtlich beschädigt, um auf diese Weise die Wut gegen die assyrische Staatsmacht zum Ausdruck zu bringen, indem man bestimmte Gesichter tilgte. So konnte man die in Stein verewigte Macht der Assyrer im Nachhinein wirkungsvoll brechen und den Bildern ihre Wirkmacht rauben.[42]

Auch die Bilder, die den Sieg Assurbanipals über Babylon im Jahre 648 v. Chr. dokumentierten, wurden von den babylonischen Eroberern regelrecht weggesprengt und sind heute nur mehr in geringen Teilen erhalten. Ganz bewusst sollte hier die Erinnerung an den Schlachtenruhm Assurbanipals für immer ausgelöscht werden. Selbst die königlichen Bibliotheken wurden zerstört, die Ausgräber fanden die Tontafelarchive in einigen Fällen in kleinste Teile zerschlagen, insbesondere sogenannte Omensammlungen, die sich gegen die Feinde der Assyrer richteten.[43] Dabei vergaßen die Sieger über die Assyrer nicht, Beute aus Palästen und Tempeln sicherzustellen, ehe sie die Städte Ninive und Assur dem Erdboden gleichmachten.[44]

Die Strategie, durch die Zerstörung von Bildwerken den Ruhm anderer Herrscher aus dem kollektiven Gedächtnis der Nachwelt zu löschen, war jedoch auch den Assyrern sehr vertraut. Als Assurbanipal nämlich 647 v. Chr. die elamische Metropole Susa eroberte und zerstörte, ließ er den Bauschmuck der Tempel und Paläste vernichten. An Statuen von Königen, die sich erfolgreich gegen Assyrien erhoben hatten, wurde im Nachhinein eine Art Todesurteil vollstreckt.[45] Meder und Babylonier gingen also mit den Bildwerken der Assyrer so um, wie diese es vorher umgekehrt getan hatten.

Auch im Griechenland der klassischen Zeit sind politisch motivierte Bildzerstörungen seit etwa 500 v. Chr. bekannt. So ist überliefert, dass die Bronzestatue des Hipparchos Charmidou aus der Familie des Tyrannen Peisistratos auf Beschluss des Volkes von Athen eingeschmolzen und in eine Gesetzestafel gegen Staatsfeinde umgegossen wurde. Aus der gleichen demokratischen Gesinnung heraus hatte man vermutlich auch die Statue des letzten Königs von Kyrene, Arkesilaos IV., beseitigt. Und um 280 v. Chr. legte ein erhaltenes Gesetz aus der Polis Ilion fest, dass die Namen all jener, die mit Tyrannen oder Oligarchen zusammengearbeitet hatten, aus sämtlichen Inschriften, öffentlichen wie privaten, zu tilgen seien.[46]

Rom war auch auf diesem Gebiet ein gelehriger Schüler der Griechen. Der Denkmalsturz begann im Zeitalter der Bürgerkriege, als der Diktator Sulla 82 v. Chr. die Siegeszeichen des Marius aus den Kriegen gegen den Numiderkönig Jugurtha sowie gegen die Cimbern und Teutonen beseitigen ließ. Sulla selbst soll das Grab seines Widersachers geschändet haben.[47] Zahlreiche Kaiserstatuen, Inschriften und Reliefs fielen der *damnatio memoriae* zum Opfer. Meist waren diese Bilderstürme jedoch von oben angeordnet und konnten durch Senatsbeschluss abgesichert werden. Die Zerstörung der Bilder setzte natürlich die Identität von Bild und Abgebildetem voraus.[48] Mit der Vernichtung des Bildes sollte in erster Linie der darauf Dargestellte getroffen werden. Die magische Verbindung von Bild und Mensch wurde aufgebrochen, was bisweilen auch einer Hinrichtung *post mortem* gleichkam. Ein bekanntes Exempel dafür bietet auch der berühmte Argentarierbogen in Rom, der zu Ehren von Septimius Severus errichtet worden war. Er trug Reliefs mit unterschiedlichen szenischen Darstellungen, aus denen Caracalla bestimmte Figuren herausmeißeln ließ: seinen Bruder Geta, dessen Frau Plautilla und seinen

Schwiegervater Plautian; sie alle hatte er 212 ermorden lassen und mit der *damnatio memoriae* belegt.[49]

Bildnisse von Herrschern wurden jedoch nicht nur zerstört oder beschädigt, sondern auch eingezogen und in Bildnisse anderer Persönlichkeiten umgearbeitet, oder man platzierte eine Kaiserstatue auf den Sockel der zerstörten Figur seines Vorgängers.[50] Solche Aktionen blieben bis in die Spätantike hinein mehr als geläufig.[51] Gewesenes sollte dadurch geleugnet und für die Zukunft verhindert werden. Bilderstürme wie auch die für die Zeit des Augustus nachgewiesenen Bücherverbrennungen dienten in erster Linie zur Auslöschung vorhandener Ideen. Außerdem ging es auch gar nicht um die Tilgung von Erinnerung, denn die Namen gewesener Kaiser waren ja weiterhin bekannt, vielmehr handelte es sich um einen besonders wirkungsvollen Akt der Verfluchung des Andenkens an bestimmte Herrscher.[52]

DIE ZERSTÖRUNG DES TEMPELS VON JERUSALEM

Von allen Fällen der Kulturzerstörung im Altertum verfügen wir dank verschiedener Quellen über besonders reiche Zeugnisse im Hinblick auf die Zerstörung des Tempels von Jerusalem durch die Römer. Sie bietet sich daher an, genauer vorgestellt zu werden, zumal sie Tempelvernichtungen der Spätantike in gewisser Weise vorwegnahm. Die Schleifung des Tempels von Jerusalem 70 n. Chr. war gleichsam der Gipfelpunkt im sogenannten ersten jüdisch-römischen Krieg von 66 bis 74 n. Chr., der mit der Eroberung der lange als uneinnehmbar geltenden Höhenfestung von Masada 74 n. Chr. für die Römer schließlich endgültig siegreich endete.

Bevor wir uns den Einzelheiten der Tempelzerstörung in Jerusalem zuwenden, ist ein Blick auf die historischen Ereignisse und Rahmenbedingungen jener Zeit vonnöten.[53] Schon 6 n. Chr. wurde Judäa Teil des Römischen Reichs und dabei der Provinz Syria zugeschlagen. Von Anfang an kam es immer wieder zu Erhebungen gegen die römische Herrschaft, und zwar aus ganz unterschiedlichen Anlässen. Im Jahre 26 n. Chr. etwa ließ der Statthalter Pontius Pilatus – bekannt durch seine Rolle bei der Hinrichtung des Jesus von Nazareth – Kaiserbilder in Jerusalem aufstellen, was unmittelbar zu schweren Unruhen führte. In den folgenden Jahrzehnten verschärfte sich die Situation immer weiter, Anschläge auf Römer und andere Nichtjuden waren nicht ungewöhnlich.

Zur ersten kriegerischen Auseinandersetzung kam es jedoch durch römische Steuerforderungen, die die jüdische Bevölkerung nicht zu erbringen bereit war. In der Folge ließ der römische Prokurator Gessius Florus 66 n. Chr. Soldaten in den Tempel von Jerusalem eindringen und den Jerusalemer Tempelschatz beschlagnahmen, der aus über 400 Kilogramm Silber bestanden haben soll. Aufgrund dieser Verletzung ihrer religiösen Gefühle und quasi Schändung ihres wichtigsten Heiligtums waren die Juden, auch moderate und auf Ausgleich mit Rom bedachte Kreise, zum erbitterten Widerstand bereit. Dieser schien zunächst erfolgreich, und Gessius Florus musste aus Jerusalem fliehen, während sich der Aufstand in der ganzen Provinz auszubreiten begann.

Noch im selben Jahr 66 n. Chr. schickte Kaiser Nero – um der drohenden Gefahr Einhalt zu gebieten – Truppeneinheiten von etwa 30 000 Mann nach Judäa, die jedoch in einen Hinterhalt gerieten und eine schwere Niederlage erlitten. Trotz dieser anfänglichen Erfolge konnten die Juden die römische Fremdherrschaft jedoch nicht endgültig abschütteln. Nur ein Jahr später sandte Nero den Heerführer Vespasian mitsamt seinem Sohn, dem jungen Offizier Titus – beide wurden später römische Kaiser –, mit mehreren Legionen und Hilfstruppen erneut nach Judäa. Von der Küste aus brachen sie den jüdischen Widerstand, indem sie Stadt für Stadt eroberten und verwüsteten und auf ihrem Weg nach Jerusalem auch zahlreiche Dörfer niederbrannten und deren Bevölkerung niedermetzeln ließen.

Nach Neros Selbstmord im Jahre 68, einem Ereignis, welches

das sogenannte Vierkaiserjahr und ein vorübergehendes Machtvakuum in Rom zur Folge hatte, konnte sich am Ende Vespasian als neuer Kaiser durchsetzen. Er begründete die Flavier-Dynastie und überließ die Fortführung des Kriegs gegen die aufständischen Juden seinem Sohn Titus. Dieser begann 70 mit der Belagerung Jerusalems, die im September desselben Jahres mit der Eroberung der Stadt und der Zerstörung des Tempels endete. Vom Tempel selbst, der in Brand gesteckt und weitgehend vernichtet wurde, blieb nur die westliche Umfassungsmauer bis heute erhalten. Titus kehrte im Jahre 71 als neuer römischer Kaiser in die Hauptstadt zurück und ließ sich dort aufwändig für seinen erfolgreichen Kriegszug gegen die Juden feiern. Bis heute sichtbarstes Zeugnis dafür ist der auf dem Forum Romanum errichtete sogenannte Titus-Bogen, dessen Reliefs die erfolgreichen Kämpfe illustrieren und rühmen.

Judäa war jedoch noch keineswegs endgültig befriedet, denn die Kämpfe zogen sich auch in den Folgejahren hin. Erst mit der Erstürmung der Bergfestung Masada oberhalb des Toten Meeres im Jahre 74 nach mehr als zweijähriger Belagerung endete schließlich dieser erste jüdisch-römische Krieg. Diesem folgten später noch zwei weitere, der sogenannte Diaspora-Aufstand von 116 sowie der Bar-Kochba-Krieg (132–135). Danach gab es in Judäa kein zusammenhängendes jüdisches Siedlungsgebiet mehr, was zu einer verstärkten Auswanderung führte. Viele Juden verließen ihre Heimat und zogen unter anderem in das mit Rom verfeindete Partherreich im heutigen Iran und in andere Gebiete; die Diaspora-Situation der Juden war also eine wesentliche Folge des ersten jüdisch-römischen Kriegs.

Einschneidend war dabei die Zerstörung des Tempels von Jerusalem, des wichtigsten Heiligtums der Juden. Nur dort, im einzigen wirklichen kulturellen und religiösen Zentrum, konnte das Amt des Hohepriesters ausgeübt werden. Etwa ein Drittel der Gebote der Tora standen in Verbindung mit dem Tempel und konnten seitdem nicht mehr praktiziert werden. Mit dem Verlust des Tempels kam es zum Aufstieg des rabbinischen Judentums, von da an wurde die Synagoge zum neuen Zentrum des religiösen jüdischen Lebens. Der erste jüdisch-römische Krieg mit all seinen Auswirkungen war also mehr als nur die Niederschlagung einer regionalen Erhebung irgendwo innerhalb des Imperium Romanum, von denen es etliche gab. Für das Judentum bedeutete der Ausgang dieses Kriegs eine Zeitenwende.

Anfang und Ende des ersten jüdisch-römischen Kriegs waren mit dem Tempel von Jerusalem verbunden: zunächst die Beschlagnahmung des Tempelschatzes 66 n. Chr., die den Aufstand überhaupt erst ins Rollen brachte, sowie schließlich seine Eroberung, Zerstörung und Schleifung 70 n. Chr. Dieser Zusammenhang ist nicht ungewöhnlich, weil Kriege in der Antike oftmals eine religiös-kultische Komponente besaßen.[54]

Als nach Neros Tod ein Bürgerkrieg um seine Nachfolge losbrach, den am Ende Vespasian für sich entscheiden konnte, keimte in Judäa durchaus die Hoffnung auf Entlastung auf. Einmal an der Macht, mussten die Flavier jedoch den Konflikt in Judäa endgültig siegreich zu Ende bringen, um ihre Macht in Rom konsolidieren zu können. Während also die Römer den Krieg unter allen Umständen gewinnen mussten, verteidigten die Juden ihre von ihnen selbst für uneinnehmbar gehaltene Stadt und insbesondere den Tempel mit äußerster Anstrengung, war dies doch ihr religiöses, kulturelles und politisches Zentrum. Dies führte zwar zu einer militärischen wie auch ideologischen Verschärfung des Konflikts, erklärt alleine aber noch nicht die Zerstörung des Tempels durch die Römer, die ja nicht zufällig im Zuge von Kampfhandlungen erfolgte, sondern ganz offensichtlich gezielt und absichtsvoll durchgeführt wurde. Die Aussagen der dazu verfügbaren Schriftquellen sind zwar nicht ganz widerspruchsfrei, bemerkenswert in diesem Zusammenhang sind indes Hinweise, die darauf hindeuten, dass der Tempel durch den Brand selbst noch nicht gänzlich zerstört gewesen sei, sondern erst durch die anschließend durchgeführte Schleifung. Auch hätten sich die Römer mit dem Tempelbrand während ihres Triumphzuges gerühmt, während andere Quellen Titus' Schuld an

Die Münze zeigt einen römischen Legionär, eine Palme und eine trauernde Witwe, die jeweils symbolisch für das römische Heer, die Provinz Judäa und das zerstörte Jerusalem stehen. Am Rand sind die Worte «Judaea capta» (*Judäa ist erobert*) eingeprägt. Diese Münzen sind nach der Niederschlagung des Aufstands in Judäa durch Vespasian und Titus 70 n. Chr. als Siegeszeichen geprägt worden und waren seitdem im Römischen Reich in Umlauf.

der Tempelzerstörung deutlich zurückweisen.[55] Dennoch spricht vieles für eine absichtliche Zerstörung des Tempels, und zwar auf Befehl von Titus.

Während sich für die Brandlegung des Tempels als Kernbastion des jüdischen Widerstands aus rein militärischen Gründen gute Argumente finden lassen, erklärt dies noch nicht die vollständige Schleifung des gesamten Baus nach dem für die Römer erfolgreichen Ende der Kämpfe. Am plausibelsten erscheint die Deutung, dass, da der Tempel das religiös begründete Zentrum des jüdischen Aufstands war, man mit dessen völliger Vernichtung den Widerstand quasi ideologisch entwurzelt und endgültig seiner geistigen Grundlagen beraubt hatte. Bemerkenswert war dabei aber auch die kultische Besitzergreifung durch die Römer: Noch während der Tempel brannte, also vor seiner Schleifung, stellten sie im Inneren des Tempelbereichs ihre Feldzeichen auf, riefen Titus zum Imperator aus und opferten dem Jupiter Optimus Maximus. Die Tatsache, dass der jüdische Tempel durch ein römisches Fahnenheiligtum ersetzt wurde, sollte den Sieg des römischen über den jüdischen Gott symbolisieren. Die kultische Inbesitznahme der jüdischen Tempelruine war endgültig vollzogen, als die Römer dort ihren eigenen siegreichen Göttern opferten. Damit war die Überlegenheit Jupiters und der römischen Götter eindrucksvoll propagiert. Zudem wurde den Juden wieder eine Tempelsteuer auferlegt, die sie früher schon zu leisten hatten, fortan allerdings nicht mehr für ihren jüdischen Gott, sondern für Jupiter.

Die Tatsache, dass der jüdische Gott vollständig besiegt und sein heiligster Ort entweiht war, ließ es dann auch zu, dass seine wichtigsten Attribute als Beute im Triumphzug nach Rom verbracht werden konnten. Es ist nicht vollkommen klar, zu welchem Zeitpunkt Titus den Plan zur vollständigen Vernichtung des Heiligtums fasste, aber bei der Eroberung des Tempelareals muss sein Entschluss bereits festgestanden haben. Mit der Beseitigung des Tempels konnte man dann auch sein gesamtes Inventar plündern und nach Rom verschiffen. Hier verbindet sich also der politisch-ideologische Aspekt der Tempelschleifung mit dem politisch-ökonomischen bzw. propagandistischen. Sichtbarster Ausdruck der römischen Siegespropaganda war die Prägung der Münze «Judaea capta», die die Kunde dieses Sieges über die Juden sozusagen in alle Welt tragen sollte. Dabei muss man sich klarmachen, dass dieser Krieg der erste war, den die Flavier Vespasian und Titus selbst als Feldherrn für sich entschieden hatten; dies nun entsprechend triumphal sichtbar zu machen, war für die Festigung der noch jungen Dynastie von zentraler Bedeutung.

Titus' Triumphzug in Rom begann außerhalb der Stadt, die er durch die «porta triumphalis» betrat, und endete nach alter Tradition auf dem Kapitol. Im Haupttempel Jupiters legten die Sieger ihre Insignien nieder und brachten Opfer dar, insbesondere auch durch die Hinrichtung der feindlichen Oberbefehlshaber. In den Darstellungen des Triumphzuges, unter anderem auch auf dem Titus-Bogen in Rom, wurden die kostbaren Beutestücke aus Judäa ausführlich beschrieben. Auffällig und ungewöhnlich zugleich: Nicht nur Kostbarkeiten aller Art, sondern auch besondere Kultgegenstände, wie etwa siebenarmige Leuchter oder Tora-Rollen, sind dabei deutlich als Teil der Beute zu erkennen. Auf dem Titus-Bogen tragen römische Soldaten große Tafeln, auf denen der Sinngehalt der Kultgegenstände verzeichnet war. Dies unterstreicht, welche Bedeutung Titus der Plünderung des Tempels und der triumphalen Zurschaustellung der prachtvollen Beuteobjekte beimaß. Es heißt sogar, dass er all jenen Priestern das Leben geschenkt haben soll, die ihm Kultgegenstände ausgeliefert hatten.[56]

Nach dem Triumphzug durch die Stadt wurden sämtliche Beutegegenstände in Rom hinterlegt, über ihr weiteres Schicksal ist nichts bekannt. Gewiss hatte diese Verschleppung des Jerusalemer Tempelvermögens auch ökonomische Gründe, doch kam die Deponierung kostbarer jüdischer Kultgeräte auch einer zwangsweisen Unterordnung des jüdischen Gottes unter das römische Pantheon gleich. Damit waren zwei Ziele auf einmal erreicht: erstens die Bereicherung Roms durch den Jerusalemer Tempelschatz und zweitens die Anerkennung der siegreichen römischen Götter und damit faktisch auch der flavisch-römischen Weltherrschaft durch die Juden.

Der Sturz der Apollo-Statue: Der Ausschnitt aus dem Fresko «Der Hl. Benedikt bekehrt die Bewohner von Monte Cassino» ist Teil eines Bilderzyklus aus dem 15. Jahrhundert über das Leben des heiligen Benedikt von Nursia (480–547). Die Geschichte der Klostergründung durch Benedikt im Jahr 529 erfolgte dort, wo bis dahin ein Apollo-Tempel gestanden hatte; sie bildete ein Glied in einer ganzen Kette spätantiker Tempelzerstörungen, die sich gegen die überkommenen antiken Religionen richtete. Das Fresko befindet sich im Kreuzgang des Klosters Monte Oliveto Maggiore in der Toskana.

2. DIE UMBRÜCHE IN DER SPÄTANTIKE

DER FALL DES SERAPEUMS VON ALEXANDRIA

Das Serapeum von Alexandria gilt als der bekannteste und bedeutendste der der ägyptisch-hellenistischen Gottheit Serapis gewidmeten Tempel der Antike. Das Heiligtum geht zurück auf einen ersten Tempelbau, der 287/286 v. Chr. unter Ptolemaios I. errichtet wurde. Der weitaus größte Teil des Serapeums entstand jedoch erst während der römischen Kaiserzeit. Nach einer ersten Zerstörung unter Trajan während des sogenannten Jüdischen Aufstands 116 v. Chr. ließ Hadrian ihn neu erbauen und zu einem wahren Prachtbau erweitern. In der Folgezeit wurde Serapis zur wichtigsten Stadtgottheit Alexandrias und das Serapeum zum bedeutendsten Heiligtum der Stadt, das weit über Ägypten hinaus Berühmtheit erlangte.[1] Den Zustand kurz vor der Zerstörung im 4. Jahrhundert n. Chr. beschrieb der römische Historiker Ammianus Marcellinus (330–395) wie folgt: «... dass nach dem Kapitol, in dem das ehrwürdige Rom der Ewigkeit trotzt, in der weiten Welt nichts Prächtigeres zu sehen ist».[2] Im Zuge von blutigen Auseinandersetzungen zwischen Christen und Nichtchristen im ausgehenden 4. Jahrhundert n. Chr. wurde dieser Prachtbau schließlich völlig zerstört. Die Umstände und der Verlauf der Zerstörung wie auch die damit verbundenen Begleitereignisse sind sehr gut dokumentiert, weshalb es sich lohnt, diesen Fall genauer zu betrachten.

Heute noch sind die Säule und die Sphinxfigur vor dem antiken Serapeum in Alexandria erhalten. Die Pompeius-Säule wurde etwa 299 n. Chr. zu Ehren von Kaiser Diokletian (284–305) errichtet. Das Serapeum von Alexandria, der bedeutendste Serapis-Tempel seiner Zeit, wurde unter dem Kaiser Theodosius (379–394), der selbst Christ war, im Jahr 392 zerstört und geschleift, die Kultgegenstände konfisziert und geplündert. Die Tempelreichtümer kamen danach in einer Form von «Vermögensumverteilung» christlichen Kircheninstitutionen zugute.

Das religiöse Leben im spätrömischen Alexandria war ausgesprochen vielfältig. Die *Notitia urbis Alexandrinae*, eine Art städtisches Gebäuderegister, zählt für die Zeit vor dem 4. Jahrhundert n. Chr. im gesamten Stadtgebiet des heidnischen Alexandria insgesamt 2478 Tempel, wobei die unmittelbar vor der Stadtgrenze gelegenen Heiligtümer noch gar nicht berücksichtigt waren.[3] Um sich das ganze Ausmaß dieses kultischen Treibens fassbar zu machen, ist zu bedenken, dass jede dieser Anlagen ihre ganz eigene Infrastruktur mit Ausstattung, Zeremoniell, Priesterschaft und Kultgemeinde besaß. Über die konkrete Realität und Vitalität dieser paganen Tempel am Übergang zum spätantiken Christentum wissen wir nicht viel. Dabei haben wir – Ironie der Geschichte – von vielen dieser heidnischen Tempel in jener Zeit nur durch christliche Berichte Kenntnis, die von ihrer Zerstörung oder Umwandlung in Kirchen erzählen.

Im spätantiken Ägypten nimmt während der fortschreitenden Christianisierung des Landes die Verehrung von Serapis – neben dem Kult der Isis – eine prominente Stellung ein. Bei Serapis handelt es sich um eine auf den Osiris/Apis-Kult von Memphis zurückgehende Gottheit, die von Ptolemaios I. nach Alexandria gebracht und dort unter Wahrung ägyptischer Elemente stark hellenisiert wurde. Deshalb wundert es nicht, dass sie sowohl von der ägyptischen als auch von der griechischen Bevölkerung Alexandrias gleichermaßen bevorzugt verehrt wurde und bald zur wichtigsten Gottheit der Stadt aufstieg. Ihr Kult breitete sich im Folgenden auch in anderen Teilen des Mittelmeerraumes aus, so fanden sich Heiligtümer des Serapis im gesamten Römischen Reich. Der Serapis-Kult in Alexandria war jedoch so dominant, dass man ihn mit der Stadt selbst identifizierte und bisweilen von der «Stadt des Serapis» sprach.[4] Für die frühen christlichen Bischöfe Alexandrias dürfte die herausragende Stellung von Serapis im Vergleich zu anderen heidnischen Kulten durchaus eine Herausforderung gewesen sein; denn Serapis war kosmopolitisch und omnipräsent, war Retter und Heiler zugleich, wusste um die Zukunft und war für das jenseitige Leben zuständig, was

Das Serapeum verdankt seinen Namen der dort verehrten Gottheit Serapis. Als Gott des Jenseits und der Fruchtbarkeit wurde Serapis oftmals mit geschmücktem Getreidebehältnis, dem sogenannten Kalathos, dargestellt. Die Marmorbüste stammt aus dem Serapeum von Alexandria (1. bis 2. Jahrhundert n. Chr.).

den Kult sogar in eine gewisse Nähe zur christlichen Heilslehre rückte.

All dies führte dazu, dass sich der Serapis-Kult hartnäckig hielt, auch unter der bereits christianisierten Bevölkerung Alexandrias. Hinzu kam die topographische Prominenz der Tempelanlage des Serapeums, die – auf einem Hügel errichtet – einen Großteil der Stadt beherrschte. Das prachtvolle architektonische Erscheinungsbild, die berühmte Kultstatue und der in Form von Weihegaben, Ausstattung, Bibliothek und Einrichtungsgegenständen zusammengetragene Prunk und Reichtum machten den Tempel nicht nur einzigartig in der Stadt, sondern zugleich auch zu einem Symbol heidnischer Religiosität in der antiken Welt überhaupt.[5] Trotzdem deuten die Quellen an, dass sich die Eliten der Stadt der fortschreitenden Christianisierung offenbar nicht mehr widersetzten, und sei es nur aus politischem oder wirtschaftlichem Opportunismus.

Das bis dahin friedliche Zusammenleben der verschiedenen Religionsgruppen prägte über viele Jahre die Realität in Alexandria wie in ganz Ägypten. Dies änderte sich abrupt und radikal mit der Einsetzung des Bischofs Theophilos (385–412), einer bereits von zeitgenössischen Quellen höchst kontrovers beurteilten Gestalt. Theophilos trieb nicht nur den Ausbau der christlichen Infrastruktur mit unzähligen neuen Kirchenbauten mit Macht voran, sondern begann auch mit einer zielstrebigen und gewaltsamen Bekämpfung aller heidnischen Kulte sowie der nichtchristlichen Bevölkerung in der Stadt.[6] Zur Folge hatte dieses Vorgehen eine extreme Polarisierung zwischen Christen und Heiden. Die sich immer dramatischer zuspitzende religiöse Konfrontation gipfelte letztendlich in der Zerstörung des Serapeums und der Beendigung öffentlicher heidnischer Kultausübung in Alexandria.

Die Zerstörung des Serapeums hatte in den Quellen der damaligen Zeit eine enorme Resonanz, und doch ist unsere Kenntnis von den Vorgängen alles andere als zuverlässig. Bisweilen divergieren die Schilderungen so stark oder sind so offensichtlich unzutreffend, dass die Beweiskraft ohnehin stark in Zweifel gezogen werden muss. Die gängige Ansicht, ein Edikt des Jahres 391 habe zur Beendigung jeglicher heidnischen Kultausübung in Alexandria und dann auch zur Zerstörung des Serapeums geführt, wird von der Forschung inzwischen mit Recht in Zweifel gezogen.[7] Zwar ordnen die in Buch 16 des *Codex Theodosianus* zusammengestellten Gesetze Maßnahmen gegen die heidnische Kultausübung, nicht jedoch die systematische Zerstörung von Tempeln an. Damit war die Zerstörung des Serapeums keine unmittelbare Folge der Religionspolitik von Kaiser Theodosius.[8]

Auch wenn sich aufgrund widersprüchlicher Quellen nicht mehr alle Einzelheiten verlässlich rekonstruieren lassen, dürften die antiheidnischen Maßnahmen von Theophilos doch zu enormen Spannungen geführt haben: So erklärte er alle nichtchristlichen Feiertage zu Arbeitstagen, verbot öffentliche Opferungen, ließ heidnische Tempel schließen und versuchte sie in der Folge in christliche Kirchen umzuwandeln. Später berichteten überwiegend christliche Quellen, die gewiss nicht als objektive Berichterstattung gelten können, von Mord und Totschlag zwischen Christen und Heiden. Die Auseinandersetzungen seien überwiegend von Heiden ausgegangen und vor allem Christen sollen ihnen zum Opfer gefallen sein. Nach diesen blutigen Zusammenstößen hätten sich Teile der Heiden in das Serapeum zurückgezogen, es zur Festung ausgebaut und sich dort verschanzt. Überdies sollen sie Christen dort zu heidnischen Opferungen gezwungen und einige von ihnen sogar gekreuzigt haben. Daraufhin erteilte Kaiser Theodosius I. dem Patriarchen Theophilos den Auftrag, das Serapeum zu erobern und zu zerstören und fortan jegliche heidnische Kultausübung zu unterdrücken. Dieses Ziel verfolgte Theophilos fanatisch mit dem Ergebnis, dass der Tempel schließlich im Jahre 391 oder – wahrscheinlicher – Anfang 392 der Vernichtung anheimfiel.[9] Somit ist jene Erklärung am schlüssigsten, nach der eine entweder bewusst provozierte oder spontan ausgebrochene Revolte heidnischer Gruppen Theophilos den Anlass lieferte, die gesamte heidnische Infrastruktur auszulöschen. In den Jahren danach folgten weitere Zerstörungs- und Plünderungszüge gegen andere pagane Heiligtümer, die das Schicksal des Serapeums teilten, auch wenn sich dies nicht entsprechend in den Quellen niederschlug.

Mit der Zerstörung des Serapeums stellte der christliche Glaube jedenfalls seine Vorherrschaft unter Beweis und nutzte dies auch propagandistisch auf eindrucksvolle Weise. Auf dem Hügel des Serapeums wurden zunächst christliche Mönche angesiedelt, ehe man dort ein Martyrium für Johannes den Täufer einweihte; am Ende entstand auf den Ruinen des Serapeums eine Kirche.[10] An der Rolle des Theophilos als Initiator und *spiritus rector* dieser Vorgänge kann dabei kein Zweifel sein, er war der eigentliche Sieger dieser religiösen Auseinandersetzungen. Dies unterstreicht eine wenig später in alexandrinischen Kirchenkreisen entstandene Weltchronik, die Theophilos einem Triumphator gleich auf dem Giebel des Serapeums abbildete, von wo aus er die in einer weiteren Vignette dargestellte Zerstörung des Tempels beobachtet.[11]

Die Zerstörung und Plünderung des Serapeums wird in den verschiedenen Quellen zum Teil sehr detailreich beschrieben.[12] So berichtet der spätrömische Historiker Rufinus, dass das hölzerne Götterbild des Serapeums in mehrere Teile zerbrach bzw. zerschlagen wurde und in Brand geriet. Die einzelnen Teile wurden später an verschiedenen Orten der Stadt öffentlich zur Schau gestellt und schließlich im Amphitheater verbrannt;[13] eine verheerendere Entweihung für das heiligste Symbol einer Kultgemeinschaft scheint kaum vorstellbar, sofern all diese Details wirklich der Wahrheit entsprechen. Schließlich legen diese Vorgänge auch die Vermutung nahe, dass die Zerstörung des Serapeums zentral organisiert gewesen sein muss und ihre öffentlichkeitswirksame Durchführung der gesamten Bevölkerung von Alexandria das Ausmaß der kultisch-religiösen Reinigung deutlich machen sollte.[14] Das Wüten der Christen im Serapeum beschränkte sich jedoch nicht auf die Vernichtung des großen Götterbildes, vielmehr wurde der Kultbezirk komplett zerstört und systematisch geplündert. Sein prunkvolles Inventar ging dabei vollständig verloren. Die zahllosen Götterbilder und Weihgeschenke aus Edelmetall wurden geraubt, Götterstatuen aus wertvollen Metallen zu liturgischen Gefäßen umgeschmolzen, von den umfangreichen Bibliotheksbeständen verlor sich ebenfalls jegliche Spur.

Auch wenn viele Details im Dunkeln bleiben, so ist die Zerstörung des Serapeums von Alexandria dennoch der am besten dokumentierte Fall religiöser Gewaltausbrüche in der Spätantike, vielleicht allein vergleichbar mit der Ermordung der alexandrinischen Mathematikerin, Astronomin und Philosophin Hypatia. Über ihre Lehre ist kaum etwas bekannt, doch hing sie dem Neuplatonismus und damit einer nichtchristlichen philosophischen Tradition an, die nach der Zerstörung des Serapeums nur mehr von einer immer stärker bedrängten Minderheit vertreten wurde. 412 folgte Kyrill, der Neffe von Theophilos, diesem als Patriarch von Alexandria nach und setzte dessen militanten antipaganen Kurs fort. Hypatia erfreute sich in der Stadt zwar hohen Ansehens und war weithin bekannt, wurde schließlich aber Opfer eines von Kyrill angezettelten politischen Machtkampfs, in dem erneut religiöse Gegensätze instrumentalisiert worden waren. Interessant sind gewisse Parallelen zwischen dem Schicksal des großen Götterbildes im Serapeum und dem grausamen Ende von Hypatia: Eine aufgehetzte christliche Meute brachte sie in eine Kirche, ermordete sie dort, zerstückelte ihre Leiche und verbrannte sie zuletzt.[15] Entsprechendes geschah auch mit der Kultstatue. Lag dem ein Muster zugrunde?

Die außerordentliche Bedeutung, die zeitgenössische wie auch spätere Quellen den Einzelheiten der Zerstörung und Entweihung des Serapeums beimaßen, erklärte sich einerseits aus dem Rang und der Berühmtheit dieses Heiligtums im gesamten Römischen Reich. Andererseits hatte dies aber auch propagandistische Gründe, sollte doch die hier dokumentierte neue Brachialität im antiheidnischen Vorgehen die epochale Bedeutung dieses Geschehens für das weitere religiöse, soziale und politische Leben in der ganzen Region unterstreichen. Es war der Auftakt zu einer systematischen Plünderung, Profanisierung, Umwidmung und Zerstörung der gesamten heidnischen Infrastruktur Alexandrias und darüber hinaus.

Nicht nur die Götterbilder und Weihgeschenke des Serapeums, sondern auch vieler anderer heidnischer Tempel in Alexandria und Umgebung fanden den Weg in die Schmelztiegel und wurden zu Münzen u. ä. umgegossen, sofern sie nicht in ihrer ursprünglichen Form neue Verwendung fanden, wie beispielsweise Nike-Statuen als Engelfiguren in einer christlichen Kirche.[16] Die gezielte Beraubung der Heiligtümer aufgrund ihres wertvollen Inventars wurde von zeitgenössischen wie späteren Quellen auch gar nicht geleugnet. Der materielle Gewinn, der aus diesen Plünderungen der Kirche und ihrem Bischof Theophilos zufloss, muss gewaltig gewesen sein. Dabei ist zu berücksichtigen, dass das Serapeum von Alexandria aufgrund seiner Berühmtheit und Bedeutung in der gesamten antiken Welt in einem Maße Pracht und Reichtum angehäuft haben musste, wie es sonst wohl nur noch in Rom selbst vorstellbar war. So dürfte seine Zerstörung und Plünderung eine der größten Vermögensumverteilungen der Spätantike – nach außen hin religiös-ideologisch begründet – gewesen sein. Nutznießer war die lokale christliche Kirchenorganisation, die sich auf diesem Wege auf geradezu unfassbare Weise bereichert haben dürfte.

Theophilos setzte die ihm und der alexandrinischen Kirche zugefallenen Reichtümer auch zur Durchsetzung eigener kirchenpolitischer Ziele ein. Als er Jahre später in Konstantinopel den ersten Bischof des Reichs, Johannes Chrysostomos, aus dem Amt zu drängen versuchte, wie er überhaupt bemüht war, die Vorrangstellung des eigenen alexandrinischen Bischofssitzes in der gesamten östlichen Kirche durchzusetzen, verteilte er auf großzügige Weise Gold und andere Preziosen an einflussreiche Mitglieder des Kaiserhofes.[17] Ohne die Verheerung des Serapeums und anderer paganer Heiligtümer hätte er kaum über die dazu nötigen finanziellen Ressourcen verfügt. Die alexandrinische Kirche und ihre Protagonisten besaßen nach den Ereignissen von

391/392 derart gewaltige Reichtümer, dass sich auch die wirtschaftlichen und politischen Gewichte zumindest in den Bischofsstädten im Osten des Reiches zugunsten von Alexandria verschoben. Gewiss wird man Theophilos das Bestreben nicht absprechen können, die heidnischen Kulte endgültig zur Bedeutungslosigkeit verdammen zu wollen, doch wäre es kurzsichtig, hier nicht auch auf den ökonomischen Aspekt und schlicht auf den Charakterzug der Habgier hinzuweisen, zumal auch die Geschichtsschreibung genau das hervorhebt.[18] Es waren also nicht allein religiös-ideologisch motivierte Gründe, die zur Vernichtung des Serapeums führten.

TEMPELZERSTÖRUNGEN VON KONSTANTIN BIS JUSTINIAN

Eusebius von Caesarea (263–339), einer der frühesten Kirchenhistoriker der Spätantike,[19] erwähnt bereits für die Zeit Kaiser Konstantins (306–337) die Schließung und Zerstörung heidnischer Tempel, den Abbau ihrer Türen, die Entfernung ihrer Standbilder und anderer Weihegaben und Ausstattungsteile aus Metall, die Vernichtung der Götzenbilder und ihre Umwandlung in Kirchen.[20] Demzufolge scheint das systematische gewaltsame Vorgehen zur Unterdrückung des Heidentums bereits eine Strategie Konstantins gewesen zu sein, was in der Forschung in dieser Form aber doch in Frage gestellt wird. Bemerkenswert genug: Eusebius nahm gleichsam die Verhältnisse des späten 4. und 5. Jahrhunderts vorweg.[21]

Die Abneigung Konstantins gegen blutige Opferriten ist durch die Quellen zwar belegt, doch kann daraus noch keine systematische Verfolgung sämtlicher heidnischer Kulte gefolgert werden. Der einzige für seine Zeit wirklich nachweisbare Fall der Zerstörung eines paganen Kultes betraf die Jerusalemer Grabeskirche: Die gewaltige christliche Anlage überdeckte einen eher bescheidenen heidnischen Vorgängerbau und verdrängte den dort geübten Kult, der offenbar der Aphrodite galt. Auch durch andere

Quellen ist belegt, dass Konstantin offenbar besonders am Aphrodite-Kult Anstoß nahm, möglicherweise aufgrund der damit verbundenen Tempelprostitution.[22]

Eusebius beschreibt für das Ende der Regierungszeit Konstantins ein bereits sehr ausgeklügeltes Vorgehen, was die Konfiszierung von Tempelgütern angeht. Danach entsandte der Kaiser Delegationen in die Provinzen mit dem Auftrag, die Statuen heidnischer Kulte zu zählen und sie ihrer Wertgegenstände zu berauben. Alle Bronzestatuen seien beschlagnahmt, wiederverwendbare Materialien eingeschmolzen worden.[23] Ob dies aber tatsächlich mit dieser von Eusebius behaupteten Systematik durchgeführt wurde, muss dahingestellt bleiben, wenn nicht sogar mit einem gewissen Fragezeichen versehen werden. Tatsache ist jedoch, dass für Konstantin nicht die Schließung der Tempel im Mittelpunkt stand, sondern – neben der Schädigung ihres Ansehens – insbesondere der drastische Eingriff in ihre finanziellen Ressourcen, also ihre Ausplünderung.[24] Diese Beschlagnahme der Tempelgüter auf Konstantins Veranlassung hin war allerdings von epochaler Bedeutung. Der römische Schriftsteller Firmicus Maternus sah in dem ungehinderten Einzug der Tempelgüter den Beweis für die Unfähigkeit der heidnischen Götter, sich zu verteidigen. Deshalb empfahl er ausdrücklich, das Gold und Silber der Götzenstatuen für die Münzprägung und zum Nutzen des Reichs zu verwenden.[25]

Die Berichte des Eusebius und Firmicus Maternus werden durch etliche weitere Hinweise bestätigt und ergänzt. So weist ein anderer anonymer spätantiker Autor aus dieser Zeit darauf hin, dass es bei der Einziehung der zur Münzprägung geeigneten Tempelgüter wie Gold und Silber offenbar auch um große Mengen von Edelsteinen ging, was den unermesslichen Reichtum der Ausstattung vieler heidnischer Heiligtümer deutlich vor Augen führt.[26] Auch wenn man also Konstantin keine systematische Ausschaltung zuschreiben kann, wie sie ab dem ausgehenden 4. Jahrhundert dann eintrat, so ist doch auch unter ihm eine Statusverschlechterung heidnischer Tempel und Religionsgemeinschaften zu verzeichnen, die im Einzelfall durchaus gravierend sein konnte. Offenbar geschah dies aber weniger aus religiös-ideologisch motivierten Gründen als vielmehr aus ökonomischen Überlegungen.

Der Hauptzweck der durchaus systematischen Konfiszierung von wertvollen Tempelgütern war dabei deren Überführung in öffentliches Eigentum. Christliche Emissäre sollen überall nach mit Gold und Silber überzogenen Kultbildern gesucht haben, um diese dann einschmelzen zu lassen, während die heidnischen Priester aufgefordert gewesen seien, auch ihre geheimsten Verstecke zu zeigen.[27] Bisweilen waren zwar auch Kirchen Empfänger dieser Reichtümer, der größte Teil ging jedoch in der Tat an den Fiskus, der das dadurch gewonnene Gold und Silber zur Münzprägung nutzte und die kaiserlichen Bilanzen in jeglicher Hinsicht erheblich aufbesserte. Konstantin war für seine Großzügigkeit bekannt, insofern dürften gewiss auch einflussreiche Persönlichkeiten am Hofe in den Genuss von wertvollen Gaben aus den Tempeln gekommen sein. Darüber hinaus muss fest davon ausgegangen werden, dass außerdem zahlreiche Privatpersonen und Beamte niederen Ranges die Gunst der Stunde nutzten und sich Teile dieser Vermögen und dazu entsprechenden Grundbesitz aneigneten.[28]

Herausragende Kunstwerke aus Metall und Marmor setzte Konstantin stattdessen zur Verschönerung Konstantinopels oder Roms ein, wo er sie an besonders markanten öffentlichen Stellen wieder aufstellte. Die gesamte heidnische Götterwelt trat in Konstantinopel in Form von geraubten Statuen auf, um die neue Hauptstadt prachtvoll zu gestalten und sie in eine säkulare Repräsentationsstätte zu verwandeln. So wurde die Stadt quasi in aller Öffentlichkeit eine Art Museum antiker vorchristlicher Kunst. Aber auch dies hatte System: Die Pracht des Untergegangenen und das vom Christentum Besiegte und Überwundene sollte den Sieger und das Gegenwärtige noch grandioser und erhabener erscheinen lassen. Dabei ist es kein Zufall, dass vor allem Herrscher wie Konstantin und später Justinian antike Statuen sammelten und öffentlich aufstellen ließen, die eine wahrhaft imperiale Politik verfolgten und durch die Kunst ausdrücklich vom Römischen Reich hergeleitete Weltherrschaftsansprüche verfolgten.[29]

Der aus Antiochia stammende Libanios (314–393), einer der bedeutendsten griechischen Redner der Spätantike, unterzog in seiner berühmten Rede «Für die Tempel» die Gewalt gegen heidnische Heiligtümer während des 4. Jahrhunderts scharfer Kritik.[30] Konstantin beschrieb er als Kaiser, der die Tempel ihrer Inventare beraubt, später jedoch dafür schwer gebüßt habe. Dabei spielte er vermutlich auf die gewaltsamen Tode von Frau, Söhnen und Nachfolgern von Konstantin an. Bei dieser Rede handelte es sich jedoch um einen Text, der offensichtlich Personen, die bei Kaiser Theodosius (379–394) über Einfluss verfügten, mit Argumenten gegen die Zerstörung heidnischer Tempel versorgen sollte; in die Herrschaftszeit von Theodosius fiel schließlich auch die Schleifung des Serapeums von Alexandria (392).[31]

Trotz Libanios' Einsatzes besserte sich die Situation auch unter Konstantins Sohn und Nachfolger Constantius II. (337–361) nicht: Weiterhin wurden Tempel geplündert, zerstört und zweckentfremdet. In der Folge begannen die städtischen Eliten sich neu zu orientieren, denn klar war: Wer auf ein für Christen anstößiges Engagement im Rahmen heidnischer Kulte verzichtete, verbesserte seine Chancen, in den Genuss kaiserlicher Gunst und Wohltaten zu kommen. So landeten einige der von Constantius II. konfiszierten Tempel nachweislich im Besitz dieses Personenkreises.[32] Mehr noch als sein Vorgänger verweigerte nämlich Constantius II. den Heiligtümern ihre religiöse Funktion und setzte nicht nur die Beschlagnahme ihrer Güter und Reichtümer fort, sondern eröffnete darüber hinaus auch eine Phase der Veräußerung der Tempelgebäude selbst.[33] Neben der gewaltsamen Zerstörung gab es auch Anweisungen, von den Tempelgebäuden Türen und Dachziegel zu entfernen, um so ihren Verfall zu beschleunigen.[34]

Die von Kaiser Julian Apostata (360–363), dem Neffen und Nachfolger von Constantius II., betriebene Restauration der heidnischen Kulte und vorübergehende Zurückdrängung des Christentums sorgte für Verunsicherung, weil die konfiszierten Tempel zurückgegeben und wiedereröffnet wurden. Diejenigen, die zu Gewalttaten gegen heidnische Tempel aufgerufen oder diese selbst durchgeführt hatten, mussten nun um ihren Besitz und bisweilen sogar um ihr Leben fürchten.[35] Berichtet wird von Strafgeldern für Personen, die den Tempeln Baumaterial entwendet hatten, und einige in oder über heidnischen Heiligtümern erbaute Kirchen wurden sogar abgerissen. Ein 362 in Alexandria erlassenes Edikt sah zudem die Rückgabe von Statuen und Gütern vor.[36]

Doch Julian herrschte nur wenige Jahre, und unter seinem Nachfolger Valens (364–378) setzte das Christentum seinen nur kurz unterbrochenen Aufstieg fort. Auch wenn die Tempelgüter nun wieder in öffentlichen Besitz gegeben werden mussten, verfolgte Valens gegenüber den Heiden dennoch eine eher tolerante und integrative Religionspolitik.

Diese Politik setzte Theodosius (379–394), selbst ein frommer Christ, zunächst fort und unterschied sehr deutlich zwischen seinem persönlichen Glaubensbekenntnis und seiner Rolle als Kaiser von Christen und Heiden.[37] Die Zeit zwischen dem Tode von Julian Apostata und dem Regierungsantritt von Theodosius ließ keine Verschärfung der antiheidnischen Gesetzgebung erkennen, vielmehr kennzeichneten sie Kontinuität und die Wiederaufnahme der traditionellen Kulte. Dies galt auch für die ersten Regierungsjahre von Theodosius, dann allmählich nahmen die militanten Übergriffe von Christen gegen Heiden wieder zu und gipfelten schließlich in der Zerstörung des Serapeums von Alexandria.[38] Dies ist die Zeit, in der sich Libanios mit seiner berühmten Rede «Für die Tempel» Gehör bei einflussreichen Kräften am Hof von Kaiser Theodosius zu verschaffen suchte. Auch wenn es sich dabei um einen Text handelt, dessen historische Aussagekraft und Verlässlichkeit in vielerlei Hinsicht begrenzt ist, so liefert er doch bemerkenswerte Details. So hebt er hervor, dass vielfach gerade auch ländliche Heiligtümer verwüstet wurden, wobei diese Attacken stets von Übergriffen auf den bäuerlichen Besitz dieser Kultgemeinden begleitet waren: Vorräte und Vieh wurden geraubt und Bauern mitunter enteignet, ohne dass sie eine Chance auf Entschädigung hatten.[39] Damit zeichnet sich immer deutlicher ab, dass die Angriffe auf Tempel in ganz erheblichem Maße mit Raub und Vermögensumverteilung verbunden waren.

Dem Bischof von Gaza, Porphyrios (395–420), wird in seiner Vita ein außerordentlicher Einsatz bei der Christianisierung seiner Stadt und bei der Zerstörung der dort befindlichen heidnischen Tempel nachgesagt.[40] Die Stadt selbst muss damals noch tief gespalten gewesen sein zwischen einer christlichen und einer heidnischen Anhängerschaft, das heißt, dass die Vernichtung des Serapeums keinesfalls automatisch zu einem Fanal für das Verschwinden sämtlicher weiterer paganer Heiligtümer im Oströmischen Reich geworden war. Der oströmische Kaiser Arkadius (395–408) sollte dafür gewonnen werden, die Vernichtung der heidnischen Tempel Gazas anzuordnen und die dortige christliche Gemeinde statusmäßig und ökonomisch entsprechend zu privilegieren; auch hier traten also die wirtschaftlichen und finanziellen Interessen wieder deutlich hinter den vorgeschobenen religiös-ideologischen hervor.

Unmittelbar nach Bekanntwerden dieser Entscheidung beherrschten bereits christliche Massen die Straßen von Gaza und begannen mit der Zerstörung und Plünderung der heidnischen Heiligtümer und Götterbilder. Die Vita des Porphyrios liefert die umfangreichste Darstellung von der Zerstörung heidnischer Tempel in der Spätantike und beschreibt sowohl die äußeren Begleitumstände wie auch die Details der Vernichtung des Marnas-Heiligtums, des wichtigsten Heiligtums der Stadt Gaza, die regelrecht als Purifikation zelebriert wurde, der anschließend die Errichtung einer Kirche an derselben Stelle folgte. Nach Ausweis der Quellen war die heidnische Bevölkerung kaum mehr in der Lage, ernsthaften Widerstand zu leisten, zu massiv war die christliche Übermacht, insbesondere nach dem Eintreffen der kaiserlichen Emissäre mitsamt militärischer Begleitung. Hinzu kam, dass offenbar weitere christliche Trupps aus den Städten der benachbarten Küstenregion in die Stadt gekommen waren, weil auch sie an dem Plünderungszug gegen die paganen Heiligtümer und an den daraus zu ziehenden materiellen Gewinnen teilhaben wollten. Zu diesem Zweck wurden offenbar sogar systematische Hausdurchsuchungen durchgeführt, um die dabei entdeckten Kultbilder und magischen Schriften öffentlich zu entweihen und zu verbrennen, allerdings nicht ohne alles Wertvolle und Weiterverwertbare vorher beiseitegeschafft zu haben. Besonders auffällig ist die von Porphyrios verfolgte Strategie aggressiver Intoleranz und offener Verhöhnung des Heidentums. So wurden etwa Marmorplatten des Marnas-Heiligtums aus dem dortigen Adyton herausgerissen und zur Pflasterung öffentlicher Plätze genutzt, wo sie den Hufen von Tieren Tag für Tag ausgesetzt sein sollten. Die Unversöhnlichkeit des christlichen Bischofs von Gaza in seinem Vorgehen war durchaus programmatischer Natur.[41]

Auch wenn diese gewaltsamen Aktionen gegen das Heidentum besonders im Osten des Römischen Reichs gut belegt sind, gab es ähnliche Tendenzen auch im weströmischen Machtbereich. Die Herrschaft des weströmischen Kaisers Honorius (395–423) gilt als eine Zeit, in der der gesetzlich verbriefte Schutz heidnischer Tempel langsam an Wirkkraft verlor und es immer häufiger zu sogar angeordneten Zerstörungen kam.[42] Zu jener Zeit wurde auch die Provinz Africa immer stärker von gewaltsamen Attacken gegen heidnische Tempel erschüttert, wie etwa der Angriff auf das Heiligtum der Göttin Caelestis in Karthago belegt.[43] Erneut ging es nicht allein um religiöse Purifikation, vielmehr zogen die gewaltigen Raubzüge Vermögensumverteilungen nach sich, bei denen erhebliche Interessenverstrickungen ganz unterschiedlicher christlicher Kreise vorlagen.

Schenute von Atripe (348–466), der Vorsteher eines Klosters südlich von Sohag in Oberägypten, war ein weiterer ebenso tatkräftiger wie gewalttätiger Protagonist im Kampf gegen das Heidentum. Als Vertrauter von Kyrill, dem Bischof von Alexandria (412–444) und Nachfolger des durch die Zerstörung des Serapeums bekannt gewordenen Theophilos, erhielt er offenbar Rückendeckung für seine Angriffe auf das Heidentum in weiten Teilen Mittel- und Oberägyptens, darunter die Zerstörung des unweit seines Klosters gelegenen Tempels von Atripe.[44] Schließlich wurde jedoch ein Gerichtsverfahren gegen ihn angestrengt, obwohl die Zerstörung paganer Götterbilder und Heiligtümer durch die kaiserliche Gesetzgebung bereits legalisiert war. Vorgeworfen wurden ihm insbesondere mehrfache Einbrüche in Privathäuser, aus denen er angeblich Kultgegenstände und magische Schriften – wahrscheinlich auch weitere Preziosen und Wertgegenstände jeglicher Art – raubte, um sie in sein Kloster zu verschleppen. Auch hier geht eine vorgeschobene religiöse Purifikation Hand in Hand mit einer maßlosen Bereicherung.[45]

Interessanterweise decken sich die Ziele, die Theophilos mit der Zerstörung und Plünderung des Serapeums auf höherer machtpolitischer Ebene verfolgte, prinzipiell mit der Strategie Schenutes, der auf einer unteren, regionalen Ebene agierte. Die in seinem Kloster zusammengetragenen Reichtümer machten dieses schon bald zu einem wirtschaftlich dominierenden Machtfaktor in der Region und Schenute zu einem wichtigen Partner der Provinzverwaltung, die indes die unter dem Vorwand der Bekämpfung des Heidentums durchgeführten Raubzüge durchaus gedeckt zu haben schien.

Im Jahre 435 erließen der weströmische Kaiser Valentinian III. (425–455) sowie sein oströmisches Pendant Theodosius II. (408–450) ein Gesetz, das gleichsam als letzte Anordnung gegen heidnische Tempel gilt. Diesem zufolge sollten sämtliche Gebäude, die heidnischen Kulten dienten, zerstört werden.[46] Dass die für Heiden vorgesehene Todesstrafe auch in Verbannung mit Enteignung umgewandelt werden konnte,[47] zeigt erneut, welches Motiv hinter diesem vermeintlichen Kampf der Religionen stand.

Dennoch sollte es noch lange dauern, bis die letzten heidnischen Traditionen beseitigt waren: Erst 529 vertrieb der heilige Benedikt mit der Gründung eines Klosters den Apollo-Kult vom Monte Cassino, erst unter Justinian wurde der Parthenon in eine

Kirche verwandelt, erst 536 wurde ebenfalls der Justinian mit dem Isis-Tempel von Philae das letzte offizielle pagane Heiligtum in Ägypten durch kaiserliche Truppen geschlossen, und erst 609 konnte Papst Bonifaz IV. das Pantheon der Madonna weihen.[48]

RELIGIÖSE, MACHTPOLITISCHE UND ÖKONOMISCHE INTERESSEN

Es wäre zu einfach, die Tempelzerstörungen der Spätantike lediglich als religiös motivierte Gewaltakte und allein als Resultat der religiösen Konflikte in jener Zeit zu betrachten. Die Handlungsmotive sind nicht immer vollkommen durchsichtig, und die Aussagen der zeitgenössischen oder auch etwas jüngeren Schriftquellen, insbesondere der Kirchenhistoriker, sind stets mit großer Skepsis zu betrachten, weil sie die Ereignisse in der Regel nicht objektiv und frei von ideologischer Färbung beschreiben. Offensichtlich scheinen bei diesen Auseinandersetzungen neben religiösen stets auch soziale, ethnische, machtpolitische und ökonomische Interessen eine zentrale Rolle gespielt zu haben, was auch damit zusammenhängt, dass das kultische Leben stark mit Aspekten gesellschaftlicher und politischer Legitimation, mit Prestige und innerer Stabilität verwoben war.

Auch wenn gewalttätige Angriffe auf heidnische Kultstätten eine Begleiterscheinung der fortschreitenden Christianisierung bildeten, brauchte es doch stets auch Persönlichkeiten wie Theophilos, Kyrill oder Schenute, deren jeweilige machtpolitische Ambitionen den Ausschlag gaben. Immer wieder stand aber auch ganz unverblümt – ob auf staatlicher oder auf privater Ebene – die Bereicherung durch geplünderte Kostbarkeiten im Vordergrund. Letztendlich ging es immer auch darum, bestimmte Bevölkerungsgruppen vom politischen, gesellschaftlichen und wirtschaftlichen Leben auszugrenzen und deren frühere Privilegien ebenso wie Funktionen und Besitztümer neu zu verteilen.

Noch dazu kam es ab dem ausgehenden 4. und im 5. Jahrhundert zu systematischen und sogar von gesetzlichen Regelungen gedeckten Plünderungen heidnischer Tempel, als die sie tragenden Teile einer Stadt- oder Dorfgemeinschaft bereits im Niedergang begriffen waren und der zu erwartende Widerstand überschaubar war, für die christliche Seite auf keinen Fall wirklich bedrohlich.

Die spätantike und auch spätere Kirchengeschichtsschreibung verfolgte dabei nicht das Ziel, diese Ereignisse objektiv zu berichten und der Nachwelt die Möglichkeit zu geben, sich ein eigenes Urteil zu bilden. Vielmehr zeichnete sie ein geradezu triumphalistisches Weltbild des aufstrebenden Christentums. Der Sieg der Heilsgeschichte gegenüber allen anderen Kulten musste letztlich ganz und gar zwangsläufig erscheinen.[49] Dies ist auch der Grund dafür, warum in den Werken des 4. und 5. Jahrhunderts die Zerstörung der heidnischen Kulte und der überwiegend gewaltsame Umgang mit ihnen einen so breiten Raum einnahmen.

Die Tempelzerstörung bildete dabei aber auch ein subtiles Instrument in der Bewertung der christlichen Kaiser selbst. Ihre Einstellung gegenüber heidnischen Kultstätten diente quasi als Gradmesser für ihre Rechtgläubigkeit und prinzipienfeste Bindung an den christlichen Glauben.[50] Gelegentliche Versuche, sich als Initiatoren und Aktivisten des antiheidnischen Kampfes zu inszenieren, hatten in der Regel wenig mit der Realität zu tun. Entsprechend weitreichende strategische Planungen des Kaiserhofes existierten nicht. Der extensive Einsatz religiöser Gewalt wurde vielmehr zu einem regelrechten Stilmittel der hagiographischen Dramaturgie und erschwert damit den Zugriff auf den wahren historischen Kern der Überlieferung. Die Berichte der uns verfügbaren Quellen sind schlicht einseitig und überzeichnend und stellen sich gar nicht mehr der Frage, inwieweit es neben jenen gewalttätigen Übergriffen von Christen auf Heiden auch noch eine friedliche Koexistenz im Miteinander der Religionsgruppen gab.

Die Bischöfe spielten in diesem Zusammenhang die Schlüsselrolle.[51] Seit Konstantins Übertritt zum christlichen Glauben rückten sie kontinuierlich ins Zentrum des gesellschaftlichen und politischen Lebens und wurden zu einem immer wichtigeren Element der Stadtgesellschaft. Gerade im ausgehenden 4. und dann vor allem im 5. Jahrhundert erreichte ihre Machtstellung eindrucksvolle Dimensionen. Während die traditionellen und insbesondere heidnischen Eliten an Einfluss verloren, schritt der Siegeszug der Bischöfe ungehindert voran. Dabei gelang es ihnen, auch immer mehr zivilrechtliche Entscheidungskompetenzen an sich zu ziehen. Hinter ihrem gewaltsamen Vorgehen gegen heidnische Kulte standen vielfach Ehrgeiz, Machthunger und Geldgier. Der angebliche Einsatz für den gerechten Sieg der einzig wahren Religion war lediglich ein oberflächlicher Firnis. Schon längst ging es nicht mehr um Glaubensfragen, sondern um die Umverteilung von Macht und Vermögen.

Es ist dabei gewiss nicht nur eine Frage der Überlieferung, sondern dürfte der Realität entsprochen haben, dass die Tempelzerstörungen und die Plünderungen von Hab und Gut heidnischer Kultgemeinden gerade im Osten des Reichs mit besonderem Fanatismus betrieben wurden. In Athen und in Rom wurden in der Zeit Konstantins zwar antike Statuen beschlagnahmt, dies diente jedoch in erster Linie dem Zweck, der neuen Metropole zu imperialer Pracht zu verhelfen. Und statt mit Tempelzerstörungen haben wir es in Athen mehrheitlich mit einer Umwandlung in Kirchen zu tun, wie dies selbst beim Parthenon der Fall war. Ähnlich verhielt es sich in Rom; auch dort überlebten viele Monumente der vorchristlichen Kaiserzeit trotz der 435 gesetzlich angeordneten Tempelverwüstungen.[52] Viel gefährlicher als die von Bischöfen initiierten Tempelstürme wurde für sie der profane Steinraub der folgenden Jahrzehnte und Jahrhunderte.

Wann immer die Quellen näheren Einblick in Details der Tempelzerstörungen gestatten, erscheinen die Bischöfe – oder andere christliche Protagonisten – als die Initiatoren der Zerstörung heidnischer Tempel und der Einziehung ihrer Vermögen. Die einfache christliche Bevölkerung hingegen übernahm anscheinend so gut wie nie von sich aus die Initiative zu solchen Aktionen, weder in der Stadt noch auf dem Land. Aber so sehr die Bischöfe auch zu Stützen und – insbesondere im Oströmischen Reich – überdies zu Sachwaltern des Staates wurden, so war es der Staat, der die Übergriffe mit Ressourcen und später dann auch durch entsprechende gesetzliche Rahmenbedingungen stützte. Die Zerstörung der Tempel und heidnischen Kulte vollendete die definitive Machtübernahme des christlichen Glaubens im gesamten Römischen Reich, in seinem West- wie in seinem Ostteil. Darüber hinaus wurde den Bischöfen damit ein probates Mittel zur Hand gegeben, einerseits die christlichen Massen für ihre Zwecke zu mobilisieren und andererseits ihre Machtstellung durch eine enorme Anhäufung von Reichtümern erheblich auszubauen. Nur auf dieser neuen materiellen Basis war es etwa Theophilos von Alexandria überhaupt möglich, von Ägypten aus im machtpolitischen Poker am Kaiserhof in Konstantinopel mitzumischen.

Die Zerstörung von Tempeln lag weitgehend außerhalb des Blickfeldes der kaiserlichen Legislative. Eher in den Fokus gerieten dagegen interessanterweise Aspekte der Konfiskation heidnischer Stätten, also vermögensrechtliche Fragen.[53] Auch wenn Konstantin schon erste Tempel zerstören ließ, so fehlte dafür bis zum frühen 5. Jahrhundert noch die gesetzliche Grundlage. Erst für das Jahr 435 ist ein Gesetz bezeugt, das den Umgang mit heidnischen Kultstätten betrifft. Darin ist jedoch mehr von der Schließung als von der gewaltsamen Zerstörung von Tempeln die Rede.[54] Es scheint, als sei der Staat in diesen religionspolitischen Auseinandersetzungen mehr Getriebener denn Treibender gewesen. Der Organisationsfähigkeit, der Schlagkraft und dem Mobilisierungspotential der Kirche hatte die römische Verwaltung oft nur wenig entgegenzusetzen.

Begünstigt wurde diese Entwicklung durch die Tatsache, dass die heidnischen Tempel seit jeher vielfältige Funktionen hatten: So handelte es sich nicht nur um Kultstätten, sondern oft agierten sie auch als ‹Banken›. Dies hing insbesondere damit zusammen, dass Tempel selbstredend den wirkungsvollsten Schutz vor Beschlagnahmungen oder Diebstahl boten und dadurch geradezu ideale Orte zur Thesaurierung von Vermögenswerten darstellten.

Und da Edelmetalle, insbesondere Gold, seit vorgeschichtlicher Zeit auch magisch-rituelle Bedeutung besaßen, bot es sich an, Heiligtümer als sichere Aufbewahrungsorte zu nutzen.[55] Genau diese Eigenschaft – und nicht etwa die Tatsache, dass es sich um Orte nichtchristlicher Kulte handelte –, machte sie im Umbruch der Machtverhältnisse während des späten 4. und 5. Jahrhunderts dann zum bevorzugten Ziel immer systematischer werdender christlicher Attacken. Die in den Tempeln stillgelegten Vermögenswerte wurden im wahrsten Sinne des Wortes wieder ‹flüssig› gemacht, indem Edelmetalle und andere Objekte aus Erz eingeschmolzen und zum Beispiel als Münzen neu in die Zirkulation gebracht wurden.

Immer wieder finden sich aber auch Hinweise auf Arrangements zwischen heidnischen und christlichen Teilen der Eliten, die eine bedingte Fortführung paganer Kulte gestatteten. Allerdings konnte es dabei durchaus zu Spannungen kommen, wenn solche Kompromisse für Teile der Oberschicht galten, aber die übrige Bevölkerung nicht daran partizipierte. Gerade die Zerstörungszüge Schenutes und seiner Mönche in Oberägypten sind ein Exempel dafür, wie sehr solche Aktionen auch gegen eine gewisse Balance zwischen den tonangebenden christlichen und heidnischen Kräften gerichtet waren.[56] Unter ihm gewogenen Provinzmagistraten konnte Schenute quasi unter dem Auge des Gesetzes seine Raubzüge selbst in Privathäuser hochgestellter heidnischer Personen durchführen, ohne irgendeine Strafverfolgung befürchten zu müssen.

Fakt ist jedenfalls, dass es in den ideologisch-religiösen Konflikten der Spätantike in erster Linie darum ging, sich gegen seine Gegner durchzusetzen und in den Besitz von Ressourcen zu gelangen: Gebäude, Subventionen, Privilegien, Prestige, Macht und Reichtum. Die religiösen Gegensätze waren dabei nicht die treibenden Kräfte, sondern vielfach nur Vorwand.[57] In der Zeit des späten 4. und 5. Jahrhunderts erreichte die fortschreitende Christianisierung ein Ausmaß, das es offenbar verlockend erscheinen ließ, unter dem Deckmantel eines unaufhaltsamen christlichen

Siegeszuges zum Wohle des einzig wahren Glaubens die Götzen zu bekämpfen und dabei über Generationen gewachsene gesellschaftliche und ökonomische Verhältnisse grundstürzend zu verändern. Man muss sich sogar fragen, ob die zahlreichen von Enteignungen und Plünderungen begleiteten Zerstörungen heidnischer Tempel nicht in erster Linie zu diesem Zweck durchgeführt wurden. Nutznießer waren die Bischöfe, der kaiserliche Fiskus und vom Kaiser oder den Bischöfen beschenkte Privatleute sowie andere ‹Aktivisten› vom Schlage eines Schenute. Im Ergebnis dieser als innerreligiöser Kampf verbrämten Auseinandersetzungen kam es zu einer kolossalen Akkumulation von Kapital jeglicher Art in den Händen gänzlich neuer, christlicher Machteliten.

Der sogenannte Chludow-Psalter, eine reich bebilderte Psalmen-Handschrift, wurde um die Mitte des 9. Jahrhunderts in Konstantinopel geschaffen. Die Manuskriptseite zeigt oben Nikephoros (758/59–828/29), den Patriarchen von Konstantinopel, und den Kirchengelehrten Theodoros Studites (759–826) mit einem Christusbildnis. Darunter werden sie, vertieft ins Gespräch mit dem byzantinischen Kaiser Leo V. (reg. 813–820), genannt «der Armenier», dargestellt. Rechts zerstört ein Eiferer im Zuge des Ikonoklasmus ein Christusbildnis.

3. DER BYZANTINISCHE BILDERSTREIT

KAMPF ZWISCHEN KIRCHE UND STAAT

Nach dem Ende der Spätantike kam es zu systematischer Zerstörung von Kunst- und Kulturgütern erst wieder im sogenannten byzantinischen Bilderstreit, der über ein Jahrhundert lang zwischen 730 und 841 tobte.[1] Das Christentum setzte sich von Anfang an mit der Frage auseinander, inwieweit es zulässig sei, Bildnisse von Christus und den Heiligen herzustellen und diese auch anzubeten und damit Teil des christlichen Ritus werden zu lassen. Zunächst wollte man sich klar von der bilderfreundlichen griechischen und römischen Antike abgrenzen und stand, was die Bilderfeindlichkeit anging, auch in der Tradition des jüdischen Glaubens.[2] Dann aber erkannte man doch den pädagogischen Wert von Darstellungen bei der Verbreitung der christlichen Religion in einer Welt, in der überwiegend des Lesens Unkundige lebten. Die Folge war, dass ab dem 3./4. Jahrhundert immer mehr Illustrationen biblischer Begebenheiten und Abbilder von Heiligen in Umlauf kamen. Dabei handelte es sich meist um Fresken oder Mosaiken, während in der skulpturalen Kunst christliche Motive kaum in Erscheinung traten. Unter dem byzantinischen Kaiser Justinian II. erschien im 8. Jahrhundert das Antlitz Christi dann aber sogar auf Münzen.

Dies führte zu der immer dringlicher werdenden Frage, ob die

Verehrung solcher Bilder statthaft sei und Gott überhaupt menschengleich dargestellt werden dürfe.[3] Die Verwendung von Bildern bei Ritualen und in Kirchen wurde meist damit verteidigt, dass man ihren hohen kommunikativen Wert bei der Verbreitung der christlichen Heilslehre hervorhob. Außerdem würde nicht das Bild angebetet, sondern der durch das Bild dargestellte Gott. Und schließlich habe sich Gott durch die Menschwerdung seines Sohnes Jesus Christus selbst menschliche Form gegeben, weshalb er auch so abgebildet werden dürfe.

Ab der Wende vom 6. zum 7. Jahrhundert wurden diese Diskussionen auch im karolingischen Westen geführt. Papst Gregor der Große (590–604) hatte sich mit der ersten ikonoklastischen Aktion in der westlichen Kirche zu befassen, nachdem Bischof Serenus von Marseille Bilder aus Kirchen hatte entfernen und zerstören lassen. Obwohl Gregor sich in der Ablehnung der Bilderverehrung mit Serenus einig war, wies er unvermindert auf ihren Nutzen für die religiöse Bildung von Analphabeten hin. Die wahrscheinlich von Bischof Theodulf von Orléans geschaffenen *Libri Carolini* versuchten einen Mittelweg zu beschreiben und theologisch zu begründen, der sich zwischen Bilderfeindlichkeit und Bilderverehrung bewegte: Bilder sollten weder abgeschafft noch verehrt werden, Anbetung gebührte allein Gott, doch könnten Bilder als Schmuck und zur Erinnerung an kirchengeschichtlich wichtige Ereignisse in Kirchen geduldet werden.[4] Überdies wurde die Bedeutung des Kreuzes und der Reliquien hervorgehoben. Die hohe Wertschätzung des Kreuzes beruhte darauf, dass es nicht als stoffliches Bild aufgefasst wurde, sondern als Idee. In der Verehrung der Reliquien von Heiligen komme der Glaube zum Ausdruck, dass sie mit Christus lebten und wie dieser dereinst auferstehen würden. Bei den Theologen insbesondere der späten Karolingerzeit hielt sich eine reservierte Haltung gegenüber Bildern, wahrhaft ikonoklastische Aktionen gab es jedoch nur sehr vereinzelt, von einem karolingischen Bildersturm kann man nicht sprechen. Der teils schwer deutbare Figurenreichtum romanischer Kirchenkunst spricht hier auch eine deutliche Sprache.[5]

Anders in der östlichen Kirche im Byzantinischen Reich. Dort kam es ab dem 8. Jahrhundert im Zuge einer immer stärker ausufernden Bilderflut mit christlichen Motiven zu heftigen bildtheologischen Kontroversen, die in einem handfesten Bilderstreit und letztlich in einem wütenden und radikalen Ikonoklasmus endeten. Diese Auseinandersetzungen waren dabei bald nicht mehr nur theologisch-ideologisch motiviert, sondern eng eingebunden in politische, soziale und wirtschaftliche Machtkämpfe jener Zeit, die die Verhältnisse in Byzanz vom karolingischen Westen unterschieden.

Wichtig ist in diesem Zusammenhang die Tatsache, dass die in straff organisierten Gemeinschaften lebenden Mönche zu Beginn des 8. Jahrhunderts einen wachsenden Einfluss auf die Bevölkerung erlangten. In ihren Klöstern verwahrten sie alle möglichen Kultbilder und Reliquien, denen die unterschiedlichsten Wunderwirkungen attestiert wurden. Für die Begegnung mit diesen Kultbildern und für die Entfaltung ihrer Heilskraft hatten die Gläubigen Zahlungen zu entrichten, die meist in Naturalien geleistet wurden. Die Folge dieser Entwicklung war, dass die wirtschaftliche Stärke der Mönche und Klöster immer weiter anwuchs, was zum Konflikt mit der weltlichen Macht, dem Kaiser, führen musste, der seine beherrschende Position in Gefahr sah. Der Caesaropapismus, also die Vereinigung der höchsten geistlichen und weltlichen Macht in der Person und im Amt des byzantinischen Kaisers, war dadurch zwar nicht grundsätzlich in Frage gestellt, trotzdem musste die zunehmende ökonomische und damit auch politische Stärke des Mönchtums in der Weite des Reichs dem Machtanspruch des Kaisers entgegenstehen.[6]

Eingeleitet wurde der byzantinische Bildersturm durch ein entsprechendes Edikt Leos III. (717–741) im Jahre 730. Seinem Aufruf zur Bekämpfung der Bilder schlossen sich einflussreiche Kreise der byzantinischen Gesellschaft an, denen der Bilderstreit Gelegenheit gab, jene Schichten zu bekämpfen, die sie aus gänzlich anderen Gründen in Gegnerschaft zu sich sahen. Eine Gruppe ganz besonders orthodoxer Mönche verfolgte trotz des Edikts

Leos III. die Verehrung ihrer Bilder jedoch radikal weiter. Dies konnte der Kaiser durchaus als Rebellion auffassen und reagierte dementsprechend mit aller Härte darauf, was Hinrichtungen durchaus einschloss.[7] Kaiser Konstantin VI. (780–797) setzte die Bekämpfung der bilderfreundlichen Mönche auf radikale Weise fort, bis seine Mutter Irene seinen Sturz herbeiführte und von 797–802 selbst die Herrschaft übernahm. Anders als ihre Vorgänger protegierte sie die Mönche, allerdings aus dem Kalkül heraus, dass ihr dies umgekehrt in den internen Machtkämpfen am Kaiserhof die Unterstützung der radikalen Orthodoxie einbringen würde. Diese Rechnung ging zunächst auch auf, führte aber zu einer weitgehenden Beschädigung des Staatsgefüges, weshalb Kaiser Nikephoros nach dem Sturz Irenes 802 den Konflikt mit den Mönchen wieder aufnahm. Unter ihm und dann auch seinen Nachfolgern wurde der Ikonoklasmus als Kampf gegen das Mönchtum immer weiter verschärft. Es kam zu Verbannungen, Einzug von Klostervermögen, sogar Auflösung von Klöstern, und Mönchen wurde bei Androhung der Todesstrafe der Zutritt zu Städten untersagt.

Die harten Maßnahmen gegen das Mönchtum waren verknüpft mit dem nicht minder vehementen Kampf gegen religiöse Bilder. Einem berühmten Ikonenmaler, der seinem Schaffen nicht abschwören wollte, soll man glühende Eisen auf die Hände gelegt haben, anderen brannte man ikonoklastische Verse auf die Stirn.[8] Doch war der Ikonoklasmus nur eine Begleiterscheinung des Kampfes gegen die Macht der Mönche, oder verhielt es sich umgekehrt?

Seitdem das Christentum in der Spätantike eine Vormachtstellung innerhalb des Reichs erlangt hatte, spielten die Mönche stets eine besondere Rolle: Bisweilen wirkten sie sektenartig und äußerten sich gesellschaftskritisch, mal lehnten sie sich enger an Kirche und Staat an, mal eher davon abgewandt. Da die Klöster auf dem Land ihre ganze Macht entfalteten und ihren Grundbesitz kontinuierlich vergrößerten, entzogen sie sich nicht nur der unmittelbaren Kontrolle der Kirche, sondern wurden dort auch ökonomisch unabhängig. Sie wuchsen zu landwirtschaftlichen Produktionszentren heran, von denen auch die Städte und deren Bevölkerung in immer stärkere Abhängigkeit gerieten. In Ägypten ging dies so weit, dass die Getreidepreise schließlich von den Klöstern kontrolliert wurden. Ihr zunehmender Reichtum äußerte sich im Ausbau zu wahren Festungsbauten, was ihre Autarkie und Unabhängigkeit noch unterstrich. Hinzu traten immer prachtvollere Kirchenausstattungen mit einer umfangreichen Verwendung von Edelmetallen bei liturgischen Geräten, mit prunkvollen Gewändern usw. Daneben erwarben die Klöster immer weiteren Grundbesitz, der ihnen aber zudem auch vermehrt in Form von Schenkungen übertragen wurde. Auf diese Weise entwickelten sich die Konvente zu wahren Großgrundbesitzern, die darüber hinaus noch durch Steuerprivilegien bevorzugt wurden. Ende des 7. Jahrhunderts, also quasi am Vorabend des byzantinischen Ikonoklasmus, befand sich ein Drittel des Reichsbodens in der Hand von Kirche und Klöstern, was das Steueraufkommen für den byzantinischen Staat sowie die Rekrutierungsmöglichkeiten für dessen Militär erheblich einschränkte; zudem waren riesige landwirtschaftliche Nutzflächen dem Staat entzogen. Die Folge war, dass ein verarmter Staat einer immer reicheren Kirche gegenüberstand.

Diese schrittweise Verschiebung der Machtverhältnisse erreichte im frühen 8. Jahrhundert schließlich so bedrohliche Ausmaße, dass die byzantinischen Kaiser den einzigen Ausweg in einer massiven und rücksichtslosen Bekämpfung von Klöstern und Mönchen sahen.[9] Leo III. begann, die ökonomische Macht der Kirche und besonders der Klöster zu brechen, indem er zum Beispiel weite Gebiete mit entsprechenden Steuern belegte. Dabei geriet er sogar in Konflikt mit dem Papst in Rom. So, wie man in der Spätantike heidnische Tempel und Kultstätten plünderte, um sich der dort gelagerten Reichtümer zu bemächtigen, richtete sich das Geldbedürfnis des byzantinischen Staates im 8. und 9. Jahrhundert gegen den Besitz der christlichen Klöster. Die Reichtümer waren dort – ähnlich wie im Falle heidnischer Tempel zuvor – quasi thesauriert und damit nicht nur dem Zugriff des Staates, sondern dem gesamten Wirtschaftskreislauf entzogen. Gold in Form von Kultgegenständen kann nicht weiterverwendet werden, es ist ökonomisch betrachtet ‹tot›. Nur Gold in Naturform kann immer wieder zu Münzen und anderen Zahlungsmitteln umgeschmolzen werden. So zählten zu den Leitmotiven des Bildersturms also nicht nur der Kampf gegen das Mönchtum um die politische, soziale und wirtschaftliche Vorherrschaft im Reich, insbesondere auf dem Lande, sondern auch der Drang, in Form von Kunstwerken gebundenes Edelmetall im staatlichen Interesse anderen Verwertungen zuführen zu können.[10]

Konstantin VI. ging gegen Ende des 8. Jahrhunderts sehr systematisch vor.[11] So enteignete er Klöster und wandelte sie in Kasernen oder Soldatengüter um oder ließ sie bisweilen auch zerstören. Darüber hinaus versuchte er mit allen ihm zur Verfügung stehenden Mitteln, die dort gehorteten Schätze aufzulösen und das Edelmetall und Geld dem Fiskus des Staates zuzuführen. Was zuvor Kirche und Klöster an Reichtum akkumuliert hatten, sicherte sich nun der Staat bzw. der Kaiser.[12] Allerdings kam es dabei zu umfangreichen Zerstörungen an Gebäuden und vor allem an deren Mosaiken mit figuralen Motiven.[13] Die in den Klöstern angehäuften Schätze waren jedoch nicht nur Garant wirtschaftlicher Unabhängigkeit, hatten also nicht nur eine ökonomische Dimension. Vielmehr konnte die Kirche mit Hilfe dieses Reichtums aus Gold und Silber auch die gläubigen Massen stärker an den von ihr vertretenen Spiritualismus und die damit verbundene Pracht binden; dies war die ideologische Dimension, die hinter der Akkumulation von Reichtümern steckte. Aus Sicht des Staates musste der Kampf daher nicht nur ökonomisch, sondern auch ideologisch geführt werden, eine Erkenntnis, die zum Ikonoklasmus führte.

Aus der Überführung der Schätze der Kirchen und Klöster konnten die Kaiser in mehrfacher Hinsicht Kapital schlagen. Ähnlich wie die Kirche musste auch der kaiserliche Hof Prunk und Pracht zur Schau stellen, weil Reichtum von den Untertanen

Diese Seite des Chludow-Psalters parallelisiert den byzantinischen Bilderstreit und die Kreuzigung Christi: oben Soldaten, die mit Lanzen den Körper Christi martern, unten zwei Ikonoklasten, die im übertragenen Sinne den gleichen Frevel mit einem lanzenähnlichen Stab an einem Christusbildnis begehen.

vielfach mit Macht gleichgesetzt wurde. Gleichzeitig beruhte der Machterhalt aber auch auf Hofhaltung, Verwaltung und Militär, die enorme Kosten verursachten, die zu decken waren. Der ökonomische Erfolg der Klöster und die damit einhergehenden Verluste für den Fiskus konnten so zu einer unmittelbaren Bedrohung für die kaiserliche Herrschaft werden. Der Bildersturm der byzantinischen Zeit bedeutete damit nicht die ideologisch unterfütterte reine Destruktion von Kunst, sondern stellte vielmehr eine Enteignung dar, um die der Kirche entwendeten Vermögen anderer Verwertung zuzuführen.[14] Nur ausgesprochen selten wurde Klosterbesitz wirklich zerstört, in der Regel wurden heilige Geräte, Bücher, wertvolle Gewänder, Vieh und sonstiges Inventar beschlagnahmt, auf Auktionen in Geld verwandelt und der kaiserlichen Staatskasse zugeführt.

Das bilderstürmerische Konzil von 754 warnte indes vor der wahllosen Destruktion heiliger Kelche und Messgewänder, die mit figürlichem Schmuck versehen waren.[15] Auch wenn die gegen menschliche Darstellungen gerichtete ikonoklastische Ideologie lediglich ein Deckmantel für die wahren Intentionen war, konnte es auch nicht im Interesse des Kaisers sein, dass der bilderstürmerische Zorn seiner Untertanen zu wilder Zerstörung, chaotischen Zuständen und unkontrollierten Plünderungen führte, drohten dabei doch wertvolle Güter letztendlich auch dem Staat verloren zu gehen. Hier stoßen wir auf ein Problem vieler ‹von oben› organisierter Bilderstürme: Die freigesetzte Empörung sollte die eigentliche Intention der Aktion, nämlich die Enteignung der Klöster, kaschieren, aber nicht gefährden.

Als Kaiserin Irene, die ihren Sohn Konstantin VI. 797 stürzte, den Bildersturm stoppte und wieder gutes Einvernehmen mit der Orthodoxie und den Mönchen herzustellen suchte, um mit deren Hilfe ihr Überleben an der Macht zu sichern, wurden die alten Rechte und Eigentumsverhältnisse wiederhergestellt. Die Klöster erhielten ihre Gebäude zurück und wurden mit Steuerbefreiungen geradezu überschüttet.[16] Die jedoch zuvor dem Fiskus zugeführten und in der Zwischenzeit von den Kaisern vermutlich ausgegebenen bzw. anderweitig investierten Reichtümer dürften für die Kirche dauerhaft verloren geblieben sein, jedenfalls liegen keine anderslautenden Erkenntnisse dazu vor.

Nikephoros, der Irene 802 stürzte, machte sämtliche Privilegien der Klöster sofort rückgängig, um die Staatsfinanzen wieder zu konsolidieren. Außerdem verlangte er explizit, dass sämtliche goldenen und silbernen Gefäße sowie andere Reichtümer der Kirchen Allgemeinbesitz werden müssten. Die durch Nikephoros ausgelösten Eingriffe in den Klosterbesitz müssen sehr einschneidend gewesen sein, weil sie sich unter seinen Nachfolgern kaum mehr in diesem Ausmaß wiederholten. Die Mehrzahl an kirchlichen Schätzen war höchstwahrscheinlich bereits in staatlichen Besitz übergegangen. Fakt ist jedenfalls, dass der byzantinische Bilderstreit zwar einen bildtheologischen Konflikt als Ausgangspunkt hatte, es aber nicht primär um Bilder ging, sondern im Kern um den ‹toten› Reichtum in Kirchen- und Klosterhand.

Nach dem Ende des byzantinischen Ikonoklasmus 861 gelang es den Klöstern schnell, ihre frühere Machtposition zurückzuerobern, und bereits im 10. Jahrhundert war ihr Grundbesitz wieder auf dem Stand des frühen 8. Jahrhunderts. Auch in der Folgezeit wuchs der Landhunger der Konvente immer weiter, während die Einnahmen des Staatshaushalts sich kontinuierlich verringerten. Die erneut geltende Unantastbarkeit der Bilder bewirkte einen ungeheuren Macht- und Prestigegewinn der Kirche und besonders der Klöster. Die ideologische Keule schlug quasi zurück. In den folgenden Jahrhunderten kam es zwar unter den Kaisern Isaac I. Komnenos oder Alexios I. Komnenos im 11. Jahrhundert erneut zu Enteignungen von Kirchenbesitz aus Gold und anderem Edelmetall, die von Maßnahmen zur stärkeren staatlichen Kontrolle von Klöstern begleitet waren,[17] doch diese Aktionen waren nicht bilderstürmerisch unterlegt, sondern in gewisser Weise ideologiefrei.

Der byzantinische Ikonoklasmus des 8. und 9. Jahrhunderts war also eingebettet in einen Grundkonflikt zwischen Kaiser und Mönchtum,[18] bei dem die Bilder selbst trotz allem nur eine untergeordnete Rolle spielten. Er war nicht mehr eine vornehmlich ideologische Auseinandersetzung wie noch in der Spätantike, als es auch um eine Bekämpfung des Heidentums ging, sondern ein Konflikt zwischen Staatsgewalt und Klerus, bei dem das Bild in gewisser Weise zum Kulminationspunkt gesellschaftlicher Widersprüche und Auseinandersetzungen wurde.[19] Nicht die ideologische Konnotation machte die Bedeutung des Bildes aus, sondern seine indirekte Geltung im ökonomischen und politischen Bereich. Dabei standen die Bilder gewissermaßen als ‹Leerformeln› zur Verfügung, die die Menschen jener Zeit mit ihren eigenen Vorstellungsinhalten füllen konnten.[20] Dadurch, dass der Betrachter individuelle Vorstellungen dem Bild hinzufügte, wurde er zum eigentlichen Bildschöpfer.

Die Säulen des byzantinischen Ikonoklasmus bildeten die imperiale Politik der Kaiser, des Verwaltungsapparates und großer Teile der Armee. Damit war der byzantinische Bildersturm definitiv ein Bildersturm ‹von oben›. Für das ikonoklastische Bildprogramm war dabei eine Geste von entscheidender Bedeutung, die am Beginn dieser Epoche stand und gerade deshalb so besonders wichtig war: Kaiser Leo III. ließ 726 das Christusbild vom kaiserlichen Palast in Konstantinopel gewaltsam entfernen und durch ein Kaiserbild und ein Kreuz ersetzen.[21] In der Folge wurden in vielen Kirchen des Oströmischen Reichs Ikonen oder Mosaiken zerstört oder durch Kreuze ersetzt.[22] Der byzantinische Ikonoklasmus war damit nicht bilderlos, sondern produzierte im Gegenteil geradezu andere und neue Bilder, er bediente sich paradoxerweise also eines Bilderprogramms. Neben dem Kreuz spielte dabei das Kaiserbildnis eine wichtige Rolle: Der Kaiser als Repräsentant der göttlichen Monarchie auf Erden sollte als Abbild Gottes verehrt werden und kam in seiner Bedeutung dem Christusbild gleich.[23]

Dabei ist wichtig zu wissen, dass die Ikonen im 6. und 7. Jahrhundert eine zentrale gesellschaftsstabilisierende Rolle innehatten. Diese zunehmende soziale Macht der Bilder und die Instrumentalisierung der Ikonen durch das Mönchtum, die einen wahren Kult hervorriefen, waren die Hauptgründe für den Ausbruch des Ikonoklasmus in Byzanz.[24] Um diese Macht der Bilder zu brechen, entschieden sich die Kaiser ab Leo III. zu einer Strategie, die an die Spätantike erinnerte: Sie erneuerten den spätantiken Kaiserkult. Und das ikonoklastische Gewaltpotential äußerte sich – wie bereits ausgeführt – gegen die Mönche. Während man in der Spätantike heidnische Kultstätten plünderte und zerstörte, richtete sich der byzantinische Bildersturm gegen Kirchen und Klöster sowie gegen deren dort verwahrte Kultbilder und prunkvolles liturgisches Gerät.

Erstaunlich war, dass die ikonoklastische Politik der byzantinischen Kaiser neben dem Gewaltakt auch eine rechtliche Komponente beinhaltete. Schon zu Beginn des Kampfes gegen das Mönchtum und dessen Besitz wurden Edikte und regelrechte Strafgesetzpakete erlassen, um die gegen die Klöster ausgeübte Gewalt in gewisser Weise politisch-juristisch zu legitimieren; der byzantinische Ikonoklasmus ist der erste im Namen des Gesetzes.[25] Und die zunehmende Härte dieser Gesetze verhielt sich direkt proportional zum immer gewalttätigeren Vorgehen. Dabei wurde ein Weg eingeschlagen, der an Verhältnisse in der Spätantike erinnert, nämlich die starke Verbindung von Kult und Polis, von Religion und Herrschaft. Nach dem Ende des Bilderstreits im 9. Jahrhundert kehrten diverse religiös-ästhetische Motive und auch religiöse Darstellungen wieder zurück, nicht nur als Münzbilder.[26]

In seinen kirchenkritischen Predigten prangerte der Dominikanermönch und Bußprediger Girolamo Savonarola (1452–1498) die Sittenlosigkeit und Bereicherung der kirchlichen Institutionen an und wandte sich auch gegen jegliche «Eitelkeiten» – auch solche, die sich der Kunst als Ausdrucksform bedienten. Der Holzschnitt, der den charismatischen Prediger vor einer großen Volksmenge zeigt, wurde in der Erstausgabe der Predigten Savonarolas «Compendio di rivelazioni» (Florenz 1496) abgedruckt. Er verrät eine andere Dynamik des zerstörerischen Geschehens, das nun nicht von Einzelnen, sondern von einer breiteren Bewegung getragen wurde. Savonarolas Werke galten den Kirchenoberen als gefährlich und kamen im 16. Jahrhundert auf die Listen der durch die Kirche verbotenen Bücher.

4. DAS SPÄTMITTELALTER UND DIE PRÄLUDIEN DER REFORMATION

DIE HUSSITENBEWEGUNG

Die böhmische Hussitenbewegung des 15. Jahrhunderts gilt, wenn nicht als Wegbereiter, so aber doch als Vorbote der Reformation, das heißt tiefgreifender Veränderungen der religiösen, politischen und kulturellen Verhältnisse in Europa. Sie vereinigt eine ganze Reihe von Krisensymptomen der spätmittelalterlichen Gesellschaft, die am Ende in gewalttätigen und kriegerischen Auseinandersetzungen mündeten. Letztendlich waren die religiös motivierten und am Ende bilderstürmerischen Ausbrüche aber nur Teilaspekte einer größeren revolutionären, ja sogar nationalen tschechischen Bewegung gegen die herrschende Feudalordnung, die sich vor allem aus der bäuerlichen Bevölkerung und einer Schicht besitzloser Stadtbewohner nährte.[1]

Um die Spannungen und Ereignisse im Umfeld der Hussitenbewegung zu verstehen, bedarf es eines Blicks zurück ins 14. Jahrhundert. Prag war damals zu einer der bedeutendsten Metropolen Mitteleuropas aufgestiegen, obwohl bis zur Zeit Karls IV. (1349–1378) die Entwicklung in Böhmen noch in jeder Beziehung der im restlichen Europa erheblich hinterherhinkte. Erst jetzt vollzog sich auch auf dem Land der Übergang von der Natural- zur Geldwirtschaft. Während die Städte sich allmählich der adeligen

Herrschaft zu entziehen begannen, wuchsen gleichzeitig Macht und Einfluss der Zünfte. In Prag und anderswo wurden in der zweiten Hälfte des 14. Jahrhunderts vermehrt Forderungen nach mehr Mitsprache laut, die gelegentlich zu eher erfolglosen Handwerkeraufständen führten.

In diese Zeit fiel auch die Kritik am wachsenden Kirchenbesitz, der, weil er steuerfrei war, die städtische Wirtschaft erheblich zu belasten drohte. Da überdies der niedere und mittlere Adel zunehmend vom Landhunger der Kirche betroffen war, entwickelte sich eine latente Kirchenfeindlichkeit. Die Politik Karls IV., der auf die ideologische Unterstützung religiöser Kräfte baute und diese dafür mit Schenkungen und Privilegien belohnte, verschärfte diese Gegensätze noch. Prag stieg zu einem Handelszentrum von internationaler Bedeutung auf, was zu einem enormen Anwachsen der Bevölkerung führte. Insbesondere deutsche und jüdische Familien wanderten zu und siedelten sich in eigenen Stadtvierteln an, was langfristig weiteres Unruhepotential schuf. So entstand auf dem Land wie in den Städten Böhmens eine antifeudale Bewegung, die im 15. Jahrhundert zum Träger des Hussitismus wurde.[2]

Karl IV. förderte sowohl die Künste als auch den Erwerb von Reliquien. Besonders Letztere waren geeignet, weltliche Macht auf symbolische Weise in eine religiöse Sphäre zu übersetzen, konnte man mit ihnen doch Herrschaftslegitimation und Rechtsansprüche verbinden. Gegen das vorwiegend deutsch geprägte Patriziat und gegen den romhörigen Klerus formierte sich in der Folgezeit eine Reformbewegung, die – überwiegend vom tschechischen Kleinbürgertum und den ärmeren Schichten der Stadtgesellschaft getragen – die nationalen Gegensätze zu verschärfen begann. In dieser Phase betrat 1402 der Prediger Jan Hus die religiöse und politische Bühne.

Anfangs sympathisierte der böhmische Hof um Wenzel IV., den ältesten Sohn Karls IV. und Nachfolger als König von Böhmen, durchaus mit den Reformern. Allerdings änderte sich die Situation, als Jan Hus sich an die Spitze der Reformbewegung setzte und den antikatholischen Kampf verschärfte. Gewiss auch aus außenpolitischen Erwägungen und um den Bruch mit der katholischen Kirche zu vermeiden, begann Wenzel IV. sich zu distanzieren. 1412, als Jan Hus eine von Wenzel IV. unterstützte Ablasskampagne zur Finanzierung eines Kreuzzuges gegen Ladislaus von Neapel zu bekämpfen begann, eskalierte die Auseinandersetzung. Drei Anhänger von Hus, die öffentlich gegen diesen Ablasshandel aufgetreten waren, wurden verurteilt und hingerichtet,[3] woraufhin die Reformbewegung endgültig in Gewalt und Aufruhr umschlug.

Jan Hus, den Martin Luther später als einen seiner Wegbereiter betrachten sollte, verwarf den Reichtum der katholischen Kirche, den Verfall ihrer Sitten und insbesondere die Praxis des Ablasshandels, wonach man gegen Zahlung eines Geldbetrages von seinen Sünden befreit werden konnte, für die Kirche damals ein äußerst attraktives, weil einträgliches Geschäftsmodell. Darüber hinaus bestritt Hus die oberste Zuständigkeit des Papstes, konnte seiner Ansicht nach bei der Lösung von Glaubensfragen doch nur die Bibel selbst ausschlaggebend sein. Dass eine solche Haltung zum Konflikt mit dem Papst in Rom führen musste, lag auf der Hand.

Um seine Sichtweise darzustellen und zu verteidigen, reiste Jan Hus 1414 zum Konzil von Konstanz. König Sigismund, der ihm für die Reise und den dortigen Aufenthalt freies Geleit zugesichert hatte, brach sein Wort mit der Folge, dass Hus gefangen genommen, befragt und gefoltert wurde. Standhaft weigerte er sich jedoch, seine Lehre und Fundamentalkritik an der katholischen Kirche zurückzunehmen. Daraufhin wurde er der Ketzerei bezichtigt, zum Tode verurteilt und schließlich am 6. Juli 1415 zusammen mit seinen Schriften auf einem Scheiterhaufen in Konstanz verbrannt.

Sigismunds Wortbruch und die Hinrichtung von Jan Hus führte zu der zu erwartenden Empörung in dessen Heimat. Der böhmische Adel sandte eine scharfe Protestnote an das Konstanzer Konzil, und auch das Volk begann sich gegen dieses offensicht-

Der kirchenkritische Prediger Jan Hus, der unter anderem die Beachtung des Armutsgebots für die Kirche, die freie Predigt und den Empfang des Abendmahls in beiderlei Gestalt für die Gemeinde propagierte, wurde gegen alle Absprachen auf dem Konstanzer Konzil (1414–1418) verhaftet und 1415 als Ketzer hingerichtet. Die hier gezeigte Buchmalerei ist Teil der «Chronik des Konstanzer Konzils», die Ulrich von Richental um 1420 anfertigte. Diese Handschrift ist eine wichtige historische Quelle zu den Ereignissen, Teilnehmern und Beschlüssen des Konzils. Die Hinrichtung von Jan Hus löste in Böhmen Widerstand und schließlich einen Aufstand aus; als man in Prag Anhängern der Lehre Hussens den Prozess machen wollte, stürzte die Menge die Richter aus dem Fenster und tötete sie (1419). In der Folge brachen die sogenannten Hussitenkriege (1419–1434) aus.

liche Unrecht zu erheben. Damit war die kirchenkritische Reformlehre des Jan Hus endgültig zu einer revolutionären Bewegung geworden, die auch gewaltsamen Protest gegen die böhmischen Könige, die damals ja gleichzeitig die römisch-deutschen Kaiser waren, und gegen die katholische Kirche nicht mehr ausschloss. Die Auseinandersetzung, die auf einen theologischen Konflikt zurückging, entwickelte sich dadurch letztendlich immer mehr zu einer tschechischen Freiheitsbewegung.

Als Wenzel IV. die empörten Anhänger von Jan Hus zudem von Kirchen- und Staatsämtern ausschloss, brach der Aufstand los, der mit dem ersten Prager Fenstersturz am 30. Juni 1419 begann. Hussiten stürmten das Rathaus und warfen die Ratsherren aus dem Fenster, und zwar geradewegs in die Spieße der unten wartenden Massen. Wenige Wochen später starb Wenzel IV., dessen Bruder Sigismund das Volk aber nicht mehr als neuen böhmischen König anerkennen wollte; denn für die Bewohner galt dieser aufgrund seines Wortbruchs als Mörder von Jan Hus.

Aus diesem Aufstand wurde schließlich der sogenannte Hussitenkrieg, der sich von 1419 bis 1434 hinzog. Gekämpft wurde in Böhmen und Mähren, doch dehnten sich die kriegerischen Auseinandersetzungen immer mehr auch auf Schlesien, Niederösterreich sowie Franken und die Oberpfalz aus, Gebiete, die in jenen Jahren immer wieder von hussitischen Heeren verwüstet wurden. 1433/34 gerieten die Hussiten, die am Anfang den königlich-katholischen Heeren noch Niederlagen beigebracht hatten, jedoch immer stärker unter Druck. Die Zahl verloren gegangener Schlachten häufte sich, und am 23. September 1434 wurden sie bei Most in Nordwestböhmen von Kaiser Sigismund entscheidend besiegt.

Die wenigen Zugeständnisse, welche die katholische Kirche den Hussiten nach dem Ende des Kriegs machte, wurden später wieder zurückgenommen. Mit der Niederlage der böhmischen Stände in der Schlacht am Weißen Berg 1620 wurde Böhmen schließlich mit Waffengewalt wieder zum Katholizismus zurückgeführt. Wer sich nicht fügte, wurde vertrieben oder flüchtete freiwillig in damals bereits protestantische Länder.

Die Wirkung der am Ende doch gescheiterten Bewegung wird unterschiedlich bewertet. Gewiss ging es zunächst vordergründig um religiöse Fragen, doch spielten nach der Verbrennung von Jan Hus soziale und nationale Aspekte eine zunehmend wichtige Rolle. Obwohl es zu einfach wäre, in den Hussiten eine reine tschechische Nationalbewegung zu sehen, wirkt der Hussitismus bis in das 20. Jahrhundert als böhmisch-tschechische Sammlungs- und Freiheitsbewegung fort.[4]

DER HUSSITISCHE BILDERSTURM

Die Hussitenbewegung war zwar mit dem ersten großen Bildersturm des Mittelalters verbunden, der die noch massiveren Auswirkungen der Reformation ab dem frühen 16. Jahrhundert vorwegnahm,[5] aber der Streit um Bilder und deren Zerstörung setzte bereits lange vor dem Beginn des Hussitenkriegs ein. Jan Hus war dabei gar nicht der zentrale ideologische Akteur, weil von ihm kaum Einlassungen zum Bilderproblem überliefert sind.

Eine ungleich wichtigere Rolle spielte der Magister Matthias von Janow.[6] Auf der Prager Provinzialsynode 1389 wurden er und einige Gefolgsleute suspendiert, weil sie offen gegen die Bilderverehrung aufgetreten waren und Matthias von Janow Bilder von Christus, Maria und Heiligen als Götzen bezeichnet hatte.[7] Diese scharfe Polemik übernahmen zu Beginn des 15. Jahrhunderts führende Köpfe der hussitischen Bewegung, die Matthias von Janow zum Teil wörtlich zitierten. Auch Deutsche waren daran beteiligt, wie zum Beispiel Nikolaus von Dresden, der aufgrund seiner bildkritischen und letztendlich antirömischen Äußerungen aus Sachsen nach Böhmen fliehen musste, wo seine Thesen großen Anklang und weite Verbreitung fanden.

In erster Linie wurde der Handel der katholischen Kirche mit materiellen Gütern von Wohlhabenden gegen Heilsgarantien durch den Klerus kritisiert, eine Vorgehensweise, die zur Entstehung von Kirchenschätzen, aufwändigen Kirchenausstattungen und prunkvollen Kirchengebäuden führte. Mehr noch, Nikolaus von Dresden rief ganz ausdrücklich zum Angriff auf die Bilder auf und erklärte die Zerstörung der Darstellungen von Christus und den Heiligen zur heiligen Pflicht eines jeden wahren Christen. Denn die wahren Gläubigen würden Gott nicht durch das von Menschenhand geschaffene Bild verehren, sondern durch den Geist und die Wahrheit seiner Lehre, die nur in der Heiligen Schrift zu erkennen sei. Die Maler selbst seien verlogen, denn wie könnten sie etwas darstellen, was sie nie gesehen haben. Christus und die Apostel etwa in schönen Gewändern darzustellen, rufe nur sündhaftes Verlangen hervor, wo die Urchristen doch arm waren. Hinter all dem stecke der Teufel, so Matthias von Janow, der sich auf die Thesen des Nikolaus von Dresden bezog. Da es in der Folge bereits zu Bildzerstörungen in böhmischen Kirchen gekommen war, geriet auf dem Konzil von Konstanz selbst der böhmische König Wenzel IV. in den Verdacht, mit den hussitischen Bilderstürmern zu sympathisieren, weil er nicht entschieden genug dagegen eingeschritten war.[8]

Wie so häufig im Kontext religiös-ideologisch motivierter Bilderstürme wurden Gemälde und Plastiken von Christus, Maria und Heiligen nicht nur verbrannt oder zerschlagen. Die Hussiten bedienten sich vielmehr auch der Teilzerstörung, wobei insbesondere Skulpturen häufig verstümmelt wurden, indem man den Kopf oder einzelne Gliedmaßen abschlug. In Neukirchen beim Heiligen Blut im Bayerischen Wald führte dies zur Entstehung eines überregional bedeutsamen Wallfahrtsortes. Angeblich kam ein böhmischer Hussit zu Beginn des 15. Jahrhunderts durch diesen Ort, sah in der dortigen Kirche eine Marienstatue und hieb dieser mit seinem Schwert den Kopf ab, woraufhin der Überlieferung nach aus diesem Blut geflossen sein soll. Die Legende ließ später im Zuge der Gegenreformation einen der wichtigsten Wallfahrtsorte in Bayern entstehen.[9]

Schon in den Jahren unmittelbar vor dem Beginn der Hussitenkriege wurden in unterschiedlichen Teilen Böhmens Pfarreien geplündert.[10] Wurden diese Übergriffe in erster Linie von bäuer-

Während des Hussitensturms waren Mutilierungen von kirchlichen Skulpturen keine Seltenheit. Die Madonna mit dem Kind von Kamenný Ujezd aus den 1520er Jahren erfuhr durch ihr abgeschnittenes Gesicht eine besonders ausdrucksstarke Verletzung. Darüber hinaus hatte man den rechten Arm Mariens sowie den linken Arm und zudem Beine und Kopf des Christuskindes abgeschlagen. Da die Bruchstelle ganz offen zutage liegt, zeigt die Leere der Materie, weshalb ihr keine übersinnliche Kraft mehr innewohnen kann.

lichen Kräften auf dem Land und von besitzlosen Unterschichten der Städte durchgeführt, so schlossen sich allmählich auch Teile des Adels an, zunächst des niederen Adels, später auch des Hochadels. Die dahinterstehenden Motive lagen auf der Hand: Niemand wollte bei den Übergriffen auf Kirchenbesitz abseits stehen, boten diese doch Gelegenheit zu ungeahnter Bereicherung. Die Verbindung von radikalen und gemäßigten Kräften jedoch führte in der Folge erst zu den flächendeckenden Auswirkungen des Bildersturms in Böhmen. Als sich 1419 im Umfeld des Prager Fenstersturzes eine größere bewaffnete Menschenmenge in der Prager Neustadt zusammenfand, um ans Werk zu gehen, erfolgte der Aufruf zum Kampf gegen die Götzen im Rückgriff auf ein Zitat des Alten Testaments. Derart motiviert zogen die Massen dann zur Stephanskirche, brachen sie auf und plünderten sie.[11]

Die ideologischen Gegensätze der unterschiedlichen hussitischen Flügel – zum einen die plebejischen Unterschichten, die die Plünderung sämtlicher Kirchen und Klöster anstrebten und eine religiös-revolutionäre Askese predigten, zum anderen die gemäßigten, überwiegend adeligen Kreise, deren hauptsächliches Anliegen die Säkularisation des Kirchenbesitzes war – wurden immer wieder mit wechselnder Intensität ausgetragen und schwächten die Bewegung am Ende letztlich entscheidend.

Die zahllosen Versuche des Kaisers und des Papstes, dem Treiben militärisch Einhalt zu gebieten, schlugen zunächst jedoch fehl, selbst die vom Papst gegen die Hussiten gesandten «Kreuzfahrerheere» bewirkten nichts. Am intensivsten gingen die Bilderstürmer jedoch bis in die frühen 1420er Jahre hinein vor, als die Zerstörungen von Bildern und Skulpturen und die Verwüstungen und Plünderungen von Kirchengebäuden und Klöstern derart zahlreich waren, dass sich kaum ein vollständiger Überblick gewinnen lässt. Schon früh war nicht immer klar, ob es dabei primär um religiöse Gründe ging, oder ob man es eher auf die Edelmetallobjekte abgesehen hatte.[12] 1420 wurde in Prag ein radikales Programm verabschiedet, das die schärfsten Forderungen in zwölf Artikeln zusammenfasste. Darin wurde die Zerstörung häretischer Klöster, überflüssiger Kirchen und Altäre, öffentlicher und geheim gehaltener Bilder, prachtvoller Messgewänder, Gold- und Silberkelche usw. gefordert.[13] Der Angriff auf die böhmischen Klöster hing auch damit zusammen, dass sie den ökonomischen und politischen Rückhalt der Kirche im Land bildeten; hier konnte die katholische Kirche an der empfindlichsten Stelle getroffen werden.[14]

Unter dem Druck anrückender päpstlicher Heere wurden die hussitischen Aktionen nur noch radikaler. So brach man in Vyšehrad in die Kirchen ein und zerschlug Bilder, Altäre, Orgeln, Chorstühle und anderen Kirchenschmuck. Dabei trugen die hussitischen Horden interessanterweise den ganzen Tag alles fort, was sie nur konnten.[15] Die ideologisch motivierte Zerstörungsorgie war also sehr wohl auch mit kalkulierten Plünderungen verbunden. Ähnliches spielte sich an unzähligen anderen Orten ab. Die Radikalisierung schritt dabei immer weiter fort und nahm Züge eines Klassenkampfes an. 1421 wurden sogar Juden und die Prager Universität angegriffen, aus deren Gebäuden man allerlei Kostbarkeiten, Bücher und Kunstgegenstände plünderte, sofern man sie nicht schon vor Ort zerstört hatte.[16]

Bemerkenswerterweise wurden Bilder aber auch von bestimmten Kreisen, insbesondere vom weiterhin katholisch geprägten oberen Bürgertum und von Teilen des höheren Adels gerettet und an sicheren Orten verwahrt, um sie später bei passender Gelegenheit wieder triumphal in die Kirchen zurückzuführen.[17] Ihnen ging es um eine Säkularisation von Kirchen und Klöstern zu ihren Gunsten, nicht um eine grundsätzliche Umwälzung der gesamten Gesellschaftsstruktur, wie sie die radikalen plebejischen Kräfte auf dem Land und in der Stadt anstrebten. Adel und oberes Bürgertum gehörten nicht zu den Besitzlosen in Böhmen, und ihr Interesse war es in erster Linie, Kirchen- und Klosterbesitz zu erobern und neu unter sich aufzuteilen. Für sie waren die Bilderstürme der Hussitenbewegung eine gewaltige Vermögensumverteilung zu ihren Gunsten. Nachdem diese abgeschlossen war, hatte der nur vordergründig religiös motivierte Aufruhr seine

Aufgabe erfüllt, die bestehenden Gesellschafts- und Lebensverhältnisse sollten dagegen tunlichst unangetastet bleiben. Doch auch die Massen der Besitzlosen hatten nicht primär das Erreichen des wahren Glaubens fern von Eitelkeiten und römisch-katholischer Prunksucht im Sinn, ihnen ging es genau um jene Umwälzung der böhmischen Gesellschaft, die die herrschenden Schichten vermeiden wollten und am Ende auch konnten. Für beide Seiten war der Bildersturm nur Mittel zum Zweck.

Nicht anders verhielt sich Kaiser Sigismund, der eigentlich ein vom Papst aufgestelltes Kreuzfahrerheer gegen die bilderstürmerischen Hussiten anführte. Nach seiner Niederlage nahe Prag plünderte er den kurzzeitig noch in seinen Händen befindlichen Hradschin auf eine Weise, die sich in nichts von den revolutionären Hussiten unterschied. Erst ließ er sich im Veitsdom zum König von Böhmen krönen, anschließend kassierte er die dort befindlichen kostbaren Altäre und Kirchenschätze, die goldenen Monstranzen und sogar die goldene Truhe für die Reliquien des heiligen Wenzel ein. Zudem ließ er Bilder und Plastiken zerschlagen und verbrennen, um Gold und Silber aus ihnen zu gewinnen.[18] Die Kreuzzüge gegen die böhmischen Ketzer standen in der Zerstörung und der Plünderung von Kunst- und Kulturgütern den hussitischen Bilderstürmern in nichts nach. Damit war der Boden für die Bilderstürme der Reformation bereitet.[19]

SAVONAROLA IN FLORENZ

Eine den Hussiten durchaus ähnliche Fundamentalkritik an der Kirche äußerte im ausgehenden 15. Jahrhundert der Dominikaner und Bußprediger Girolamo Savonarola. Mit seiner Lehre und Haltung erreichte er im Florenz der frühen Renaissance kurzzeitig eine enorme Massenwirkung. Nachdem er aus Florenz abberufen worden war, kehrte er auf Bitten der Medici 1490 wieder als Prediger zurück. In seinen Predigten griff Savonarola kirchliche Missstände an, bot der Vatikan doch selbst ein Bild der Sittenlosigkeit, Geldgier und Gewalttätigkeit. Papst Alexander VI., der sein Amt als Gelegenheit zur hemmungslosen Bereicherung verstand und Kinder von mehreren Frauen hatte, war für Savonarola das Feindbild schlechthin. Er kritisierte aber auch Reichtum und ungerechte Herrschaft des weltlichen Staates, ohne dadurch jedoch die Unterstützung der Medici zu verlieren.[20]

Als der französische König Karl VIII. 1494 nach Italien kam, um das Königreich Neapel von den Aragonesen zu erobern, schlugen sich die Medici und auch Savonarola auf seine Seite. Da er aber nach der Einnahme Neapels Italien sehr bald wieder verließ, stellten sich zügig die alten Verhältnisse wieder ein: Nicht nur Neapel ging den Franzosen verloren, auch viele Städte in Mittel- und Oberitalien fielen von Karl VIII. ab, was Florenz und die Medici in eine gewisse Isolation führte. Ein Teil der Florentiner Oligarchie wollte in der Folge die Stadt am Arno ebenfalls aus der französischen Gefolgschaft lösen und geriet dadurch in Gegnerschaft zu Savonarola. Papst Alexander VI., der den Mönch lange gewähren ließ, erteilte ihm schließlich Predigtverbot, woran sich dieser aber nicht hielt.

1494 vertrieb Savonarola mit seinen Anhängern die Medici aus Florenz und errichtete dort einen grausamen Gottesstaat, eine Diktatur der Angst und des Schreckens. Frauen mussten fortan ihr Gesicht verhüllen, Homosexuelle wurden in aller Öffentlichkeit an Säulen gekettet und gebrandmarkt, im Wiederholungsfall hingerichtet. Ferner ließ Savonarola Scharen von Kindern und Jugendlichen durch Florenz ziehen, seine sogenannte Kinderpolizei, die im Namen Christi alles beschlagnahmen sollten, was er als Ausdruck von Verkommenheit der Menschheit hielt, also nicht nur heidnische Schriften oder pornographische Bilder, sondern auch Gemälde, Schmuck, Kosmetika, Spiegel, Musikinstrumente, Möbel oder teure Kleidungsstücke. Selbst herausragende Kunst war verdammt. Diese halbwüchsigen Vandalen durften dabei in jedes Haus eindringen und anrüchige Dinge beschlagnahmen und zerstören. Am 7. Februar 1497 und am 17. Februar 1498 wurden diese Gegenstände schließlich auf der Piazza della Signoria im sogenannten Fegefeuer der Eitelkeiten verbrannt. Sandro Botticelli soll selbst einige seiner Bilder in das Feuer geworfen haben.

Schon 1497 war Savonarola von Papst Alexander VI. als Häretiker, Schismatiker und Verächter des Heiligen Stuhls exkommuniziert worden. 1498 wurde er schließlich gefangen genommen, gefoltert, verurteilt, gehängt und auf derselben Piazza della Signoria, auf der zuvor seine «Fegefeuer der Eitelkeiten» zelebriert worden waren, verbrannt. Seine Kirchenkritik wirkte aber dennoch machtvoll nach, und Martin Luther nannte ihn einen heiligen Mann.[21]

Savonarolas Haltung mag im Ansatz durchaus moralisch begründet gewesen sein, verlor in der Folge jedoch jegliches Maß und endete in einer unverzeihlichen Entgleisung, die die künstlerische Blüte der Renaissance in äußerstes Entsetzen trieb. Selbst ein ingeniöser Künstler wie Sandro Botticelli wurde durch Savonarolas kurze, aber maßlose Schreckensherrschaft gebrochen und fand bis zu seinem Tode 1510 nicht mehr zu seiner einstigen gestalterischen Größe zurück.

Savonarolas Herrschaft lässt sich aber nicht als episodische Entgleisung eines enthemmten Psychopathen abtun, das wäre eine Bagatellisierung. Vielmehr gilt es zu begreifen, welche religiösen, politischen und sozialen Kräfte in Florenz am Ende des 15. Jahrhunderts zum Ausbruch kamen. Seit dem 13. Jahrhundert hatte sich die Stadt zu einem immer schneller wachsenden Zentrum des vorkapitalistischen Geld- und Warenverkehrs entwickelt und wurde zu einem der reichsten und fortschrittlichsten Orte des Kontinents. Als vollwertiger Bürger galt aber nur, wer Mitglied in einer der Zünfte war. Die obere Bürgerschicht arrangierte sich mit dem Stadtadel, und das niedere Bürgertum ließ sich mit dem Proletariat ein. Diese Koalition versuchte die Oberschicht durch politische und religiöse Maßnahmen zu verhindern, indem die Bürgerschaft über Laienbruderschaften fest an die Kirche gebunden wurde.

Wirtschaftliche Krisen, Hungerperioden oder Seuchen wurden allgemein als Strafen Gottes verstanden, wodurch Bußprediger einen ungeheuren Einfluss auf die Massen bekamen. Savonarola war zweifellos ein Virtuose, der die ganze Klaviatur apokalyptischer Szenarien meisterhaft zu spielen verstand. Er erzeugte religiöse Ekstase, die er in wirtschaftliche, soziale und politische Forderungen umzusetzen verstand. So kulminierte die Erhebung von unten gegen die verweltlichte Kirche in der Person und Wirkung Savonarolas.[22]

Das Kapital verteilte sich in Florenz während des 15. Jahrhunderts nur auf wenige Familien, Entsprechendes galt für wirklich große Kunst. Diese Bildungskluft ließen die Dominikaner als antiintellektuelle Empörung sich Bahn brechen. Das führte dazu, dass die von den Medici protegierte Kunst plötzlich zu einem der Angriffspunkte der von der intellektuellen Rezeption ausgeschlossenen Kreise wurde. Die daraus resultierende Verbitterung der Massen äußerte sich in der antihumanistischen Kunstauffassung Savonarolas und in der «Verbrennung der Eitelkeiten». Die Plünderung der Gärten des Medici-Palastes mit allen dort aufgestellten Kunstwerken galt als Strafe für eine intellektuelle Aristokratie, die den Kontakt zu den niedrigeren Klassen vollkommen verloren hatte.[23]

Savonarolas Einfluss auf die Kunst im Florenz seiner Zeit war beträchtlich. Da die Natur näher bei Gott stehe, sei sie höher zu bewerten als die Kunst, die ja doch nur versuche, die Natur nachzuahmen, ohne sie je zu erreichen. Höchste Kunst erwecke also nur das Natürliche wieder. Zwar reichten Verbrennungen von Kunstwerken und Kulturgütern bis ins 13. Jahrhundert zurück, aber bei Savonarola richteten sich diese Aktionen derart offen und radikal gegen die offizielle Renaissancekultur, dass sie eine politische Sprengkraft erhielten, die über den üblichen Rahmen weit hinausging.[24]

Als 1497 und 1498 der rasende Pöbel in Gestalt von Savonarolas «Kinderpolizei» die Häuser von Florenz nach Schriften, Figuren, Gemälden, Gewändern und anderen Eitelkeiten durchkämmte und auf der Piazza della Signoria zusammentrug, wurden die Kunst- und Kulturgüter nach einem präzisen und äußerst symbolträchtigen Plan zu einer Pyramide aufgeschichtet, ehe man das Fegefeuer der Eitelkeiten entzündete. Die Zerstörung des Glanzes einer Epoche wurde regelrecht inszeniert: Es war eine Staffelung nach dem Maß an Schädlichkeit der Gegenstände von unten nach oben. Gleichzeitig spiegelte sich hierin die überwunden geglaubte Sozialordnung einer für tyrannisch gehaltenen Gesellschaft wider: ganz unten Masken, Perücken und Kostüme, darüber Bücher antiker und humanistischer Schriftsteller, über diesen wiederum Schmucksachen und Utensilien des Körperkults, gefolgt von Musikinstrumenten und ganz oben schließlich die Kunst. Die Kunst sei durch den Adel und die obere besitzende Bürgerschicht ideologisch ‹verwertet› worden und müsse deshalb vernichtet werden.[25]

Interessant ist, dass Savonarola das Einschmelzen liturgischer Gerätschaften aus Edelmetall dagegen mit dem materiellen Nutzen solcher Aktionen rechtfertigt. Die beanstandete Kunst sollte nicht verwertet, sondern beseitigt werden, die Kelche, Gefäße und Kreuze aus Gold und Silber jedoch sollten eingeschmolzen und an die Armen verteilt werden.[26] Auch bei Savonarola finden sich damit Ansätze einer Umverteilung von Vermögenswerten und Reichtümern, ohne dass wir Näheres darüber wüssten. Dass nur die Armen davon profitierten, mag man mit Recht in Zweifel ziehen.

1498 bot ein venezianischer Kaufmann für die gesamte, bereits zum Verbrennen aufgeschichtete Pyramide 20 000 Gulden. Offenbar im Gefühl grenzenloser moralischer und auch sonstiger Überlegenheit schlugen die Parteigänger Savonarolas dieses überaus attraktive finanzielle Angebot trotz größter wirtschaftlicher Schwierigkeiten, in denen Florenz damals bereits steckte, aus und verbrannten zuoberst auf der Pyramide auch noch gleich ein Bildnis dieses Kaufmanns als Geste der Geringschätzung und Verachtung.[27] Immerhin zeigt dieses Angebot aber, dass Kunst wegen ihres besonderen Symbolcharakters nicht nur vernichtet wurde, sondern durchaus damit zu rechnen ist, dass im Florenz Savonarolas mit konfiszierten «Eitelkeiten» höchstwahrscheinlich auch gehandelt und einträgliche Geschäfte gemacht wurden.

Die Radierung zeigt, wie Martin Luther 1522 einen Bildersturm in Wittenberg beendet. Im Zentrum von Luthers Kirchenkritik standen weniger die religiösen Bilder selbst, sondern die Vorstellung, ein Christ könne sich durch die Stiftung frommer Bildwerke einen Ablass seiner Sünden und so letztlich die ewige Seligkeit erkaufen. Innerhalb der Reformationsbewegung nahm Luther damit eine vergleichsweise gemäßigte Position gegenüber dem Umgang mit bildlichen Darstellungen ein. Die Radierung entstammt dem Bildband «Dr. Martin Luther, der deutsche Reformator» des Historienmalers Gustav König von 1857.

5. DIE FRÜHE NEUZEIT UND DIE REFORMATION

DIE HINTERGRÜNDE DES REFORMATORISCHEN BILDERSTURMS

Als Begleiterscheinung der Reformation wurden in weiten Teilen Europas mit Schwerpunkt im Heiligen Römischen Reich, aber darüber hinaus auch in anderen Regionen zwischen der Schweiz und Schottland, den Niederlanden und dem Baltikum Gemälde, Skulpturen, Kirchenfenster und Kirchenschmuck bis hin zu Orgeln und sonstigen Teilen der Ausstattung zerstört oder beschädigt, aber auch beschlagnahmt, entfernt und verkauft. Eine schier unermessliche Zahl an Kunstgegenständen des Mittelalters ging dabei unwiederbringlich verloren.

Die Begründung war wie schon bei den Hussiten und früheren Bilderstürmen stets die gleiche: Gott, Jesus Christus, Maria und die Heiligen könnten nicht als Bild verehrt und angebetet werden. Daher handle es sich bei der Einbeziehung von Bildwerken in die christliche Liturgie um reinen ‹Götzendienst›, um eine sinnliche, verführerische Ablenkung von der wahren Frömmigkeit.[1] Bildersturm hieß, die Problematik des religiösen Bildes durch dessen Entfernung, demonstrative Zerstörung oder quasi-rituelle Verhöhnung zu lösen. Die Übergänge zwischen Bildentfernung, Bilderfrevel, Bildbeschädigung und Bildersturm waren dabei fließend.[2]

Da es während des Bauernkriegs von 1525 auch zur Verwüstung

und Plünderung von sakralen Gebäuden und deren Ausstattungen durch katholische Truppen kam, waren Kriege doch zu allen Zeiten mit Brandschatzungen und Raub verbunden, muss man scharf unterscheiden zwischen religiös-ideologisch begründeten Bilderstürmen und Begleiterscheinungen kriegerischer Handlungen.[3]

Gemäßigte Reformatoren im Umfeld von Martin Luther waren dabei weniger radikal und sprachen sich sogar für eine maßvolle Verwendung von Bildern zu didaktischen Zwecken aus, weil sie ihren Wert für die Verbreitung des christlichen Glaubens bei einer des Lesens weitgehend unkundigen Bevölkerung erkannten.[4] Hier kam es – nicht zuletzt aufgrund der engen Freundschaft zwischen Luther und dem angesehenen Maler Lukas Cranach – sogar zu dem problematischen Versuch, gegen die katholischen Bilder gerichtete Kunstwerke zu produzieren. In Wittenberg und Weimar entstanden neue Altäre, die anders aussahen und versuchten, die aktuelle Gemeinde und ihre bekannten Prediger so realistisch ins Bild zu setzen, dass sie jene metaphysische Aura, die ihre katholischen Vorläufer kennzeichnete, verloren hatten.[5]

Luthers Zorn richtete sich also gar nicht so sehr gegen Bilder, denen er im Übrigen auch nicht genügend Bedeutung beimaß, sondern vielmehr gegen die Vorstellung, dass man, quasi als Sonderform des Ablasshandels, durch die Stiftung von Bildern das Seelenheil erlangen könne. Als es 1522 zum Bildersturm in Wittenberg kam, beendete er ihn zügig, weil er den Streit um den Gebrauch bzw. die richtige oder falsche Nutzung von figürlichen Darstellungen für zweitrangig hielt.[6]

Im Vordergrund standen für Luther die Beseitigung des Ablasshandels und die bereits in der Bibel festgehaltene Forderung, all sein Gut zu verkaufen und das Geld an die Armen zu verschenken.[7] Diese radikale und sehr weitreichende Forderung ließ sich natürlich nie wirklich durchsetzen. Stattdessen wurde schon in frühchristlicher Zeit der Kompromiss darin gefunden, einen gewissen Teil des Vermögens, das sogenannte Seelgerät, an die Armen abzugeben. Man unterstützte die Bedürftigen und legte sich dadurch einen Schatz im Himmel an. Mit der Erfindung des Fegefeuers wurde das Seelgerät noch bedeutsamer: Wer nach dem Tod schnell in den Himmel gelangen und nicht die Qualen des Fegefeuers erdulden wollte, musste auf Erden möglichst viel Gutes tun. Dabei ging es bald immer weniger um Spenden für die Armen. In den Kirchen entstanden zunehmend Privataltäre, an denen für die Seelen reicher Stifter Seelmessen gelesen wurden. Im Ulmer Münster existierten beispielsweise über fünfzig solcher Altäre.[8]

Später konnten wohlhabende Gläubige ihr Seelenheil auch dadurch erlangen, dass sie die Kirche beim Bau von Gotteshäusern und deren prunkvolle Ausstattung mit Kunstwerken, prächtigen Gewändern und Liturgiegerät aus Edelmetall unterstützten. Diese Sonderform der Almosen gewann immer mehr an Bedeutung und die Folgen waren weitreichend. Wohl nie in der abendländischen Geschichte wurde ein derart großer Teil des Volksvermögens und der erwirtschafteten Erträge in die Pflege des Kults investiert wie in der Zeit zwischen dem 12. und 16. Jahrhundert. Entsprechendes gilt für die Kunstproduktion. Prunkvoll ausgestattete Kathedralen bestimmten das Bild der Städte, und die Landschaft war durchsetzt mit Klöstern und Kapellen. In den Dörfern war der Bau der Pfarrkirche die größte Gemeinschaftsleistung bis zur industriellen Revolution. Für die Künstler brachen goldene Zeiten an: Die Liste der Aufträge an Maler und Bildhauer wurde immer länger und dehnte sich über Bilder und Skulpturen hinaus bald auch auf Glasfenster, Familiengestühl, Grabplatten, Altarleuchter, Kelche, Messgewänder und Messbücher aus. In den Werkstätten wurden Abertausende von Altären und Kelchen produziert, auf dem Land kam es zu einem wahren Kirchenbauboom.[9]

Die Bauern leisteten für ihr Seelenheil den Zehnten ihres Ernteertrags für den Unterhalt und die Versorgung von Bischöfen, Pfarrherrn und Kirchengebäuden. Sie bezahlten das Wachs für ihr ewiges Licht oder ein Festessen für Mönche, zudem waren ihre Höfe meist mit Zinsen belastet. Zur Erlösung der Seelen aus dem Fegefeuer wurden auch immer mehr Immobilien an die Kirche vermacht, noch dazu war Kirchenbesitz steuerfrei. Zudem kamen neben den Seelendiensten für die Lebenden weitere für die jüngst Verstorbenen hinzu. Auf diese Weise akkumulierten Kirchen und Klöster riesige Vermögenswerte, während die wirtschaftliche Lage eines Großteils der Stadt- wie Landbevölkerung dagegen immer prekärer wurde.[10]

Dieses System brachte Martin Luther mit seiner Schrift «Von den guten Werken» (1520) gehörig ins Wanken, in der er die Notwendigkeit von guten Werken, insbesondere von Stiftungen an Kirchen und Klöster zur Erlangung des Seelenheils vehement bestritt.[11] Luther zufolge fordere Gott von seinen Gläubigen keine Wallfahrten oder Stiftungen von Altären und prunkvollen Kirchenausstattungen, sondern nur den wahren reinen Glauben an Gott und Jesus Christus. Es ist nur zu verständlich, dass diese Ansichten zu einem erbitterten Streit zwischen ihm und den ihm nachfolgenden Reformatoren auf der einen und den Traditionalisten in der katholischen Kirche auf der anderen Seite führen mussten. Letztendlich wurde dies auch zur Bedrohung für den Papst in Rom, dessen prachtvolle Hofhaltung und auch der Neubau von Sankt Peter Unsummen verschlangen, die aus allen Teilen der christlichen Welt kamen. Gegen säumige Schuldner oder Kritiker dieser Praxis hatte der Papst mit dem Bann und dem extremen Mittel des Ketzerprozesses wirkungsvolle und zugleich schreckliche Disziplinierungsmittel. Da Luther all dies in Frage stellte, legte er die Axt an das Fundament der damaligen Struktur der katholischen Kirche.[12]

Die Folgen für die Kunstproduktion, die Luthers Lehre nach sich zog, waren schwerwiegend. In den später reformatorisch beherrschten Gebieten kam es zu einem massiven Rückgang, was den Bedarf an Altären, kirchlichen Bildern und Skulpturen, prunkvollen Messgewändern und goldenem oder silbernem Messgeschirr anging. Doch die Reformation löste darüber hinaus auch einen wahren Sturm der Zerstörung von figürlichen Darstellungen aus.

So rief Andreas Bodenstein von Karlstadt im Jahre 1522 in Wittenberg zur systematischen Vernichtung von Bildern religiösen Inhalts auf.[13] Er berief sich dabei auf Luther, nach dessen Meinung das Vermögen nicht in kirchliche Stiftungen zur prunkvollen Ausstattung von Kirchen zu fließen habe, sondern den Armen direkt zugutekommen müsse. Bodenstein von Karlstadt zufolge hatten Bilder nur materiellen Wert, aber keinen kommunikativen, weshalb sie auch keinen Beitrag zur Verbreitung der christlichen Lehre leisten konnten; zumindest mit dieser Aussage setzte er sich in Gegensatz zu Luther.[14] Zudem war er der Ansicht, dass die Bilder auch nicht die göttliche Natur widergäben, sondern die Erscheinung des Heiligen in eine fleischliche Form übertrügen, die den wahren Zugang zu Gott behindere. Die Kirche werde durch die Darstellungen, die lustvolles Verlangen beförderten, zu einem Hurenhaus gemacht. Ihm ging es also tatsächlich um ein Ausräumen der Kirchen zur Verhinderung von Götzendienst, weshalb er zur aktiven Zerstörung der Bildwerke in Kirchen aufrief und auch in Wittenberg einen Bildersturm auslöste, sehr zum Missfallen Luthers, der sich dezidiert gegen einen außer Kontrolle geratenen Aufruhr und gegen die tumultuarische Vernichtung von Kirchenbesitz wandte.[15]

Eine noch extremere Haltung nahmen die Schweizer Reformatoren Ulrich Zwingli und Johannes Calvin ein, die ein völliges Bilderverbot propagierten und die Entfernung sämtlicher figürlicher Darstellungen aus den Innenräumen der Kirchen ihres Einflussbereichs bewirkten.[16] Zwingli verdammte die Bilder, weil sie dem Götzendienst und nicht dem wahren Glauben dienten; der christliche Kult habe sich den Armen selbst zu widmen. Calvin war noch radikaler in seiner Haltung, wonach die Zehn Gebote strikt zu befolgen seien, die Abbildungen Gottes verböten. Die Verehrung von Darstellungen sei Götzendienst und mit fleischlicher Begierde gleichzusetzen. Zwingli und Calvin waren so radikal, dass sie die Zerstörung nicht nur auf Bildwerke beschränkten, sondern sogar auf Altarsteine, liturgische Geräte und anderes ausdehnten, selbst wenn diese gar keine bildlichen Darstellungen trugen.[17]

Bisweilen wird argumentiert, dass für Calvin nicht nur religiöse, sondern auch politische Beweggründe ausschlaggebend gewesen seien. Mit Hilfe des von ihm ausgerufenen Bildersturms sei in eidgenössischen Städten, wie etwa Genf, eine neue politische Klasse an die Macht gelangt, die – unabhängig von ihrem religiösen Fanatismus – den Begriff ‹Staat› zum ersten Mal in einem modernen Sinne zu denken begonnen hätte. In gewisser Weise soll der Ikonoklasmus der Calvinisten auch eine urbane, bourgeoise und rational gedachte Zerstörung der bis dahin vorherrschenden ländlichen, feudalen und abergläubischen Welt gewesen sein. Dieses neue ‹Modell› sei später in die Niederlande und nach England sowie letztendlich bis nach Nordamerika exportiert worden und wäre seit damals eng mit dem Protestantismus verbunden gewesen.[18]

Es ist aber darauf hinzuweisen, dass katholische Gegner der Reformation ebenfalls durchaus bildkritisch waren und vergleichbare Argumente bemühten: Sie störten sich insbesondere an den im Überfluss produzierten, besonders prunkvollen Heiligenbildern, deren Verehrung dringend zu kanalisieren sei. Erasmus von Rotterdam und viele andere prangerten die in diesem überzogenen Bilderkult zum Ausdruck kommende Verschwendungssucht und Eitelkeit der Stifter an.[19] Vor allem störten sie sich an nackten oder halbnackten Abbildungen von Heiligen, Jünglingen oder dem Jesuskind sowie zunehmend schönen Frauen in modischen Kleidern, was nur erotische Gelüste wecken würde. Die Ölmalerei ermöglichte dabei eine äußerst kunstfertige Darstellung, die die Materialität besonderer Stoffe hervortreten ließ. Wie schon der von Savonarola beeinflusste ältere Sandro Botticelli predigten die katholischen Bildkritiker eine viel schlichtere Darstellung, die nicht durch Kunstgriffe von den wahren Inhalten ablenken sollte. Auf der Mainzer Synode von 1549 versuchte man schließlich zu regeln, was unter angemessenem Kirchenschmuck zu verstehen sei. Dennoch hielt die katholische Kirche – im Unterschied zu den Reformatoren – am Gebrauch der Bilder und ihrem didaktischen Einsatz fest.[20]

DIE ANFÄNGE DER BILDVERNICHTUNG IN DEUTSCHLAND UND DER SCHWEIZ

Die Bilderstürme der Reformation verliefen auf sehr unterschiedliche Weise. Neben Verordnungen zur systematischen Bildentfernung, spontanen gewalttätigen Aktionen fanatisierter Massen, symbolischen Schauprozessen und regelrechten Hinrichtungen von figürlichen Darstellungen sowie individuellem Vandalismus belegen die Quellen aber auch anderes: So durften Stifter bisweilen ihre Altarbilder und anderen Kunstwerke zum Teil auch wieder an sich nehmen und so vor der Zerstörung retten.

Das Ausmaß der Verluste an mittelalterlicher Sakralkunst konnte, abhängig vom politischen Willen und der Haltung der jeweiligen Obrigkeit, sehr unterschiedlich ausfallen: In Zürich ging fast alles verloren, in Bern dagegen blieben viele kirchliche Textilien erhalten, in Basel der Münsterschatz. In Genf wiederum kam es zu völliger *tabula rasa*, während in Straßburg sogar der Hochaltarschrein überlebte. Ob der Bildersturm als unkontrollierter Aufruhr losbrach oder als systematische Säuberung durchgeführt wurde, war für die Protagonisten der Reformation von großer Bedeutung, wussten sie doch, dass jegliche Art von Tumult der Legitimation ihres Tuns schaden und ihre Gegner stärken würde. Dabei zeigte sich jedoch, dass eine planmäßige Räumung oft verheerender für die Kunst war, weil sie konsequent und mit Hilfe von regelrechten Inventarlisten durchgeführt wurde, die Bilderstürmer sich Zeit nahmen und ihnen deshalb kaum ein Werk entging. Bei tumultartigen Übergriffen wurde zwar vieles zerstört, oft aber sehr ziel- und planlos, so dass Kunstwerke immer wieder auch der Vernichtung entgingen.[21]

Im Anschluss an viele systematische und organisierte Konfiszierungen von Kirchenschätzen wurde die «Beute» gewinnbringend verkauft, was zu einem enormen Rückfluss in die Staatskassen führte. Es handelte sich also keinesfalls immer um religiös-ideologische Gründe, sondern – wie in der Vergangenheit – gleichermaßen um eine gewaltige Kirchenenteignung und

Vermögensumverteilung. Die Ursache dafür lag zweifellos auch in wirtschaftlichen Konflikten, die sich zuvor schon zwischen Bürgertum und Kirche abgezeichnet hatten. So hatte der Klerus mit seinem stetig angewachsenen Grundbesitz dank Steuerprivilegien erhebliche Vorteile aus den Absatzmärkten für seine Produkte in den Städten gezogen, ohne dass etwas zurückgeflossen war. Der Bildersturm schuf daher die Möglichkeit, einen nicht unbeträchtlichen Teil des kirchlichen Vermögens wieder in den Wirtschaftskreislauf und in die Stadtkassen zurückzubringen,[22] und wurde dadurch zu einer Art revolutionärer Bewegung gegen die vermeintlich korrupten Eliten der katholischen Kirche.

Die erste große Welle der reformatorischen Bilderstürme brach weitgehend über bestimmte Territorien herein, weshalb bisweilen auch von einer «Bildersturmlandschaft» gesprochen wird.[23] Dazu gehörten die deutschsprachigen Gebiete der Schweiz mit Zürich als Zentrum (1523–1529), die Westschweiz (1530–1537), Südbaden und das Elsass (1525–1530), das südliche Niedersachsen (1528–1529), Westfalen (1531–1534) und der durch die Hanse geprägte deutsche Ostseeraum (1523–1530) bis hin nach Livland und Estland (1524–1526).[24] Im Ursprungsgebiet der Reformation, in Wittenberg und benachbarten Gegenden, kam es aufgrund des Eingreifens von Luther nicht zu ausgeprägten bilderstürmerischen Aktivitäten. Diese lutheranische Selbstbeschränkung wirkte an unterschiedlichen Orten. So wurden immer wieder Teile der Kirchenausstattung zerstört, andere unangetastet gelassen (Göttingen, Königsberg), während es anderorts zur vollständigen Zerstörung des Kircheninneren kam. Daneben gab es auch kuriose Fälle wie den der schweizerischen Gemeinde Thal, in der man beschloss, den Bildersturm zunächst erst einmal nicht durchzuführen, weil die Wiederanschaffung der Kirchenausstattung und der Kunstwerke im Falle eines katholischen Sieges zu teuer würde.[25]

Der Drang vieler Stadträte, die Bilderstürme in ihren Kirchen zu organisieren und nicht in Tumulten ausarten zu lassen, lag auch darin begründet, dass sie in wild gewordenen Haufen mit ihrer bunten sozialen Zusammensetzung nicht zuletzt eine Gefahr für weitergehende Forderungen sahen. Gerieten revolutionäre Bewegungen erst einmal außer Kontrolle, konnten sie sich statt gegen Bilder auch gegen die Machthaber richten. Insofern wurden verschiedene Formen obrigkeitlicher Kontrolle ausgeübt, die von einer Bewachung der Kirchen vor der Entfernung der Bilder bis zu einem etappenweisen und ordnungsgemäßen Ausräumen reichten. Allerdings gerieten auch sorgfältig vorbereitete Bilderstürme bisweilen außer Kontrolle.[26]

Sofern Bilderstürme spontan ausbrachen, endeten sie meist im Tumult. Die Anlässe dafür ergaben sich häufig dann, wenn Stifter oder Geistliche wertvolle liturgische Geräte oder Kunstwerke aus der Kirche oder gar der Stadt entfernen wollten, um sie an einen sicheren Ort zu bringen (Straßburg 1524, Stettin 1525). Jede öffentlich wahrgenommene Entfernung eines Gegenstandes aus dem festgefügten Universum einer Kirche – und sei es nur vorübergehend – konnte in einen plötzlichen Bildersturm münden, der dann die gesamte Kirche verwüstete.[27]

Die Formen der symbolischen Desakralisierung, Beschädigung bzw. Teilzerstörung und Verhöhnung waren von Anfang an vielfältig und zogen sich durch die gesamte Dauer des reformatorischen Bildersturms. Vielfach schlug man den Skulpturen Glieder, Kopf oder Nase ab, oder man stach auf den Gemälden die Augen oder gar Gesichter aus. Bei Wandmalereien kam es zum Abkratzen, Übertünchen oder Beschmieren. So wurden in Augsburg 124 Plastiken mit Kuhblut übergossen.[28] Skulpturen konnten jedoch zur völligen Entweihung auch in Latrinen, Straßenrinnen, Sauställen, Beinhäusern oder auf Abfallhaufen landen, Marienbilder wurden in Wirtshäusern aufgestellt.[29] Der Phantasie bei der Durchführung solcher Schandrituale schien kaum eine Grenze gesetzt.

Insbesondere zu Beginn der Bilderstürme gab es jedoch auch Versuche, deren Auswirkungen abzumildern. In Zürich begann man 1523 erst einmal damit, die Altäre zu schließen. Auch das Verhängen mit Tüchern sollte die Aggression der Bilderstürmer bremsen und zur Rettung der Kunstwerke beitragen. In Kempten wurde allerdings 1533 der Vorschlag abgelehnt, die riesigen Wandmalereien der dortigen Pfarrkirche mit Tüchern zu verhängen.[30] Aber eine Verhüllung allein konnte den zahlreichen Extremisten unter den Bilderstürmern natürlich nicht genug sein. Ihnen ging es um die endgültige Zerstörung, auf dass für alle Zeit solcher Götzendienst nicht mehr möglich sei.

Jedoch fiel nicht alles der Vernichtung anheim. Viele Kunstwerke wurden den Stiftern zurückgegeben oder gelangten in die Hände anderer Privatleute. Solche Transaktionen, gleichsam ‹unter der Hand› und im Geheimen, waren Teil der Vermögensumverteilung während der reformatorischen Bilderstürme. So hatte man 1537 einen Teil der aus dem Dom zu Augsburg entfernten Bilder und Statuen in die Domgruft verbracht. Im Badischen gelangten Bildwerke nach Ausbruch der Reformation auf Dachböden, wo sie ebenfalls dem Anblick und Zugriff der Bilderstürmer entzogen waren. Wahrscheinlich dürfte es eine ganze Reihe solcher Aufbewahrungskammern zur Sicherung bzw. Rettung von Kunst gegeben haben, worüber wir nur wenig Kenntnis haben. Doch fällt auf, dass noch in der Mitte des 19. Jahrhunderts von solchen «Götzenkammern» gesprochen wurde.[31]

Neben der Rettung von Bildwerken kam es aber auch zu deren Veräußerung. So schafften Lutheraner aus dem schlesischen Żagań Bilder von Altaraufsätzen ins benachbarte katholische Großpolen und verkauften sie dort auf den Jahrmärkten.[32] Solche Art von Geschäftstüchtigkeit dürfte es vielfach gegeben haben, doch existieren kaum schriftliche Berichte darüber. Der Bildersturm dürfte eine gehörige Portion krimineller Energie freigesetzt haben,[33] über deren Ausmaß wir letztlich nur mutmaßen können.

Was den genauen Ablauf eines solchen Bildersturms betrifft, so ist der in Zürich mit am besten erforscht.[34] Der Züricher Bildersturm nimmt dabei eine Sonderstellung ein, weil er bereits sehr früh durch Ratsmehrheit beschlossen worden war. Die Ausführung oblag einer Gruppe von Handwerkern und Hilfsarbeitern, die von Theologen und Ratsherren angeleitet wurden. Nie zuvor

Die Szene zeigt einen evangelischen Gottesdienst; links im Hintergrund werden Heiligenbilder und gestiftete Wachsfiguren zerstört. Der Holzschnitt ist Teil der «Schweizer Chronik» (Zürich 1548) des Theologen und Historikers Johannes Stumpf (1500 bis vermutlich 1576). Zürich bildete während der Reformation ein Zentrum der Bilderstürme, die unterschiedliche Organisationsformen und Zerstörungsakte zeitigten. Das Bemühen der Obrigkeit, Kontrolle über den Bildersturm zu gewinnen, lässt zugleich die wirtschaftliche und politische Dimension des Umgangs mit Kirchengütern erkennen.

hatte es eine derart penibel geplante Kirchenräumung gegeben, die dennoch eine Reaktion auf spontane und gewalttätige Einzelaktionen war, zu denen es auch danach immer wieder kam. Dabei umschreibt der Begriff «Bildersturm» die tatsächlichen Aktionen – wie in den meisten anderen Fällen auch – nur sehr ungenügend, weil nicht nur figürliche Darstellungen vernichtet wurden, sondern auch anderes kirchliches Mobiliar, liturgische Geräte und vieles mehr betroffen waren.[35]

Der Züricher Bildersturm begann 1523. Erfolgten die ersten Bilderschändungen heimlich, so kam es in der Folgezeit zu spektakulären Aktionen. Um selbsternannte Bilderstürmer daran zu hindern, hemmungslos fremdes Sachgut anzugreifen, versuchte der Rat, den Schutz von Objekten obrigkeitlich zu planen. So machte man den Stiftern sogar das Zugeständnis, die von ihnen in Auftrag gegebenen und den Kirchen überlassenen Kunstwerke zu entfernen. Trotz dieser Kontrolle über die Ereignisse veranlassten drohende Unruhen den Rat der Stadt, prophylaktische Maßnahmen zu ergreifen und dafür zu sorgen, dass die Flügelaltäre geschlossen blieben und keine Prozessionsbilder mehr herumgeführt wurden, um jegliche Provokation von Bildergegnern zu vermeiden.

Dennoch brach sich der Hass gegen die Kirche schon 1524 Bahn. Dieser äußerte sich in ikonoklastischen Ausbrüchen, die mit sozialrevolutionären Forderungen verbunden waren: der Abschaffung des sogenannten Zehnts als Abgabe und der Leibeigenschaft der Bauern.[36] Der Züricher Rat versuchte von diesen weitreichenden Forderungen dadurch abzulenken, dass er kontrolliert und im großen Stil geplant Bilder zerstörte und damit offenbar die Lage mit Erfolg entschärfte. Die Kontrolle über den Bildersturm war gleichbedeutend mit der Kontrolle über gesellschaftliche Umwälzungen.[37]

Als das Großmünster 1524 nach der hinter verschlossenen Türen vollzogenen Bilderbeseitigung wieder geöffnet wurde, strömten sofort die Massen in das Gotteshaus und rissen in kurzer Zeit sämtliche Laienstühle heraus. Diese Aktion unterstrich die revolutionären Absichten der Bilderstürmer, weil die spätmittelalterliche Kirchenbestuhlung weitgehend die soziale Ordnung der Kirchengemeinde widerspiegelte. Ihren gesellschaftlichen Rang konnten die Bürger nämlich dadurch zum Ausdruck bringen, dass sie sich aufwändig dekorierte Kirchenstühle herstellen ließen und diese entsprechend prominent positionierten, mitunter auch in mehreren Gotteshäusern.[38] Mit dem Zerschlagen der Stühle warf man gleichsam Standesschranken über den Haufen.

Mit der Zertrümmerung der Kirchenstühle war der Züricher Bildersturm jedoch insofern in eine neue Phase getreten, als sich die Zerstörungswut nun nicht mehr nur gegen Objekte richtete, für die man ein Verbot aus der Bibel herleiten konnte, sondern letztendlich gegen alles, was die bis dahin geübte kirchliche Praxis repräsentierte. Als Götzenwerk galt fortan jegliche Äußerung materieller oder zeichenhafter Sakralkultur. Interessanterweise folgte dem Stuhlsturm der Radikalen ziemlich schnell ein von der Obrigkeit in Auftrag gegebenes Einschmelzen von edelmetallenen und edelsteinbesetzten Kelchen, Reliquiaren, Monstranzen, Leuchtern, Kruzifixen, Gewändern usw. Ob sie bildliche Darstellungen aufwiesen, war dabei nicht mehr von Belang, es ging nur um den reinen Materialwert von Gold, Silber und Edelsteinen. Diese Zerstörung erfolgte auch nicht zusammen mit den Gemälden und Skulpturen, die – sofern sie nicht verkauft wurden – weitgehend wertlos waren und verbrannt wurden, sondern im Zuge einer Säkularisierung von Kirchen- und Klosterbesitz.[39]

Der Verlust der wertvollen liturgischen Geräte war für die Traditionalisten weitaus schmerzvoller als die Vernichtung der Bilder. Dies hing nicht nur mit ihrem ungleich höheren Materialwert zusammen, vielmehr übertrafen sie bildliche Darstellungen auch in ihrem Weihegrad. Dadurch setzten sich die Reformatoren zugleich dem Vorwurf der Habgier und des Kirchenraubs aus, was zum Teil heftige Reaktionen unter den Katholiken auslöste.[40] Unweigerlich stellte sich die Frage, wem der dabei entstehende Ertrag zufallen sollte. Zwingli vertrat die Meinung, dass das Kirchen- und Klostergut den Armen zugute zu kommen habe. 1525 wurde vom Züricher Rat eine umfassende Almosenordnung erlassen, wonach die schwerer verkäuflichen Messgewänder und anderes an die Armen verteilt werden sollten, der Erlös aus Edelmetall und Edelsteinen wurde jedoch zunächst ohne nähere Bestimmung zurückbehalten.[41] Es ist damit zu rechnen, dass er der Stadtkasse zufloss.

Für die sich daraus ergebende Sozialfürsorge der Bürger in der Stadt war jedoch weitaus besser gesorgt als für die Untertanen in ländlichen Gebieten, was neue Konflikte schuf. Mehrfach kritisierten die Landgemeinden die Haltung der Stadt und fühlten sich von deren Verwaltung gar um das betrogen, was ihnen nach ihrem Verständnis zustand. Manche ländlichen Gemeinden versuchten sogar, sich mit erbeutetem Kirchengut von der Stadt Zürich freizukaufen und freie eidgenössische Orte zu werden. Umgekehrt nutzte die Stadt Zürich die Erträge aus dem Grundbesitz der Klöster, um neue Herrschaftsgebiete zu erwerben. Edelmetall floss den Münzmeistern zu und musste in erster Linie die Geldnot der Stadt Zürich lindern, weshalb die Unterstützung der Armen weiter zurückzustehen hatte.[42]

War der Ausgangspunkt also der theologisch begründete Kampf gegen die Bilder und gegen den angeblich darauf sich gründenden Götzendienst, so wurde daraus sehr schnell eine handfeste Auseinandersetzung um Vermögen, Macht und wirtschaftliche ebenso wie politische Interessen.[43] Einem Teil der Leibeigenen wurde zwar 1525 die Freiheit geschenkt, auch entfielen die Kosten für Seelgeräte, die größte Last hingegen, der Zehnt, blieb weiterhin bestehen. Der eigentliche Gewinner war der protestantische Staat. Im Einzugsbereich der Reformatoren wurde der Machtapparat der katholischen Kirche ausgeschaltet, und mit der Säkularisierung von Kirchen- und Klostergütern ergab sich ein enormer Zugewinn an wirtschaftlicher Macht und politischer Herrschaft. Mit der Verbreitung ihrer neuen Lehre gelang es den Reformatoren ferner, alle Untertanen auf sich zu verpflichten.[44]

Anders als in Zürich und vielen anderen Städten gab es jedoch auch Orte, die sich zwar zu Luther und dem Protestantismus bekannten, aber trotzdem nicht von einem vergleichbar zerstörerischen Bildersturm heimgesucht wurden. Dazu gehörte insbesondere die freie Reichsstadt Nürnberg.[45] Zwar veränderte sich die Einstellung gegenüber der sakralen Kunst, dennoch konnte sie bewahrt und vor Vernichtung geschützt werden, so dass Umbruch und Kontinuität gleichermaßen sichtbar wurden. Die künstlerische Blüte in Nürnberg ging auf enorme Stiftungen des städtischen Bürgertums zurück und war mit den bedeutendsten Künstlern der damaligen Zeit verknüpft: Albrecht Dürer, Veit Stoss, Adam Krafft und viele andere. Hier bekannte sich das Patriziat der Stadt sehr schnell zur Lehre Martin Luthers, der kein Freund hemmungsloser Bilderstürme war. Die liturgischen Geräte aus Silber und Gold und andere Kostbarkeiten aus den Kirchen wurden an einen sicheren Ort verbracht und sollten keineswegs verkauft werden. Erst deutlich später, als die Stadt Geld für ihre Kriege benötigte, schmolz man einen Teil davon ein.[46]

Um die Mitte der 1530er Jahre verebbte diese erste Welle des Bildersturms. Doch zu einer ihrer extremsten Ausprägungen kam es 1534/1535 im westfälischen Münster. Nachdem die Lehre Luthers dort bereits früh eingeführt worden war, kam es zu Beginn der 1530er Jahre zu einer immer stärkeren Radikalisierung, die im sogenannten Wiedertäufertum mündete. Diese Bewegung war äußerst politisiert und wurde zu einem Sammelbecken für obrigkeitsfeindliche Schichten. Ihre extremen Anführer unter den Ratsherren verbündeten sich mit der Unterschicht, vertrieben die bis dahin in der Stadt tonangebenden Familien und legten ab 1533 das Wiedertäufertum als einzig verbindliche Religion fest.[47] Ihr Kennzeichen war die Erwachsenentaufe, während man die Kindertaufe als unbiblisch ablehnte. Jeder Christ, der also im Kindesalter bereits getauft war, musste sich im Erwachsenenalter erneut taufen lassen, daher der Begriff der «Wiedertäufer».

Weitere Merkmale dieser radikalen Bewegung, die immer mehr einer Sekte ähnelte, waren neben der Gütergemeinschaft, der Abschaffung des Geldes und der Einführung der Polygamie auch die Bilderstürme. Türschlösser und Zäune waren verboten, Handwerker hatten umsonst zu arbeiten, Löhne und Preise waren außer Kraft gesetzt, es herrschte Kauf- und Verkaufsverbot, auf Geldbesitz stand Todesstrafe. Kirchen und Klöster hatten ihre Einkünfte und ihr Vermögen sowie ihre Gold- und Silberschmiedearbeiten herauszugeben. Der gesamte Besitz der geflüchteten oder verjagten Oberschicht wurde konfisziert. Da die Gütergemeinschaft das Programm der Wiedertäufer war, hatten alle ihren vollständigen Besitz an Geld, wertvollen Gewändern, Gold, Silber und anderen Preziosen abzugeben. 1534 wurden über mehrere Tage hinweg Bücher, Urkunden und Siegel auf dem Domplatz verbrannt, weil sie als Darstellungsformen privilegierter Zuständigkeiten galten. Der Hass auf sakrale Bildwerke erhielt im Münster der Wiedertäufer zudem eine besondere Zuspitzung. In der Folge wurden unzählige Kunstwerke, Altäre, Kruzifixe, liturgische Geräte aus Edelmetall und vieles mehr vernichtet.[48] Es handelte sich um einen radikalen Kampf gegen die katholische Kirche, die durch solche Symbole repräsentiert wurde.

Außerhalb von Münster konnte die Bewegung der Wiedertäufer kaum Fuß fassen, und schon bald war die von ihnen beherrschte Stadt durch einen Belagerungsring eingeschlossen. Spätestens 1534 war ihre Lage vollkommen ausweglos, was das Handeln der Verantwortlichen im Inneren der Stadt offenbar nur noch radikaler werden ließ. 1535 wurde Münster schließlich eingenommen und der extremistischen Herrschaft der Wiedertäufer ein Ende bereitet. Ihre Anführer wurden auf grausame Weise gefoltert und hingerichtet, ihre Leichname hängte man zur Abschreckung in eisernen Körben am Turm der Lamberti-Kirche auf.[49] Insbesondere die extremen Praktiken und der spektakuläre Untergang der Wiedertäufer bewirkte in dem Gebiet eine gewaltige Diskreditierung ikonoklastischer Maßnahmen und führte zu einer profunden Rekatholisierung weiter Teile Westfalens,[50] die bis heute nachwirkt.

DIE ZWEITE WELLE MIT DEN SCHWERPUNKTEN FRANKREICH, NIEDERLANDE, ENGLAND

Die zweite Welle von Bilderstürmen in der zweiten Hälfte des 16. Jahrhunderts, die nun vor allem Frankreich und die Niederlande betraf,[51] unterschied sich nicht grundsätzlich von den Vorgängen in Deutschland und der Schweiz zwischen 1520 und 1535. Auch hier zeichnete sich wieder der Konflikt zwischen von der Obrigkeit geplanten, systematischen Kirchenausräumungen und jenen eher spontanen Zerstörungsorgien unter der Beteiligung unkontrollierter und durch Prediger aufgewiegelter Volksmassen ab. Nach 1550 tauchten in Europa vermehrt Schriften auf, die den Bildersturm in Weiterentwicklung der Lehre Calvins religiös-ideologisch zu legitimieren versuchten, auf die Allgemeingültigkeit des alttestamentlichen Bilderverbots verwiesen und überdies jeglichen pädagogischen Nutzen von figürlichen Darstellungen Gottes oder Heiliger verneinten. Der Bildersturm der zweiten Hälfte des 16. Jahrhunderts war eng verbunden mit der Ausbreitung der Lehre Calvins, insbesondere in Frankreich, den Niederlanden, aber auch in Schottland und einigen Teilen Deutschlands. Dort lag der Schwerpunkt der Bildzerstörungen dieser Zeit.[52]

Die religiös-ideologische Auseinandersetzung um die Zulässigkeit von Bildern führte, wie schon in der ersten Hälfte dieses Jahrhunderts, zu politisch-gesellschaftlichen Kämpfen, wobei die Träger des Bildersturms sich vielfach zu extrem gewaltsam auftretenden revolutionären Massen entwickelten. Unterschiedliche Interessen hatten sich verflochten, und der Bilderkrieg wurde des Öfteren zum Bürgerkrieg, wobei der Bilderkrieg zugleich den Bürgerkrieg legitimierte und finanzierte. In Frankreich etwa, wo der Bildersturm ab 1562 zu einem entscheidenden wirtschaftlichen Pfeiler des Kriegs geworden war, konnte man die enormen Gewinne direkt in die Kriegsführung investieren. Unmengen an Edelmetall, die zuvor in Form von Statuen, Reliquiaren und anderen Preziosen von Kirchen und Klöstern gehortet worden waren, flossen so in die Finanzkreisläufe zurück. Zusätzliches Geld bezog man aus dem öffentlichen Verkauf von Gemälden, Plastiken, Möbeln und Gewändern, sofern man sie nicht zerstörte.[53]

Am Beispiel der Stadt Lyon lässt sich dies besonders eindrucksvoll aufzeigen. Dort wurden mit größter Akribie vollständige Inventare sämtlicher Kirchengüter erstellt. Aus der Überlieferung geht ferner hervor, dass man mit dem Silber aus dem Einschmelzen der Reliquiare der dortigen Dominikanerkirche die protestantischen Truppen des Prinzen von Condé bezahlte. Ferner verzeichnete man 5392 Pfund Metall aus dem Einschmelzen der Glocken, 1686 Pfund Kupfer und Messing von Kandelabern, 5875 Pfund Eisen von Mobiliar, 2000 Pfund Blei und vieles mehr, alles Reichtümer, die daraufhin im Zeughaus der Stadt deponiert wurden. Selbst Kirchen und Kreuzgänge oder Kapellen von Klöstern wurden abgerissen, um mit dem Steinmaterial neue Bauten zu errichten. Ähnliches spielte sich in anderen französischen Städten wie Rouen, Tours oder Orléans ab. Auch aus den Niederlanden liegen derartige Berichte vor, wonach in Den Haag Männer bestellt wurden, um die Kirchenschätze detailliert in Listen zu erfassen und anschließend den Abtransport zu organisieren. In Leiden etwa wurden Altäre öffentlich verkauft.[54]

Der Ikonoklasmus führte auch dazu, dass zahllose religiöse Bilder, die der Zerstörung entgangen waren, nun auf den Markt gelangten und zum Verkauf angeboten wurden. Schon 1550 hatte man in Paris Bilder, Altartafeln und andere Ausstattungsstücke aus englischen Kirchen und Klöstern zum Verkauf gebracht, die während des englischen Bildersturms von 1547 bis 1548 beschlagnahmt und ins Ausland gebracht worden waren. Im Zuge der bilderstürmerischen Hochkonjunktur in Frankreich und den Niederlanden in den 1560er Jahren fanden auch dort Versteigerungen von Kunstwerken aus Kirchen und Klöstern immer häufiger statt.[55] Die Käufer solcher Bildwerke erstanden sie vielfach nicht zuletzt, um sie zu retten, weil sie von ihrer ‹Heiligkeit› überzeugt waren und sie gewiss auch zur privaten Andacht jenseits aller Öffentlichkeit nutzten. Daneben spielte sicher auch Liebhaberei eine immer stärkere Rolle. Dies führte zur Entstehung privater

Sammlungen sakraler Kunst, was in dieser Form vor dem Beginn des reformatorischen Ikonoklasmus noch undenkbar gewesen wäre.

Bei der Lektüre von Berichten darüber, wie Kirchen ausgeräumt wurden, drängt sich der Eindruck auf, dass das ‹Reinigen› von figürlichen Darstellungen, die einem ‹Götzendienst› Vorschub leisten könnten, längst nicht mehr im Vordergrund stand. Es ging schlicht und ergreifend um die in den Kirchen und Klöstern gehorteten Schätze, insbesondere Metall und Edelmetall, das in den Wirtschaftskreislauf zurückgeführt wurde und dessen Besitz politischen Akteuren neue Machtmittel an die Hand gab, nämlich die Möglichkeit zur Finanzierung von Truppenkontingenten. Der Ikonoklasmus war in Frankreich und den Niederlanden also nicht mehr Bestandteil einer viel umfassenderen theologisch-politischen Auseinandersetzung, sondern mündete im Bürgerkrieg.

Doch ähnlich wie schon während der ersten Welle in den 1520er und 1530er Jahren versuchten die politisch Verantwortlichen, meist die Räte in den Städten, dem zügellosen Plündern der Kirchen Einhalt zu gebieten. So wurden Kirchen bisweilen bewacht, oder die Stadträte ließen Bilder und andere wertvolle Kirchenausstattung entfernen, um sie an einem sicheren Ort zu verwahren. In Einzelfällen kam es sogar zur Hinrichtung von Kirchenplünderern, doch bewirkten solche Maßnahmen nur wenig angesichts der revolutionären Entfesselung der Massen.[56]

Das wahre Ausmaß dieser zweiten Welle des Bildersturms lässt sich auch nicht annähernd genauer beschreiben. Schon die Zeitgenossen hatten hierbei enorme Schwierigkeiten. Im Jahre 1569 schätzte man, dass bis zu 10 000 Kirchen in Mitleidenschaft gezogen wurden. Wenige Jahre später erhöhte man diese Zahl auf 20 000 und rechnete auch noch über 2000 Klöster hinzu.[57] Wie spekulativ auch immer derartige Zahlen bleiben, die 1560er Jahre bildeten in jedem Fall einen tiefgreifenden Einschnitt, was die Geschichte der Kirchenausstattungen in Frankreich und den Niederlanden angeht.

Überraschend ist, dass letztlich alle Teile der Gesellschaft an

Diese Radierung aus dem Geschichtswerk «De leone belgico» (1583) von Michael von Aitzing (ca. 1530–1595) zeigt die Plünderung und Verwüstung einer katholischen Kirche in den Niederlanden. Bilderstürme und Bürgerkriege bedingten einander. Der dargestellte Bildersturm von 1566 steht im Kontext der niederländisch-spanischen Auseinandersetzung um die Zugehörigkeit der Niederlande zur spanischen Habsburgermonarchie.

diesen ikonoklastischen Übergriffen auf Kirchen- und Klostergut beteiligt waren, keiner stand abseits. So handelte es sich keinesfalls nur um unkultivierte und gierige Massen, deren Gewaltbereitschaft von aufpeitschenden Predigern entfesselt wurde.[58] Händler, Handwerker und kleine Beamte gehörten ebenso dazu wie die politischen Eliten, alle zogen ihre jeweiligen Vorteile daraus, soweit ihnen dies irgendwie möglich war. Eine wichtige Quelle in diesem Zusammenhang bilden gerichtliche Verfahren, die nach dem Ende der Bilderstürme und Aufstände durchgeführt wurden. In manchen französischen Städten setzte sich nahezu die Hälfte der Angeklagten aus den lokalen Eliten zusammen: Patriziat, Adel, Offiziere. Und auch wenn es den Anschein hat, dass sämtliche Akteure der Bilderstürme, Soldaten, Handwerker und Händler, Frauen und sogar Kinder, Ratsherren und Bauern, sich ein und derselben Sache verbunden fühlten, nämlich der Feindschaft gegen den katholischen Klerus, so war ihre Motivation in Wahrheit höchst unterschiedlich, und bisweilen traten sie auch in Konkurrenz zueinander.[59]

Jenseits dieser mannigfaltigen Interessen einte alle am Bildersturm Involvierten eine grundsätzliche Kritik am Materialismus und an der hemmungslosen Bereicherung der katholischen Kirche. Da der Klerus enorme Erträge aus Stiftungen und dem Verkauf von Votiven usw. erzielte, traf man ihn am empfindlichsten, wenn man diese Einnahmequellen zerstörte oder gar für sich zu nutzen wusste.[60] Über die Zerstörungen hinaus übten die Bilderstürmer – wie schon während der ersten Welle der 1520er und 1530er Jahre – auch diverse Formen symbolischer Gewalt zur Herabsetzung der Bilder aus. Dazu gehörten etwa karnevaleske Riten, beispielsweise wenn ein Heiligenbild auf einem Esel spazieren geführt wurde oder Bilder Angeklagte von inszenierten Gerichtsverhandlungen waren. Der Phantasie schien dabei kaum eine Grenze gesetzt, wenn es um die öffentliche Diffamierung der Kunstwerke und derjenigen ging, für die sie eine Bedeutung hatten.[61] So wurden Heiligenbilder auch in aller Öffentlichkeit aufgefordert, Wunder zu bewirken und dadurch ihre Unschuld unter

Beweis zu stellen; geschah dies nicht, war die Ohnmacht der Bilder für jedermann offensichtlich, was jene überzeugen sollte, die dem Ikonoklasmus noch skeptisch oder unentschieden gegenüberstanden.[62]

Beide Wellen des festländischen europäischen Bildersturms hatten auch massive Auswirkungen in England.[63] Waren die ikonoklastischen Aktionen der ersten Jahrzehnte noch eher verhalten, so nahm der Bildersturm unter König Heinrich VIII., der mit der römisch-katholischen Kirche brach und sich selbst zum Oberhaupt der anglikanischen Kirche machte, in den Jahren 1536–1540 stark zu. Im Sinne einer ‹Tempelreinigung› wurden Bilder, Schreine und Reliquien aus englischen Kirchen und Klöstern entfernt und öffentlich verbrannt. Reiche Klöster ließ Heinrich zugunsten der Staatskasse plündern.[64] Und auch in Schottland wurden Klostervermögen eingezogen.[65] Erneut stand der Aspekt der Bereicherung und Vermögensumverteilung auf Kosten der katholischen Kirche sehr bald im Zentrum der Motivation, längst ging es nicht mehr um rein religiös-ideologische Gründe, um den wahren Glauben, die richtige Form von Verehrung und Andacht und die Vermeidung von Götzendienst.

Noch radikaler griff Heinrichs Nachfolger Edward VI. durch, indem er sämtliche Bilder aus den Kirchen Londons entfernen ließ. Auch sonst waren im ganzen Land nochmals unzählige Kirchen und Klöster betroffen. Im Jahre 1550 beschloss das Parlament die völlige Vernichtung aller religiösen Bildwerke.[66] Vieles wurde verbrannt, doch ganze Schiffsladungen mit religiöser Kunst gelangten nach Frankreich und in die Niederlande,[67] wo sie öffentlich weiterverkauft wurden und enorme Gewinne einbrachten. Der geistliche und teils auch weltliche Adel litt, doch die Krone profitierte. Dies lässt durchaus eine Parallele zum byzantinischen Bilderstreit ziehen, wo die Vermögensumverteilung ebenfalls von den Kirchen und Klöstern zum Hof des Kaisers erfolgte. Doch da eine detailliertere Überlieferung fehlt, kann das ganze Ausmaß dieser Verkäufe nicht genauer abgeschätzt werden.

Bei der Krönung Elisabeths I. 1559 kam es wieder zu ikonoklastischen Aktionen, doch die Haltung der Institutionen hatte sich bereits gewandelt und die Bilderfrage war plötzlich umstrittener als zuvor.[68] Jetzt kamen Zweifel auf, ob die massenhafte Zerstörung religiöser Bildwerke wirklich gerechtfertigt sei, und unautorisierter Ikonoklasmus wurde unter Strafe gestellt. Missbräuchlich verwendete Bilder sollten lediglich entfernt werden.

Ein Jahrhundert später gerieten wieder Bilderstürme zu einem Mittel der Auseinandersetzung zwischen Parlament und König. Im Englischen Bürgerkrieg der 1640er Jahre kam es auf Geheiß des englischen Parlaments zu Bildzerstörungen, die jene des 16. Jahrhunderts noch um ein Vielfaches übertroffen haben sollen.[69] Der angestrebte Beschluss, sämtliche Kirchen Englands abzubrechen, wurde jedoch nicht gefasst. Trotzdem ist kaum vorstellbar, was in jenen Jahrzehnten an Kunst verloren gegangen sein muss, wenngleich Oliver Cromwell versucht haben soll, die Ikonoklasten, die Geister, die er gerufen hatte, zu mäßigen.[70]

Nicht zuletzt diese massenhafte Vernichtung von kirchlicher Kunst im Zuge der Reformation hatte die Künstler der Folgezeit dazu bewogen, für ihre Bilder vermehrt weltliche Motive auszuwählen, was etwa in der niederländischen Malerei zu wahrer Blüte gelangte. Mit der Säkularisierung der Bilderthemen konnten sich Kunst und Künstler letztendlich von der Kirche emanzipieren. Als Bilder nicht mehr angebetet wurden, verloren sie ihre kultische Funktion und religiöse Dimension. Sie waren keine Kultobjekte mehr und wurden zu reinen Kunstgegenständen. Gutenbergs Erfindung des Buchdrucks schuf zudem die Möglichkeit, Bilder beliebig zu vervielfältigen. Sie konnten in die Hand von jedermann gelangen und wurden dadurch quasi demokratisiert, wobei jene Aura endgültig verloren ging, von der ihr Kult gelebt hatte. Für die Kunst war dies eine Art von Achsenzeit, in gewisser Weise die Geburtsstunde der Moderne[71].

Der Kupferstich zeigt die Demontage des Standbilds Ludwigs XIV. auf der Place des Victoires am 13. August 1792; die Szene ist Teil der «Tableaux de la Révolution Française» (1795). Die Gesetzgebende Nationalversammlung verabschiedete am 14. August 1792 ein Dekret zur Beseitigung der Insignien des Feudalismus und legitimierte damit den revolutionären Bildersturm. Infolge dessen wurden auch alle anderen Statuen auf den königlichen Plätzen in Paris zerstört und eingeschmolzen.

6. DIE FRANZÖSISCHE REVOLUTION UND IHRE FOLGEN

BILDERSTURM UND KUNSTZERSTÖRUNG

Die Französische Revolution gehört zu den folgenreichsten Ereignissen der neuzeitlichen Geschichte in Europa. Zwischen 1789 und 1799 vollzogen sich tiefgreifende macht- und gesellschaftspolitische Umwälzungen wie die Abschaffung des absolutistischen Ständestaates und die Durchsetzung grundlegender Werte der Aufklärung bis hin zur Propagierung der Idee von den Menschen- und Bürgerrechten. Noch heute basiert das Selbstverständnis der Französischen Republik ganz wesentlich auf den Errungenschaften der Revolution. Doch ihre prägende Wirkung reichte weit über Frankreich hinaus.

Die Ursachen für die Erhebung von 1789 waren vielfältig: sozioökonomische Strukturveränderungen, die ständige Finanznot des Königs und der Bourgeoisie, die fehlende Bereitschaft des Adels und der Herrschenden zu einer dringend nötigen Reform des Landes und schließlich ganz konkret eine aus überteuerten Brotpreisen resultierende Hungersnot in Paris, die am Ende ganz entscheidend mit dazu beitrug, dass es am 14. Juli 1789 zum Sturm auf die Bastille kam, dem eigentlichen Beginn der Französischen Revolution und Wendepunkt in der Geschichte der Neuzeit.

Die zehn Jahre vom Sturm auf die Bastille 1789 bis zum Ende

der Revolution und dem gleichzeitigen Aufstieg Napoleons 1799 gliedern sich in drei Phasen: Die erste von 1789 bis 1791 war geprägt vom Kampf für die bürgerlichen Freiheitsrechte und für die Schaffung einer konstitutionellen Monarchie. In einer zweiten Phase in den Jahren von 1792 bis 1794 sah sich die Revolution innen wie außen einer gefährlichen Bedrohung durch konterrevolutionäre Kräfte ausgesetzt und reagierte darauf mit der Schaffung einer radikaldemokratischen Republik, die ihre Macht mit Mitteln des Terrors und der Guillotine gnadenlos durchsetzte. In der dritten Phase, der sogenannten Direktorialzeit von 1795 bis 1799, konnte sich eine von besitzbürgerlichen Schichten dominierte politische Führung nur mit Mühe gegen radikalere Bestrebungen zur Durchsetzung von mehr sozialer Gleichheit einerseits und gegen monarchistische Restaurationsbestrebungen andererseits behaupten.[1] Napoleon Bonaparte machte während der Revolutionsjahre Karriere in der französischen Armee, stieg dort schnell zum General auf, um 1799 zunächst als Erster Konsul und ab 1804 dann als französischer Kaiser vollends die Macht im Lande zu übernehmen.[2]

Die Französische Revolution bildete jedoch auch einen Wendepunkt in der Geschichte der Kulturzerstörungen.[3] Waren die Bilderstürme des Mittelalters und der frühen Neuzeit nämlich noch religiös motiviert und von der Sorge um das Seelenheil und den wahren Glauben getrieben, so wurde die Vernichtung von Kunst- und Kulturgütern während der Revolutionsjahre zum ersten Mal von einer säkularen Kulturideologie getragen; nur der Sieg des Fortschritts zählte. In den Jahren ab 1789 war das Ziel die Überwindung der politischen und sozialen Verhältnisse des Ancien Régime, und beim Bildersturm jener Zeit ging es in erster Linie um die Auslöschung jeglicher Erinnerung daran. Im Vordergrund stand die Beseitigung der Symbole von Despotie, Aberglauben und Fanatismus, und eine ganze Schicht von Intellektuellen verfiel in das Delirium einer kollektiven Euphorie, in einen rauschhaften Taumel der Zerstörung von Kunst- und Kulturgütern.[4] Im Jahre 1791 wurde der Bildersturm faktisch per Gesetz legalisiert und zum Programm erhoben.[5] Die Auswirkungen der revolutionären Ereignisse in Frankreich zu Ende des 18. Jahrhunderts auf die Kunst sind detailliert erforscht.[6]

Schon bald nach dem Sturm auf die Bastille am 14. Juli 1789 wurde offensichtlich, dass der französische Staat bankrott war und seine Finanzen einer grundlegenden Sanierung bedurften.[7] Ausgerechnet der aufgeklärte und kirchenabtrünnige Bischof von Autun, Charles de Talleyrand-Périgord, empfahl in seiner Funktion als Mitglied des Verfassungskomitees den Einzug der Kirchengüter, um das bestehende Defizit zu decken. Er folgte damit dem österreichischen Kaiser Joseph II., der als Verfechter eines aufgeklärten Absolutismus schon 1781/82 ähnliche Maßnahmen eingeleitet hatte, als er im Zuge der von ihm verordneten Säkularisierung die Jesuiten vertrieb und über 700 Klöster verstaatlichte.[8] In den damals noch österreichischen Niederlanden ließ er dabei Kunstwerke aus mehr als 160 Klöstern und Abteien einziehen und ins Ausland, überwiegend nach England verkaufen.[9] Damit wurde Kunstgut, das über Jahrhunderte mit sakralen Gebäuden fest verbunden war, schon vor Beginn der Französischen Revolution aus diesen entfernt und in Umlauf gebracht.

Mit der Enteignung der riesigen Besitzungen von Bistümern, Kirchen, Klöstern und Abteien begann im Zuge der Französischen Revolution nun auch in Frankreich ein Prozess der Verstaatlichung,[10] der sich auf die Besitztümer der Krone und des Adels ausdehnte, insbesondere auf diejenigen, deren Eigentümer im Zuge des Umsturzes ins Ausland geflohen oder während der Schreckensherrschaft der Jakobiner hingerichtet worden waren.[11] Ging es zunächst vordringlich um die Sanierung der Staatskasse, so wurde daraus unter dem bisweilen unkontrollierbaren Druck der aufrührerischen Ereignisse und aufgrund des hochkochenden Volkszorns eine Art revolutionärer Bildersturm. In den Kunstwerken der damaligen Zeit sah man dabei in erster Linie Symbole des verhassten und um jeden Preis zu stürzenden und aus der Erinnerung zu tilgenden Ancien Régime.[12]

Am 10. August 1792 wurde der Tuilerien-Palast gestürmt und

geplündert[13] und die Königsfamilie gefangen genommen, im selben Jahr noch beschloss der Nationalkonvent die Abschaffung der Monarchie. Zu Beginn des darauffolgenden Jahres beschuldigte man Ludwig XVI. des Landesverrats, verurteilte ihn zum Tode und richtete ihn am 21. Januar auf der Guillotine hin. Schon im Sommer 1792, noch vor Absetzung des Königs, wurden zahlreiche verlassene Schlösser in der Umgebung von Paris und an anderen Orten des Landes geplündert, und nur wenige Wochen später sanktionierte der Nationalkonvent die allgemeine Enteignung aller ins Ausland Emigrierten.[14] Später wurden diese sogar für tot erklärt, was dem Staat weitere riesige private Ressourcen einbrachte.

Die chronische Geldnot des Staates und die grundstürzende Veränderung der Besitzverhältnisse setzte sich jedoch fort: Der Staat riss nicht nur Immobilien und Ländereien an sich, befand sich doch in den Schlössern, Stadtpalästen, Kirchen und Klöstern weiteres Kapital in Form von Kunstwerken, die dort zum Teil über Jahrhunderte angesammelt und zum festen Bestandteil der Ausstattung geworden waren.[15] Es ist kaum möglich, sich eine Vorstellung vom Umfang des konfiszierten Kunstbesitzes zu machen: Nicht nur Bilder und Skulpturen, sondern auch wertvolles Kunstgewerbe jeglicher Art, illuminierte Handschriften und unzählige Luxusmöbel waren davon betroffen.[16] Nichts war mehr heilig, so wurden liturgische Gerätschaften wie Monstranzen oder Reliquiare aus Gold und Silber eingeschmolzen; sofern sie mit Edelsteinen verziert waren, hatte man diese zuvor herausgebrochen und getrennt verkauft. Kostbare Gobelins wurden vernichtet, indem man die darin verwebten Gold- und Silberfäden herauszog und ebenfalls einschmolz.[17] Selbst der Reliquienschrein der heiligen Genoveva, der Schutzpatronin von Paris, blieb nicht verschont: Er wurde zerbrochen, die Edelsteine herausgetrennt und sein Gold eingeschmolzen.[18] Das, was nicht verwertet werden konnte, fiel der Zerstörung anheim: Textilien wurden zerrissen, Kirchenfenster eingeschlagen, Skulpturen zerstört und Bücher und Archive verbrannt.[19]

Aber auch andere Ausstattungsstücke von Kirchen ohne besonderen künstlerischen Wert, wie beispielsweise große bronzene Taufbecken oder Glocken, wanderten in die Schmelze, um daraus Kanonen für die Revolutionsarmee zu gießen.[20] Ein ähnliches Schicksal widerfuhr den bronzenen Statuen jener vom Volkszorn verfolgten Despoten aus der herrschenden Schicht des Ancien Régime, die ebenfalls zu Geschützen umgegossen wurden. Der mögliche künstlerische Wert dieser Werke fand hier keine Beachtung, vielmehr ging es um ihre symbolische Bedeutung und repräsentative Aussagekraft.[21]

Am 14. August 1792 erließ die Gesetzgebende Nationalversammlung ein Dekret, wonach alle Erinnerungen an den Feudalismus radikal zu beseitigen seien; nichts mehr sollte an die vergangenen Zeiten der Tyrannei erinnern, was quasi als Aufruf zu einem hemmungslosen politischen Bildersturm zu verstehen war.[22] Die in Paris an prominenten Plätzen aufgestellten Reiterstatuen von Ludwig XIV. und Ludwig XV. wurden daraufhin vom aufgepeitschten Volk von ihren Sockeln gerissen.[23] In dieser Atmosphäre war es kaum möglich, sich dem Ikonoklasmus in irgendeiner Form zu widersetzen, ohne nicht sofort in den Verdacht der Konterrevolution zu geraten und entsprechende Sanktionen befürchten zu müssen, die schnell auch das Leben kosten konnten.[24]

Gleichwohl sollte die Vernichtung von Kunst nicht vollkommen ungezügelt vonstattengehen. 1794 hielt der Bischof von Bois, Henri Grégoire, vor der französischen Nationalversammlung drei berühmte Reden,[25] in denen er sich heftig gegen die Kunstzerstörungen der Französischen Revolution wandte und eine umfassende Bestandsaufnahme der Ausschreitungen in Paris und in der Provinz vorlegte. Grégoire war dabei auch der erste, der den Begriff «Vandalismus» in die Debatte einführte.[26] Der Vergleich mit der barbarischen Zerstörung Roms durch die Vandalen im 5. Jahrhundert lieferte sogleich die dem Wort bewusst eingeschriebene negative Konnotation der Vorgänge. Vandalismus bedeutete für Grégoire Ignoranz, blinde Zerstörungswut, das Feh-

Die Jean-Baptiste Le Sueur zugeschriebene Guache aus der Zeit nach 1793 zeigt den *Vandaliste*, den Zerstörer der Kunstwerke: das Symbol der Revolution als Schmuck des Hutes, den Vorschlaghammer als Zerstörungsinstrument seitlich angelehnt, zu seinen Füßen die Reste einer zerschlagenen Skulptur. Der Vandalismus galt in diesem Kontext stets auch als innenpolitischer Kampfbegriff. Abbé Grégoire hat ihn geprägt, um damit den von Fanatismus getriebenen Vernichtungsexzessen entgegenzutreten.

len jeglichen Verständnisses für den künstlerischen Wert des Gegenstands und im Ergebnis nicht wieder gut zu machenden Schaden.[27]

Grégoires durchaus sachgerechte Bestandsaufnahme begründete den Mythos eines «vandalisme révolutionnaire». Auch wenn die materiellen Verluste durch die Revolution nicht zu leugnen sind, greift diese Vorstellung allerdings zu kurz. Die Gesetzgebende Nationalversammlung hatte nämlich eine Denkmäler-Kommission eingesetzt, die darauf achten sollte, dass Objekte von höherem künstlerischen Wert entsprechend in Sicherheit gebracht wurden. Entsprechende Inventarlisten waren der Versammlung vorzulegen.[28]

Kunstgegenstände, die keinen hohen Materialwert besaßen oder nicht direkt in Münzen oder Kanonen umgegossen werden konnten, wie etwa Gemälde, Skulpturen oder Möbel, hatte man aus den verlassenen Schlössern, Kirchen und Klöstern entnommen und in verschiedenen Depots in und um Paris zusammengeführt.[29] Manchen Adeligen war es zuvor jedoch durchaus gelungen, einige ihrer Kunstwerke in Sicherheit zu bringen oder im Ausland gewinnbringend zu verkaufen.[30] Wir wissen, dass in den Jahren 1793 und 1794 Bilder, Skulpturen, kostbares Kunstgewerbe, Luxusmöbel, Gobelins, Leuchter und andere wertvolle Gegenstände aus den königlichen Schlössern Versailles, Fontainebleau und anderen in zahllosen Auktionen verkauft wurden,[31] sogar mit Hilfe von Anzeigen in holländischen, englischen und italienischen Zeitungen, in denen man auf einen günstigen Wechselkurs und die einmalige Gelegenheit hinwies.[32]

Da diese Kunstobjekte nicht dem Geschmack der Revolutionäre entsprachen und zudem zu stark für die Zeit des verhassten Ancien Régime standen, wurden sie vielfach sogar deutlich unter Wert ins Ausland veräußert.[33] Der republikanisch-revolutionäre Widerwillen gegen den aristokratischen Geschmack des 18. Jahrhunderts kannte keine Grenzen. Kunstwerke, um die sich die Museen heute reißen würden, wollte man damals einfach nur loswerden. Vor allem Kunsthändler aus den Niederlanden und aus

England machten dabei hervorragende Geschäfte. Nicht ohne Grund begann man alsbald die Engländer zu verdächtigen, sich an französischen Kunstschätzen zu bereichern, doch die Umstände im revolutionären Frankreich machten dies möglich.[34] Der englische Hochadel schickte regelrechte Agenten zum Großeinkauf auf Auktionen nach Frankreich, und die damals dort erworbenen Bilder und Möbel zieren noch heute so manches britische Schloss oder Herrenhaus, nicht nur den Buckingham Palace oder Schloss Windsor. Doch selbst in den Palästen der russischen Zaren in und um St. Petersburg findet sich der Niederschlag dieses Ausverkaufs.[35]

Auch ältere Kunst aus der Zeit weit vor dem 18. Jahrhundert wurde nicht verschont. So erwarb zum Beispiel der Basler Kunsthändler Birmann in Paris zwei Tafeln eines Altars aus der Kirche von Loches, die von Jean Fouquet, einem der bedeutendsten Meister des 15. Jahrhunderts, geschaffen worden waren. Und nachdem Kloster und Kirche in Saint-Germain-des-Prés enteignet und in ein Salpeterlager verwandelt worden waren, brach dort ein Brand aus, der die überaus wertvolle Bibliothek und das Antikenkabinett zerstörte. Von den geretteten Handschriften erwarb der russische Gesandtschaftsattaché einige der wertvollsten, die sich heute in der Nationalbibliothek von St. Petersburg befinden.[36] Über viele ähnliche Fälle ließe sich hier noch berichten. Sie alle unterstreichen, dass der Aderlass Frankreichs an hochbedeutsamen Kunstwerken und kulturellem Erbe unvorstellbar groß gewesen sein muss.[37]

Zu einer kulturellen Heimsuchung besonderer Art kam es am 10. August 1793, als die Königsgräber von Saint-Denis der Zerstörung anheimfielen. Grundlage dafür bildete das oben erwähnte Dekret der Gesetzgebenden Nationalversammlung zur Zerstörung aller Reste des Feudalismus, wozu man nicht nur Kunstwerke und besondere Gebrauchsgegenstände oder öffentlich aufgestellte Statuen und andere Denkmäler zählte, sondern eben auch Mausoleen und Grabstätten.[38] Seit Jahrhunderten war Saint-Denis Grablege der französischen Könige gewesen. Als Folge der Französischen Revolution wurden nun ihre Särge geöffnet, geplündert und verwüstet. Alles aus Metall kam in die Schmelzöfen, 17 mit den Schätzen von St.-Denis beladene Wagen, so heißt es, hätten am 1. November 1793 diesen Ort verlassen, nur weniges konnte gerettet und bewahrt werden.[39] Ähnlich erging es vielen anderen bedeutenden Grabstätten, so etwa der Grablege der Könige von Burgund in Dijon oder den Königsgräbern in Saint-Germain-des-Prés in Paris.[40]

Selbst die bedeutendste und größte Kirche von Paris, Notre-Dame, blieb nicht verschont und wurde in einen «Tempel der Vernunft» umgewandelt.[41] Die Figuren biblischer Könige an der Fassade etwa wurden von Revolutionären abgeschlagen, weil man sogar diese als Repräsentanten des verhassten Königtums betrachtete. Die Zerstörungen des Figurenschmucks an der Fassade von Notre-Dame zogen sich über drei Jahre hin. Unzählige der romanisch-gotischen Skulpturen fielen der Vernichtungswut zum Opfer, weil man die dargestellten biblischen Könige für Franken hielt.[42] Von 109 Statuen wurden 90 zertrümmert, um damit eine «revolutionäre Latrine» zu errichten; später versteigerte man die Bruchstücke als Baumaterial, die besser erhaltenen grub man kopfüber als Grenzsteine ein, der Rest wanderte in die Fundamente. Erst 1977 wurden Fragmente von diesen 1793 zerschlagenen Figuren wiedergefunden.[43] Im selben Jahr begann man ferner damit, nahezu alles Christliche aus diesem Gotteshaus gewaltsam zu entfernen.[44]

1804/05 besichtigte Friedrich Schlegel auf einer Reise nach Paris die Spuren dieser ikonoklastischen Schreckensherrschaft und beklagte den Zustand von Notre-Dame und die aufgerissenen Gräber von Saint-Denis, deren Glasfenster nach England verkauft worden waren. Schlegel beschrieb aber auch die Verwüstungen in Straßburg, Löwen, Lüttich und Brüssel. So sei die Kathedrale von Cambrai, nachdem sie zum Volkseigentum erklärt worden war, zum Materialwert an einen Privatmann verkauft worden.[45]

Das Thema der ‹Reinigung› wurde dabei fast zu einer Art von Obsession. Alle Kunstwerke waren gefährdet, wenn sie in irgendeiner Form in dynastischem oder religiösem Kontext standen.

Kirchenglocken wurden zu Kanonen umgeschmolzen und selbst die zugehörigen Seile dem Militär zur Verwendung zugeführt. Den chinesischen Pavillon des Schlosses von Saverne, in dem die Straßburger Bischöfe residierten, erklärte man zum unerträglichen Luxusmonument, und Vasen, Bronzen und andere Objekte seiner Ausstattung wurden nach Paris verbracht.[46] Viele Gemälde endeten in den Flammen.[47] Bisweilen ging der revolutionäre Ikonoklasmus gegen die Kirchen auch so weit, dass sie andere Funktionen zu übernehmen hatten, etwa als Depots, Ausstellungshallen oder sogar Gefängnisse.[48]

VON DER RETTUNG DER KUNSTWERKE ZUM ERSTEN MUSEUM

Der erste Widerstand gegen den ungezügelten Vernichtungstrieb der Revolution war zwar noch verhalten formuliert, läutete aber dennoch eine neue Phase in der französischen Kunstpolitik ein.[49] Zunächst wurde vorgebracht, dass Bilderstürmer und Kunstzerstörer öffentliches Eigentum vernichteten, das der Allgemeinheit zugutekommen sollte.[50] 1791 folgte dann der Beschluss, die von den Repräsentanten des Ancien Régime übernommenen Kunstschätze in einem ‹Muséum Central› zusammenzuführen, das im Louvre seinen Sitz haben sollte.[51] Obwohl schon im Jahre 1793 dafür von einer Kommission Gemälde, Skulpturen, Porzellan und Kunsthandwerk ausgewählt worden waren, kam es auch im Louvre gelegentlich noch zur Zerstörung dort eingelagerter Gemälde und anderer Kunstgüter.[52]

Der Einsatz zur Rettung von Kunstwerken konnte dabei durchaus lebensgefährlich sein, insbesondere nachdem der Schrecken zum Herrschaftsmittel erklärt worden war und unter dem Regime Robespierres vermehrt vermeintliche und wirkliche Revolutionsgegner auf der Guillotine endeten. Erst nach dessen Sturz und Hinrichtung 1794 konnte dem Bildersturm allmählich Einhalt geboten werden, wobei man Robespierre selbst ganz wesentlich dafür verantwortlich machte.[53]

Im Jahr 1793 wurde das «Muséum Central des Arts» in der *Grande Galerie* des Louvre eröffnet. In den Folgejahren wurde dort eine stetig wachsende Anzahl von Kunstwerken ausgestellt, die in den Tagen des revolutionären Bildersturms und im Zusammenhang der napoleonischen Eroberungen ihre Besitzer wechselten. Viele dieser Kunstwerke in der *Grande Galerie* wurden seinerzeit zum ersten Mal der Öffentlichkeit zugänglich gemacht. Der Maler Hubert Robert, der selbst auch Konservator am Louvre war, schuf Ende des 18. Jahrhunderts mehrere Gemälde, deren Gegenstand die Gestaltung der *Grande Galerie* war.

Dieses Umdenken gründete auf der Erkenntnis, dass es unsinnig sei, Kunstwerke zu nationalisieren und gleichzeitig zu vernichten, vielmehr ginge mit der Verstaatlichung des Kulturbesitzes die Pflicht zu dessen Erhaltung und Pflege einher.[54] Daraufhin wurden Denkmäler-Kommissionen mit Kunstsachverständigen, Architekten, Malern usw. eingerichtet, die im ganzen Land bemüht waren, noch größeren Schaden zu verhindern.[55] Diese Entwicklung, quasi die Geburtsstunde des Museums in Frankreich, war auch der Beginn eines neuartigen und umfassenden Verständnisses von kulturellem Erbe («*patrimoine*») und unterstrich dessen Bedeutung für die Gesellschaft eines Landes.[56] Die entsprechenden Kommissionen sollten Inventare der Kunstwerke erstellen, eine kaum zu lösende Aufgabe ob der schier unermesslichen Menge an beschlagnahmten Handschriften, Büchern, Bildern, Skulpturen, wissenschaftlichen Instrumenten, Münzen, Goldschmiedearbeiten und vielen anderen Schätzen. Hinzu kam, dass bei weitem nicht genügend fachkundige Experten zur Anfertigung solcher Listen zur Verfügung standen.[57]

Diesen Kunstkommissionen gehörte zum Beispiel auch der Architekt Alexandre Lenoir an, der schon während der ‹wilden› Revolutionsjahre mit ihrem ungezügelten Zerstörungswahn bedeutende Kunstwerke aller Epochen und vor allem zahlreiche mittelalterliche Skulpturen zusammengetragen und unter Einsatz seines Lebens an einen sicheren Ort verbracht hatte. Auch einige der Königsgräber von Saint-Denis konnte er in sein Depot überführen lassen, wo sie die Revolutionszeiten unbehelligt überstanden.[58] Die Arbeit dieser Kommissionen stand nach den revolutionären Verheerungen ab 1789 für eine völlig neue und zum ersten Mal planvolle französische Kunstpolitik mit dem Ziel, ein umfassendes nationales Kunstmuseum zu schaffen, um das die Welt Frankreich beneiden sollte.[59] Der Bildersturm der Französischen Revolution wurde gewissermaßen mit Hilfe administrativer Mechanismen kanalisiert und institutionalisiert, eine Entwicklung, an deren Ende das Museum stand.[60]

Schon bald nach der 1793 erfolgten Eröffnung des «Muséum

Central» im Louvre[61] wurde überdies im Schloss Versailles ein «Museum der französischen Schule» eingerichtet, das 1794 bereits weit über 1000 Gemälde umfasste. Die Depots der Hauptstadt waren überfüllt mit unzähligen Kunstwerken aus allen Provinzen des Landes. Später kamen noch jene Arbeiten hinzu, die die revolutionären Armeen im Ausland auf ihren Kriegszügen erbeuteten, vom Kunstraub Napoleons gar nicht zu reden.[62] Das neue Museum im Louvre konnte dadurch aus nahezu unermesslichen Ressourcen schöpfen, und ein erster Katalog der Gemälde des «Musée du Louvre» verzeichnete bereits 537 Werke, von denen drei Viertel aus königlichem, der Rest aus kirchlichem und anderem Besitz stammte.[63]

Später, nachdem Vivant Denon am 19. November 1802 von Napoleon zum Generaldirektor des Louvre eingesetzt worden war, vervielfachte sich der Bestand an Kunstwerken – auch durch den auf geradezu spektakuläre Weise verlaufenden Zustrom von Beutekunst aus ganz Europa – und ermöglichte auf einer um ein Mehrfaches vergrößerten Ausstellungsfläche eine Präsentation der Kunstentwicklung von der Antike bis zur damaligen Gegenwart. Diesen Reiz hat der Louvre bis heute erhalten, auch wenn nach der Niederlage Napoleons 1814/15 vieles davon wieder an die Ursprungsländer zurückgegeben werden musste.

Entscheidend aber ist, dass der napoleonische Kunstraub ohne die Erfahrungen der Französischen Revolution so gar nicht denkbar gewesen wäre.[64] Während der napoleonischen Kriege setzte sich jener Enteignungsprozess von Kunstschätzen fort, der in den Wirren der Französischen Revolution seinen Anfang genommen hatte.[65] Es waren die damals entstandenen Ideen, die den weiteren Verlauf der Ereignisse während der Feldzüge Napoleons prägten. Man hatte die Vorstellung, man könnte sich Kunst- und Kulturgüter aus halb Europa ohne Rücksicht auf die tatsächlichen Eigentumsverhältnisse aneignen, um sie an einem für die Öffentlichkeit zugänglichen Ort in Frankreich, dem Musée du Louvre in Paris, zu horten und zu zeigen.[66]

Diese neue Wertschätzung der Kunst beruhte auf der Erkenntnis, dass sie einen entscheidenden Beitrag zur Bildung und Selbstverwirklichung des Menschen leisten könnte, war doch das wirkliche Ziel der Revolution die Befreiung des Menschen und auch der Kunstwerke von der Tyrannei. Insofern konnte der Abtransport von Gemälden, Skulpturen und anderen Kunstobjekten aus europäischen Metropolen nach Paris ideologisch auch als Siegeszug zur Befreiung der Künste umgedeutet werden.[67]

All diese Kunst wurde im Louvre zusammengeführt, wo man die Bilder zunächst in der *Grande Galerie* präsentierte, kein idealer Ausstellungsraum, denn es handelte sich um einen schier endlos langen und schlecht beleuchteten Saal, über dessen Monotonie sich auch Wilhelm von Humboldt in einem Brief an Goethe beklagte.[68] Vivant Denon, der Direktor des Louvre, dem der weitere Ausbau dieses Museums oblag, besaß eine hervorragende Kenntnis über die Entwicklung der Kunst von der Antike bis in seine Zeit und hatte Napoleon bereits auf seinem Ägyptenzug begleitet. Er steuerte auch die Konfiszierung weiterer Kunstsammlungen in anderen europäischen Städten, die von Napoleons Armeen erobert worden waren.[69]

Während Denon unzählige Kunstwerke aus Kassel, Braunschweig, Berlin – darunter die Quadriga des Brandenburger Tors – sowie aus anderen Städten Deutschlands,[70] der Niederlande oder Italiens abtransportieren ließ, gelang ihm dies in Dresden, Wien und in Spanien nicht. In Spanien untersagte eine Kunstkommission, der auch Goya angehörte, die Ausfuhr der Werke, Dresden wurde aufgrund politischer Rücksichtnahme auf den König von Sachsen geschont, und in Wien hatte man die wichtigsten Werke bereits vor Ankunft der Franzosen in Sicherheit gebracht.[71]

Denons Kunstpolitik kann man für die damalige Zeit als höchst modern ansehen. Er sammelte systematisch und mit großer Kenntnis und ließ die Bestände nicht nur restaurieren, sondern auch katalogisieren und wissenschaftlich bearbeiten. Die Bilder ließ er bewusst nach kunsthistorischen Kriterien hängen, wodurch er das Kunstmuseum sowohl zu einem wissenschaftlichen

Betrieb als auch zu einer Bildungsanstalt machte.[72] Aus diesem Grund wurde der Louvre zu einer Art Vorbild für andere Museen in Europa,[73] und die Begeisterung selbst ausländischer Besucher drängte die fragwürdige Provenienz der Werke in den Hintergrund.

Waren die adeligen Kunstsammlungen des 18. Jahrhunderts ausschließlich in Privatbesitz und damit für die Öffentlichkeit nicht zugänglich, so ermöglichte das als Folge der Französischen Revolution entstandene Museum im Louvre tatsächlich eine Art von ‹Befreiung› der Kunst von religiösen oder aristokratischen Konnotationen und Fesseln, sie stand nun jedermann offen, der Wissenschaft ebenso wie dem kunstinteressierten Bürger. Nach der endgültigen Niederlage Napoleons 1815 wurden die meisten der geraubten Werke wieder in ihre Heimatländer zurückgebracht. Dabei handelte es sich um mehr als nur einen symbolischen Akt, denn inzwischen war in vielen europäischen Metropolen ein neues Bewusstsein für die nationale Identität entstanden, und Literatur wie auch bildende Künste hatten erheblichen Anteil an einem wachsenden Zusammengehörigkeitsgefühl. Vielfach führte die Entführung der Kunstwerke durch Napoleons Armeen erst zu der tieferen Erkenntnis, dass sie Teil der eigenen Geschichte und kulturellen Identität waren.[74]

Wenn man so will, bildeten die Konfiszierung der fürstlichen Kunstsammlungen und ihre Zusammenführung in einem öffentlichen Museum – beides folgte der im revolutionären Überschwang erfolgten Zerstörung von Kunstwerken – den Beginn des modernen Museums und auch eines grundlegend veränderten Verständnisses von kulturellem Erbe.[75] Der napoleonische Kunstraub und besonders die Rückkehr der Werke an ihre Ursprungsorte nach Waterloo verbreitete diese Idee auch in andere europäische Städte.[76]

Diese Entwicklung war danach nicht mehr umkehrbar, denn die Gemälde, Skulpturen und Gobelins kehrten nicht mehr in die Schlösser zurück, aus denen sie einst entnommen worden waren. In Berlin wurden die Gemälde alter Meister fortan für die Öffentlichkeit in dem von Karl Friedrich Schinkel erbauten und 1830 vollendeten Alten Museum ausgestellt. Und in München ließ Ludwig I. von Leo von Klenze die Alte Pinakothek für seine Bilderschätze errichten.

SÄKULARISATION ZWISCHEN ZERSTÖRUNG UND ANEIGNUNG

Säkularisation ist die Verweltlichung einer Sache, ihre Übertragung aus dem geistig-kirchlichen Kontext in den weltlichen Bereich.[77] Konkret wird damit die staatliche Einziehung von kirchlichem Besitz umschrieben. In der Regel geht es dabei um Landbesitz und Vermögen, unter anderem auch um Kunstwerke der Kirchen und Klöster. Erste Maßnahmen in diesem Zusammenhang gab es bereits unter dem englischen König Heinrich VIII., der 1535–1538 Klöster auflösen und ihre Besitztümer konfiszieren ließ. Ähnlich ging wenige Jahre später auch der sächsische Herzog Heinrich gegen Kirchen und Klöster in seinem Herrschaftsbereich vor. Nach dem Dreißigjährigen Krieg wurden durch den Westfälischen Frieden von 1648 einige Hochstifte in weltliche Fürstentümer umgewandelt; auch dies war eine Art von Säkularisation.

Im Verlauf des 18. Jahrhunderts kam es zu einer Zunahme solcher Maßnahmen. Nach der Aufhebung des Jesuitenordens durch Papst Clemens XIV. im Jahre 1773 zog etwa das Herzogtum Bayern die dort gelegenen jesuitischen Besitztümer ein. 1789 verfasste der bayerische Politiker und Staatsreformer Maximilian von Montgelas eine Denkschrift, in der er eine Säkularisation von Kirchenbesitz nicht nur für wirtschaftlich wünschenswert, sondern aufgrund des Westfälischen Friedens auch für rechtlich zulässig hielt. Zur selben Zeit schritt in Österreich Kaiser Joseph II. zur Tat und löste im späten 18. Jahrhundert Hunderte von Kirchen und Klöstern auf und konfiszierte deren Besitz.

Die Protagonisten der Französischen Revolution folgten also im Hinblick auf die Säkularisation von Kirchenbesitz durchaus einem Trend, setzten ihn dann aber in radikale Politik um. Für die Geschädigten war dies ein beispielloser Akt der Gewalt, Willkür und Usurpation, der quasi per Federstrich über Jahrhunderte tradierte und respektierte Rechtsverhältnisse umstürzte. Die Kirche betrachtete diese Enteignung verständlicherweise als rechtswidrig, umgekehrt feierten sie die Verfechter der Säkularisation als Verwirklichung aufklärerischen Denkens, als Emanzipation der Kultur von der Religion und als Befreiung des Menschen als frei denkendes Wesen aus geistlicher Observanz und Beherrschung. Für sie wurde ein in der Tat usurpatorischer Gewaltakt und Rechtsbruch zu einem Inbegriff geistigen Fortschritts.

Erst säkularisiert, also der geistlichen Beherrschung und Indienstnahme entzogen, könne Kunst zur wirklichen Kunst werden; man spricht dabei von ideeller Säkularisation.[78] Wenn Kunst aber verweltlicht werden könne, verlöre jeder gewaltsame ikonoklastische Angriff auf sie, mit dem ja eigentlich die Kirche getroffen werden sollte, seinen Sinn. Die Erhebung der Kunst zur autonomen Kunst mache jeden gegen die Kirche gerichteten Bildersturm zwangsläufig zu einem Akt von barbarischem Vandalismus.[79] Erst mit der säkularisierten Kunst wurde der Bildersturm zu einem Problem; auch dies war ein Resultat der Französischen Revolution.

Und dennoch sah die Realität meist anders aus. Als die französischen Revolutionsarmeen die linksrheinischen deutschen Gebiete besetzten und annektierten, sollten die davon betroffenen Fürsten durch geistliche Territorien entschädigt werden. Der Reichsdeputationshauptschluss von 1803, das letzte bedeutende Gesetz des Heiligen Römischen Reichs, schuf die rechtliche Grundlage dafür und veränderte die politischen und wirtschaftlichen Verhältnisse in Deutschland grundlegend. Dabei wurden nicht nur Abteien und Klöster säkularisiert, sondern auch zahlreiche Reichsstädte verloren ihre Unabhängigkeit und ihre im Kern vielfach noch immer feudalen Strukturen mit Zünften und Ständen.

Doch mit der Enteignung allein war es nicht getan. Zu den

negativen Folgen gehörte gerade in der ‹heißen› Phase der Säkularisierung auch die Zerstörung von unzähligen Kirchen und Klöstern, die man teils niedergerissen, teils anderen profanen Nutzungen zugeführt hatte. Ihre Ausstattung wurde dabei jedoch häufig vernichtet oder verschleudert.[80] Bilderstürme waren also eine allgegenwärtige Begleiterscheinung der Säkularisation von Kirchenbesitz, auch wenn man die Verwüstungen gerne dem unkontrollierten Pöbel in die Schuhe zu schieben versuchte.

In Bayern machte sich Maximilian von Montgelas 1803 an eine besonders radikale Umsetzung der Säkularisation. Der bis dahin enorm angewachsene Besitz der Kirche an Land und Schätzen war dem bayerischen Minister schon länger ein Dorn im Auge. Neben der Enteignung des kirchlichen Grundbesitzes handelte man Kirchenschätze nach ihrem Metallwert, liturgisches Gerät wurde zum besseren Transport platt getreten, Tausende von Kelchen, Monstranzen und Reliquiaren wanderten in die Münze und Glocken in die Schmelzöfen. Gemälde von vaterländischem Gehalt kamen in staatliche Museen, der Rest wurde verkauft, viele Werke religiösen Inhalts fielen wegen ihres volksschädlichen Charakters aber auch der Vernichtung anheim.[81] Kirchen und Klöster im Voralpenland gab man ferner zum Ausschlachten frei oder verkaufte sie zum Abbruch. Bedeutende Barock- und Rokokokirchen blieben nur dank des Schutzes durch die Anwohner vor der Zerstörung bewahrt. Selbst Klosterbibliotheken wurden aufgelöst; einen kleineren Teil übernahm der bayerische Staat, das meiste jedoch endete in Papiermühlen, ein Verlust an Kulturgütern von geradezu unfassbarem Ausmaß im Namen der Säkularisation.[82]

Diese hatten schon Historiker des 19. Jahrhunderts als ‹Revolution› empfunden, so radikal waren die Auswirkungen der Enteignungen, die ein bewusster Schlag gegen den Klerus sein sollten; entsprechend entfesselt und zügellos waren oft auch ihre Begleiterscheinungen. Die Säkularisation veränderte die wirtschaftlichen Grundlagen tiefgreifend und schuf neue Verwertungszusammenhänge, insbesondere bei Gebäuden sowie Grund und Boden. Bauern und Handwerker entgingen ihrer früheren Abhängigkeit und wurden zu Lohnarbeitern, und in den nun immer stärker bürgerlich geprägten Stadtgesellschaften nahm die Bedeutung des Kapitals und seiner Akkumulation erheblich zu und überwand die alten Ständegrenzen.

Die Säkularisation war also Teil eines Prozesses von Aneignung und Freisetzung, und im Zuge dieser Veränderungen wurde die geistliche Kunst zu einer ästhetischen.[83] In dem Moment, in dem Klöster, Kirchen und Schlösser zerstört oder einer anderen Nutzung zugeführt wurden und ihre Kunstwerke und Kultgegenstände ‹auf die Straße flogen›, verwandelten sie sich zu Kunst, weil sie ihre jahrhundertealten Gebrauchs- und Funktionszusammenhänge verloren hatten. Nach einer Phase sinnlosen Zerschlagens, Einschmelzens und Verschleuderns setzte eine neuartige Sammlertätigkeit ein. Kunst wurde zu einer neuen Warenform, die in der Folge immer stärker in die bürgerliche Gesellschaft Eingang fand. Man könnte auch sagen, dass die ideelle Säkularisation mit der Aneignung der Kunst durch die bürgerliche Gesellschaft vollendet war. Wo die totale materielle und ideologische Verwertung der Kunst durch ihre neuen Eigentümer vollzogen werden konnte, brauchte sie auch nicht mehr ‹gestürmt› zu werden.[84]

Die Fotografie zeigt britische Soldaten mit geraubten Kulturgütern aus dem königlichen Palast in Benin 1897. Der Fotograf, Robert Allman, war Sanitätsoffizier und Angehöriger der britischen Truppen. Anfang 1897 war eine britische Handelsmission angegriffen worden, was man zum Vorwand für eine «Strafexpedition» nahm. Im selben Jahr eroberten britische Truppen die Hauptstadt des Königreichs Benin und machten Benin zu einer britischen Kolonie. Im Zuge der britischen Plünderungen wurden Kunstwerke und Kulturgüter Benins zerstört oder gestohlen und nach Europa gebracht. Gegenwärtig hat die Debatte über den Umgang mit den «Benin Bronzen», die sich verstreut in verschiedenen Museumssammlungen in Europa und Nordamerika befinden, wieder an Aktualität gewonnen.

7. DAS ZEITALTER KOLONIALER EROBERUNGEN

DER UNTERGANG DER GROSSREICHE IN DER NEUEN WELT

Mit der Entdeckung Amerikas durch Christoph Kolumbus 1492 betraten Europäer nicht nur die Neue Welt, sondern der Kolonialismus der Frühen Neuzeit erreichte auch eine wahrhaft globale Dimension, selbst wenn viele Teile der Erde noch zu entdecken waren. Diese Begegnung der Alten mit der Neuen Welt hatte verheerende Folgen für die einheimischen Kulturen in Mittel- und Südamerika, wo sich mächtige Großreiche mit prachtvollen kulturellen Hinterlassenschaften entwickelt hatten, die vollständig vernichtet wurden. Ihre Überreste wurden überwiegend durch archäologische Ausgrabungen erst wieder zum Vorschein gebracht, so radikal hatte man sie vom Erdboden getilgt.

Die spanische Eroberung von Mexiko unter der Führung von Hernán Cortés vollzog sich in vergleichsweise kurzer Zeit zwischen 1519 und 1521.[1] Es reichten lediglich ein paar Hundert spanische Soldaten, um im Hochland von Mexiko das Großreich der Azteken in Besitz zu nehmen. Neben der Kampferfahrung, die die Spanier in den Jahren und Jahrzehnten davor im Zuge der Reconquista gegen die Mauren sammeln konnten, war für ihren schnellen und überwältigenden Erfolg insbesondere ihre waffentechnische Überlegenheit ausschlaggebend. Mit Schwertern und Spießen aus Eisen, mit Rüstungen, die sie quasi unverwundbar machten, mit Schusswaffen und Kanonen sowie mit der dort unbekannten Reiterei konnten sie die Indigenen leicht überrollen. Hinzu kamen von den Spaniern in der Folgezeit eingeschleppte Krankheiten, beispielsweise die Pocken, die einen Großteil der einheimischen Bevölkerung dahinrafften, der jegliche Immunität gegen diese Krankheiten fehlte.[2] Darüber hinaus erleichterten im konkreten Fall des Aztekenreichs, das damals ein Dreibund der mächtigen Städte von Tenochtitlán, Texcoco und Tlacopán war, auch innere Spannungen Hernán Cortés die Eroberung großer Gebiete, weil er sich Feindschaften zwischen einheimischen Stammesgruppierungen zunutze zu machen wusste. Im August 1521 fiel schließlich die aztekische Hauptstadt Tenochtitlán nach erbarmungslosen Kämpfen endgültig in die Hände der Spanier. Vier Tage lang wurde geplündert, Tausende von Bewohnern wurden dahingemetzelt, ehe die Eroberer die Stadt schließlich dem Erdboden gleichmachten.[3]

Die spanischen Konquistadoren, denen die spanische Krone in den ersten Jahrzehnten weitgehend freie Hand ließ, ehe sie später in der Neuen Welt Vize-Königreiche gründete, waren geradezu magisch angezogen von der Aussicht auf unermessliche Reichtümer und Goldschätze, von denen man gerüchteweise immer wieder gehört hatte. Als Cortés 1519 erstmals die sagenhafte aztekische Hauptstadt Tenochtitlán erreichte, waren die Spanier zwar einerseits überwältigt vom Anblick dieser atemberaubenden Metropole mit prächtigen Tempeln und Palästen und nie gesehenem Reichtum inmitten eines – auf seine Weise – hochzivilisierten Landes.[4] Andererseits überhäufte sie der Aztekenkönig Moctezuma II. mit reichen Geschenken, was bereits einen Vorgeschmack auf zu erwartende Beute gab.[5] 1520, als die Spanier erneut in der Stadt waren, hatte sich die Stimmung jedoch bereits zu Ungunsten der Eindringlinge geändert. Moctezuma II. starb und die Azteken begannen die Spanier in der Stadt zu attackieren. Dabei wurden drei Viertel der Europäer, die aus Tenochtitlán zu fliehen versuchten, getötet, ein kleiner Rest entkam mit knapper Not; alle von ihnen waren jedoch mit reicher Beute beladen.[6]

Nach der endgültigen Eroberung wurde Tenochtitlán vollkommen zerstört. Tempel und Paläste hatte man – auch als Machtdemonstration – vor den Augen der Einwohner abgebrochen. Aus den Steinblöcken der verwüsteten Gebäude errichteten die Konquistadoren ihre Häuser, und nach und nach wurde die alte aztekische Stadt bis zur Unkenntlichkeit von der neuen, von spanischen Einwanderern geprägten Stadt Mexico-City überdeckt. Die Kathedrale der neuen Stadt entstand über dem wichtigsten Heiligtum von Tenochtitlán, dem Templo Mayor.[7]

Nachdem Cortés und seine Leute all das Gold, das in Tenochtitlán und anderen aztekischen Orten der Umgebung vorzufinden war, zusammengetragen, eingeschmolzen und aufgeteilt hatten, zogen sie auf der Suche nach weiteren Gold- und Silbervorkommen weiter in die von dort aus nördlich, westlich und vor allem südlich von Tenochtitlán gelegenen Nachbarregionen. Mitunter orientierten sie sich auch an Tributlisten der Azteken, profitierten dadurch von indigenem Wissen und folgten den alten Handelsrouten. Diese Unternehmungen wären ohne die Teilnahme von Kontingenten Einheimischer, die einen Großteil der Krieger und Träger stellten, nicht möglich gewesen.[8]

Die Eroberung und nachfolgende Plünderung der Gebiete des Aztekenreichs und auch anderer Regionen in Mittelamerika führte zu massiven kulturellen Zerstörungen, ein ganzes Großreich verschwand letztlich von der Bildfläche,[9] um erst Jahrhunderte später archäologisch wiederentdeckt zu werden. Diese Gier nach Gold und anderen Reichtümern führte zu einem immensen Verlust an Kulturgütern.[10] In einer Passage des aztekischen *Codex Florentino* (Buch XII, Kapitel 12 und 13) kommt dies sehr schön zum Ausdruck: «Nur nach Gold hungerten und dürsteten sie, es ist wahr! Gefräßig wurden sie in ihrem Hunger nach Gold, sie wühlten wie hungrige Schweine nach Gold.»[11]

Daneben trug aber auch der massive Schwund der einheimischen Bevölkerung erheblich zum Untergang der indigenen Kultur bei, zunächst durch Massaker während der Eroberungszüge, danach vor allem durch eingeschleppte Infektionskrankheiten.

Innerhalb von einem halben Jahrhundert sank die Zahl der Einheimischen auf fast ein Zehntel ab.[12] Gleichzeitig kam es zu einer massiven Zuwanderung aus Spanien, so dass sich die Zusammensetzung der Bevölkerung grundlegend veränderte.

Ein weiterer Grund für den Untergang der aztekischen und anderer indigener Kulturen war die Missionierung zum Christentum. Die Azteken militärisch zu unterwerfen und dauerhaft politisch zu unterdrücken, war leichter als die Abschaffung ihrer Religion. Während man die indigenen Sprachen durchaus respektierte und auch als Mittel zur Verbreitung des christlichen Glaubens benutzte – viele von ihnen wie Náhuatl sind noch heute lebendig –, gingen die Missionare mit massiver Gewalt gegen jegliche Paraphernalia früherer präkolumbianischer Religionen und Kulte vor. Tempel konnte man noch in Kirchen verwandeln, aber Götterbilder und andere Ritualgegenstände, die nichts mit dem christlichen Glauben zu tun hatten und auch nicht in ihn integriert werden konnten, wurden zerschlagen oder verbrannt, nicht ohne dass man ihnen vorher ihren Goldschmuck abgenommen hatte.[13]

Cortés hatte bereits 1519 während seines Zuges ins Landesinnere Richtung Tenochtitlán die Vernichtung sämtlicher indigenen Kultgegenstände angeordnet, wo immer sich die Spanier durchgesetzt hatten. Von Anfang an war die Auslöschung der einheimischen Religion und ihrer Symbole also Teil der Eroberungsstrategie. Die öffentliche Ausübung des alten Glaubens wurde unter Strafe gestellt und die indigenen Priester systematisch verfolgt und getötet. Mit den Priestern, so das Kalkül der Konquistadoren, würde auch die Erinnerung an die religiösen Praktiken und Riten der vorspanischen Zeit verloren gehen. Gleichzeitig sollten die Söhne der indigenen Adligen in Klöstern und Pfarreien im christlichen Glauben erzogen werden.[14]

Im Jahre 1539 soll Bischof Juan de Zumárraga, beseelt von dem Verlangen, die einheimischen Kulte vollkommen auszurotten, im Auftrag der Inquisition im Land unterwegs gewesen sein, um die letzten Reste der heidnischen Idolatrie aufzuspüren und zu vernichten.[15] Immer wieder gab es aber auch Versuche, Kultstatuen aus den Tempeln vor den christlichen Ikonoklasten in Sicherheit zu bringen, selbst aus dem Templo Mayor von Tenochtitlán. So ist überliefert, dass ein gewisser Lord Baltasar, ein bereits getaufter einheimischer Kazike, denunziert wurde, Kultfiguren in Höhlen versteckt zu haben; soweit wir wissen, entging er nur wie durch ein Wunder der Bestrafung durch die Inquisition.[16]

Andere Dinge, die der christlichen Religion nicht als Götzen- oder Teufelswerk entgegenstanden oder aufgrund ihres Metallwertes nicht sofort eingeschmolzen wurden, konnten als zufällig zusammengestellte Kuriositäten oder auch Trophäen anerkannt werden und in die Kunst- und Wunderkammern europäischer Höfe gelangen, wo man sie ausstellte. «Und des Ding weiss ich nit auszusprechen, die ich do gehabt hab», soll Albrecht Dürer gesagt haben, nachdem er 1520 in Brüssel zur Schau gestellte mexikanische Beutestücke von Hernán Cortés besichtigt hatte.[17] Gerade in jenen europäischen Metropolen, die nicht an der Eroberung Amerikas teilhatten, neigten die Menschen eher zu bewundernder Bewahrung als die Kolonialherren in Spanien, die stolz darauf waren, das Heidentum durch die Vernichtung von Tausenden von Götzenbildern auszutilgen. Durch die dynastischen Verbindungen der Habsburger gelangten solche Sammlungen schon früh nach Flandern und Österreich, aber auch zum Papst oder zu den mit den Habsburgern verwandten Medici in Italien. Andere Fürsten beauftragten sogar Agenten und Gesandte, Stücke aus der Neuen Welt für ihre Sammlungen zu erwerben. Vieles von dem, das den natürlichen Verfall überlebt hatte, ging dann im Dreißigjährigen Krieg 1618–1648 zugrunde, doch einige Stücke überdauerten ihren Aufenthalt in den frühen Kunstkammern und befinden sich heute in Völkerkundemuseen.[18]

Zu einem unwiederbringlichen Verlust an Wissen führten auch die zahlreichen Bücherverbrennungen durch spanische Missionare und Geistliche. Die Azteken und Mayas hinterließen bemerkenswerte schriftliche Aufzeichnungen in einer hieroglyphenartigen Bilderschrift, die als Codices bezeichnet werden. Nur sehr wenige sind bis heute erhalten, die ersten brachte Alexander von Humboldt zu Beginn des 19. Jahrhunderts nach Europa, unter anderem nach Berlin. Wiederholt soll der bereits erwähnte Bischof Juan de Zumárraga nicht nur die Zerstörung von Tempeln veranlasst, sondern – etwa auf dem Marktplatz von Texcoco – auch Verbrennungen aztekischer Codices durchgeführt haben.[19] Diego de Landa verantwortete ähnliche Aktionen auf Yucatán, wo er 1562 zahlreiche Maya-Codices den Flammen übergab.[20] Einer Quelle zufolge soll er einmal 5000 Idole, 200 Vasen und 27 Rollen mit Zeichen und Symbolen auf Hirschhaut «voll der Lügen und Dingen des Teufels» vernichtet haben.[21]

Aber auch Indigene selbst legten lange vor der Eroberung Mexikos durch die Spanier bei der Vernichtung ihrer Überlieferung Hand an, insbesondere wenn es um verfeindete Stämme ging. So wurde vom vierten Herrscher der Azteken Itzcóatl berichtet, er habe die Handschriften unterworfener und ins Aztekenreich integrierter Stadtstaaten systematisch verbrennen lassen, damit ihre Überlieferung den Ruhm Tenochtitláns nicht überschatten könne.[22] Und schon in wesentlich früherer Zeit, im Verlaufe des 1. Jahrtausends, finden sich im Machtbereich der Maya in Städten, wie zum Beispiel Piedras Negras und Tikal in Guatemala oder Copán in Honduras, monumentale Skulpturen oder repräsentative Reliefs mit Darstellungen von Herrschern, die absichtlich zerstört oder verunstaltet wurden, indem man Nasen abschlug oder Mund und Augen beschädigte.[23] Kulturzerstörung und Ikonoklasmus wurden also definitiv nicht von den europäischen Kolonialherren in der Neuen Welt eingeführt, sondern scheinen unter gewissen Konstellationen allgemein menschliches Verlangen zu sein.

Vergleichbar verlief die Eroberung des Inka-Reichs im andinen Südamerika zwischen 1532 und 1536 unter der Führung von Francisco Pizarro.[24] Das Inka-Reich umfasste zu Beginn des 16. Jahrhunderts ein noch größeres Territorium als das der Azteken in Mexiko und erstreckte sich von Kolumbien im Norden bis ins nördliche Chile im Süden. Die Kerngebiete lagen in den heutigen

Die Verbrennung der Idole – aus der Beschreibung der Stadt und der Provinz von Tlaxcala nach Diego Muñoz Camargo aus den Jahren 1581 bis1584, heute zu sehen in der Universitätsbibliothek zu Glasgow. Das Bild arbeitet nachdrücklich die Rolle der spanischen Missionare bei der Auslöschung der indigenen Kulte und Kulturen heraus. Gerade der Akt des Verbrennens spielte in diesem Zusammenhang eine zentrale Rolle. Der Verlust an Kulturgütern muss enorm gewesen sein.

Staaten Peru und Ecuador. Bildete das Hochland der Anden das Herz des Inka-Reichs, so dehnte es sich im Westen bis zum Pazifik und im Osten bis an die Peripherie des Amazonastieflandes aus. Es handelte sich um einen straff organisierten Zentralstaat mit 12 Millionen Einwohnern, eindrucksvollen Städten und prächtigen Bauten sowie einem sehr gut ausgebauten Straßennetz. Cuzco war damals die größte indianische Stadt Südamerikas. An der Spitze des Staates stand ein mit großer Machtfülle ausgestatteter König, der als Sohn des Sonnengottes galt. Allerdings war das Inka-Reich durch immer wieder auftretende Erhebungen zuvor unterworfener Völker, durch einen mehrjährigen Bürgerkrieg und durch eine die Bevölkerung dezimierende Epidemie stark geschwächt, als die spanischen Konquistadoren auf diesen Teil der Neuen Welt aufmerksam wurden.

Bereits im Gebiet des heutigen Panama hörten die Spanier während ihres Vorstoßes nach Süden zum ersten Mal von einem sagenhaften, goldreichen Land Eldorado weiter südlich in den Anden. Pizarro machte sich daraufhin im Jahre 1532 mit einer sehr überschaubaren Streitmacht von wenigen Hundert Männern auf den Weg, dieses goldreiche Land zu entdecken, und bis 1536 hatte er das gesamte Einzugsgebiet des Inka-Reichs weitgehend erobert.[25] Ähnlich wie bei Hernán Cortés in Mexiko gründete sich sein Erfolg einerseits auf die Überlegenheit von Rüstungen, Eisenwaffen, Schusswaffen, Kanonen und Reiterei, denen die zahlenmäßig um ein Vielfaches überlegenen Inka wenig entgegenzusetzen hatten. Andererseits war das Inka-Reich im Inneren durch Epidemien und Bürgerkriege geschwächt, und noch dazu unterschätzten die Inka-Könige die Durchschlagskraft der kleinen spanischen Heerschar.[26]

Bei Cajamarca in Nordperu kam es 1532 zu einem ersten Zusammentreffen zwischen Pizarro und dem Inka-König Atahualpa, der den Konquistadoren zunächst durchaus in friedlicher Absicht begegnete. Eine geschickt inszenierte Provokation Pizarros, bei der Atahualpa eine ihm gereichte Bibel fortwarf, lieferte den Spaniern dann den Vorwand zum überraschenden Angriff, bei dem sie Atahualpa gefangen nahmen und Tausende seiner Krieger in der sich anschließenden Schlacht töteten. Da der Inka-Herrscher die Gier der Spanier nach Gold kannte, schlug er vor, sich durch Gold und Silber freikaufen zu lassen. Tatsächlich wurden daraufhin Unmengen an Gold und Silber von seinen Untertanen zusammengetragen und den Spaniern übergeben, die es umgehend einschmolzen. Unersetzliche Kunstwerke der Inka aus Edelmetall gingen dabei für immer verloren.

Für Pizarro sollen unfassbare Schätze angeliefert worden sein: Gefäße, Vasen, Götterbilder von der Größe eines Kindes, 700 Goldplatten, die die Wände der Tempel von Cuzco geschmückt hatten, exquisite Plastiken von Pflanzen, Vögeln und anderen Tieren, ein Springbrunnen aus Gold und viele weitere wunderbare Kunstwerke. Ein Beobachter berichtete, dass über 200 Goldlieferungen mit diesen prachtvollen Objekten herbeigebracht wurden. Jede Lieferung wurde in einer Art Sänfte von Männern getragen. Manche davon waren so schwer beladen, dass dafür bis zu zwölf Krieger notwendig waren.[27] Gold hatte für die Inka wenig Wert, sie nannten es «Schweiß der Sonne», wie sie Silber als «Tränen des Mondes» bezeichneten. Sie schätzten lediglich den ästhetischen Wert des schönen, schimmernden Metalls, das sie in erster Linie zu Kunstgegenständen, Kultobjekten und Götterplastiken für ihre Tempel und Paläste verarbeiteten. Ihre prachtvoll gewebten Textilien, in denen Tausende Stunden Arbeit steckten, schätzten sie wesentlich höher ein.[28]

Diese unermesslichen Schätze wurden von den Spaniern eingeschmolzen, um die Beute besser aufteilen und abtransportieren zu können. Dabei ergaben sich etwa 8 Tonnen Gold und 13 Tonnen Silber. Die Zahlen geben eine ungefähre Vorstellung von der Dimension der Vernichtung von Kunstwerken und Kulturgütern, die bei den Raubzügen der Konquistadoren durch das Inka-Reich verloren gingen; und das sollte erst der Anfang sein. Trotz der Übergabe des Lösegeldes ließ Pizarro den Inka-König unter einem fadenscheinigen Vorwand hinrichten, ein klarer Wortbruch, für den Pizarro später auch in Spanien scharf kritisiert wurde.[29]

In diesem Kupferstich wird die Szene nachgestellt, wie Schätze herangetragen wurden, um den gefangen genommenen Inka-Herrscher Atahualpa von den Spaniern freizukaufen. Atahualpa wurde von den Eroberern dennoch hingerichtet, die Kunstwerke aus Edelmetall eingeschmolzen. Der Frankfurter Kupferstecher und Verleger Theodor de Bry prägte mit seiner America-Reihe im späten 16. Jahrhundert maßgeblich die Vorstellungswelt der Europäer von der «Neuen Welt». Die Bildsprache lebt von der exotisierenden Darstellung der indigenen Bevölkerung und der Hervorhebung des Zivilisationsanspruchs der europäischen Kolonisation; sie war somit Teil einer kolonialen Ikonographie, die bis heute wirkmächtig ist.

Wo immer Pizarro mit seiner Truppe in jenen Jahren auch auftauchte, der Einnahme und Zerstörung einer Stadt folgte stets eine umfassende Plünderung der vorhandenen Goldschätze. Das galt für Cuzco, die Hauptstadt der Inka, aber auch für Quito im heutigen Ecuador, eine Metropole im Norden ihres Reichs. Auch wenn die Spanier das sagenumwobene Eldorado nie fanden, so fielen doch schier unvorstellbare Mengen an Edelmetall in ihre Hände. Da die Konquistadoren die erbeuteten Gold- und Silbergegenstände immer sofort einschmolzen, wurde eine ganze Kunstgattung weitgehend eliminiert.[30] Das, was wir heute an Goldobjekten kennen, stammt vorwiegend aus Gräbern auf dem Gebiet des heutigen Kolumbien und Peru, doch auch diese sind seit über hundert Jahren durch moderne Raubgräberei massiv bedroht.

Männer wie Hernán Cortés und Francisco Pizarro zerstörten nicht nur ganze Großreiche, sondern löschten deren gesamte Kultur aus, indem sie die Bauwerke niederrissen, ihre Städte dem Erdboden gleichmachten und überbauten oder die wenigen verbliebenen Bewohner umsiedelten. Sie vernichteten die Kunst des präkolumbianischen Zeitalters eines ganzen Teilkontinents, verbrannten im Falle der Azteken auch alle Schriftquellen, die ihnen in die Hände fielen, und mit Hilfe einer radikalen Missionierung, die sich auch des Mittels der Inquisition bediente, rotteten sie alle alten indigenen Kulte aus. Das Wenige, das sich bis heute hielt, sind einige der indigenen Sprachen, die mündlich über Generationen tradiert wurden. Zehntausende starben durch das Schwert, Millionen durch eingeschleppte Infektionskrankheiten. Nach heutigen Maßstäben würde man die spanische Eroberung Mittel- und Südamerikas als Völkermord – einschließlich kulturellen Genozids – bezeichnen müssen.

KULTURZERSTÖRUNGEN IN CHINA ZWISCHEN OPIUMKRIEGEN UND BOXERAUFSTAND

Das Verhältnis des chinesischen Kaiserreichs zu europäischen Staaten wurde im 19. und beginnenden 20. Jahrhundert von drei kriegerischen Auseinandersetzungen geprägt, dem Ersten (1839–1842) und Zweiten (1856–1860) Opiumkrieg sowie der Niederschlagung des sogenannten Boxeraufstands (1900–1901), von denen zumindest die beiden Letzteren auch mit massiven Plünderungen und Zerstörungen von Kulturgütern verbunden waren.

Doch erstens begannen Kulturzerstörungen in China bereits früher, und zweitens wären insbesondere die Opiumkriege nicht ohne die massive Schwächung des chinesischen Kaiserreichs durch die stark ikonoklastisch geprägte Taiping-Bewegung denkbar gewesen. Insofern lohnt der Blick zurück. Im vormodernen Japan war während des gesamten Mittelalters bis in die Neuzeit hinein der buddhistische Glauben schon stark mit ikonoklastischen Elementen durchsetzt. Tempel wurden immer wieder zerstört, oft um sie danach wieder aufzubauen. Aus dieser symbolischen Dynamik von Niedergang und Wiederaufstieg gingen religiöse Institutionen vielfach gestärkt hervor.[31] Aus China hingegen kennen wir keine vergleichbaren Erscheinungen. Ikonoklastische Aktivitäten waren dort vielmehr eine Begleiterscheinung früher von Jesuiten getragener Missionierungsversuche ab dem späten 16. Jahrhundert, die noch als entfernte Auswirkungen der reformatorischen Bilderstürme zu werten sind.[32] Insbesondere im 19. Jahrhundert verursachte die protestantische Missionierung in China ikonoklastische Attacken, die interessanterweise sowohl Symbole des römisch-katholischen Glaubens als auch solche chinesischer Religionen betrafen;[33] die konfessionellen Auseinandersetzungen innerhalb des Christentums wirkten also selbst bis ins ferne China nach.

Christliche Elemente spielten aber auch in der Taiping-Bewegung um die Mitte des 19. Jahrhunderts eine nicht unwichtige Rolle und ermöglichten bzw. erleichterten letztlich die britische und später auch französische Invasion und die damit verbundenen Zerstörungen in den Opiumkriegen. Der Taiping-Aufstand zwischen 1851 und 1864 richtete sich gegen das niedergehende Kaiserreich der Qing-Dynastie, die 1911 endgültig abtrat. Dabei handelte es sich um einen der verlustreichsten Bürgerkriege der Menschheitsgeschichte, in dem Schätzungen zufolge weit über 20 Millionen Menschen umkamen und der weitgehende Verwüstungen anrichtete, von denen sich China lange nicht erholen sollte. Als Sekte des Mystikers Hong Xiuquan ins Leben gerufen, entwickelte sich die Taiping-Bewegung zu einer ethnischen Auseinandersetzung zwischen dem Kaiserreich der Qing und den Gruppen der Hakka, Miao und Yao vorwiegend in südlicheren Teilen des Landes. Während des Höhepunktes waren Hunderttausende im ganzen Land in die Auseinandersetzungen involviert, was eine massive Schwächung Chinas gegenüber den ins Land drängenden europäischen Kolonialmächten zur Folge hatte. Erst 1864 gelang es, dem Spuk ein blutiges Ende zu bereiten.[34]

Der Anführer der Taiping-Bewegung, Hong Xiuquan, erklärte sich selbst zum «Himmlischen König» und rief seinen Machtbereich zum «Himmlischen Reich des Großen Friedens» aus. Die hinter seiner Bewegung stehende Ideologie bestand aus einer kruden Mischung religiöser und sozialrevolutionärer Elemente. Hong Xiuquan glaubte an Jesus und hielt sich selbst für dessen jüngeren Bruder. Auch wenn dementsprechend innerhalb der Taiping-Ideologie christliche Einflüsse aufschienen, so waren sie letztlich doch nur am Rande von Bedeutung und sind lange überschätzt worden, nicht zuletzt auch deshalb, weil unter anderem protestantische Missionare von der Bewegung und insbesondere von ihren ikonoklastischen Akzenten begeistert waren.[35]

Wo immer die Armee der Taiping vordrang, kam es zur Vernichtung von Tempeln und Schreinen. Bei den Anhängern der Bewegung war jeglicher «Götzendienst» verhasst, und ihre Zerstörungswut richtete sich vor allem gegen buddhistische und daoistische Tempel. Die Qing-Kaiser hielten die Taiping-Krieger aufgrund ihres ikonoklastischen Vorgehens gegen die traditionellen Religionen in China für Anhänger von in erster Linie christlichen Glaubensvorstellungen, was aber – wie gesagt – nicht zutreffend war.[36] Doch die ‹Desperados› der Taiping-Bewegung brannten nicht nur Tempel und Schreine nieder, zerstörten oder verhöhnten ihre Ausstattungen, sondern plünderten alles aus Metall – Ritualobjekte, Kerzenleuchter und anderes –, um es anschließend ein- und umzuschmelzen.[37]

Zu ersten Zusammenstößen des chinesischen Kaiserreichs mit einer europäischen Kolonialmacht, in diesem Fall Großbritannien, kam es im Ersten Opiumkrieg (1839–1842). Dieser endete noch vor dem Beginn des Taiping-Aufstandes. China versuchte damals den zunehmenden Strom von aus Indien stammendem britischen Opium ins Land zu unterbinden. Für Großbritannien umgekehrt war dieser informelle Opiumhandel entscheidend, um das britische Handelsdefizit mit China auszugleichen. Ein Zusammenbruch des Handels zwischen Großbritannien, Indien und China hätte – so die Befürchtung der britischen Regierung – schwerwiegende Folgen für das eigene Staatsbudget haben können. Den konkreten Anlass lieferte dann die Beschlagnahme von Opium britischer Händler durch chinesische Behörden. Das chinesische Kaiserreich war in dieser Auseinandersetzung militärisch hoffnungslos unterlegen. Durch die Blockade oder Eroberung wichtiger Küstenstädte konnten die Briten China am Ende zu weitgehenden Zugeständnissen zwingen, die letztendlich darin gipfelten, dass China die Souveränität über den eigenen Außenhandel weitgehend entzogen wurde und es seine Märkte uneingeschränkt für Briten öffnen musste. Dies war der Dammbruch, denn andere Europäer folgten und suchten den Abschluss ähnlich weitgehender Verträge. In China gilt das Ende des Ersten Opiumkriegs als der Beginn des Jahrhunderts kolonialer Fremdbestimmung, das erst mit dem Aufstieg Mao Zedongs und der Gründung der Volksrepublik 1949 enden sollte.[38]

Der Zweite Opiumkrieg (1856–1860) verlief parallel zu dem von der Taiping-Bewegung ausgelösten Bürgerkrieg in China. Dabei gelang es Großbritannien und Frankreich, das durch die Rebellion stark geschwächte chinesische Kaiserreich zu weiteren außen- und handelspolitischen Konzessionen zu zwingen. Dazu gehörte etwa die Öffnung des Hinterlandes für britische Exportinteressen jenseits der Vertragshäfen aus dem Ersten Opiumkrieg. Unter einem fadenscheinigen Vorwand schloss sich Frankreich mit eigenen Truppen an. Das britische Expeditionsheer stand unter der Führung von James Bruce Elgin, 8. Earl of Elgin, des zweiten Sohnes des Diplomaten Thomas Bruce, 7. Earl of Elgin, der zu Beginn des 19. Jahrhunderts die Marmorskulpturen des Parthenons auf der Athener Akropolis nach London verbracht hatte (sogenannte *Elgin Marbles*). Der Zweite Opiumkrieg endete mit dem Einmarsch des britisch-französischen Heers in die kaiserliche Hauptstadt Peking und der völligen Zerstörung und Plünderung des nordwestlich der Stadt gelegenen berühmten Alten Sommerpalastes Yuanmingyuan.[39]

Vor allem zwischen dem 7. und 9. Oktober 1860 wüteten die Europäer im Palastkomplex,[40] der Wohnbezirk und zugleich ab 1725 auch Residenz der Qing-Kaiser mit administrativem Zentrum war. Von hier aus führten die Kaiser seit dem 18. Jahrhundert die Staatsgeschäfte. Auf einer Fläche von 3,5 km^2 befanden sich unzählige kleine Gärten, Seen, Brücken, Hallen, Pavillons, Tempel, Pagoden, Toren, Säulengänge und Paläste, überwiegend im traditionellen chinesischen Stil, einige aber auch in europäischer Manier errichtet. Ein Flusssystem speiste künstlich angelegte Seen, Bäche und Teiche zwischen sanften Hügeln. Tausende wertvoller Objekte, meist chinesischer Herkunft, Möbel und andere Ausstattungsgegenstände, aber auch Gastgeschenke aus aller Welt und bedeutende Schriften waren auf die verschiedenen Gebäude des Palastkomplexes verteilt und dort verwahrt.[41] Mit Recht wurde Yuanmingyuan mit dem Versailles Ludwigs XIV. verglichen, denn Pracht und Prunk der Anlage wie der Ausstattung standen dem berühmtesten französischen Schloss mit seinen Parks samt Fontänen, Wasserspielen und Irrgärten in nichts nach.[42]

Die Plünderung geriet offenbar weitgehend außer Kontrolle,

Der abgebildete Große Kaiserliche Porzellanpalast Yuanmingyuan wurde kurz nach Entstehung dieser Aufnahme am 18. Oktober 1860 von britisch-französischen Truppen im Zweiten Opiumkrieg zerstört. Der Fotograf Felice Beato war einer der ersten Reise- und Kriegsfotografen und fertigte seine Bilder als Albumin-Abzüge an. Seine Fotografien aus China zeigen nicht nur die Bauwerke des Sommerpalasts in Peking; er veröffentlichte auch eine Serie zu kriegerischen Handlungen.

so dass Tausende von Soldaten durch die Gemächer zogen und sie verwüsteten. Berichten zufolge zerstörten sie mindestens ebenso viel, wie sie mitnahmen. Bevorzugt geraubt wurden Zepter, Prunkwaffen, prachtvolle Kleidungsstücke sowie alle möglichen Objekte aus wertvollen Materialien wie Silber, Gold, Perlen, Jade oder Elfenbein, Schmuckkästchen, aber auch besondere Gerätschaften wie Uhren und Ähnliches, deren Mitnahme deutlich geringere Probleme bereitete als Lackmöbel und andere großformatige Gegenstände.[43] Der Sommerpalast war ein einziges Magazin von Schätzen und Kostbarkeiten, vieles erinnerte an die Pracht des französischen Hofes im 17./18. Jahrhundert. Schätzungen zur Zahl der geraubten Objekte aus Yuanmingyuan gehen von über einer Million Gegenständen aus.[44]

Schließlich brannten die Alliierten einen Großteil der Gebäude nieder. Die Zerstörung des Palastkomplexes war so radikal, dass dies auch schon wieder eine Aussage war: In der Gründlichkeit, mit der man die prachtvolle Vergangenheit der chinesischen Kaiser auslöschte, sollte die Vollkommenheit des eigenen Sieges und die Schwäche des hoffnungslos unterlegenen Gegners zum Ausdruck kommen.

Die Plünderung des Sommerpalastes war in ihrer Dimension gewiss einmalig, und doch war sie kein Einzelfall. Vor Verabschiedung des ersten Haager Abkommens von 1899, und zum Teil auch danach noch, waren Plünderungen durch europäische Truppen Teil der als legal erachteten offiziellen Kriegsführung außerhalb Europas, insbesondere im Falle von Kolonialkriegen, zu denen auch der Zweite Opiumkrieg zu zählen war. In Europa längst verpönt und geächtet, galten für europäisches Militär im Rest der Welt wie selbstverständlich andere Regeln, obwohl schon damals die Stimmen lauter wurden, dass solche Aktionen nicht Teil einer zivilisierten Kriegsführung sein könnten.

In gewisser Weise stellte die Plünderung einen Teil des Solds dar und machte die Teilnahme an Kolonialkriegen für die Soldaten zusätzlich attraktiv. Was man allerdings zu vermeiden suchte, war unkontrolliertes Plündern, weil dies zum Verfall der militärischen Disziplin beitragen konnte. Wenn die Auswüchse also ein gewisses Maß zu übersteigen drohten, waren die Vorgesetzten bemüht, sie durch die Androhung oder auch Anwendung von Strafen zu reduzieren.[45] Außerdem bediente man sich verschiedener Systeme, um die Plünderungen halbwegs ‹geregelt› ablaufen zu lassen. So war den französischen Soldaten gestattet, während eines bestimmten Zeitraums alles zu rauben, was sie wollten; auf ein Zeichen hin mussten sie allerdings wieder zur Disziplin zurückkehren und das Wüten einstellen. Bei den Briten dagegen durfte jedes Regiment in einer gewissen Hierarchiefolge nacheinander rauben. Dennoch plünderten insbesondere außereuropäische Hilfstruppen der Briten (Sikhs, Kulis) nach eigenen Regeln, ihnen wurde in der Berichterstattung auch die Hauptschuld an den Grausamkeiten angelastet.[46]

Mitunter waren jedoch auch Zivilpersonen involviert, etwa Geschäftsleute, Händler oder Zeitungskorrespondenten, die wertvolle Dinge stahlen und später in Europa weiterverkauften.[47] Nachdem die Beute nach Europa verschifft worden war, wurde sie in London wie in Paris schon ab 1861 durch namhafte Auktionshäuser zur Versteigerung gebracht.

Viele dieser chinesischen Preziosen waren völlig neu auf dem europäischen Kunstmarkt und erschienen auch noch in derart großer Zahl. Ihre Herkunft war dabei ein ganz besonderer ‹*Selling Point*›, denn zu wissen, dass die Objekte aus dem Palast der chinesischen Kaiser stammten, machte ihren Erwerb noch attraktiver, waren die meisten doch zuvor noch niemand anderem zu Augen gekommen als den chinesischen Kaisern und deren engster Umgebung.[48]

Ein besonderer und gezielt ausgesuchter Teil der offiziellen Beute wurde in London Queen Victoria sowie in Paris Kaiser Napoleon III. und seiner Frau Eugénie übergeben. Allein 600 bis 800 Objekte erhielt Eugénie, die sie zunächst im Palast der Tuilerien ausstellen ließ und später damit das «Musée Chinois» in einem Flügel von Schloss Fontainebleau begründete.[49] In London gelangten viele der Objekte, die nicht in Privatsammlungen verschwanden, ins Victoria & Albert Museum. Während es in Großbritannien wenig Eindruck machte, dass britische Truppen diese Objekte aus dem Sommerpalast geraubt hatten, wurden in Frankreich, insbesondere nach der Abdankung Napoleons III., zahlreiche kritische Stimmen laut, darunter Victor Hugo, der die Verwüstung des Yuanmingyuan als eine der größten Schandtaten im Namen der Zivilisation und der Menschlichkeit brandmarkte.[50] Neben den Schwerpunkten London und Paris sind andere Objekte aus dem Sommerpalast von Peking heute über die ganze Welt verteilt.[51]

Vierzig Jahre später kam es erneut zu einem kriegerischen Konflikt. Zum einen handelte es sich dabei um eine innerchinesische Auseinandersetzung zwischen der Zentralregierung in Peking und den fremdenfeindlichen Yihetuan, den Faustkämpfern für Gerechtigkeit und Harmonie, wie sich die von den Westmächten als «Boxer» bezeichnete Massenbewegung unter der überwiegend bäuerlichen Bevölkerung Nordchinas selbst bezeichnete, zum anderen um eine Intervention fremder Mächte im Sinne eines Imperial- oder Kolonialkriegs.[52]

Anlass für den Ausbruch des sogenannten Boxerkriegs im Jahre 1900 waren Attacken von Mitgliedern der aufständischen chinesischen Boxerbewegung gegen Ausländer, die zu einem militärischen Eingreifen gleich mehrerer europäischer Staaten, darunter auch des Deutschen Reichs[53] sowie Japans und der USA führten. Diese kämpften dabei nicht nur gegen die irregulären Boxer, sondern standen auch gegen die reguläre chinesische Armee im Einsatz, die zunächst ebenfalls die Boxer bekämpfte, dann aber umschwenkte und sich den ausländischen Invasionstruppen entgegenstellte und ihnen einige größere Gefechte lieferte.[54]

Bei der Verabschiedung des deutschen Ostasiatischen Expeditionskorps in Bremerhaven im Jahre 1900 hielt Kaiser Wilhelm II. seine berühmt-berüchtigte «Hunnenrede», in der er nach der Ermordung des deutschen Gesandten in China die deutschen Truppen zu einem rücksichts- und erbarmungslosen Rachefeldzug in China aufforderte.[55] Von des Kaisers Hunnenrede leitete

Die Fotografie zeigt US-amerikanische Truppen, die 1900 in der Verbotenen Stadt in Peking auf dem Gelände des Landwirtschaftstempels marschieren. Peking war im Zuge der europäisch-amerikanischen Intervention im sogenannten Boxeraufstand 1900/01 erobert worden. Truppen der westlichen Verbündeten entweihten die Verbotene Stadt und plünderten und zerstörten Kulturgüter und Kunstwerke.

sich auch der Begriff der «Hunnenbriefe» ab, Feldpostbriefe, in denen deutsche Teilnehmer am Boxerkrieg freimütig von Gräueltaten an der chinesischen Bevölkerung berichteten und dabei auch ein hohes Maß an Verachtung für die chinesische Kultur zum Ausdruck brachten.[56]

Wie schon in den beiden Opiumkriegen hatte das kaiserliche China trotz numerischer Überlegenheit der geballten militärischen Macht dieser Allianz erneut wenig entgegenzusetzen. Der Krieg, den die Gegner Chinas zu einer «Strafexpedition» erklärten, endete schon 1901 mit einer weiteren Niederlage Chinas, das erneut weitreichende Zugeständnisse machen musste. Zur Vorgehensweise der Deutschen wie auch der anderen beteiligten Mächte gehörte die Erschießung von Gefangenen und lokalen Würdenträgern ebenso wie das Abbrennen ganzer Dörfer und das zur persönlichen Bereicherung dienende Plündern.[57]

Dieses Vorgehen hing auch mit dem inzwischen veränderten China-Bild der Deutschen zusammen, das sich im Laufe des 19. Jahrhunderts grundlegend gewandelt hatte. Das zuvor als Hochkultur gerühmte und bewunderte Land wurde nunmehr mit Verfall und Rückständigkeit gleichgesetzt und daher als legitime Beute der scheinbar in jeder Hinsicht überlegenen Deutschen und anderen Westmächte betrachtet. Die sensationslüsterne Berichterstattung über angebliche oder auch tatsächliche Boxergräuel zusammen mit der «Hunnenrede» des Kaisers verstärkte diese Haltung und senkte die Hemmschwelle zur Anwendung von Gewalt und zur Zerstörung und Plünderung von Kulturgütern noch weiter.[58]

Der Kreis der Akteure war dabei außerordentlich heterogen, weil es sich nicht nur um Angehörige der acht an der «Strafexpedition» teilnehmenden Nationen handelte, sondern auch um indische Sikhs und Bengalen in der britischen und Vietnamesen in der französischen Armee. Hinzu kamen zum Christentum konvertierte Chinesen, die nicht nur ihre Landsleute an die Invasoren verrieten, sondern auch selbst plünderten. Dennoch kann das nicht darüber hinwegtäuschen, dass die unvorstellbare Grausamkeit und Gewaltanwendung gegenüber der chinesischen Bevölkerung, die auch massenhafte Vergewaltigungen einschlossen, sowie die Verwüstungen in der chinesischen Hauptstadt, die jedes bis dahin bekannte Ausmaß überschritten, im Namen der acht beteiligten Nationen begangen wurden.[59] Deren Vorgehen muss derart brutal gewesen sein, dass es zu einer großen Zahl von Selbstmorden insbesondere chinesischer Frauen kam.[60] Dieses Verhalten der Invasoren war von tiefer Verachtung und rassistischer Geringschätzung geprägt und entsprach schon damals in keiner Weise den moralischen Maßstäben und ethischen Richtlinien, die im Falle kriegerischer Auseinandersetzungen eigentlich zu gelten hatten.

Die Plünderung und Zerstörung erfasste nicht nur alle bedeutenden Gebäude der kaiserlichen Administration, wie etwa Paläste, Ministerien, Lagerhäuser, Bibliotheken, Tempel, rituelle Anlagen, Anwesen von Prinzen und Beamten, sondern auch unzählige Privathaushalte im gesamten Stadtgebiet von Peking. Bis zum Ende der Besatzungszeit im August 1901 nahmen die Verluste an Kulturgütern und Wertsachen geradezu unbeschreibliche Ausmaße an. Nachdem die Invasoren in die Verbotene Stadt eingedrungen waren, wurden sämtliche Paläste und Tempel nahezu vollständig ausgeraubt. Innerhalb weniger Monate soll bereits die Hälfte aller beweglichen Kulturgüter und Reichtümer aus Gold und Edelsteinen und vieles mehr verschwunden gewesen sein, darunter auch gewaltige Bestände an geheimen Aufzeichnungen und Dokumenten, die bis heute als verloren gelten müssen. Das Rauben von allem Verwertbarem ging so weit, dass bei kaum transportablen, etwa menschengroßen Bronzebecken im Palastareal das Gold von den vergoldeten Griffen und Rändern mit Säbeln abgekratzt wurde.[61]

Nicht anders erging es den weiteren Palast- und Tempelanlagen in der Kaiserstadt. Im Palast der Drei Meere, in dem der deutsche Oberkommandierende Graf von Waldersee sein Winterquartier beziehen wollte, mussten nach den Plünderungen etwa 90 Mann über zehn Tage hinweg erst einmal die Trümmer der zerschlagenen Einrichtung beseitigen, ehe er sich dort einigermaßen einrichten konnte;[62] dies gibt einen ungefähren Eindruck vom barbarischen Ausmaß der Verwüstungen. Nahe den Ruinen des bereits 1860 von Briten und Franzosen im Zweiten Opiumkrieg zerstörten Sommerpalastes war ein neuer kaiserlicher Sommerpalast errichtet worden, in dem gezielt zahlreiche Gegenstände aus den vergangenen Dynastien der chinesischen Geschichte zusammengetragen worden waren. Auch dieser zweite Palast ging 1900 unter, und der Abtransport exquisiter Kultgegenstände, Buddha-Figuren, Musikinstrumente, Möbel und anderer Teile der Innenausstattung wurde geradezu als Vernichtungsangriff auf den Kern der chinesischen Kultur empfunden.[63]

Ihren symbolischen Höhepunkt fand die Demütigung der unterlegenen Chinesen im sogenannten Triumphmarsch der Invasoren durch die Verbotene Stadt, womit sie das heiligste aller chinesischen Heiligtümer entweihten und sich dessen noch dazu durchaus bewusst waren.[64] Bei all diesen Plünderungen handelte es sich außerdem auch nicht um ein kurzfristiges, vorübergehendes Ereignis, vielmehr zogen sie sich über einen längeren Zeitraum hin. In diesem Zusammenhang erlassene Verbote und Regeln dienten nicht zur Einschränkung solcher Handlungen, sondern lediglich zu ihrer Systematisierung. Dabei entstanden Strukturen, durch die im Laufe von Wochen und Monaten immer weiter Kulturgüter, Wertsachen, Edelmetall, besondere Gerätschaften, Seide, wertvolle Pelze, Dokumente und vieles andere verschwanden und einem regelrechten Handel mit gestohlenem Gut zugeführt wurden.[65]

Tausende von wertvollen Kunst- und Kulturgütern gelangten nach Europa. Ein Teil davon fand den Weg in öffentliche Museen, anderes wurde, wie schon nach den Opiumkriegen, auf dem Kunstmarkt verkauft. Im Unterschied zum Plünderungsgut aus dem Zweiten Opiumkrieg von 1860 wurde diesmal bezeichnenderweise jedoch nicht mit der Herkunft der Objekte geworben.[66] Im Gegenteil, es erwies sich nicht mehr als verkaufsfördernd, darauf hinzuweisen, dass es sich um Kulturgüter aus dem Besitz chinesischer Kaiser handelte. Inzwischen hatten sich auch in Europa allmählich andere moralische Vorstellungen durchgesetzt, immerhin war schon 1899 das erste Haager Abkommen verabschiedet worden. Die starke öffentliche Kritik am brutalen und einer vermeintlich überlegenen und zivilisierten Nation unwürdigen Vorgehen der Invasionstruppen führte dazu, dass nachträglich versucht wurde, die Plünderungen und Massaker zu rechtfertigen bzw. Schuldige dafür zu benennen, ohne dass dies jedoch zu wirklich ernsthaften Konsequenzen geführt hätte.[67]

Die Vorgänge in Peking 1900/1901 standen im Kontext weltpolitischer Entwicklungen des ausgehenden 19. Jahrhunderts und des damit verbundenen kolonialen Ausgreifens der Weltmächte. Die Brutalität im Vorgehen der Invasoren und das Ausmaß ihrer Zerstörungen und Plünderungen übertraf alles, was in den beiden Opiumkriegen zuvor geschehen war, um ein Vielfaches. Nach dem Einmarsch wurde eine Aufteilung des chinesischen Kaiserreichs unter den Mächten vermieden, obwohl der Boxeraufstand die Gelegenheit dazu gegeben hätte. Stattdessen kam es – quasi stellvertretend – zu einer Aufteilung der Beute, also all jener zahlreichen herausragenden chinesischen Kulturgüter und Reichtümer, derer man in Peking habhaft werden konnte. In gewisser Weise handelte es sich bei den Verwüstungen auch um einen Höhepunkt der imperialistischen Gelüste in China. Die Verluste des Landes an Zeugnissen seiner eigenen Geschichte und Kultur waren dabei unvorstellbar.

BENIN UND DAS ENDE EINES AFRIKANISCHEN KÖNIGREICHS

Das von Edo-Völkern gegründete ehemalige Königreich Benin, eines der ältesten Königtümer im subsaharischen Afrika, lag im tropischen Regenwald im Südwesten des heutigen Staates Nigeria und grenzte im Osten an die Mangrovenwälder des Niger-Deltas. Seine großartige, ausdrucksstarke Kunst ist weltweit bekannt geworden, und sein Untergang steht gleichsam paradigmatisch für die im späten 19. Jahrhundert vollendete koloniale Unterjochung des afrikanischen Kontinents.[68]

Die Anfänge dieses Königreichs reichen bis weit ins 1. Jahrtausend n. Chr. zurück, als dort die Ogiso-Dynastie herrschte. Ab dem 12. Jahrhundert riss die heutige Dynastie unter ihrem ersten König Eweka die Macht an sich und prägte entscheidend die weitere Entwicklung des Königreichs, seine Gesellschaftsstruktur und die teilweise noch bis heute fortbestehenden Traditionen. Seit Eweka handelte es sich um eine Art Wahlmonarchie, wobei jedoch nur unter den männlichen Nachkommen des vorherigen Königs gewählt werden durfte.[69] Im späten 15. Jahrhundert stieg das Königreich Benin zur stärksten Macht in der Region westlich des Niger auf. In diese Zeit fielen auch die ersten Kontakte mit portugiesischen Seefahrern, die an den Küsten Westafrikas landeten. Daraus entwickelten sich enge Handelsbeziehungen zwischen Portugal und dem damals überwiegend noch landwirtschaftlich geprägten Benin, das Palmöl, Pfeffer und Elfenbein lieferte.[70] In diese erste Blütezeit fielen der Ausbau der Infrastruktur mit Straßen ebenso wie ein erster Höhepunkt des Kunsthandwerks. Aus dem benachbarten Königreich Ife herbeigeholte Handwerker fertigten die ersten Kunstwerke für den Palast in der Hauptstadt. Sie brachten die Kenntnis vom Metallguss mit, der – ebenso wie Holz und vor allem Elfenbeinschnitzereien – so charakteristisch für die Kunst von Benin war.

Während des 16. und 17. Jahrhunderts nahm der Kontakt mit Europäern immer weiter zu.[71] Der Name Benin erschien auf europäischen Landkarten Afrikas, und das Königreich wurde zu einem der wichtigsten Handelspartner auf dem Kontinent. Besucher jener Zeit berichteten beeindruckt von der Größe der Hauptstadt Benin, wo alleine der reich mit Kunstwerken aus Kupfer, Bronze, Messing und Elfenbein verzierte Königshof so groß war wie damals eine mittlere europäische Stadt.[72] In dieser Zeit blühte aufgrund des steigenden und kaum zu befriedigenden Bedarfs an Arbeitskräften auf den großen Plantagen in der Neuen Welt der

Sklavenhandel auf. Insbesondere Königreiche wie Benin, aber auch Dahomey und andere, spielten eine entscheidende Rolle als Umschlagplätze zwischen den Gebieten im Landesinneren und den Häfen und Märkten an der Küste, wo die Sklaven auf die Schiffe von Portugiesen, Spaniern, Niederländern, Briten und Franzosen verladen wurden, um unter unmenschlichsten Bedingungen die Seereise nach Amerika anzutreten. Schätzungen zufolge wurden damals 13 Millionen Menschen in die Neue Welt verschifft. Der von Europäern initiierte Sklavenhandel machte das Königreich Benin nicht nur reich, sondern versorgte es im Gegenzug auch mit Metallen (Kupfer, Zink, Zinn, Messing, Eisen, Blei) und weiteren Rohstoffen (Seidenstoffe und andere Textilien, Kaurischnecken und Korallen, Spirituosen und Tabak). Es waren also die Europäer, die damals die Rohstoffe zur Herstellung jener berühmten Benin-Bronzen und von Korallenketten, die Rang und Würde des Trägers kennzeichneten, lieferten. Hinzu kamen moderne europäische Schusswaffen, weshalb Benin immer wieder versuchte, sein Territorium mit militärischer Gewalt auf Kosten der Nachbarn auszudehnen.[73]

Am Ende waren es nicht zuletzt ökonomische Gründe, die zum Untergang des Königreichs führten. Über Jahrhunderte bis ins 19. Jahrhundert hinein diktierte Benin die Handelsbedingungen an der Niger-Küste. Dem wollten sich insbesondere die Briten nicht mehr länger beugen, sondern selbst die Kontrolle übernehmen. Die Briten hatten im Lauf der Zeit immer mehr benachbarte Gebiete des Königreichs Benin zu Schutzgebieten erklärt und unter ihre Verwaltung gebracht, wodurch britisch beherrschtes Gebiet deutlich näher an Benin heranrückte. Ende 1896 begab sich eine britische Mission zu König Ovonramwen, um ihn zur Einhaltung eines 1892 unter Druck geschlossenen Handelsvertrages zu bewegen, den er weitgehend ignoriert hatte, weil er ihn faktisch unter britische Souveränität gestellt hätte. Nach einem bewaffneten Angriff auf die britische Gesandtschaft, den nur zwei Teilnehmer überlebten,[74] bot sich den Briten die willkommene Gelegenheit, als Vergeltung eine Strafexpedition zusammenzustellen. Schon im Februar 1897 wurde die Hauptstadt von Benin erobert und das Königreich unter britische Kolonialherrschaft gezwungen.[75]

Im Zuge der Eroberung wurde die Stadt weitgehend verbrannt und verwüstet. Über die Zahl der getöteten Verteidiger bzw. Bewohner ist kaum etwas überliefert, dürfte aber beträchtlich gewesen sein. Zunächst waren die Briten auf unerwartet starken Widerstand getroffen, doch als sie die Stadt dann einnehmen konnten, waren der König, sein Hofstaat und viele andere Bewohner bereits geflohen. Im Königspalast richteten die Sieger daraufhin ihr Hauptquartier ein und trugen dort die unzähligen Kunstwerke zusammen. Während der Besatzung soll ein Feuer ausgebrochen sein, das schließlich nahezu die gesamte Stadt und auch viele Kunstwerke zerstört haben soll.[76]

Es konnte nur europäischem Überlegenheitsgefühl geschuldet sein, dass man derartig wütete und eine ganze Zivilisation auslöschte, ohne irgendwelche Rücksichten zu nehmen. Die bereits im 15. Jahrhundert errichteten Befestigungsmauern von Benin galten bis zu ihrer Zerstörung durch die Briten als das größte jemals von Menschen geschaffene Fortifikationswerk.[77] Die sich rechtwinklig kreuzenden Hauptstraßen besaßen eine unterirdische Entwässerung. Systematisch plünderten die britischen Truppen den in der Mitte der Stadt gelegenen weitläufigen Königspalast ebenso wie die Residenzen anderer Würdenträger und brannten anschließend alles nieder.[78] Gerechtfertigt wurde das brutale Vorgehen als gerechter Kampf der Zivilisation gegen einen barbarischen König, der an seinen Untertanen grausame Rituale vollziehen ließ. Das schockierende Ausmaß der vorgefundenen Reste von unzähligen Menschenopfern übertraf nicht nur die schlimmsten Befürchtungen, sondern bestätigte zugleich auch alle bislang gehegten Vorurteile und ließ die Briten sogar von einem «heiligen Krieg» sprechen.[79]

Tausende von Kunstwerken wurden aus der Stadt verschleppt. Schätzungen gehen von mindestens 4000 Objekten aus, darunter Gedenkköpfe und Reliefplatten aus Bronze und Messing, Terrakotta-Gegenstände, Elfenbein- und Holzschnitzereien und vieles mehr. Die Entstehungszeit etlicher dieser Werke reichte zum Teil bis ins 15. Jahrhundert zurück. Gedenkköpfe und Reliefs hielten historische Persönlichkeiten und Ereignisse in einer Art bildlicher Erzählung fest, hatten also als Teil ihrer Überlieferung für die Menschen im Königreich Benin mehr Bedeutung als Kunstwerke. Die Herstellung der Köpfe und Reliefs aus Bronze und Messing erfolgte nach dem komplizierten Wachsausschmelzverfahren. Die Qualität in der Ausführung der Skulpturen und Szenen mit vielen auch portraithaften Details zeugt von einer meisterhaften Beherrschung dieser Technik. In Benin bildeten die Metallgießer auch den angesehensten Handwerkszweig, gefolgt von Elfenbein- und Holzschnitzern, deren Arbeiten ebenfalls von herausragender Qualität waren.[80]

In London wurde der Sieg über das Königreich Benin frenetisch gefeiert. Es handelte sich um einen der größten Kunstraubzüge der Kolonialzeit, auf jeden Fall den bedeutendsten im subsaharischen Afrika. Zahlreiche Stücke gelangten in das British Museum in London,[81] doch interessanterweise nicht alle: Einen großen Teil der Beute hatte die britische Regierung anschließend in London versteigert,[82] was dazu führte, dass diese Objekte heute über zahlreiche Museen nicht nur in Großbritannien, sondern auch in Europa und Nordamerika verteilt sind. Das systematische Plündern und der Abtransport der Beute nach England dienten damit eindeutig nicht wissenschaftlichen Interessen, andernfalls wären die Objekte vollständig dem British Museum oder anderen englischen Museen übergeben worden. Es mussten also auch wirtschaftliche Überlegungen dahintergestanden haben, in denen damit spekuliert wurde, durch den weltweiten Verkauf der Stücke zumindest die Kosten für die Strafexpedition gegen das Königreich Benin refinanzieren zu können.

Die Ankunft der Kunstwerke in Europa kam einer Sensation gleich, weil sich im Hinblick auf ihre herausragende künstlerische Qualität auch in der europäischen Metallgießerkunst jener Zeit nur wenig Vergleichbares fand. Dabei stammten die technisch und künstlerisch qualitätvollsten Stücke – gleichsam zufällig – aus einer Zeit, die der Renaissance in Europa entsprach.[83] Diese Kunst widerlegte das kolonialistische und rassistisch geprägte Bild von Afrika als einem geschichts- und zivilisationslosen Kontinent eindrucksvoll und hatte in der Folgezeit ihre ganz eigene Wirkung auf die Kunstströmungen der Klassischen Moderne zu Beginn des 20. Jahrhunderts.[84] Es war die Zerstörung und Plünderung eines hochentwickelten westafrikanischen Königsreichs und die Verbringung der dort geraubten Kunst nach Europa, die das Bild von der zivilisatorischen Kraft dieses Kontinents zu verändern begann, auch wenn sich an den Verhältnissen in Afrika zunächst nichts änderte und die kolonialen Zustände dort noch weit über ein halbes Jahrhundert nach der Eroberung Benins andauern sollten.

Im September 1914 wurde die Kathedrale von Reims durch deutschen Artilleriebeschuss stark beschädigt. Die deutsche Heeresführung rechtfertigte die Zerstörung militärisch, doch für die französische und alliierte Öffentlichkeit wurde Reims zu einem Symbol der Kriegsgräuel und Kulturzerstörung, für die Deutsche verantwortlich waren. Die Fotografie stammt aus dem Bildband «Collier's New Photographic History of the World's War» (New York 1919).

8. DIE UMBRÜCHE IM FRÜHEN 20. JAHRHUNDERT

DREI MONATE IM JAHRE 1914

Der Erste Weltkrieg (1914–1918) war als erster industriell geführter Massenkrieg und als erster totaler Krieg der Menschheitsgeschichte die «Ur-Katastrophe» des 20. Jahrhunderts schlechthin. Nie zuvor kämpften Armeen in derartig gigantischen Größenordnungen und auf nahezu allen Kontinenten gegeneinander. Und nie zuvor wurde auch die Zivilbevölkerung so stark in das Kriegsgeschehen einbezogen. Drei Viertel der Weltbevölkerung befanden sich am Ende im Kriegszustand, geschätzt 70 Millionen Menschen standen unter Waffen und etwa 17 Millionen fanden dabei den Tod. Eine weitere Besonderheit bestand darin, dass auch Intellektuelle auf beiden Seiten im patriotischen Überschwang den Krieg in gewisser Weise willkommen hießen und nicht unerheblich zur Rechtfertigung der eigenen Sache und zur Mobilisierung der eigenen Seite beitrugen.[1]

Es finden sich durchaus Anhaltspunkte dafür, dass in bestimmten Situationen bei der Kriegsführung auch ganz gezielt die Zerstörung der gegnerischen Kultur ins Blickfeld geriet. So unermesslich die Kriegsschäden waren und so umfassend auch Kunst- und Kulturgüter in Mitleidenschaft gezogen wurden, lässt sich trotzdem festhalten, dass es sich dabei in der Regel um – mehr oder weniger billigend in Kauf genommene – Kollateralschäden handelte, die insbesondere durch die in ihrer Wucht und in ihrem Zerstörungspotential enorm weiterentwickelte Artillerie verursacht waren. Die gezielte Vernichtung von Kunstwerken oder Kulturgütern als Teil einer Strategie zur bewussten Auslöschung oder nachhaltigen Schädigung der gegnerischen Kultur war jedoch nur in ganz wenigen Einzelfällen zu beobachten und spielte, auf die gesamte Dauer und die geographische Dimension des Kriegs gerechnet, keine dominante Rolle.

Zu diesen Einzelfällen gehört das Schicksal des belgischen Löwen, das bei Ausbruch des Krieges 1914 eine sehr wohlhabende Stadt mit einem reichen kulturellen und insbesondere architektonischen Erbe aus dem Spätmittelalter und der frühen Neuzeit war. Die dortige Universität, eine der ältesten in Europa, wurde 1425 gegründet und insbesondere ihre Bibliothek besaß herausragende Sondersammlungen zur Geschichte des Humanismus und des frühen Buchdrucks, dazu lateinische Klassiker, wertvollste theologische Literatur und vieles mehr. Insbesondere zur Zeit von Erasmus von Rotterdam war die Universität Löwen intellektuell führend und galt als das «belgische Oxford».[2]

Am 19. August 1914 rückten deutsche Truppen in die Stadt ein, ohne auf Widerstand zu stoßen. Die in Löwen verbliebene Zivilbevölkerung hatte zuvor schon auf Geheiß der Stadtverwaltung ihre Waffen abgegeben, um dem deutschen Militär keine Veranlassung für Repressalien oder gar Erschießungen zu liefern, wie sie aus Lüttich und anderen kurz davor eroberten Orten bekannt geworden waren. Vom 19. bis zum 22. August diente die Stadt auch als Hauptquartier der 1. Armee.

Am Abend des 25. Augusts – der genaue Ablauf der Ereignisse ist nur schwer exakt zu rekonstruieren – fielen Schüsse in der Stadt. Die deutschen Besatzungstruppen waren ohnehin in höchster Alarmbereitschaft, weil ein möglicher Gegenangriff der belgischen Armee zur Befreiung von Löwen befürchtet wurde.[3] Angeblich hielten die Deutschen die in der Stadt vernommenen Schüsse für Aktionen irregulärer Heckenschützen (*francs-tireurs*), die den Angriff der belgischen Armee unterstützen sollten. Ob

Der niederländische Karikaturist Albert Hahn, überzeugter Sozialist und Antimilitarist, dokumentierte in dieser satirischen Zeichnung den Brand und die Zerstörung der Universitätsbibliothek im belgischen Löwen durch deutsche Truppen während der ersten Wochen des Ersten Weltkriegs. Im Hintergrund sind brennende historische Gebäude, im vorderen Bildausschnitt die Trümmer des Bibliotheksgebäudes zu sehen. Die Szene im Zentrum symbolisiert die Übergabe der toten katholischen Universität an das kulturlose deutsche Militär.

dies lediglich ein Vorwand war oder die deutschen Soldaten tatsächlich einen Angriff dahinter vermuteten und in Panik gerieten, lässt sich im Nachhinein nicht mehr sicher entscheiden. Tatsache ist jedoch, dass es die gesamte Nacht über zu einem unglaublich grausamen Gemetzel an der Zivilbevölkerung kam. Einwohner von Häusern, aus denen angeblich geschossen worden war, oder solche, die die Soldaten vermeintlich flüchtend auf der Straße antrafen, wurden ziellos erschossen und vielfach auch mit dem Bajonett niedergemacht. Die Berichte über die Vorgänge belegen eine extreme und nachträglich schwer nachvollziehbare Grausamkeit von Seiten des deutschen Militärs. Bis heute ist nicht gänzlich klar, was diesen plötzlichen Hass ausgelöst haben könnte, der zu diesen Gräueltaten führte, die sich durchaus als Kriegsverbrechen an der Zivilbevölkerung betrachten lassen.

Über 1000 Gebäude der Stadt wurden dabei niedergebrannt,[4] unter anderem die aus dem 15. Jahrhundert stammende Kirche St. Peter. Während der Nacht drangen deutsche Soldaten auch in die berühmte Universitätsbibliothek von Löwen ein und setzten das Gebäude und die dort befindlichen Sammlungen gezielt mit Benzin und anderen Brandbeschleunigern in Brand.[5] Der Bau wurde völlig zerstört, und fast die gesamte Bibliothek mit Hunderten wertvollster Handschriften und Inkunabeln sowie über 300 000 Büchern fiel den Flammen zum Opfer. Die Berichte lassen keinen Zweifel daran, dass es sich hier um keinen Kollateralschaden aufgrund von Kampfhandlungen handelte, vielmehr sollte die Bibliothek ganz bewusst wegen ihrer Bedeutung vernichtet werden: ein Angriff auf die Kultur und das kulturelle Erbe der belgischen Bevölkerung.[6]

Tausende Bewohner flüchteten aus der Stadt, die in den Folgetagen noch von deutscher Artillerie zusammengeschossen wurde. Die bedeutendsten historischen Häuser und viele weitere Bibliotheken, Archive und Kunstsammlungen gingen unwiederbringlich verloren. Anschließend wurde die zerstörte Stadt noch zur Plünderung freigegeben.

Propagandistisch betrachtet war die Zerstörung von Löwen ein

Desaster für die deutsche Sache. Die Weltöffentlichkeit erfuhr sehr schnell von den Ereignissen, und das Bild vom kulturlosen deutschen «Hunnen» haftete fortan der deutschen Kriegsführung an. Die in London erscheinende Zeitung *Illustrated War News* titelte am 2. September 1914 gar mit «Holocaust von Löwen».[7] In den USA sorgten Schlagzeilen für Aufsehen, wonach die Verwüstungen der Deutschen in Löwen schrecklichere Schäden angerichtet hätten als das verheerende Erdbeben von 1906 in San Francisco.[8] In dem Maß, wie das Geschehen von der alliierten Propaganda zum Mythos hochstilisiert wurde, mühte sich die deutsche Seite, diese Ereignisse herunterzuspielen.[9] Doch insbesondere bei damals noch neutralen Ländern verfing der Aufschrei der Alliierten und sorgte für einen Stimmungsumschwung gegen die Mittelmächte. Die gezielte Vernichtung der Universitätsbibliothek von Löwen empfand man als einen Angriff auf die gesamte westliche Kultur, als eine kulturelle Grausamkeit unvorstellbaren Ausmaßes. Löwen blieb in der Anfangsphase des Kriegs im Westen kein Einzelfall. Auch in anderen kleinen belgischen Städten wie Andenne und Dinant kam es aufgrund angeblicher Aktivitäten von Heckenschützen zu Massenhinrichtungen, Plünderungen und Brandschatzungen. In Dinant wurde das gesamte historische Zentrum mit seinen Kirchen, Gebäuden, Archiven und Kunstschätzen ein Opfer der Flammen. Auch hier wurde offenbar gezielt kulturelles Erbe angegriffen.[10]

Die Reputation der deutschen Seite hatte unter diesen Gräueltaten gegen die Kultur international bereits so stark gelitten, dass sich auch dann wütender Protest erhob, wenn architektonische Denkmäler von den Deutschen nicht absichtlich, sondern im Kontext kriegerischer Handlungen zerstört oder zumindest stark beschädigt wurden, wie etwa im Falle der Kathedrale von Reims. Dieses großartige gotische Gotteshaus war eine Art Nationaldenkmal für die Franzosen. Entsprechend groß war der weltweite Aufschrei, als es im Zuge der Kämpfe von deutscher Artillerie stark beschädigt wurde und ausbrannte.[11] Die Deutschen begründete den Beschuss mit der Behauptung, die Türme der Kathedrale seien als Beobachtungsposten für die französische Artillerie genutzt worden.[12]

Was die Zerstörung von Löwen betrifft, so dürfte es sich höchstwahrscheinlich um keinen von langer Hand vorbereiteten militärischen Plan gehandelt haben. Die Stadt wäre den Deutschen nämlich unzerstört als Versorgungs- und Etappenort erheblich nützlicher gewesen, unabhängig von dem fatalen Reputationsschaden, der für die deutsche Armee daraus entstanden war. Dennoch ist damit noch nicht geklärt, warum es zu dieser Zerstörungsorgie kam, die insbesondere auch auf das kulturelle Erbe abzielte.

Sicherlich dürften Angst und Panik vor Heckenschützen und daraus resultierender Hass auf die Bevölkerung eine Rolle gespielt haben, doch nicht allein. Gelegentlich wird in der Forschung darauf hingewiesen, dass Ereignisse wie in Löwen oder auch in Dinant mit einem im protestantisch geprägten preußischen Militär weit verbreiteten antikatholischen Ressentiment zu tun haben könnten.[13] Löwen war das geistige Zentrum des belgischen Katholizismus, und dies kam im historischen Zentrum der Stadt sehr klar zum Ausdruck. Insofern könnte es in der Tat auch darum gegangen sein, dieses kulturelle Symbol des Feindes zu zerstören.[14] Das würde bedeuten, dass Teile der deutschen Armee den Feind nicht nur militärisch niederringen, sondern auch religiös, geistig und in seiner kulturellen Identität treffen wollten. Möglicherweise hatte dies damit zu tun, dass ein Kriegsziel der deutschen Seite darin bestand, diese Gebiete nach dem siegreichen Ausgang des Waffenganges, an dem direkt nach Ausbruch des Kriegs niemand zweifelte, auch dauerhaft in das Deutsche Reich zu integrieren. Da konnte das Auslöschen einer anders gearteten kulturellen Identität durchaus hilfreich sein.

Je mehr jedoch der weltweite Protest gegen die deutschen Gräueltaten gegen Zivilisten und kulturelle Denkmäler in den ersten Monaten des Kriegs anwuchs, desto massiver versuchte die deutsche Seite den Mythos von den angeblichen belgischen Heckenschützen und der aufständischen Zivilbevölkerung zu verbreiten. Dieser Mythos gipfelte sogar in der Behauptung, eindeutige

Belege dafür zu haben, die man allerdings schuldig blieb. Der damalige Stadtkommandant von Löwen, Major von Manteuffel, gab nach dem Krieg in den 1920er Jahren zu, dass es keine Hinweise auf Heckenschützen aus der Zivilbevölkerung gegeben habe.[15]

Die Zerstörung von Kulturdenkmälern war schon durch die Haager Konvention von 1907 verboten worden, die auch das Deutsche Reich unterzeichnet hatte. Das Vorgehen der deutschen Seite in Löwen, Reims, Dinant und andernorts bedeutete damit einen klaren Bruch dieser Konvention. Bemerkenswert war aber auch die Haltung deutscher Intellektueller, Wissenschaftler wie Künstler. Wie in allen beteiligten Ländern unterstützten sie mit Verve die eigene Sache und halfen bei der geistigen Mobilisierung für den Krieg und gegen den Feind. Als die internationalen Proteste gegen die deutschen Kriegsgräuel immer lauter wurden, unterzeichneten viele deutsche Intellektuelle das sogenannte «Manifest der 93», das am 4. Oktober 1914 veröffentlicht wurde.[16] Unter den Unterzeichnern waren Wissenschaftler und Künstler, darunter illustre Namen wie Wilhelm Röntgen, Max Planck und etliche Nobelpreisträger, die im nationalen Überschwang der ersten Kriegsmonate der deutschen Kriegsführung ihre eindeutige Unterstützung für die in den ersten Monaten in Belgien durchgeführten Handlungen aussprachen. Überdies verstiegen sie sich zu der gewagten Behauptung, ohne den Schutz durch das deutsche Militär wäre die deutsche Kultur ausgelöscht worden; «Kultur» wurde immer mehr zum Kampfbegriff.[17] Es ist heute nurmehr schwer nachvollziehbar, wie selbst die geistige Elite des Landes ein solches Ausmaß an Radikalisierung erfassen konnte. Viele ausländische Intellektuelle waren darüber entsetzt und empört, und der deutschen Sache schadete dieses Manifest umso mehr, insbesondere in den damals noch neutralen USA.

Nach dem Beschuss der Kathedrale von Reims nutzten zahlreiche französische Intellektuelle ersten Ranges, Künstler wie Wissenschaftler, darunter Claude Debussy, Henri Matisse oder Auguste Rodin, diesen Vorfall zu einem Aufruf, der umgekehrt die deutsche Barbarei gegen die Kultur vor aller Welt anklagte und dabei Reims und Löwen in eine Reihe stellte.[18] Paul Clemen, Kunsthistoriker an der Universität Bonn, sollte 1919 sagen, dass es letztlich drei Namen waren, die Deutschland während des Ersten Weltkriegs die letzten Sympathien in den USA gekostet hatten: Löwen, Reims und die Lusitania.[19]

Nachdem der deutsche Vormarsch im September 1914 an der Marne gestoppt werden konnte, machte sich in der deutschen Obersten Heeresleitung allmählich die Einsicht breit, dass dieser Krieg kein kurzer Feldzug sein würde. Parallel dazu erkannte man, dass die Gräuel gegen die Zivilbevölkerung wie auch gegen das kulturelle Erbe der besetzten Länder weltweit zu einem Stimmungsumschwung zu Ungunsten der deutschen Seite führen würden. Gerade bei einem längeren Krieg war dies eindeutig nachteilig. Insofern kann man von einer Änderung der deutschen Kriegsführung sprechen, als die Massenerschießungen von Zivilisten und die Vernichtung kultureller Zentren, wie in den ersten drei Kriegsmonaten in Belgien geschehen, sich danach nicht mehr wiederholten.[20]

OKTOBERREVOLUTION UND STALINISMUS

Die aus den Verwerfungen des Ersten Weltkriegs hervorgegangene Oktoberrevolution 1917 gehört zu den folgenreichsten Ereignissen in der Geschichte des 20. Jahrhunderts. Im real existierenden Sozialismus wurde die «Große Sozialistische Oktoberrevolution» gar als Wendepunkt der Menschheitsgeschichte glorifiziert, während die Gegner sie als bloßen Staatsstreich abtaten. Die Konsequenzen für die weitere Historie dieses Jahrhunderts waren durch den Sieg der Bolschewiken in Russland jedenfalls weitreichend, auch für Kunst und Kultur.[21]

Führen wir uns die wichtigsten Geschehnisse im Jahre 1917 noch einmal vor Augen: Der Oktoberrevolution war im selben Jahr eine Februarrevolution vorausgegangen, die bereits zur Abdankung von Zar Nikolaus II. und zum Ende der Monarchie geführt hatte. In der Folge kam es jedoch zu einer Art Doppelherrschaft durch zwei miteinander konkurrierende politische Zentren: die «Provisorische Regierung» unter dem Sozialisten Aleksandr Kerenskij auf der einen und der Petrograder Sowjet auf der anderen Seite. Die drängendsten sozialen, politischen und wirtschaftlichen Probleme Russlands konnten in dieser Situation nicht gelöst werden und spitzten sich immer weiter zu. Das agrarisch geprägte Land mit seiner überholten Feudalstruktur litt zunehmend unter den Folgen des Ersten Weltkriegs und vermochte den Erfordernissen dieses hochindustrialisierten Waffengangs nicht mehr standzuhalten.

Anstatt den Krieg mit dem Deutschen Reich durch einen Separatfrieden zu beenden, startete die Provisorische Regierung im Juli 1917 einen neuen Ansturm gegen die vorrückenden deutschen Truppen, die sogenannte Kerenskij-Offensive, die kläglich scheiterte und entscheidend zum endgültigen Zusammenbruch der russischen Armee beitrug. Dringend erforderliche Reformen wie eine großräumige Umverteilung des Bodens wurden dagegen nicht in die Wege geleitet, und Inflation und Streikwellen führten dazu, dass die wirtschaftliche Lage immer katastrophalere Züge annahm. Ferner betrieben Nationalisten in Polen, Finnland und dem Baltikum die Abspaltung von Russland und die Errichtung eigener Nationalstaaten. Kurzum, das Land war am Ende.

In dieser Lage gelangte Vladimir Iljitsch Lenin im April 1917 mit deutscher Hilfe in einem plombierten Eisenbahnwagen aus der Schweiz quer durch das Deutsche Reich bis an die russische Grenze und von dort weiter nach Petrograd. Lenin wünschte sich die Niederlage Russlands herbei, um den Weltkrieg in einen Bürgerkrieg zu verwandeln, der zum endgültigen Sieg des Bolschewismus führen sollte. Die Deutschen wiederum wollten den Krieg im Osten beenden, um Truppen für die Westfront frei zu bekommen, insofern deckten sich ihre Absichten mit denen des Revolutionärs.

Und das Kalkül der deutschen Seite ging auf. Unter Lenins Führung wurden die Bolschewiken zu einem immer stärkeren Machtfaktor im Spiel der politischen Kräfte in Russland, und mit der sogenannten Oktoberrevolution des Jahres 1917 übernahmen sie schließlich die Alleinherrschaft. Dabei sollte der «Sturm auf den Winterpalast» die russische Revolution im Hinblick auf ihre universalhistorische Bedeutung mit dem Sturm auf die Bastille im Paris des Jahres 1789 auf eine Ebene heben. Wie wir heute wissen, handelte es sich dabei aber um eine filmisch nachgestellte Propaganda-Aktion. Die Vorgänge in Petrograd waren offenbar weniger dramatisch, in Moskau hingegen zogen sich blutige Kämpfe länger hin, ehe am Ende auch dort die Bolschewiken die Oberhand behielten.

Der nachfolgende Bürgerkrieg, der das Land nach dem verlorenen Weltkrieg weiter verwüstete und unzählige Menschen das Leben kostete, endete 1922 mit dem vollständigen Sieg der Bolschewiken. Nach dem Tode Lenins war es Stalin, der sich in den Folgejahren nach und nach seiner politischen Konkurrenten wie Leo Trotzki, Nikolai Bucharin, Lev Kamenev u. a. entledigte und von 1927 bis zu seinem Tod 1953 als Alleinherrscher das riesige Sowjetreich regierte. Diese Zeit des Stalinismus war geprägt von einer bis dato beispiellosen Schreckensherrschaft mit Säuberungen und dem «Großen Terror», von gewaltsam durchgeführten Zwangskollektivierungen in der Landwirtschaft, von Personenkult sowie von Zweitem Weltkrieg und Nachkriegszeit.[22]

In den Berichten über die Zeit nach 1917 finden sich immer wieder Nachrichten über Kunsträubereien eines aufgestachelten und außer Kontrolle geratenen Pöbels. Wie viele andere revolutionäre Umwälzungen, so war auch der Aufstieg der Bolschewiken mit der Zerstörung solcher Monumente verbunden, die das alte Regime repräsentierten.[23] Dabei sollen auch wertvolle Kunstwerke in den nach der Abdankung verwaisten Zarenschlössern, in der Eremitage, in Kirchen und anderswo zerstört worden sein. Den Bildern habe man die Augen ausgeschnitten, Madonnenfiguren mit Farbe beschmiert, anderes sei schlicht gestohlen worden. Behauptungen, die berühmte Gemäldegalerie im Winterpalast sei bei den Unruhen ganz oder teilweise vernichtet worden, erwiesen sich hingegen als unzutreffend und dienten wahrscheinlich eher zur

Diskreditierung der Bolschewiken.[24] Doch auch in anderen Städten, wie etwa in Riga, sollen aus den Museen Objekte aus Kupfer, Messing, Bronze, Silber und Gold gestohlen worden sein.[25]

Welches Ausmaß diese Verwüstungen und Plünderungen aber tatsächlich erreichten, ist noch immer schwer zu beurteilen. Einige Kunstschätze im Winterpalast sind bei dessen Erstürmung offenbar tatsächlich gestohlen oder zerschlagen worden. Entsprechende Vorkommnisse wurden aus den Zarenschlössern um St. Petersburg berichtet, wie etwa aus Gatchina, das ebenfalls umkämpft war und eine Woche lang geplündert worden sein soll.[26] In Moskau wurde der Kreml mit Artillerie beschossen, anschließend kam es zu Verwüstungen durch betrunkene Soldaten der Roten Armee.[27] Gleichzeitig setzten die Bolschewiken jedoch schon sehr früh mit Fachleuten besetzte Kommissionen ein, deren wichtigste Aufgabe darin bestand, Schaden von den Sammlungen fernzuhalten und sie möglichst in ihrer Unversehrtheit zu erhalten. Die Zarenschlösser wurden für unantastbar erklärt und sollten in öffentliche Museen umgewandelt werden. Bei der geistigen Elite des Landes brachten diese Maßnahmen den Revolutionären durchaus Sympathie ein.[28]

Trotz vereinzelter Aktionen eher spontanen Charakters verfolgten die Bolschewiken und das von ihnen errichtete Sowjetsystem auch keine systematische ikonoklastische Strategie, die zur Zerstörung aller Kunst- und Kulturgüter aufrief, welche in irgendeiner Weise an das vergangene Regime und seine adeligen und kirchlichen Repräsentanten erinnerten. Der bolschewistisch-sowjetische Bildersturm konzentrierte sich – mit Ausnahme der Verwüstungen im Zusammenhang von Kämpfen während der Revolution – weitgehend auf die wirklichen Embleme der Zarenzeit wie Inschriften, öffentlich aufgestellte Statuen und Kirchen.

Doch es gibt auch andere Beispiele: Im Jahre 1922 nahm das Regime eine Hungersnot zum Anlass, den Besitz von Kirchen zu konfiszieren, Glocken einzuschmelzen, Reliquien zu zerstören und Ikonen zu rauben. In der Industriestadt Šuja im Bezirk Ivanovo-Voznesensk brachen im März 1922 Arbeiterunruhen aus, als die

Die Bolschewiken zerstörten zwar die wertvollen Ausstattungen der russischen Kirchen mit all ihren Kunstwerken nicht, aber sie plünderten sie systematisch, brachten die beschlagnahmten Kunstschätze an Sammelpunkte, sortierten sie dort nach ihrem künstlerischen und materiellen Wert und bereiteten sie für den Verkauf ins westliche Ausland vor. Das Foto von 1921/22 zeigt Fachleute, die man damit beauftragt hatte, bei der Arbeit.

Bolschewiken Kirchenbesitz beschlagnahmten und geweihte Gegenstände auf die Straße warfen. Die Rebellion endete im Feuer der Maschinengewehre, die Anführer wurden hingerichtet.[29]

Am 12. April 1918 erließ Lenin ein Dekret, wonach Denkmäler der Zaren und ihrer Helfer – ein sehr dehnbarer Begriff –, die keinen besonderen historischen oder künstlerischen Wert hatten, von den Straßen und Plätzen entfernt und entweder eingelagert oder recycelt werden sollten.[30] Daraufhin erfolgte umgehend der Abbruch der Denkmäler für die Zaren Alexander II. und Alexander III. in Moskau, lediglich die von Katharina der Großen in Auftrag gegebene und 1766–1768 realisierte Reiterstatue Peters des Großen blieb als eine der wenigen Ausnahmen unangetastet.[31] Stattdessen wurde die gesamte Sowjetunion in der Folgezeit mit Denkmälern für Lenin und Stalin überzogen, deren Verehrung bisweilen quasi-religiöse Züge annahm.[32]

Auch Kirchen wurden im ganzen Land zerstört bzw. umgewidmet. Zu ähnlichen Aktionen kam es übrigens später auch während des Spanischen Bürgerkriegs durch linke Gruppen; aufgrund des Bundes zwischen der katholischen Kirche des Landes und dem nationalistischen Putschisten Francisco Franco wurden Kirchen vermehrt zum Ziel für Vergeltungsmaßnahmen, die mit der Zerstörung oder Beschädigung der Gotteshäuser selbst und der in ihnen enthaltenen religiösen Kunstwerke einhergingen.[33]

Klassisch ikonoklastische Züge hatte die 1931 von Stalin persönlich angeordnete Zerstörung der Christ-Erlöser-Kathedrale in Moskau, eines der größten Gotteshäuser des Landes.[34] Ursprünglich von Zar Alexander I. nach dem Sieg gegen Napoleon 1812 in Auftrag gegeben, konnte sie nach diversen Verzögerungen und Umplanungen jedoch erst im Jahre 1883 vollendet und eingeweiht werden. Da das Bauwerk trotz seines kirchlichen Charakters in erster Linie Macht und Stärke des Zarentums symbolisieren sollte, war es den Bolschewiken von Anfang an ein Dorn im Auge. Zwar blieb es während der Oktoberrevolution und im nachfolgenden Bürgerkrieg zunächst noch unangetastet, aber im Jahre 1931 fasste Stalin endgültig den Beschluss, die Kathedrale zerstören

Nur wenige Kirchenplünderungen sind so gut dokumentiert wie jene während der frühen Sowjetzeit. Hier plündern Rotarmisten 1923 eine russisch-orthodoxe Kirche und schleppen alles weg, was auch nur halbwegs verwertbar ist – sei es wegen seiner Bedeutung als Kunstwerk, sei es wegen seines materiellen Wertes.

und an ihrer Stelle den Palast der Sowjets errichten zu lassen, einen gigantischen Neubau von 415 Meter Höhe, der die neue Sowjetunion repräsentieren sollte.

Der Bau dieses gigantomanen Palastes kam jedoch aufgrund des deutschen Überfalls auf die Sowjetunion und des anschließenden Kriegs über die Fundamentarbeiten nicht hinaus. Nach Stalins Tod 1953 wurde dieser Plan schließlich ganz verworfen und das Fundamentbecken zu einem ganzjährig beheizten Freibad umgebaut, das 1960 eröffnet werden konnte. Schon während der Perestroika in den 1980er Jahren gab es erste Überlegungen zum Wiederaufbau der Kathedrale, die nach dem Zerfall der Sowjetunion in den 1990er Jahren unter Boris Jelzin erneut aufgegriffen und in die Tat umgesetzt wurden mit dem Ergebnis, dass im Jahre 2000 die neue Christ-Erlöser-Kathedrale von Moskau eröffnet werden konnte.[35]

Der sowjetische Umgang mit Kunst- und Kulturgütern, die an das zaristische Regime erinnerten, unterschied sich also grundlegend von der Vorgehensweise der Protagonisten während der Französischen Revolution. Statt Zerstörung suchte man vielmehr nach Wegen zur Weiterverwertung, damit diese Güter auf ihre Weise zur Weltrevolution beitragen konnten. Alle Kunst- und Kulturgüter aus kaiserlichem, adeligem, kirchlichem und sonstigem privaten Besitz wurden verstaatlicht und zu Volkseigentum erklärt. Im September 1918 erließ die Sowjetregierung dann ein Ausfuhrverbot für sämtliche Kunstgegenstände von besonderem künstlerischen Wert.[36] Beide Maßnahmen waren notwendig geworden, nachdem zahlreiche adelige Familien damit begonnen hatten, wertvolle Gemälde, Skulpturen, Teppiche, Möbel, Rüstungen, Gemmen, Handschriften und ganze Bibliotheken zu verkaufen, bevor sie vom Staat eingezogen werden konnten. Schenken wir den Berichten Glauben, so sollen Schiffsladungen voller Antiquitäten zu Beginn des Umsturzes Russland Richtung Schweden oder Dänemark verlassen haben.[37]

Der Versuch, die Bemühungen des Adels, Kunstgegenstände ins Ausland zu verkaufen, einzuschränken, entsprach zwar den

1931 wurde die Christ-Erlöser-Kathedrale in Moskau auf Geheiß Stalins gesprengt. Als Symbol der neuen Ordnung sollte an dieser Stelle stattdessen der «Palast der Sowjets» errichtet werden, der jedoch nie fertiggestellt wurde. Das Gebäude, das jahrhundertelang der Religionsausübung gedient hatte, musste einem Gebäude weichen, das der neuen Ideologie geweiht war. Aufgenommen wurde die Fotografie von Ilja Arnoldovich Fainzilberg, der unter dem Künstlernamen Ilf als Schriftsteller und Journalist tätig war.

Maßnahmen während der Französischen Revolution, setzte allerdings deutlich früher ein und verhinderte den umfassenden Ausverkauf durch die ursprünglichen Besitzer. Zunächst führte diese Politik zu einer ungeheuren Anhäufung von Kunstschätzen in Museen, die vorher in privater, adeliger oder kirchlicher Hand gewesen waren. Daraus aber einen besonders hohen Respekt der Bolschewiken vor der Kunst abzuleiten,[38] hätte wenig mit der Wirklichkeit zu tun, weil es bei der Verwahrung in den Museen eben nicht blieb.[39] Kunst wurde lediglich aufgrund ihres Wertes erhalten und im Weiteren als Ware behandelt.

Die Pläne der Bolschewiken, die nichtproletarischen Teile der Gesellschaft weitgehend zurückzudrängen oder zu eliminieren, bekamen neben der Aristokratie und dem Klerus auch Kaufleute und Intellektuelle zu spüren. Jeglicher Kunstbesitz in privater Hand sollte feinsäuberlich registriert werden. Die gesamte Information wurde in einem Museums-Department der Organisation *Narkompros* zusammengeführt, die unter der Leitung von Natalia Trotzkaja stand, der Ehefrau von Leo Trotzki. Diese Organisation besaß eine nahezu uneingeschränkte Macht und hatte Zugriff auf jedes Kunstwerk, ob in Privat- oder Museumshand. So war das Hauptziel der Bolschewiken nicht der Ikonoklasmus, also die reine Zerstörung von Kulturgut, sondern dessen gewinnbringender Verkauf ins Ausland. Und dieser wurde von den Revolutionären mit großer Energie und Präzision betrieben. Trotzkij machte dabei maximalen Druck, indem er sagte, für den Erfolg der Revolution sei es wichtiger, 1922/23 für bestimmte Kunstwerke 50 Millionen zu bekommen als ein Jahr später 75 Millionen.[40]

Die Weltrevolution stand nach Meinung der Bolschewiken ja unmittelbar bevor, da fiel der Verkauf von Kunstschätzen nicht groß ins Gewicht, ging es doch um einen Beitrag zur Verwirklichung dieses großen Ziels. Schließlich sei es auch zweitrangig, wo in Europa diese Gemälde hingen. Nach der Vollendung der Weltrevolution könnten sie sogar wieder an ihre ursprünglichen Orte zurückkehren, dachte man allen Ernstes. Außerdem, so meinte etwa der revolutionäre Maler Kasimir Malevitsch, könne man nicht in Museen leben. Ob Diamanten und Juwelen der Kronschätze, Gemälde von Rembrandt oder Raphael, wertvolle Möbel oder Gobelins, ihre Akkumulation und ihr Schutz dienten nur dem Erhalt des in ihnen gebundenen Kapitals. Gewiss hatte man diese Kunstgegenstände als Relikte einer vergangenen und endlich überwundenen Zeit betrachtet, aber anstatt sie deshalb zu zerstören, ging man den viel pragmatischeren Weg, sie nämlich im Dienste der Weltrevolution zu veräußern.[41]

Im Jahre 1920 beschleunigte sich in Verbindung mit der Gründung der staatlichen Schatzkammer *Gochran* der Prozess der Verstaatlichung und Zusammenführung aller Wertgegenstände noch einmal erheblich. Dorthin war innerhalb von drei Monaten alles zu transferieren, was aus Gold, Silber, Platin oder Edelsteinen bestand.[42] Aus dem Pskover Gouvernement erhielt *Gochran* zum Beispiel insgesamt vier Tonnen an Gold, Silber und anderen Wertgegenständen, aus Novgorod 83 Kisten Silber, drei Kisten Gold, drei Kisten mit Edelsteinen, teilweise in Goldfassung, sowie zwei Kisten mit Gold- und Silbermünzen.[43] Immer neue Dekrete zur Konfiszierung von Besitz wurden erlassen, andernfalls wäre der erste proletarische Staat der Welt sehr bald bankrott gewesen. Der Erlös aus diesen Aktionen blieb nämlich weit hinter den Erwartungen zurück.[44] Doch Devisen, insbesondere amerikanische Dollar, waren notwendig zum Erwerb modernster ausländischer Waffen für den Bürgerkrieg der Roten gegen die Weißen und für den weiteren Auf- und Ausbau der Infrastruktur des Landes. Der Einzug von Edelmetallen und der Verkauf von Kunstwerken sollten dazu beitragen.

Der bolschewistische Schriftsteller Maksim Gorkij saß einer Expertenkommission vor, deren Aufgabe darin bestand, möglichst viele Gegenstände von höherem künstlerischem Wert – Kunstwerke und Kunstgewerbe von Gemälden bis zu Möbeln – zusammenzutragen, um sie anschließend ins Ausland zu verkaufen. Betroffen davon war insbesondere auch der Besitz von emigrierten Adeligen und Kaufleuten. Diese Gorkij-Kommission war verstärkt darum bemüht, Verbindungen zu den großen und bekannten westlichen Kunst- und Antikenhändlern aufzubauen, und sandte dafür Experten als Kontaktleute ins Ausland.[45] Der Bedarf an Devisen muss riesig gewesen sein, dies zeigt der zunehmende Druck auf die mit dem Verkauf dieser Kunstwerke betrauten Kommissionen. Trotzdem stellten die ins Ausland verkauften Objekte nur einen geringen Teil dessen dar, was insgesamt konfisziert wurde.[46]

Ein neuer Höhepunkt wurde im Frühjahr 1922 erreicht, als die Bolschewiken Kirchenbesitz verstaatlichten und dabei in einem Maße Kirchen und Klöster plünderten, das alles bis dahin Dagewesene bei weitem übertraf und in seiner wahren Dimension erst allmählich verstanden wird. Das Eigentum der Kirche sollte endlich denen gehören, die es im Laufe von Jahrhunderten geschaffen hatten. Mit dieser Argumentation und mit dem Hinweis, dem hungernden Volk helfen zu wollen, wurden landesweit mit unglaublicher Radikalität und Brutalität Kathedralen, Kirchen und Klöster ausgeräubert. Insbesondere Gegenstände aus Gold und Silber sowie solche, die mit Juwelen besetzt waren, fanden das bevorzugte Interesse der Revolutionäre, und man darf davon ausgehen, dass dabei vieles auch eingeschmolzen bzw. auseinandergerissen wurde.[47]

Darüber hinaus entstand in den 1920er Jahren ein weltweiter Markt mit russischen Ikonen, die die Bolschewiken aus Kirchen und Klöstern geraubt hatten und bis in die 1930er Jahre hinein über ein bestens etabliertes Netzwerk von Kunsthändlern nach Westeuropa und Nordamerika verkauften.[48] Die Ikonen repräsentierten den christlich-orthodoxen Glauben, der den Revolutionären so verhasst war, in besonderer Weise, so dass sich hier zwei Ziele auf einmal erreichen ließen: Zum einen entzog man dem Volk ideologisch kontaminierte Kunst, zum anderen setzte man diese damit gleichzeitig in Devisen um: sozusagen Kulturzerstörung durch Veräußerung.

Patriarch Tichon wurde von den Bolschewiken beschuldigt, heimlich Gold nach Deutschland verbracht zu haben. Umgekehrt erklärte er öffentlich, dass die Enteignungen und Verkäufe von Kirchenschätzen keineswegs für die hungernde Bevölkerung gedacht seien, sondern einzig der Roten Armee und der Weltrevolution zugutekommen würden. Für diese Aussage landete der Patriarch vor einem Militärtribunal und entging nur durch ein Wunder der Hinrichtung.[49] Die Kirchenenteignungen führten dem Sowjetregime nicht nur neue Schätze von gigantischem Ausmaß zu, sondern entzogen der russischen christlich-orthodoxen Kirche am Ende die materielle Basis und damit die Existenzgrundlage.[50]

Selbst die russischen Kronjuwelen, die Insignien der Macht der Romanovs, die von unermesslichem Wert waren und deren älteste Stücke bis in die Zeit Peters des Großen zurückreichen, wurden nach Moskau verbracht und ab 1923 zum Verkauf angeboten. Es handelte sich um den größten und wertvollsten Bestand aller europäischen Herrscherhäuser, um wahre Meisterwerke, gefertigt von den besten Goldschmieden ihrer Zeit. Jedoch hatten die Bemühungen keinen Erfolg, entweder weil im Westen niemand die entsprechenden Preise bezahlen wollte oder weil die abgegebenen Gebote nicht den Preisvorstellungen der Bolschewiken entsprachen. Immer wieder wurden neue Kampagnen gestartet und Emissäre nach Europa und Amerika geschickt, um doch noch einen Verkauf zu bewerkstelligen. 1928 reisten sogar einige ausländische Kunsthändler nach Russland, um die Kronjuwelen in Augenschein zu nehmen, doch zu Käufen kam es – abgesehen von einzelnen Stücken – auch bei dieser Gelegenheit nicht. Mit dem Börsencrash von 1929 und dem Zusammenbruch des hochpreisigen Kunstmarktes schwand schließlich jegliche Hoffnung, dass es doch noch zu einem Verkauf kommen könnte.[51] Heute befinden sich die Kronjuwelen im Moskauer Kreml.

Auch Museen und Bibliotheken gerieten in den Fokus der Bolschewiken. Anfangs sollte aus den Beständen der Museen nur das entzogen und ins Ausland verkauft werden, was nicht «von musealer Qualität» war. Die Entscheidung darüber trafen jedoch nicht die Fachleute, sondern Bürokraten der Weltrevolution. Selbst die Ausstattung der Zarenschlösser, von Kunstwerken über Möbel und Teppiche bis hin zu anderen Erzeugnissen des Kunsthandwerks, wurde zum Verkauf vorbereitet, obwohl die Schlösser erst kurz zuvor in öffentliche Museen umgewandelt worden waren.[52] Dieses Schicksal ereilte auch die Bibliotheken, deren Schätze man ebenfalls ins Ausland verschacherte, darunter die persönliche Bibliothek des letzten Zaren Nikolaus II. und wertvolle Bestände aus den Zarenschlössern um Leningrad bis hin zu einmaligen Handschriften, historischen Drucken und einem Exemplar einer Gutenberg-Bibel, für die enorme Preise erzielt wurden.[53]

Dabei profitierten die Museen zunächst von der Revolution. Nach 1917 wurde der verstaatlichte Kunstbesitz aus kirchlichen Einrichtungen vielfach an Museen übergeben, deren Bestand dadurch erst einmal enorm anwuchs. Ähnlich wie nach der Französischen Revolution strebten auch die Bolschewiken eine Rekontextualisierung der Kunstwerke an, indem etwa bei Bildern nicht mehr die religiöse Bedeutung im Vordergrund stehen sollte, sondern nur mehr der ästhetische Wert. Verbunden war dieser Bedeutungswandel mit der Überführung der Kunst aus Kirchen und Klöstern in Museen und Galerien.[54] Lenin soll zu der deutschen Kommunistin Clara Zetkin einmal gesagt haben, dass man das Schöne erhalten, es zum Vorbild nehmen und zum Ausgangspunkt machen müsse, auch wenn es ‹alt› sei.[55] Ihm war bewusst, welche bedeutende Rolle die Religion beim Volk noch immer spielte, und dass Religion durch Kunst auf besonders wirkungsvolle Weise visualisiert wurde. Gerade aus diesem Grunde erkannte er einer neuen, sozialistisch geprägten Kunst eine besondere Stellung zu, wenn es darum ging, die jahrhundertealte Religion durch die neue Ideologie der Bolschewiken zu ersetzen.[56]

Von Verstaatlichungen betroffen war auch der Kunstbesitz von Adeligen oder reichen Unternehmern, so etwa die herausragenden Sammlungen der beiden Moskauer Industriemagnaten Sergei Schtschukin und Ivan Morozov zur westlichen Kunst des späten 19. und beginnenden 20. Jahrhunderts mit Werken von Matisse, Bonnard, Gauguin, Picasso, Cézanne u. v. a. Ihre Sammlungen bildeten den Grundstock für das erste Museum in Moskau zur damals modernen westlichen Kunst, das 1922 gegründet wurde.[57] Schtschukin und Morozov waren bereits zu Beginn der Revolutionswirren aus Russland geflohen. Einige der Bilder wurden insbesondere über Berliner Auktionshäuser nach Westeuropa und Nordamerika verkauft, andere gelangten später in das Moskauer Puschkin-Museum sowie in die Leningrader Eremitage.[58]

Gerade die Eremitage konnte vor allem 1922 und 1923 einen beträchtlichen Zuwachs an Kunstwerken unterschiedlichster Art aus allen möglichen Epochen verzeichnen und bekam weitere Flächen und Gebäude zugewiesen. Doch schon bald wurde die Leitung von Russlands größtem und bedeutendstem Museum gezwungen, die Kosten für Betrieb und notwendige Instandsetzungsarbeiten aus dem Verkauf von Kunstwerken ins Ausland zu finanzieren. Anfangs konnten die Beschäftigten der Eremitage die Werke dafür noch selbst auswählen, der Erlös musste aber bereits mit der Sowjetregierung aufgeteilt werden.[59] Nachdem den Bolschewiken indes bewusst geworden war, welche Einnahmen hierbei zu erzielen waren, kam eine Dynamik in Gang, die die Museumsverantwortlichen nur mehr zu Statisten des Geschehens degradierte. Calouste Gulbenkian, Eigentümer der Iraqi Petroleum Company und damals einer der reichsten Männer der Welt, konnte sich für gutes Geld Dutzende von Meisterwerken aus dem Bestand der Eremitage auswählen. Überdies erhofften sich die Sowjets durch diesen Deal seine Unterstützung bei ihren Bemühungen, Zugang zum internationalen Rohöl-Markt zu erhalten.[60]

In den späten 1920er Jahren wurden dann bereits Tausende von Kunstwerken der Eremitage über Berliner Auktionshäuser vertrieben. Die sowjetische Handelsvertretung in Berlin forderte, dass nur erstklassige Werke aus den russischen Schlössern und Museen angeboten werden sollten, um die größten Sammler und bedeutendsten Kunsthändler aus der ganzen Welt anzuziehen.[61] Der damalige Generaldirektor der Staatlichen Museen zu Berlin, Wilhelm von Bode, schrieb im Vorwort zu einem Verkaufskatalog des Berliner Auktionshauses Rudolph Lepke, dass die Entscheidung der Sowjetregierung, Kunst aus der Eremitage und anderen russischen Museen nach Westen zu verkaufen, nur begrüßt werden könne.[62] Außerdem seien die Bestände der Museen durch die Verstaatlichung von privatem Kunstbesitz dort derart aufgefüllt worden, dass selbst die Abgabe von hochwertigen Kunstwerken keinen wirklichen Verlust für die russischen Sammlungen bedeute.[63] Solidarität mit den Museumskollegen in Sowjetrussland sieht anders aus.

Alle sahen die Chance, sich am Ausverkauf russischer Kulturgüter zu bedienen. Auch Sotheby's in London war höchst aktiv und verkaufte Kunstwerke aller Art bis hin zu Skythengold aus Kurganen der eurasischen Steppe. Die französische Regierung dagegen untersagte den Kauf von Kunst aus russischen Museen, allerdings unterliefen französische Museen dieses Verbot, indem sie in Deutschland über Mittelsmänner Objekte erwarben; zu verlockend war die Versuchung, der viele bedeutende Museen weltweit nicht widerstehen konnten.[64]

Nur selten gelang es den Verantwortlichen in der Eremitage, die Veräußerung ihrer bedeutendsten Schätze zu verhindern, und noch dazu war dies nicht ohne Risiko für die involvierten Personen. Selbst die sowjetische Presse feierte den Ausverkauf der russischen Museen als Schlag gegen revanchistische Kreise und die überflüssigen Relikte der überwundenen bourgeoisen Clique. Die Eremitage verlor in der Zeit des systematischen Kunstverkaufs der frühen Stalinzeit zwischen 1928 und 1933 neueren Schätzungen zufolge über 24 000 wertvolle Museumsobjekte, darunter unzählige Meisterwerke.[65]

Diese fünf Jahre stellten den wohl verheerendsten Schlag gegen das historische und kulturelle Erbe Russlands dar, das in staatlichen Museen verwahrt gewesen war.[66] Museumsmitarbeiter mussten bei der Auswahl der zu verkaufenden Werke Hilfe leisten, sie waren schlicht dazu verpflichtet und konnten sich nicht weigern; andernfalls hätten sie mit empfindlichen Sanktionen bis hin zur Verhaftung als Volksfeinde rechnen müssen. Sie opferten Kunstwerke in der Hoffnung, dadurch andere Teile der Sammlung vor Konfiszierung und Ausverkauf zu retten. Es herrschte ein zutiefst museumsfeindliches Klima, zumal die Revolutionäre die

Verantwortlichen der Häuser in gewisser Weise noch als übrig gebliebene Vertreter des alten zaristischen Regimes betrachteten, insbesondere wenn sie schon vor 1917 im Dienst der Museen gestanden hatten, was bei vielen unabhängig von ihrer politischen Haltung der Fall gewesen sein dürfte. Man hasste Museen und betrachtete sie als überflüssige, bourgeoise «Friedhöfe der Kunst».[67]

In dieser Situation bestimmten die Käufer im westlichen Ausland die Kunstpolitik der Sowjets indirekt mit, indem Vertreter von Auktionshäusern die Sammlungen inspizierten, schlicht immer mehr Meisterwerke aus den Museen forderten und sich mit zweit- und drittklassigen Werken, die ebenfalls ein Verlust für die Sammlungen gewesen wären, nicht mehr zufriedengaben. Die Kuratoren wurden bald gar nicht mehr konsultiert, sondern hatten die Werke nur mehr für den Versand vorzubereiten. Es gibt viele Geschichten aus dieser Zeit, die erzählen, wie Mitarbeiter bestimmte, besonders bedeutende Kunstwerke in der Eremitage so versteckten, dass sie unauffindbar waren. Das Risiko für Leib und Leben, das sie dabei eingingen, war beträchtlich.

Erst spät gelang es, Stalin zu einem Ende des Ausverkaufs von russischem Kulturgut zu bewegen, was aber mehr dem Zusammenbruch des internationalen Kunstmarktes als Folge der Weltwirtschaftskrise zu verdanken war als der Einsicht des sowjetischen Diktators. Hinzu kam, dass ausgerechnet nach der Machtergreifung der Nationalsozialisten im Jahre 1933 Berlins Auktionshäuser, die wichtigste Drehscheibe für die Veräußerung von Objekten aus Russland, dafür nicht mehr zur Verfügung standen. Der Verlust an Kunst- und Kulturgütern war jedoch bereits derart immens, dass man – aus der Perspektive russischer Gedächtnisinstitutionen – von einer kolossalen Kulturzerstörung durch Ausverkauf sprechen kann. Damals wurden insbesondere den größten und bedeutendsten Museen des Landes Wunden zugefügt, die bis heute nicht verheilt sind, gerade auch, weil das ganze Ausmaß der Verluste dank neuerer Forschungen überhaupt erst genauer erfasst werden kann.[68]

18 THE GRAPHIC, October 10, 1931

A SOVIET SALE IN LONDON

Ancient gold-work of rare beauty from a former Imperial Museum to come under Sotheby's hammer

WITH EROS
Gold ear-rings from Crete—at top, in the form of a female head and, below, in the figure of Eros. The stone is a garnet

WITH DIONYSUS
More ear-rings—at top, the god of wine with pendant bunch of grapes; below, a dove ornamented with filigree

DARKLING DEATH IN GOLD
A death mask (5½ in. high) of a woman or child. It came from Sidon and dates from the fifth or sixth century B.C.

THE treasures of Imperial Russia have come under the hammer at various times since the Revolution. The latest collection (mainly ancient gold jewellery—some of which is illustrated here) comes from the Hermitage Museum in Petrograd. The museum was built by Catherine the Second in 1765 (it was enlarged later) and called Hermitage after a cottage near Paris belonging to Rousseau, of whom she was a great admirer. The jewellery, which will be on sale at Sotheby's on November 9, is mainly of Hellenistic date, but there is also a number of earlier pieces from the fourth century to the eighth century B.C.

MIGHT AND WISDOM
Pallas Athene in a gold circular boss surrounded by palmette ornaments and a circle of ivy leaves in filigree (300 B.C.)

BREASTPLATE
An archaic Lydian necklace and pectoral consisting of a disc ornamented with swastikas and inset with amber beads

GOLDEN STAG
A gold repoussé (hammered into relief) ornament—a recumbent stag with stylised horns, from a collection of Scythian jewellery

KNOT OF HERACLES
A gold wreath of olive leaves and berries from Mytilene (circa 400 B.C.). It is nearly twenty-six inches in circumference, and the gold wire joins at the back in a so-called knot of Heracles

CROUCHING GRIFFIN
Another ornament from the Scythian collection—one of four open-work plaques (about 1½ in. long) of recumbent griffins

Der Bürgerkrieg nach der Oktoberrevolution, die Aufrüstung der Roten Armee, der Ausbau der Infrastruktur und der Aufbau der jungen Sowjetunion – also die ersten Schritte auf dem Weg zur Weltrevolution – erforderten gewaltige Summen. Sehr schnell ging man daher dazu über, die kulturellen Symbole vergangener Zeiten nicht zu zerstören, sondern sie gewinnbringend ins Ausland zu verkaufen. Der kulturelle und künstlerische Aderlass, der damit für die russischen Museen einherging, war verheerend. Selbst skythische und griechische Goldarbeiten wurden über große Auktionshäuser Englands und auch Deutschlands dem globalen Kunstmarkt angeboten.

Die Synagoge Adass Jisroel in Nürnberg wurde in der Reichspogromnacht am 9./10. November 1938 völlig zerstört. Verfolgung, Entrechtung und Ermordung der jüdischen Bevölkerung in Deutschland – und bald darauf in weiten Teilen Europas – gingen einher mit der Verheerung von Synagogen und anderen Stätten und Symbolen jüdischen Lebens, jüdischen Glaubens und jüdischer Kultur, die aus dem öffentlichen Raum getilgt werden sollten. Heute erinnert in Nürnberg an der Stätte der Verwüstung ein Mahnmal an die organisierten antisemitischen Ausschreitungen. Die Reichspogromnacht markiert einen herausragend wichtigen Punkt in der Eskalationsstrategie der NS-Verfolgung und -Vernichtung der jüdischen Bevölkerung Deutschlands, Österreichs und schließlich Europas.

9. DER NATIONALSOZIALISMUS UND SEINE FOLGEN

VERFEMTE KUNST

Als Alfred Rosenberg 1922 in der nationalsozialistischen Parteizeitung «Völkischer Beobachter» den Expressionismus zum wegweisenden deutschen Stil in der Kunst bezeichnete, gab es zwar sofort Widerspruch, doch konnte damals noch niemand erahnen, welche Verfemung und Vernichtung auf Kunst und Kultur zukommen sollten. Der Postkartenmaler und spätere Reichskanzler Adolf Hitler selbst soll ein glühender Anhänger der Kunst des späten 19. Jahrhunderts gewesen sein und verehrte Maler wie Adolph von Menzel, Arnold Böcklin, Hans von Marées oder Anselm Feuerbach.[1] Und schon in der während seiner Landsberger Festungshaft entstandenen ideologischen Hassschrift «Mein Kampf» fabulierte Hitler von krankhaften Auswüchsen irrsinniger und verkommener Künstler, die eine hässliche Kunst produzierten, die in ärztliche Verwahrung gehöre, um nicht zu einer Gefahr für ein gesundes Volk zu werden. Der spätere «Führer» meinte damit die Kunstströmungen der Moderne.

Ab 1930 verschärfte sich der Ton zusehends. Auch Alfred Rosenberg bezeichnete die Kunst namhafter Vertreter der Moderne wie Käthe Kollwitz, Lovis Corinth, Ernst Barlach, Emil Nolde, Karl Schmidt-Rottluff, Marc Chagall oder George Grosz nun als «bastardische Ausgeburten», als «kulturbolschewistisches

Untermenschentum» und «stümperhaftesten Nihilismus» mit dem Zusatz «Juden, nichts als Juden».[2] Am 23. März 1933 verkündete Hitler in seiner Regierungserklärung zum Ermächtigungsgesetz, dass Blut und Rasse wieder zur Quelle künstlerischer Intuition werden müsse. Sofort nach der «Machtergreifung» wurde der Kulturbereich zentralisiert und umfassender Kontrolle unterzogen, für die das Reichsministerium für Volksaufklärung und Propaganda unter Joseph Goebbels zuständig war. Von dort aus sollte die weitere geistige Entwicklung der Nation gelenkt werden.

Per Gesetz wurde noch 1933 die Einrichtung von sogenannten Reichskulturkammern verfügt, die nach dem Führerprinzip aufgebaut waren und für sieben zentrale Bereiche künstlerischen Schaffens zuständig waren: bildende Künste, Musik, Theater, Schrifttum, Presse, Rundfunk und Film. In diesen Kammern konnten nur solche Künstler und Kulturschaffende aufgenommen werden, die die deutsche Staatsbürgerschaft besaßen und «arischer» Abstammung waren. Kommunistische, jüdische, «entartete» und sonstige vom NS-Regime als unerwünscht erklärte Künstler erhielten Berufsverbot, wurden in die Emigration gezwungen, verfolgt oder ermordet.[3]

Werke der bildenden Kunst, die nicht dem nationalsozialistischen Ideal entsprachen, ihm gar zuwiderliefen, wurden verfemt und als «entartet» bezeichnet. Auf diese Weise wurde die Kunst der Moderne mit einem Begriff diffamiert, der aus der damaligen Rassentheorie entliehen war. Diese Bezeichnung wurde schon im späten 19. Jahrhundert zur Abwertung von Kunst salonfähig. So deklarierte bereits Friedrich Schlegel die Dichtung der Spätantike als «entartet». Im Hinblick auf die Kunst führte der jüdische Arzt und Schriftsteller Max Nordau in seiner 1892 erschienenen kulturkritischen Streitschrift mit eben diesem Titel den Begriff «Entartung» ein und bereitete die Verbindung zwischen Pathologie und Kunst vor. Sein Buch wurde damit zu einem Schlüsselwerk für die Pathologisierung der künstlerischen Moderne. Nordau setzte sich darin kritisch mit den avantgardistischen Kunstströmungen seiner Zeit auseinander, ohne dies allerdings mit einem nationalistischen oder gar rassistischen Denken zu verknüpfen.[4] Später wurden seine Ansichten von den Nationalsozialisten rezipiert und teilweise fast wortwörtlich übernommen.

In diese Verhöhnung und Abwertung der zeitgenössischen Kunst um die Wende vom 19. zum 20. Jahrhundert reihte sich auch der letzte deutsche Kaiser Wilhelm II. mit seiner berühmt-berüchtigten «Rinnsteinrede» ein. 1895 hatte er den Auftrag erteilt, die den Tiergarten durchziehende Siegesallee mit 32 Marmorskulpturen von preußischen Markgrafen, Kurfürsten und Königen auszustatten. Dieses Werk galt als Höhepunkt des Historismus in der bildenden Kunst, geriet nach seiner Fertigstellung jedoch immer stärker in den Fokus der öffentlichen Kritik, da vielen der glorifizierende Charakter der Darstellungen und damit auch der preußisch-deutschen Geschichte zu weit ging. Insbesondere Vertreter der künstlerischen Moderne äußerten sich ablehnend gegenüber der monumentalen, aber künstlerisch weitgehend ideenlosen Skulpturenallee.

In seiner Rede anlässlich ihrer Eröffnung am 18. Dezember 1901 ließ sich der Kaiser dann zu der Aussage hinreißen, die künstlerische Moderne sei «in den Rinnstein» niedergestiegen, weil sie das Elend noch scheußlicher darstelle als es ohnehin schon sei. Dieser letztlich misslungene Versuch einer Verteidigung des Historismus gegen avantgardistische Kunsttendenzen bekam durch die anschließende Veröffentlichung der Rede zu allem Überfluss sogar noch einen offiziellen Anstrich als Offenbarung der wahren kaiserlichen Kunstpolitik.[5]

In gewisser Weise passte diese rhetorische Entgleisung des Kaisers in das Bild, das progressive Geister von seiner Kunstpolitik hatten, nachdem er sich zuvor schon dagegen verwahrt hatte, in der von Friedrich August Stüler errichteten und «Der deutschen Kunst» geweihten Nationalgalerie (heute Alte Nationalgalerie) auf der Berliner Museumsinsel französische Impressionisten auszustellen und daraufhin die mit öffentlichen Mitteln realisierte Ankaufspolitik des Hauses persönlich zu steuern versuchte.[6] Die Rinnsteinrede Wilhelms II. fügte sich also nahtlos ein in die im späten 19. Jahrhundert bereits einsetzende Entwicklung zunehmender Diffamierung avantgardistischer Kunstströmungen, die bei aller künstlerischen Freiheit der 1920er Jahre nie ganz verschwand und die Widersprüche der deutschen Gesellschaft jener Zeit sehr gut widerspiegelte.

Darauf konnte der Nationalsozialismus aufbauen, in dessen Umfeld es schon vor 1933 unverhohlene Angriffe auf die Moderne gab. Besonders berüchtigt war der NS-Politiker Wilhelm Frick, der später ab 1933 Reichsminister des Inneren war und 1946 beim Nürnberger Kriegsverbrecherprozess zum Tode verurteilt und hingerichtet wurde. Als Innen- und Volksbildungsminister in Thüringen erließ er einige Jahre vor der Machtergreifung der Nazis am 5. April 1930 bereits einen Erlass «Wider die Negerkultur für deutsches Volkstum», in dem er sich vehement gegen die wichtigsten «undeutschen» Strömungen der modernen Kunst wandte. Ferner betrieb er mit Macht die Auflösung der Bauhausschule in Weimar und entließ deren Professoren.[7]

Der Nationalsozialismus führte nach 1933 seinen Vernichtungsangriff gegen die künstlerische Moderne mit äußerster Radikalität in allen Bereichen: Literatur, Film, Theater, Musik und eben bildende Kunst.[8] Im Hinblick auf öffentlichkeitswirksame propagandistische Maßnahmen machte die Bücherverbrennung am 7. April 1933 auf dem Berliner Opernplatz und in zahlreichen weiteren Städten des Deutschen Reichs den Anfang. Damit wurde allen signalisiert, was von der Kulturpolitik des neuen NS-Regimes zu erwarten war und dass es mit der Freiheit der Kunst erst einmal vorbei sein würde.[9] Im Vergleich zu den Grausamkeiten und Menschheitsverbrechen der Nationalsozialisten, die noch folgen sollten, war die Bücherverbrennung lediglich ein spektakulärer symbolischer Akt. Und trotzdem vermittelte diese rituell anmutende ‹Reinigungsaktion› durch Feuer bereits etwas von der Brutalität und Gewaltbereitschaft der Handlanger des NS-Regimes. Das Buch wurde zum Träger und Symbol einer ‹Infektion› durch Judentum, Bolschewismus, Pazifismus und anderes von den Nazis «auszumerzendes» Gedankengut. Die Bücherverbrennung bildete die radikalste Form der Zensur, eine Zensur, die schon 1933 ihre ganze Lebensbedrohlichkeit zum Ausdruck brachte und etliche der Autoren, deren Werke den Weg in das Feuer fanden, in die Emigration trieb.[10]

Während der Reichsmusiktage 1938 in Düsseldorf wurde der Kampf gegen den «Musikbolschewismus» ausgerufen. In Anlehnung an die Ausstellung «Entartete Kunst» fand damals eine Ausstellung über «Entartete Musik» statt. International bekannte und geachtete Komponisten wie Hanns Eisler, Paul Hindemith, Arnold Schönberg und etliche andere, viele von ihnen überdies jüdischer Herkunft, galten als Vertreter der «Entarteten Musik», die es «auszumerzen» galt. Entsprechend bekämpfte man den als «Negermusik» verunglimpften Jazz.[11]

Zur Popularisierung des Begriffes «entartet» in der bildenden Kunst trug der Architekt, Maler, Kunsttheoretiker und NS-Politiker Paul Schultze-Naumburg entscheidend bei. Auch er gehörte dem 1927 von Alfred Rosenberg gegründeten «Kampfbund für Deutsche Kultur» an und hielt pathetisch untersetzte Wandervorträge in seinem Kreuzzug gegen die moderne Kunst. Der Bamberger Reiter und die Stifterfiguren im Naumburger Dom waren für ihn Idealbilder deutscher Kunst, die stimulierende Appelle für eine historisierende Rückbesinnung sein sollten, den ideologischen Anforderungen Hitlers an eine «Neue Deutsche Kunst» aber nur bedingt entsprachen.

1928 erschien Schultze-Naumburgs Buch «Kunst und Rasse», in dem er nachzuweisen versuchte, dass die Künstler der Moderne an «Kretinismus» bzw. «Entartung» litten. Er kombinierte ihre Kunstwerke mit Fotos von körperlich und geistig Behinderten dergestalt, dass dies beim Betrachter die gewünschten Assoziationen hervorrufen musste. Ganz ähnlich wurde dies fast ein Jahrzehnt später bei den Wanderausstellungen zur «Entarteten Kunst» 1937/38 noch einmal praktiziert, worauf noch zurückzukommen sein wird. Schultze-Naumburg stellte damit eine direkte Verbindung zwischen dem als hässlich Empfundenen und dem physisch Missgebildeten her. Wer bewusst die ‹Norm› verlasse, begebe sich auf Distanz zum Schaffen der Gesunden und in den Bereich der Geisteskranken.

Schultze-Naumburg wie auch der Kampfbund suchten die offene Konfrontation mit dem zeitgenössischen Kunstbetrieb, den sie ein für alle Mal zu beseitigen hofften. Nachdem er zum Leiter der Vereinigten Kunstlehranstalten von Weimar berufen worden war, ließ er im Oktober 1930 mit Rückendeckung des thüringischen Ministers für Inneres und Volksbildung, Wilhelm Frick, die von Oskar Schlemmer ausgeführte Wandgestaltung im Van-de-Velde-Bau zu Weimar übertünchen. Ferner veranlasste er die Entfernung von Werken namhafter Repräsentanten der Moderne wie Paul Klee, Oskar Kokoschka, Emil Nolde, Ernst Barlach und anderen aus den Weimarer Sammlungen.[12] Diese Anfänge nationalsozialistischer Bilderstürmerei waren nur Vorboten von dem, was noch kommen sollte. Jahre später, nämlich 1937, gelang es dem Kampfbund erstmals, in Zwickau unter der Bevölkerung eine Pogromstimmung gegen einen Museumsleiter anzustoßen, der als Verfechter der modernen Kunst galt: Es handelte sich um keinen Geringeren als Hildebrand Gurlitt, von dem noch zu hören sein wird.[13]

Die 1933 von Goebbels eingerichtete Reichskulturkammer schuf dann endgültig neue Verhältnisse, indem sie das gesamte kulturelle und künstlerische Geschehen im Deutschen Reich zentralisierte und kontrollierte. Bei der Besetzung der verschiedenen Einzelkammern von Musik über Theater und Film bis hin zur bildenden Kunst bediente sich Goebbels zunächst bedeutender Künstlerpersönlichkeiten wie des Schauspielers Otto Laubinger, des Dirigenten Wilhelm Furtwängler, des Komponisten Richard Strauss oder des Schriftstellers Hans Grimm, um dem neuen Konstrukt Glanz und Ausstrahlung zu verleihen.[14]

Wenige Jahre später wurden sie jedoch durch kampferprobte Parteisoldaten ersetzt, auch die ‹Schonzeit› für jüdische Künstlerinnen und Künstler war endgültig vorbei. Dies fiel mit neuen politischen Konstellationen zusammen. Nach den gelungenen Olympischen Spielen von 1936, die den Gästen aus aller Welt ein weitgehend friedfertiges Deutschland vorgaukeln sollten, trat insofern eine entscheidende Wende ein, als eine Phase der Machtsicherung, wirtschaftlichen Regeneration und Konsolidierung im Inneren und der Rehabilitierung nach außen abgelöst wurde von der nächsten Stufe schonungsloser Machtausübung und skrupelloser Machterweiterung.[15] Bis dahin war die nationalsozialistische Kulturpolitik bis zu einem gewissen Grad widersprüchlich und ließ dadurch auch manches noch zu. Das sollte sich 1937 radikal ändern.[16]

Schon am 30. Oktober 1936 kam es zur Schließung der Neuen Abteilung der Nationalgalerie Berlin im Kronprinzenpalais. Im selben Jahr wurde ein totales Verbot jeglicher Kunst der Moderne ausgesprochen. Am 30. Juni 1937 schließlich ermächtigte ein Erlass den neuen Reichskunstkammerpräsidenten Adolf Ziegler, «die im deutschen Reichs-, Länder- und Kommunalbesitz befindlichen Werke deutscher Verfallskunst seit 1910 auf dem Gebiete der Malerei und der Bildhauerei zum Zwecke einer Ausstellung auszuwählen und sicherzustellen».[17] Hunderte Kunstwerke wurden daraufhin aus öffentlichen Sammlungen in ganz Deutschland konfisziert. Als «entartet» galten unter anderem die Arbeiten von Ernst Barlach, Max Beckmann, Marc Chagall, Lovis Corinth, Otto Dix, Max Ernst, Otto Freundlich, Paul Gauguin, George Grosz, Wassily Kandinsky, Ernst Ludwig Kirchner, Paul Klee, Oskar Kokoschka, Käthe Kollwitz, Wilhelm Lehmbruck, Piet Mondrian, Max Pechstein, Pablo Picasso, Oskar Schlemmer, Karl Schmidt-Rottluff und vielen anderen.

Dabei eignete sich der Staat immer mehr Gemälde und Skulpturen auch aus Privatbesitz an, insbesondere aus dem Eigentum jüdischer Familien. Die Entrechtung der jüdischen Bevölkerung hatte nach den 1935 erlassenen Nürnberger Gesetzen erheblich zugenommen. Jene Menschen jüdischen Glaubens, die sich für die Emigration entschieden, mussten ihren Besitz an Immobilien, Barvermögen und eben auch Kunst- und Kulturgütern zurücklassen und konnten bestenfalls einen Verkauf weit unter Wert erreichen.

Eine Zäsur auch in den Augen der Öffentlichkeit war die legendäre Ausstellung «Entartete Kunst», die am 19. Juli 1937 in München eröffnet wurde. Bemerkenswert dabei war, dass am Vortag im neu erbauten «Haus der Deutschen Kunst» in München die «Erste Große Deutsche Kunstausstellung» mit einer Rede Adolf Hitlers eröffnet worden war. In weitläufigen, großen Sälen des neuen Gebäudes, das mit seinen antiken Bauelementen Portikus und Kolonnade wie ein monumentaler Tempel wirkte, repräsentierten in einer gigantoman gedachten Leistungsschau über 900 Werke den Beginn der «Neuen Deutschen Kunst». Der Ausstellung war ein Aufruf an alle deutschen Künstler vorausgegangen, woraufhin 15 000 Werke eingesandt wurden. Der erhoffte große Wurf geriet jedoch zum Desaster, weil die miserable Qualität der meisten Werke selbst dem wütenden «Führer» ins Auge fiel und seine Leistungsschau der «Neuen Deutschen Kunst» zum Fiasko zu werden drohte, das man gerade noch halbwegs abzuwenden vermochte.[18]

Im alten Galeriegebäude der Hofgartenarkaden waren demgegenüber in der Ausstellung «Entartete Kunst» über 650 konfiszierte Gemälde und Skulpturen aus 32 deutschen Museen unter schlechtesten Lichtverhältnissen zusammengepfercht. Die Bilder waren oftmals absichtlich schief, eng gedrängt und in chaotischer Anordnung aufgehängt, um ihre künstlerische Qualität und Ausdruckskraft erst gar nicht zur Wirkung kommen zu lassen.[19] Bei etlichen Werken nannte man die astronomischen Summen, die sie während der Inflation in den 1920er Jahren gekostet hatten, um die Stimmung noch weiter anzuheizen. Ferner hatte man Schauspieler engagiert, die in den Ausstellungsräumen Wutanfälle und Lachkrämpfe simulierten, um das Publikum dazu zu animieren, es ihnen gleich zu tun.[20]

Darüber hinaus setzte man die Exponate des Expressionismus, Surrealismus, Dadaismus, Konstruktivismus, der Neuen Sachlichkeit und anderer Kunstrichtungen der Avantgarde durch geschickte Inszenierung mit Zeichnungen und Fotografien von geistig und körperlich Behinderten gleich, ganz so wie es Karl

«So schauten kranke Geister die Natur» lautete eine Wandbeschriftung in der Ausstellung «Entartete Kunst». Die Ausstellung, die am 19. Juli 1937 eröffnet wurde, diffamierte das Schaffen von weit über 100 Künstlerinnen und Künstlern. Zu diesem Zweck hatten die Ausstellungsmacher mehr als 700 Exponate zusammengetragen. Die Ausstellung, die vom Reichspropagandaminister Joseph Goebbels initiiert worden war, sollte den Volks- und Gesinnungsgenossen vor Augen führen, was nicht in das politisch-ideologisch erwünschte Menschenbild der Nationalsozialisten passte. Die hier gezeigte Fotografie aus der in den Münchner Hofgartenarkaden eröffneten und danach in verschiedenen Städten gezeigten Ausstellung stammt aus der Abteilung «Presse-Illustrationen» von «Heinrich Hoffmann. Verlag national-sozialistischer Bilder». Heinrich Hoffman war der persönliche Fotograf Adolf Hitlers und offizieller Kunstberater; mit seinen Fotografien und Bildbänden prägte er die propagandistische Inszenierung des NS-Regimes maßgeblich.

Schultze-Naumburg schon 1928 getan hatte. Diese Gegenüberstellung sollte Abscheu und Beklemmungen bei den Besuchern verursachen und den avantgardistischen Kunstbegriff vollends ad absurdum führen.[21] Die moderne Kunst sollte endgültig als kranke, jüdisch-bolschewistische Verfallserscheinung diskreditiert werden.

Diese Botschaft diente als Rechtfertigung zur Verfolgung und Vernichtung der modernen Kunst ebenso wie zur «Ausmerzung» jener aus Sicht der Nazis rassisch Minderwertigen und politischen Gegner, die diese Werke hervorgebracht hatten. Die Gegenüberstellung der verfemten mit der sie ersetzenden «Neuen Deutschen Kunst» hatte daher etwas von einer ‹Tempelaustreibung›. Während die «Entartete Kunst» über zwei Millionen Besucher zählte, erreichte jene Schau, in der die «Neue Deutsche Kunst» gefeiert werden sollte, gerade einmal ein Viertel davon.[22]

Adolf Hitler besuchte die Ausstellung «Entartete Kunst» zwar wenige Tage vor ihrer offiziellen Eröffnung, wie entsprechende Pressefotos belegen, sprach aber nicht zu ihrer Eröffnung. Seine Festrede am Vortag zur Einweihung des «Hauses der Deutschen Kunst» sandte jedoch bereits eine klare Botschaft und gehört zu seinen grauenvollsten, forderte sie doch nicht weniger als die völlige Unterwerfung der Kunst unter die Gesetze einer für absolut angesehenen Natur. Nur die messbare und größtmögliche Übereinstimmung mit dem Nachgeahmten könne als Kunst bezeichnet werden. Jegliche Abstraktion, jegliche Verwendung von Farben, die das normale Auge in der Natur nicht vorfinde, sei anormal und krank. Wer dies dennoch tue, sei entweder ein Betrüger, der dem Strafrecht zu übergeben sei, oder ein Kranker, der an der Vererbung gehindert werden müsse.[23] Anschließend zog die Schau als Wanderausstellung durch sämtliche Großstädte des Deutschen Reichs und nach dem Anschluss Österreichs auch durch dortige Städte.[24] Dabei wurde sie vereinzelt noch weiter auf ihre rassistischen und antikommunistischen Botschaften zugespitzt.[25]

Wenige Tage nach der Eröffnung der Münchner Schandausstellung, am 24. Juli 1937, wies Hitler alle Museen und öffentlichen

Ausstellungen an, sämtliche Werke «entarteter Kunst» herauszugeben. Am 31. Mai 1938 wurde diese brutale Enteignung mit Hilfe des «Gesetzes über die Einziehung von Erzeugnissen entarteter Kunst» gleichsam nachträglich legitimiert. In zahllosen Beschlagnahmeaktionen 1937 und danach zogen die NS-Schergen Schätzungen zufolge über 20 000 Kunstwerke von etwa 1400 Künstlern aus über 100 deutschen Museen ein. Für die betroffenen Häuser war der Verlust unermesslich und die aufgerissenen Lücken konnten zum Teil bis heute nicht annähernd geschlossen werden.[26] Mit großer Kennerschaft hatte man bis 1933 an vielen Orten Deutschlands Kunst der Moderne erworben und dabei systematisch Sammlungen dazu aufgebaut. Diese Zusammenhänge waren durch die Beschlagnahme endgültig zerstört und konnten auch durch den Wiederaufbau der musealen Bestände und zahlreiche Neuanschaffungen zuvor verfemter Kunst nach 1945 nicht mehr wiederhergestellt werden.

Die eingezogenen Werke verbrachte man in diverse Depots in Berlin, von denen sich die größten im Victoria-Speicher im Berliner Hafen in der Köpenicker Straße und in Schloss Schönhausen befanden; beide wurden immer wieder auch von NS-Größen besucht, wie Fotografien belegen.[27] Daneben dürfte es zahlreiche weitere Orte gegeben haben, an denen beschlagnahmte Kunst verwahrt wurde. Auf ein weiteres dieser Lager stieß man zufällig 2010 bei Ausgrabungen gegenüber dem Roten Rathaus. Dort legte man den Keller eines mehrstöckigen Gebäudes in der früheren Königstraße 50 frei, das während des Zweiten Weltkriegs ausgebombt und dessen Ruine nach dem Krieg abgeräumt worden war. Freigelegte Skulpturenreste im Keller des Gebäudes und Archivunterlagen ließen darauf schließen, dass sich in einem der Obergeschosse der Königstraße 50 ein Depot des Reichsministeriums für Volksaufklärung und Propaganda befunden haben muss, in dem «entartete» Kunstwerke deponiert waren.

Durch den Brand des Gebäudes stürzte das Inventar der oberen Stockwerke – soweit es nicht ebenfalls verbrannte – in den Keller. Während Skulpturen von Emy Roeder, Otto Freundlich, Edwin

Scharff, Marg Moll und anderen aus Bronze, Messing, Marmor und auch Keramik die Zerstörung – wenn auch teilweise beschädigt – überlebten, muss davon ausgegangen werden, dass sich in diesem Lager auch zahlreiche Gemälde und Graphiken befanden, die im Brand vollständig vernichtet wurden.[28] Manches dieser Werke wurde in den späten 1930er Jahren auf der Wanderausstellung «Entartete Kunst» gezeigt.[29] Der Berliner Skulpturenfund war gerade deshalb so bemerkenswert, weil er uns deutlich vor Augen führte, wie viel wir nicht wissen. So könnte es noch weitere Lager dieser Art gegeben haben, die möglicherweise ebenfalls Bombenangriffen zum Opfer gefallen sind.

Die Konfiszierung «entarteter Kunst» verfolgte das primäre Ziel, sie endgültig und für immer den Augen der Öffentlichkeit zu entziehen und dem Vergessen anheimzugeben.[30] Dennoch stellte sich bald die Frage, was damit geschehen sollte. Zahlreiche Werke wurden bewusst vernichtet. Besonders hervorzuheben ist in diesem Zusammenhang eine Aktion vom 20. März 1939, bei der im Hof der Hauptfeuerwache von Berlin-Kreuzberg über 1000 Gemälde und 3800 Graphiken verbrannt wurden; es soll sich um eine bewusst propagandistisch inszenierte symbolische Verbrennung von «wertloser Kunst» gehandelt haben.[31] Solche Handlungen blieben aber keineswegs auf Deutschland beschränkt: Weitere ca. 500 Werke moderner Kunst wurden von den Nazis dann noch einmal im März 1941 in Paris vor den Tuilerien eingeäschert, quasi vor den Augen einer machtlosen Weltöffentlichkeit.[32]

Hermann Göring soll es gewesen sein, der anstelle der Vernichtung dieser Kunstwerke ihre ökonomische Verwertung ins Spiel brachte, nämlich einen systematischen Verkauf ins Ausland gegen dringend benötigte Devisen. Für einen ersten Versuch wählte man die Galerie Fischer in Luzern aus. Dort wurde am 30. Juni 1939 eine Auktion durchgeführt, die internationale Aufmerksamkeit fand. Etliches konnte verkauft werden, doch der erhoffte Erfolg blieb aus, weil sich viele potentielle Interessenten zurückhielten, nachdem die Welt erfahren hatte, dass Nazi-Deutschland damit seine Devisenreserven aufstocken wollte.

Die weiteren Verkäufe in der Folgezeit wurden überwiegend von vier ausgewählten Kunsthändlern abgewickelt: Bernhard A. Böhmer, Karl Buchholz, Ferdinand Möller und Hildebrand Gurlitt. Im Reichsministerium für Volksaufklärung und Propaganda hatte man eigens eine Abteilung eingerichtet, deren Aufgabe es war, den Gesamtbestand an beschlagnahmten Werken zu inventarisieren und für einen Verkauf vorzubereiten, dabei aber auch jene Kunst zu identifizieren, die sich am besten auf dem internationalen Markt verkaufen ließ. Diese Arbeiten wurden herausgezogen und in Schloss Schönhausen konzentriert.[33]

Für Hildebrand Gurlitt ist mittlerweile sehr gut herausgearbeitet worden, wie er, der anfangs in Zwickau und danach in Hamburg noch Zielscheibe nationalsozialistischer Aktionen gegen die Moderne geworden war, dann schrittweise zum Erfüllungsgehilfen des NS-Regimes wurde.[34] Gurlitt setzte weitaus mehr Werke um als jeder seiner Kollegen. Zudem konzentrierte er sich von Anfang an auf herausgehobene, besonders hochpreisige Kunstwerke, womit er seinen Status als Devisenbeschaffer des Dritten Reichs festigen konnte.[35] Im Zuge diverser Veräußerungen und Tauschgeschäfte während dieser Jahre baute er auch für sich selbst eine Sammlung von beträchtlicher Bedeutung und enormem Umfang auf, die Jahrzehnte später nur durch einen Zufall bei seinem Sohn Cornelius Gurlitt in München wiederentdeckt und ins Licht der Öffentlichkeit gerückt werden sollte.[36]

Das Jahr 1941 bildete schließlich das Ende der Aktion «Entartete Kunst». Die Beschlagnahmen, auch aus überwiegend jüdischem Privatbesitz, waren längst abgeschlossen, die durch das Reich wandernde Feme-Ausstellung hatte in Halle an der Saale im April 1941 ihre letzte Station, und am 30. Juni desselben Jahres endete offiziell die Verwertung dieser Kunst, auch wenn danach vereinzelt immer wieder noch Werke veräußert wurden. Den Nazis hatte der Verkauf dieser Kunst zwar bei weitem nicht den erhofften Ertrag erbracht, dennoch floss er der Reichsbank und damit der deutschen Kriegswirtschaft zu. Die erbarmungslose Vernichtung der modernen Kunst endete damit nur wenige Monate, bevor die

Das Schloss Schönhausen in Berlin diente von 1938 bis 1941 als Depot für von den Nationalsozialisten konfiszierte Kunstwerke, die sie als «entartet» gebrandmarkt hatten. Das Schloss wurde zu einem Sammelplatz für Kunstobjekte, die ins Ausland verkauft werden sollten, um dem Regime zu Devisen zu verhelfen.

«Endlösung», der systematische Massenmord an den europäischen Juden beschlossen wurde. In beidem, in der Diffamierung der modernen Kunst und ihrer propagandistisch inszenierten Zerstörung in der Öffentlichkeit einerseits und im ‹Verschachern› von bedeutenden Objekten gegen Devisen im Verborgenen andererseits, kommt die ganze ideologisch und rassistisch verbrämte Verachtung und Geringschätzung der Avantgarde durch die Nationalsozialisten zum Ausdruck. Hitler sah in der Kunst der Moderne nicht mehr als einen bedrohlichen Verfallsprozess, den es mit allen Mitteln zu bekämpfen galt.[37]Das Vorgehen der Nazis ließ bereits erahnen, dass ihr Vernichtungsfeldzug bald keine Grenzen mehr kennen würde.

VERNICHTUNG JÜDISCHER KULTUR

Eines der vordringlichen Ziele der Nationalsozialisten war die Auslöschung jüdischen Lebens und jüdischer Kultur in Deutschland und in Europa. In diesem Fall handelte es sich um die radikalste Form der Kulturzerstörung, weil sie den Menschen als den Träger einer Kultur schlechthin ins Visier nahm und zu vernichten suchte. Der Holocaust war ein unfassbares Verbrechen, ohne Vergleich in der Menschheitsgeschichte – unermesslich die Schuld, die Deutsche damit für immer auf sich geladen haben. Über 6 Millionen europäische Juden wurden in den Vernichtungslagern der Nazis, wahren Fabriken des Todes, brutal und erbarmungslos ermordet, Männer wie Frauen, Greise wie Kinder.

Der Vernichtung der Juden ging ihre Diskriminierung, Entrechtung und Ausplünderung durch das NS-Regime voraus. Alles war in seiner Dimension schlicht unvorstellbar: nicht nur das industrielle Töten von Millionen unschuldiger Menschen, sondern auch die Art und Weise, wie der Staat zuvor schon schrittweise die völlige Entrechtung eines rassisch und religiös definierten Teils seiner Mitbürger vorantrieb, und die Systematik, mit der die Nazis die jüdische Bevölkerung ausplünderten.[38] Die Verfolgung der Juden war nicht zuletzt auch eine der größten Vermögensumverteilungen in der Geschichte. Der massive rechtswidrige Entzug von Privateigentum, ob Barvermögen, Immobilien oder Kunst- und Kulturgüter, war schlicht einmalig.[39]

Die verfolgungsbedingte Auflösung von jüdischen Kunstsammlungen in der Zeit ab 1933 hatte der NS-Staat ohne jede Entschädigung vollzogen. Man spricht in diesen Fällen von NS-Raubkunst. Dabei wurde «Entartete Kunst» unverzüglich beschlagnahmt und vernichtet oder einer Verwertung (s. o.) zugeführt. Das Übrige ging in den Besitz öffentlicher Museen, Bibliotheken und Archive oder auch in private Hände über, wobei die Empfänger vielfach wohl wussten, woher die Kunstwerke und Kulturgüter stammten, diese Provenienz jedoch ignorierten oder absichtlich verschleierten.[40] Dies war umso beschämender, weil gerade die großen Museen und Bibliotheken in Berlin und anderen Städten des Deutschen Reichs spätestens seit der Kaiserzeit enorm von der Förderung durch jüdische Mäzene profitiert hatten, ohne die sie nicht das geworden wären, was sie – trotz aller Kriegsverluste – heute sind.

Die Wiedergutmachung dieses Unrechts ist daher für öffentliche Kultureinrichtungen in Deutschland eine besondere moralische Verpflichtung. Provenienzforschung, also die gezielte Suche nach unrechtmäßig entzogenem Kulturgut, ist deshalb zu einer elementaren Aufgabe geworden, und zwar nicht nur anlassbezogen, das heißt bei Rückgabeforderungen von Erbengemeinschaften, sondern proaktiv und systematisch, mit der allmählichen Erfassung aller Sammlungen. Trotzdem ist klar: Der nationalsozialistische Raubzug war in seiner Dimension so gewaltig, dass eine vollständige Rückgabe aller gestohlenen Güter kaum mehr denkbar ist. Vielfach auch deshalb, weil Herkunft und Verbleib etlicher Werke im Dunkeln liegen, nicht zuletzt infolge zwielichtiger Geschäfte oder bewusst verwischter Spuren, die den Zweck hatten, die Rekonstruktion der Einzelheiten des Raubes zu verhindern.

Die 1998 verabschiedeten Washingtoner Prinzipien bieten für

die Restitution von NS-Raubkunst jedoch eine tragfähige Grundlage. Sie fordern nämlich die umfassende Suche nach unter Zwang verlorenen Kunst- und Kulturgütern jüdischer Mitbürger. Bei Verkäufen steht grundsätzlich alles unter Verdacht, was vor 1945 hergestellt und nach 1933 von Juden in Deutschland verkauft oder abgegeben wurde. So können Verkäufe, insbesondere in den Anfangsjahren des NS-Regimes, nur dann als rechtmäßig bezeichnet werden, wenn sie freiwillig und nicht unter Zwang abgewickelt wurden, wenn der dafür erhaltene Kaufpreis für die damalige Zeit angemessen war und über diesen auch frei verfügt werden konnte. Nur wenn diese Voraussetzungen nachweisbar gegeben sind, ist ein Rechtsgeschäft als rechtmäßig zu betrachten und von einer Restitution Abstand zu nehmen. Den Nachweis der Rechtmäßigkeit hat im Sinne der Beweislastumkehr die Kultureinrichtung zu erbringen, nicht der Antragsteller. Sollte die noch erreichbare Dokumentation keine eindeutige Entscheidung über die Rechtmäßigkeit eines Verkaufs zulassen, so schlagen die Washingtoner Prinzipien den Beteiligten vor, eine «gerechte und faire Lösung» zu suchen, die Teilrückgaben und andere Kompromisslösungen umfassen kann, solange nicht endgültige Klarheit besteht.

Die Washingtoner Prinzipien sind eine Selbstverpflichtung, die in Deutschland Bund, Länder und Kommunen für ihre öffentlichen Kultureinrichtungen eingegangen sind. Dazu gibt es eine Gemeinsame Erklärung von Bund, Ländern und Kommunen sowie eine mehrfach überarbeitete Handreichung zum Umgang mit NS-Kunst. Zudem wurde für Streitfälle, in denen keine Einigung und keine «gerechte und faire Lösung» im Sinne der Washingtoner Prinzipien erreicht werden konnte, eine Beratende Kommission als Schlichtungsgremium eingerichtet. Deutschland gründete ferner 2008 eine Arbeitsstelle für Provenienzforschung, die Kultureinrichtungen beriet, auf Antrag Mittel für Provenienzforschungsprojekte vergab und zunächst an die Stiftung Preußischer Kulturbesitz (SPK) angegliedert war. Aus ihr ging schließlich das 2014 eingerichtete Deutsche Zentrum Kulturgutverluste (DZK) in

Magdeburg hervor. Ein Restitutionsgesetz gibt es in Deutschland bis heute nicht, wenngleich die Rufe danach immer lauter werden, wofür es gute Gründe gibt.

Wir wollen an dieser Stelle jedoch nicht Fragen der Provenienzforschung und Restitutionspraxis problematisieren, sondern vielmehr Aspekte der Zerstörung jüdischer Kultur durch die Nationalsozialisten behandeln. Wohlhabende jüdische Mitbürger, in der Regel Unternehmer oder Bankiers, legten herausragende private Sammlungen an, förderten als Sammler oder Galeristen vielfach ganz entscheidend wichtige Protagonisten der Moderne und statteten durch Schenkungen auch öffentliche Museen entsprechend aus. Die Vernichtung dieser Sammler und Mäzene war damit für sich alleine genommen schon ein vernichtender Schlag auch gegen die Kultur in Deutschland. Hinzu kam, dass die Werke jüdischer Künstler, auch wenn sie nicht als «entartet» galten, nur aufgrund von Herkunft und Glauben verfemt waren und aus dem Verkehr gezogen wurden, waren sie auch noch so bedeutend. Max Liebermann war eines der bekanntesten Beispiele dafür.

Nachdem die jüdische Bevölkerung Deutschlands schon direkt ab 1933 schrittweise diskriminiert und entrechtet worden war, stellte am 9. November 1938 die sogenannte «Reichskristallnacht», korrekter jedoch als Reichspogromnacht bezeichnet, das Fanal für ihre völlige Vernichtung dar, rechtlich wie letztendlich auch physisch. Nach mehrere Tage andauernden Ausschreitungen waren über 1300 Juden ermordet und mehr als 30 000 von ihnen in Konzentrationslager verschleppt. Über 1400 Synagogen, Gebetsstuben und sonstige Versammlungsräume sowie Tausende von Geschäften, Wohnungen und Friedhöfen wurden ebenfalls zerstört. Im Zuge dieser Ausschreitungen hatte man unter anderem wertvolle Torarollen und andere kultisch-rituelle Gegenstände aus den Synagogen verbrannt oder konfisziert. Da zudem kaum eine Synagoge unzerstört blieb, konnte man den 9. November 1938 in der Tat als einen vernichtenden Schlag auch gegen die religiöse Kultur der jüdischen Bevölkerung im Deutschen Reich betrachten; danach waren jüdische Gottesdienste nämlich entweder gar nicht mehr oder allenfalls noch in sehr eingeschränktem Maße möglich. Die Reichspogromnacht wird deshalb mit Recht als entscheidende Etappe beim Übergang von der Diskriminierung und Entrechtung der Juden hin zu ihrer systematischen Verfolgung und Auslöschung bezeichnet.[41]

Ganz wesentlich waren dabei aber auch wirtschaftliche Überlegungen ausschlaggebend. Zu Jahresbeginn 1938 betrug das offizielle Haushaltsdefizit des Staates über zwei Milliarden Reichsmark. Die Schuldenaufnahme stieß an ihre Grenzen und das Reich drohte zahlungsunfähig zu werden, was die bereits auf Hochtouren laufenden Kriegsvorbereitungen empfindlich gestört hätte. Schon im Frühjahr 1938 wurde auf Betreiben Hermann Görings ein Gesetz erlassen, das Juden zwang, ihr gesamtes Vermögen oberhalb einer Grenze von 5000 Reichsmark detailliert offenzulegen. Es gab ferner Planungen, wonach ihr Wertpapiervermögen in deutsche Staatsanleihen umgetauscht werden sollte, um diese wiederum gegen Devisen im Ausland zu verkaufen.[42] Neben allem rassistisch begründeten Hass der NS-Ideologen waren es eben auch handfeste ökonomische Interessen, die die Entrechtung und Ausplünderung der jüdischen Bevölkerung forcierten.

Die vor allem von Reichspropagandaminister Joseph Goebbels organisierte Reichspogromnacht rief im Ausland massive Proteste hervor. Goebbels sah sich zudem massiver Kritik aus anderen nationalsozialistischen Führungskreisen ausgesetzt, die ihm fehlende Rücksichtnahme auf außen- und wirtschaftspolitische Folgen vorwarfen. Insbesondere Göring monierte, dass dabei Sachwerte zerstört worden seien, die man den Juden doch besser wohlbehalten geraubt hätte, was nun nicht mehr möglich sei. Hinzu kam, dass viele von der jüdischen Bevölkerung genutzte Räumlichkeiten und Wohnungen von ‹arischen› Deutschen vermietet worden waren. Die Versicherungsgesellschaften mussten daraufhin erhebliche Schäden ausgleichen, deren Höhe auf 225 Millionen Reichsmark beziffert wurde; hinzu kamen 3 Millionen Reichsmark allein für Glasbruch.[43] Der perfideste Schachzug Görings war die Idee, die jüdische Bevölkerung selbst dafür zur

Am 9./10. November 1938 wurden in der Reichspogromnacht nicht nur Synagogen und Gemeinderäume, sondern auch zahlreiche jüdische Geschäfte zerstört – eines davon ist auf dieser Abbildung aus Berlin zu sehen. Der mit gutem Grund außer Gebrauch gekommene Begriff «Reichskristallnacht», unter dem jahrzehntelang die Ereignisse jener Nacht zusammengefasst wurden, verharmlost das Geschehen auf unerträgliche Weise, weil er eher die Assoziation an ein paar zerbrochene Fensterscheiben aufruft. In Wahrheit handelte es sich um einen umfassenden, systematischen Angriff auf jüdisches Leben und Kultur. Die Forschung geht heute davon aus, dass unmittelbar und an den Folgen der Reichspogromnacht weit über 1300 Menschen starben.

Kasse zu bitten und eine entsprechende «Sühneleistung» für die «feindliche Haltung der Juden gegenüber dem deutschen Volk» einzufordern.[44] Auf diese Weise mussten die Juden nicht nur die während der Reichspogromnacht entstandenen Schäden ausgleichen, sondern sie trugen durch diese Zahlungen auch ein weiteres Mal zur Finanzierung jenes Zweiten Weltkriegs bei, der unter anderem ihre völlige Vernichtung zum Ziel hatte.

Im Jahre 1938 wurde den Juden dann jegliche Mitwirkung am kulturellen Leben in Deutschland verboten, sie durften Theater, Kinos oder Kabarett nicht mehr besuchen und jüdische Schüler und Studenten wurden aus deutschen Schulen und Universitäten verbannt. Am 3. Dezember 1938 wurde schließlich allen Juden vorgeschrieben, ihre Gewerbebetriebe und ihren Grundbesitz zu verkaufen, ihre Wertpapiere bei einer Devisenbank zu hinterlegen und die ihnen noch verbliebenen Kunst- und Kulturgüter weit unter Preis zu veräußern. Eine der größten Vermögensumverteilungen der jüngeren Geschichte war damit weitgehend vollzogen.

Die Ereignisse vom November 1938 waren jedoch nicht nur ein weiterer umfassender Angriff des NS-Regimes auf die jüdische Bevölkerung, sondern gleichzeitig auch ein Angriff auf die moralisch-ethischen Grundlagen und die letzten Reste eines rechtsstaatlichen Bewusstseins der nichtjüdischen Deutschen. Die Zerstörung der Synagogen, der wichtigsten Symbole jüdischer religiöser Kultur, machte den entschiedenen Vernichtungswillen des NS-Regimes für jedermann sichtbar, der es nur sehen wollte. Der Weg zur Shoa, also zur vollständigen physischen Vernichtung, war damit bereits vorgezeichnet, der Völkermord nicht mehr fern.[45]

KULTURZERSTÖRUNGEN IN BESETZTEN GEBIETEN

Mit dem deutschen Überfall auf Polen am 1. September 1939 begann der Zweite Weltkrieg, in dessen Verlauf die deutsche Wehrmacht große Teile Europas eroberte und teilweise für längere Zeit besetzte. Repressalien und Unterdrückungsmaßnahmen insbesondere gegen Widerstandsbewegungen, gegen Juden sowie Sinti und Roma und andere vom NS-Regime verfolgte Gruppierungen gehörten zum Alltag in den besetzten Ländern. Auch der Raub von Kunst- und Kulturgütern war allgegenwärtig und zog selbst westeuropäische Staaten in Mitleidenschaft, wo das NS-Regime keine rassistisch begründete Vernichtung großer Teile der Bevölkerung plante, wie etwa in Frankreich, den Benelux-Staaten, Norwegen oder Dänemark.[46] Insgesamt erreichte der europaweite Kulturraub der Nationalsozialisten ein bislang in der Menschheitsgeschichte noch nicht dagewesenes Ausmaß.

Besonders erbarmungslos gingen die Nationalsozialisten dabei im Osten Europas vor, insbesondere in Polen und in den eroberten Gebieten der Sowjetunion. In ihren Wahnvorstellungen von einem germanischen Großreich und vom Lebensraum für Deutsche im Osten, der auf Kosten slawischer «Untermenschen» zu erobern war, kam es zu zahlreichen Verbrechen gegen die Zivilbevölkerung, und Schlimmeres verhinderten dort wohl nur die Niederlage der Wehrmacht und das Ende des Kriegs. Am stärksten litten darunter Polen und die besetzten Gebiete der westlichen Sowjetunion. Die Liste der dabei begangenen Verbrechen ist lang und wiegt schwer: Völkermord in den Vernichtungslagern, Massenerschießungen von Zivilisten, Plünderungen, Verschleppung von Hunderttausenden von Zwangsarbeitern ins Deutsche Reich und eine Strategie der «verbrannten Erde» beim deutschen Rückzug, wonach dem vorrückenden Feind keine brauchbare Infrastruktur, keine bewohnbaren Häuser, keine nutzbaren Fabriken oder auch nur Bahngleise usw. in die Hände fallen sollten[47].

Während der Okkupation wurden Polen und die westliche Sowjetunion zudem gnadenlos ausgeplündert. All das, was an

Kunst- und Kulturgütern für die Nationalsozialisten von Interesse oder von Wert war, wurde ins Deutsche Reich abtransportiert, wie inzwischen eine ganze Reihe an Studien gut belegt.[48] Auch in diesem Fall nahm der Kulturraub unfassbare Dimensionen an.

Obwohl Kulturraub immer auch eine Art von Kulturzerstörung darstellt, weil über Jahrhunderte gewachsene Kontexte von Kunstwerken zerstört und ganze Gesellschaften ihrer Identität beraubt werden können, so soll hier vor allem der Frage nachgegangen werden, welche Kunst- und Kulturgüter von den Nationalsozialisten und ihren Organisationen eben nicht geraubt, sondern bewusst zerstört worden sind. Der Blick richtet sich dabei vor allem auf Polen und die Sowjetunion.

Die unterschiedliche Bewertung der besiegten Staaten durch die Nationalsozialisten kommt schon dadurch zum Ausdruck, dass der «Führer» Adolf Hitler sich nach dem siegreichen Feldzug gegen Frankreich nach Paris begab und dort die wichtigsten Sehenswürdigkeiten besuchte: den Arc de Triomphe, das Panthéon mit dem Grab Napoleons, die Kirche Sacré-Cœur sowie die Oper; seine Rundfahrt in einem gespenstisch stillen Paris in den frühen Morgenstunden ist sogar filmisch dokumentiert. Nach der Niederwerfung Polens hingegen zeigte Hitler anlässlich seines Aufenthalts in Warschau keinerlei Interesse an der polnischen Kultur oder am Besuch historischer Orte oder Denkmäler der Polen. Für ihn war diese Kultur ebenso wie das polnische Volk ohnehin dem Untergang geweiht.

Der für die besetzten polnischen Gebiete zuständige Generalgouverneur hatte den dezidierten Auftrag, die polnische Kultur vollständig zu vernichten. Die polnische Nation habe nicht länger das Recht, den Titel ‹Kulturnation› zu tragen, ihre Existenz sei ohnehin vorüber, zudem sei sie nie mehr als ein Parasit des deutschen Volkes gewesen und große Teile ihrer Kultur seien ohnehin von Deutschen geschaffen worden.[49] Diese Feststellungen bildeten quasi den Freibrief für eine zügellose Plünderung von polnischen Schlössern, Herrenhäusern und Privatwohnungen, aber auch von Museen, Bibliotheken und Archiven jeglicher Art. In

US-Soldaten untersuchen 1945 die «private Kunstsammlung» von Hermann Göring. Dieser hatte sich in seiner Funktion als Reichsmarschall in den Besitz zahlloser Kunstwerke gebracht, die aus Zwangsverkäufen, Beschlagnahmungen und NS-Raubzügen im In- und Ausland stammten. In den von Deutschland besetzten Gebieten betrieben verschiedene eigens eingerichtete NS-Organisationen systematischen Kunstraub. Aufgenommen wurde die Fotografie von LIFE-Fotograf William Vandivert.

Warschau und Krakau entstanden entsprechende Sammelstellen für beschlagnahmte Kunst- und Kulturgüter. Hatte sich zunächst noch die SS auf direkte Weisung Heinrich Himmlers an den Kunstschätzen bedient, so zog der eingesetzte Generalgouverneur Hans Frank diese Angelegenheit im Folgenden an sich und bereicherte sich dabei in gehörigem Maße auch selbst. Ende 1942 vermeldete Frank voll des Stolzes ins Reich, dass 90 Prozent des gesamten Bestandes an Kunstwerken in Polen von der von ihm geleiteten «Sicherungsaktion» erfasst worden seien.[50]

Diese Raubaktionen gingen jedoch einher mit der systematischen Zerstörung von Kunst- und Kulturschätzen, die für die Nazis wertlos waren. So wurde das Warschauer Königsschloss, Symbol der polnischen Nation und schon im September 1939 bei der Belagerung Warschaus durch die deutsche Luftwaffe schwer getroffen, mehrfach geplündert und seiner gesamten Innenausstattung beraubt, wobei man verbliebene Skulpturen zerschlug, inkrustierte Fußböden herausriss und Gewölbe demolierte. Nach der Niederschlagung des Warschauer Aufstands 1944 erteilte Heinrich Himmler schließlich persönlich den Befehl, die Reste des Schlosses sowie die gesamte historische Altstadt planmäßig zu sprengen und ganz Warschau dem Erdboden gleichzumachen, kein Stein sollte auf dem anderen bleiben.[51] Besonders diese Zerstörungsorgien waren keinesfalls nur spontane Vergeltungsaktionen, sondern folgten einem Plan, der erstmals vor Ausbruch des Kriegs gefasst worden war, nämlich die völlige Auslöschung der polnischen Hauptstadt und ihr Wiederaufbau als «neue deutsche Provinzstadt».[52] Das Schicksal Warschaus bot nicht nur ein eindrücklich radikales Beispiel von politischem Ikonoklasmus im 20. Jahrhundert,[53] sondern es zeigte einen Ikonoklasmus von wahrhaft genozidalem Ausmaß.

In ganz Polen wurden überdies Denkmäler zum Ruhme der polnischen Nation oder zu Ehren polnischer Künstler, Wissenschaftler oder Regenten systematisch vernichtet und aus der öffentlichen Wahrnehmung getilgt. Gedenktafeln wurden von den Wänden gerissen, selbst Kirchen, für die polnische Nation

1946 wurde Leonardo da Vincis Gemälde «Dame mit dem Hermelin» nach Krakau zurückgebracht. Mit dem Einmarsch der Wehrmacht in Polen 1939 war es im Czartoryski-Museum beschlagnahmt worden und befand sich bei Kriegsende in Besitz von Hans Frank, der seit Oktober 1939 als Verwaltungschef des «Generalgouvernements» Polen amtierte. Er residierte bis zu seiner Flucht im Januar 1945 wie ein König in Krakau, doch trugen ihm seine Untaten den Namen «Schlächter von Polen» ein; in seiner Funktion war er maßgeblich an der Vorbereitung des Völkermords an den Juden beteiligt. Bei seiner Verhaftung im «Haus Bergfrieden» am Schliersee, wohin er vor der anrückenden Roten Armee geflüchtet war, entdeckten die US-Truppen bei ihm auch das weltberühmte Bild Leonardos. Die Abteilung «Monuments, Fine Arts, and Archives» der US-Armee war mit der Sicherstellung und Rückführung gestohlener Kulturgüter im Zweiten Weltkrieg beauftragt; heute hängt die «Dame mit dem Hermelin» wieder im Krakauer Czartoryski-Museum.

von besonderer Bedeutung, fielen der Plünderung oder der Zerstörung zum Opfer oder wurden zu profanen Zwecken, etwa als Garagen, zweckentfremdet. Von 175 öffentlichen Museen vor Kriegsausbruch konnten nach 1945 gerade noch 33 eingeschränkt wiedereröffnet werden.[54] Waren Teile der Sammlungen während der Okkupation nicht vom polnischen Untergrund entfernt und versteckt worden, so waren diese Bestände in der Regel für immer verloren.

Nicht besser war es um die Bibliotheken des Landes bestellt. Alles, was die Nazis nicht nach Deutschland verbracht hatten, darunter neben Millionen von Büchern auch Tausende wertvoller alter Drucke und Stiche, wurde vernichtet. So wissen wir von Millionen überwiegend polnischsprachigen Büchern, die direkt in den Reißwolf wanderten. Zerstört wurden auch Büchersammlungen bedeutender polnischer Adelsfamilien. Überdies gab es umfangreiche «Listen des deutschfeindlichen, schädlichen und unerwünschten polnischen Schrifttums», deren Werke zur Vernichtung freigegeben waren. Erst recht nicht verschont blieben die Zeugnisse jüdischer Kultur in Polen, insbesondere bei der Liquidierung der verschiedenen Ghettos kam es zur völligen Zerstörung jahrhundertealter jüdischer Kulturdenkmäler.[55]

Keine grundsätzlich anderen Ziele verfolgten die Nationalsozialisten, als ihre Armeen und die ihrer Verbündeten im Morgengrauen des 22. Juni 1941 ohne vorherige Kriegserklärung die Sowjetunion überfielen. Die auf einen solch massiven Angriff in keiner Weise vorbereitete sowjetische Armee erlitt in den ersten Wochen des Kriegs in großen Umfassungsschlachten ungeheure Verluste, und die Angreifer stießen in drei Hauptrichtungen scheinbar unaufhaltsam und mit enormer Geschwindigkeit Richtung Leningrad im Norden, Moskau im Zentrum und Kiew im Süden vor. Kiew wurde erobert, Leningrad eingeschlossen, doch vor Moskau erlitt die Wehrmacht im beginnenden Winter 1941 ihre erste Niederlage, musste sich unter schweren Verlusten zurückziehen und konnte die Front gerade noch einmal stabilisieren. Obwohl die deutschen Armeen im Frühjahr 1942 vor allem im

Die Aufnahme von 1945 zeigt Warschau am Ende des Zweiten Weltkriegs – im Zentrum des Bildes der Schlossplatz mit einer umgestürzten Statue König Sigismunds III. Den Warschauer Aufstand (1. August 1944 bis 2. Oktober 1944) der Armia Krajowa, der «Polnischen Heimatarmee», hatten die deutschen Besatzer 1944 erbarmungslos niedergeschlagen; zwischen 150 000 und 200 000 Menschen fanden dabei den Tod. Danach wurde die Stadt systematisch zerstört.

Bereich der Heeresgruppe Süd erneut und zunächst auch erfolgreich in die Offensive gingen und noch einmal weit nach Osten vorstießen, war aus dem erhofften Blitzkrieg längst ein Abnutzungskrieg geworden, der die deutschen Kräfte auf Dauer überfordern musste. Zwar erreichten die Truppen im Süden noch den Kaukasus und die Wolga, doch die katastrophale Niederlage von Stalingrad im Februar 1943 war der endgültige Wendepunkt des Krieges. Im November 1943 gelangte die Rote Armee bis Kiew, im Februar 1944 durchbrach sie den Belagerungsring um Leningrad und im Herbst desselben Jahres standen die Armeen Stalins bereits an der Ostgrenze des Deutschen Reichs.

Der Feldzug gegen die Sowjetunion war schon in der Planungsphase als Vernichtungskrieg angelegt, der dann jedoch jegliches Vorstellungsvermögen übertraf: Millionen Menschen sollten durch Unterversorgung dem Hungertod zum Opfer fallen, weit mehr als die Hälfte der sowjetischen Kriegsgefangenen kam zu Tode, Millionen Menschen wurden als Zwangsarbeiter ins Deutsche Reich verschleppt, hinzu kamen die Verbrechen an der jüdischen Bevölkerung im Rücken der Front. Stellvertretend seien hier nur die Massenerschießungen von Babij Jar genannt, wo man in nur zwei Tagen im September 1941 über 30 000 Kiewer Juden ermordete.

Doch die Vernichtung galt nicht nur den Menschen und der Infrastruktur. In der Zeit der deutschen Eroberung und Besatzung erlebten die alten russischen Kulturlandschaften zwischen Ostsee und Schwarzem Meer auch einen kulturellen Kahlschlag ohnegleichen. Mittelalterliche Stadtkerne wurden dem Erdboden gleichgemacht, Kirchen und Klöster niedergebrannt, Paläste und Herrenhäuser zerstört, ganze Bibliotheken – sofern man sie nicht abtransportierte – verwüstet. Die russische Kultur sollte regelrecht ausgelöscht werden, wie man es zuvor schon mit der polnischen getan hatte. Entsprechendes galt für die jüdische Kultur, die komplett ausradiert wurde, selbst jüdische Friedhöfe wurden geschändet.[56]

Beispiellos war aber auch der von deutschen Stellen organisierte Raub von Kunst- und Kulturgütern: Tausende von Gemälden, Skulpturen, Ikonen, Möbeln und anderen Wertgegenständen sowie Millionen von Büchern wurden ins Deutsche Reich abtransportiert, wo sich vielfach ihre Spur verlor. Verschiedene NS-Organisationen, zum Teil auch in Konkurrenz zueinander, führten diesen Raubzug durch: der Einsatzstab Reichsleiter Rosenberg, das Sonderkommando Künsberg des Auswärtigen Amts, das Amt Ahnenerbe der SS sowie der «Kunstschutz» der Wehrmacht. Jeder wollte teilhaben und profitieren. Hinzu kamen unzählige nicht von diesen Organisationen geplante Plünderungen durch Angehörige der Wehrmacht, und wenn es sich nur um einzelne Ikonen oder Silberbesteck handelte, das man als «Souvenir» oder persönliche Trophäe mit nach Hause zu nehmen gedachte. Zum deutschen Kunstraub in der Sowjetunion gibt es zahlreiche Untersuchungen,[57] und doch lässt sich das gesamte Ausmaß der Verluste kaum verlässlich beziffern. Die Westalliierten gaben der Sowjetunion nach dem Krieg über 500 000 Objekte zurück, die sie in ihren Besatzungszonen vorgefunden und in sogenannten Collecting Points zusammengezogen hatten.[58] Angesichts der Dimension und Systematik des NS-Kunstraubs dürfte allerdings feststehen, dass der ganz überwiegende Teil der Kulturgüter für immer verloren ist.

Viel höher waren die Verluste jedoch durch Zerstörungen im Kontext kriegerischer Handlungen oder durch eine bewusste Vernichtung von Objekten, die man nicht abtransportieren wollte oder konnte. Hierin steckt zweifellos die perfideste Komponente des Feldzugs gegen die kulturelle Identität der überfallenen Nation. Gestohlenes kann man im Idealfall auch wieder zurückerhalten, aber gesprengte Kirchen, geschleifte Paläste, verbrannte Bilder oder auf die Straße geworfene und von Panzern überrollte Bücher und Handschriften sind für immer verloren. Diese Aktionen waren ausnahmslos ideologisch motiviert.

In der Umgebung von Moskau wurden mehrere bedeutende Erinnerungsstätten verwüstet: der Gutshof von Leo Tolstoi in Jasnaja Poljana, das Haus von Peter Tschaikowski in Klin und das

Turgenew-Museum in Spasskoje-Lutowinowo. In Istra bei Moskau sprengten die Deutschen das 1654 erbaute Kloster Neu-Jerusalem. In Leningrad befanden sich die außerhalb der Stadt gelegenen Zarenschlösser mitsamt ihren Parkanlagen über längere Zeit im Hauptkampfgebiet; entsprechend verwüstet waren sie nach dem deutschen Rückzug Anfang 1944: Das große Zarenschloss von Peterhof war vollständig ausgebrannt, das Schlösschen Monplaisir verwüstet und auch der Katharinenpalast von Zarskoje Selo lag weitgehend in Trümmern.[59]

Schwer in Mitleidenschaft gezogen wurde auch die berühmte Stadt Nowgorod mit ihrer weit über tausendjährigen Geschichte: Nur zwei von insgesamt 88 historisch und künstlerisch bedeutsamen Gebäuden überstanden die Kämpfe, die Sophien-Kathedrale aus dem 11. Jahrhundert mit ihren wertvollen Fresken wurde gesprengt, der Kreml und die aus dem 14. Jahrhundert stammende Erlöserkirche weitgehend zerstört.[60] Die Liste mutwilliger und gezielter deutscher Verwüstungen ließe sich beliebig fortsetzen, und auch hier ist es aufgrund der unfassbaren Dimension kaum möglich, die Verluste auch nur halbwegs verlässlich zu beziffern.

Manche Zerstörung mag rücksichtslosem militärischem Vorgehen geschuldet sein, doch in Anbetracht des Ausmaßes der Verwüstungen kann man nur von einem geplanten und bewusst durchgeführten Vernichtungskrieg auch gegen die russische Kultur sprechen. Ähnlich wie Polen sollte auch die Sowjetunion nicht mehr in den Kreis der Kulturnationen zurückkehren können. Der verbrecherische Plan der Nationalsozialisten, Millionen von Menschen in den besetzten Teilen der Sowjetunion zu ermorden bzw. dem Hungertod preiszugeben, war verbunden mit dem der völligen Tilgung ihrer kulturellen Identität. Nichts sollte mehr an ihre Kultur und an die Vergangenheit erinnern können, es war nicht weniger als eine geplante kulturelle Totalvernichtung.

Der unfassbare Tabubruch, den das NS-Regime im Zweiten Weltkrieg mit seinen Kunstraubzügen und mutwilligen Zerstörungen von Kulturgütern und Denkmälern in der Sowjetunion beging, bewirkte, dass Moskau schon vor Kriegsende als Gegenreaktion Trophäenkommissionen der Roten Armee aufstellte. Diese erarbeiteten umfangreiche Listen von deutschen Kunst- und Kulturgütern, die nach Kriegsende als Entschädigung für die eigenen Verluste in die Sowjetunion verbracht werden sollten. Auf russischer Seite sprach man anstelle von «Beutekunst» von «Trophäenkunst». Unmittelbar nach Einstellung der Kampfhandlungen im Mai 1945 wurden diese Beschlagnahmen durchgeführt.[61]

Über 2,6 Millionen Kunstwerke, mehr als 6 Millionen Bücher und unzählige Kilometer von Archivalien wurden von der Roten Armee aus deutschen Kultureinrichtungen der sowjetischen Besatzungszone nach Russland transportiert. Besonders betroffen waren Museen, Schlösser, Bibliotheken und Archive in Berlin, Dresden, Potsdam, Schwerin, Gotha, Leipzig, Dessau und vieler anderer Orte.[62] Auch hierbei handelte es sich trotz aller deutschen Kriegsschuld um Kunstraub riesigen Ausmaßes, der dem geltenden Völkerrecht widersprach. Der fundamentale Unterschied zum Kulturraub der Nationalsozialisten als Bestandteil ihres rassistisch und ideologisch begründeten Vernichtungskriegs gegen die Sowjetunion bestand jedoch darin, dass die Sowjets diese Güter nicht zerstörten, sondern nach dem Abtransport sicher verwahrten und teilweise auch restauratorisch und konservatorisch behandelten.

Die Sowjetunion betrachtete diese Kulturgüter zunächst sogar auch weiterhin als das geistige und kulturelle Eigentum des deutschen Volkes, wie entsprechende Äußerungen des damaligen sowjetischen Außenministers Molotow belegen. Schon 1955 und dann vor allem 1958 wurden etwa 1,5 Millionen Kunstwerke zurückgegeben, darunter so Einmaliges wie die Friesplatten des Pergamonaltars an Berlin, Raphaels Sixtinische Madonna nach Dresden und viele andere Werke der Weltkunst. Diese Maßnahme diente zwar der kulturpolitischen Aufwertung des neu entstandenen sozialistischen Bruderstaates Deutsche Demokratische Republik, stellte aufgrund der gerade erst eineinhalb Jahrzehnte zurückliegenden Verheerungen durch das nationalsozialistische Deutschland dennoch eine große Geste der Versöhnung dar.[63]

Trotz dieser Rückführungen werden heute noch etwa eine Million Kunstwerke aus deutschen Sammlungen in Russland und anderen Staaten der ehemaligen Sowjetunion vermutet, davon ca. 200 000 Stücke von besonderem musealem Wert. Der politische Wandel in Europa mit dem Zerfall der Sowjetunion und der deutschen Wiedervereinigung stellte das deutsch-russische Verhältnis auf eine völlig neue Grundlage, doch die Beutekunstfrage bleibt bis heute ungelöst.[64] Deutschland besteht auf seinem Rückgabeanspruch, der sich auf die völkerrechtlichen Regelungen der Haager Landkriegsordnung von 1907 zum Schutz von Kulturgütern in Kriegszeiten stützt. Russland wiederum erklärte mit Hilfe des sogenannten Duma-Gesetzes von 1998 entgegen internationalem Recht alle nach Russland verbrachten deutschen Kunst- und Kulturgüter kurzerhand zu russischem Eigentum, und zwar als Kompensation für die deutschen Kriegszerstörungen und russischen Kulturgutverluste. Lediglich für Werke, die vom Nationalsozialismus Verfolgten gehörten sowie aus kirchlichem und jüdischem Eigentum stammen, ist eine Rückgabe grundsätzlich möglich, was bislang aber nur zur Restitution der mittelalterlichen Glasfenster der Marienkirche in Frankfurt/Oder in den Jahren 2002 und 2008 führte.[65]

Der Tempel Krapuchaet in der Provinz Kandal wurde unter der Herrschaft der Roten Khmer in den 1970er Jahren vollständig zerstört. Die Zerschlagung sakraler Bauten ging einher mit dem Ausverkauf religiöser Kulturgüter – in solchen Akten der Traditionszerstörung trafen sich ideologische und ökonomische Interessen der Roten Khmer.

10. DIE ZEIT NACH 1945

CHINA, KULTURREVOLUTION UND TIBET

Nach dem Zweiten Weltkrieg bzw. dem Befreiungskampf der Chinesen gegen die Japaner tobte in China ein Bürgerkrieg der Kommunisten um ihren Anführer Mao Zedong, einen der Mitbegründer der Kommunistischen Partei Chinas und ab 1945 ihr Vorsitzender, gegen die Kuomintang-Bewegung unter Chiang Kai-shek. Aus dieser Auseinandersetzung gingen die Kommunisten als Sieger hervor, woraufhin Mao im Jahre 1949 die Volksrepublik China ausrief, die er bis zu seinem Tod 1976 als Alleinherrscher mit diktatorischen Vollmachten führte.[1] Die ersten Jahre standen während des «Großen Sprungs nach vorn» unter dem Zeichen des Wiederaufbaus und der sozialistischen Weiterentwicklung Chinas und einer zunehmenden Distanzierung von der Sowjetunion. Ähnlich wie Stalin in den 1920er und 1930er Jahren trieb Mao die Zwangskollektivierung des Landes mit äußerster Gewalt voran und entledigte sich immer wieder wirklicher wie auch vermeintlicher Kritiker und Abweichler. Es bleibt schwer überschaubar, wie viele Chinesen seiner Herrschaft insgesamt zum Opfer fielen.

Ikonoklasmus spielte in der von Mao maßgeblich geprägten kommunistischen Bewegung von Anfang an eine wichtige Rolle, weil es Relikte einer feudalen Vergangenheit zu bekämpfen und zu überwinden galt. Schon in den 1920er und 1930er Jahren wurden immer wieder buddhistische Tempel zerstört und Kultbilder verbrannt, auch Kirchen blieben nicht verschont. Das den Tempeln zugehörige Land wurde enteignet und unter der Landbevölkerung verteilt, ebenso alles Verwertbare geplündert, das sich in den Tempeln und Kirchen befand, insbesondere Metallgegenstände und sonstige Wertsachen. Diese Entwicklung setzte sich nach dem Sieg Maos und der Gründung der Volksrepublik China im Jahre 1949 fort.[2]

Eine neue Phase, auch der Kulturzerstörung, brach mit der sogenannten «Großen Proletarischen Kulturrevolution» an, die von 1966 bis zu Maos Tod 1976 andauerte. Im Verlaufe der 1960er Jahre sah Mao China sich in eine falsche Richtung entwickeln. Statt eines täglich zu führenden Klassenkampfes würde die Revolution immer mehr in einem erreichten und noch keinesfalls ausreichenden Zustand erstarren. Schuld daran sei eine Bürokratenklasse, die vollkommen abgehoben von den Volksmassen die Revolution verwalte. Mao forderte grundstürzende Veränderungen im gesamten politischen, sozialen und kulturellen Leben, eben eine «Kulturrevolution». Mit ihrer Hilfe hoffte er zum Anführer der gesamten sozialistischen Weltrevolution zu avancieren, weshalb er die Kulturrevolution in China in maßloser Selbstüberschätzung zu einem entscheidenden Ereignis der Menschheitsgeschichte erhob.[3]

Während dieser Jahre erreichte der Personenkult um Mao seinen absoluten Höhepunkt und nahm bisweilen bizarre Züge an. Ein neues Kapitel der Menschheitsgeschichte auf dem Weg hin zum idealen Leben sollte aufgeschlagen werden, in Wirklichkeit wurde eine Bewegung in Gang gesetzt, die mit Fanatismus, Hass und äußerster Brutalität gegen angebliche Revisionisten, heimliche Kapitalisten und sonstige Feinde des Volkes vorging. Millionen von Menschen waren ständigen Willkürakten, der Internierung in Umerziehungslagern sowie Folter und Ermordung ausgesetzt. Die wahre Zahl der Opfer ist nur schwer abzuschätzen.

Insgesamt betrachtet warf die Kulturrevolution die Entwicklung Chinas enorm zurück und verhinderte jegliche Modernisierung des Landes. Wissensvermittlung und Bildung verloren an Bedeutung, der Betrieb an den Universitäten wurde weitgehend eingestellt, weil das Ausleben des Klassenkampfes wichtiger schien, als die Entstehung einer neuen Bildungsschicht zu befördern. Auch das Kulturleben kam nahezu völlig zum Erliegen. So wurden etwa Aufführungen der traditionellen chinesischen Oper verboten. Wenig beachtet blieb bis heute, dass es während dieser Jahre auch zu massiven Zerstörungen des kulturellen Erbes in China kam. Was nicht schon in den Jahren zuvor vernichtet worden war, ging jetzt zugrunde:[4] Unzählige Tempel, Schreine und historische Objekte oder rituelle Gegenstände wurden zerstört, künstlerisch wertvollstes Porzellan zerschlagen, Malereien zerschnitten und Bücher und Handschriften verbrannt; über das wahre Ausmaß dieser Verwüstungen gibt es keine eingehenderen Untersuchungen.[5] Auch christliche Kirchen wurden nicht verschont, standen sie doch in besonderer Weise für westlichen Imperialismus und Infiltrierung mit europäischem Gedankengut.[6] Mit der Vernichtung von Bauwerken, Kunst- und Kulturgütern einer früheren Zeit wollte man all das auslöschen, was einerseits an die feudale Vergangenheit erinnerte oder andererseits als bourgeois oder westlich angesehen wurde.

Bildung und Erziehung, Literatur und bildende Kunst, alles sollte grundlegend transformiert werden, wobei die orthodoxen Ideen Maos ausschlaggebend waren. Die traditionelle chinesische Kultur wurde zum Feind. Es war der Versuch, eine ganze Nation noch einmal tiefgreifend zu radikalisieren, wohl wissend, dass die Symbole der imperialen und feudalen Vergangenheit, ob sogenannte bourgeoise Bilder, liberale Schriften oder religiöse Gegenstände, in Institutionen wie auch Privathaushalten noch immer allgegenwärtig waren. Diese Relikte einer endgültig zu überwindenden Vergangenheit sollten für immer beseitigt werden, um dadurch dem Maoismus als wahrer neuer Gesellschafts- und Lebensform und quasi auch Ersatzreligion entsprechenden Raum zu geben.[7]

Maos zentrales Machtinstrument der Unterdrückung stellten die sogenannten Roten Garden dar, Jugendliche im Alter zwischen vierzehn und Anfang zwanzig Jahren, welche die Werkzeuge seines nihilistischen antiintellektuellen Kampfes wurden.[8] Die Stärke dieser Roten Garden bestand in ihrer Fähigkeit und Bereitschaft zur bedingungslosen Zerstörung, deshalb waren sie der aktivste Teil der Kulturrevolution und spielten in diesen Jahren eine wichtige Rolle im politischen System der Volksrepublik China.[9] Als Rote Garden wendeten sich Schüler fortan gegen ihre Lehrer, stürmten Bibliotheken und verbrannten Bücher. Insbesondere in den Jahren von 1966 bis 1968 wurde ein Großteil der Bibliotheken vernichtet, wenngleich es glücklicherweise immer wieder gelang, besonders wertvolle historische Schriftzeugnisse vor der Zerstörung zu bewahren.[10]

Die Roten Garden säuberten öffentliche Plätze vom «Gift der Vergangenheit», indem sie Tempel, Schreine, Kirchen, Friedhöfe, Statuen und jegliche Art von Denkmälern entweihten und zerschlugen. Museen wurden geplündert und ihre Objekte zertrümmert und verbrannt. Nur wenige waren auf staatliche Weisung hin dem Vernichtungssturm entzogen, darunter die Gebäude der Verbotenen Stadt in Peking, deren Tore fest verschlossen blieben. Trotzdem muss der Verlust an Porzellan, Kalligraphie, Gemälden, historischen Fotografien, Stickereien und Skulpturen enorm gewesen sein, auch wenn genauere Zahlen dazu fehlen.[11]

Doch nicht alles wurde zerstört: Viele Kunstwerke gelangten über den Schmuggelweg auch ins Ausland und dort in den Verkauf auf dem Kunstmarkt. Auch in diesem Fall gibt es keine genauen Zahlen. Daneben wurden jedoch auch die Künstler selbst verfolgt, ihre Kunstwerke zerstört, sie selbst zum Strafdienst auf das Land geschickt. Ihre Kunst galt als «entartet» und sollte durch einen neuen staatlich verordneten Stil ersetzt werden. Neue, junge Künstler schufen Werke im Stil des Sozialistischen Realismus maoistischer Prägung, vielfach schlicht Mao-Portraits, was den groteske Dimensionen annehmenden Personenkult der damaligen Zeit sehr gut widerspiegelte.[12]

Die Fotografie zeigt, wie Angehörige der Roten Garden Bilder und Werke der Weltliteratur verbrennen, in denen sie vor allem Produkte des Kapitalismus sahen. Auf diese Weise und in diesem Geist wurden während der Kulturrevolution in China ganze Bibliotheken vernichtet, um die Gesellschaft gemäß den ideologischen Vorgaben des Maoismus von schädlichen Einflüssen und von Zeugnissen der Vergangenheit zu «säubern».

Die Kulturrevolution führte in diesem Zusammenhang auch einen Kampf gegen die tibetische Kultur und Religion, was oft als ‹Modernisierung› deklariert wurde.[13] Das Verhältnis zwischen Tibet und China war stets angespannt und ist es bis zum heutigen Tag. Auf dem ausgedehnten und zugleich abgeschiedenen Hochland von Tibet, von Himalaya und Karakorum im Süden und Westen und vom Kunlun-Gebirge im Norden begrenzt, entstand spätestens im 7. Jahrhundert eine eigenständige Kultur und ein selbständiges Staatsgebilde.[14] In diese Zeit datiert der Beginn tibetisch-chinesischer Beziehungen. Wen Cheng, eine Prinzessin der chinesischen Tang-Dynastie, heiratete 641 den tibetischen König Songtsen Gampo und zog mit ihm in die angeblich kurz zuvor gegründete tibetische Hauptstadt Lhasa. Wen Cheng soll sogar den Buddhismus nach Tibet gebracht haben.[15]

Einen wichtigen Einschnitt in der weiteren Geschichte Tibets bildete die Zeit der Yuan-Dynastie. Die Träger der Yuan-Dynastie waren jedoch keine Chinesen, vielmehr handelte es sich um Mongolen, die zuvor die Macht in China an sich gerissen hatten und das Land beherrschten. Um die Mitte des 13. Jahrhunderts eroberten sie auch Tibet, das damit erstmals mit China vereinigt wurde.[16] Auf die Yuan- folgte in China die Ming-Dynastie, deren Herrscher Tibet nicht als Teil des chinesischen Kaiserreichs, sondern als Ausland betrachteten, wie Quellen belegen. Dies änderte sich wieder unter der mandschurischen Qing-Dynastie, die ab dem frühen 18. Jahrhundert starken Einfluss in Tibet ausübte. Nachdem 1911 der letzte Qing-Kaiser abgesetzt worden war, wurden chinesische Besatzungstruppen aus Lhasa vertrieben, und der 13. Dalai Lama, das tibetische Oberhaupt, erklärte die Unabhängigkeit seines Landes. 1918 kam es zu einer Einigung, was den Yangtse als Ostgrenze Tibets betraf.[17]

Nach der Ausrufung der Volksrepublik China 1949 kamen bald Stimmen auf, die Tibet ins «chinesische Mutterland» heimkehren lassen wollten. Zwar erreichten chinesische Truppen im Jahre 1951 Lhasa, doch erst 1959 eskalierten die Spannungen: Nachdem es Anzeichen gegeben hatte, dass der Dalai Lama nach Peking entführt werden sollte, strömten Tausende Tibeter zum Palast, um ihr Oberhaupt zu schützen. Der Aufstand wurde von chinesischem Militär blutig niedergeschlagen, woraufhin der Dalai Lama nach Indien floh, wo er bis heute im Exil lebt und als Symbolfigur für gewaltfreien Widerstand anerkannt wird.[18] Nach diesen Unruhen in Lhasa und der Flucht des Dalai Lama setzte in Tibet eine Zeit massiver und brutaler Unterdrückung ein. In einem gnadenlosen Terrorregime wurden nicht nur tibetische Adelige und Priester als Klassenfeinde verfolgt, sondern es endeten auch Tausende in Arbeitslagern und die Landwirtschaft wurde kollektiviert.[19] Der Besitz religiöser Gegenstände – für die tibetische Kultur so wichtig – war verboten worden und alles Tibetische sollte letztlich ausgelöscht werden. Bei Massenversammlungen wurden Priester und Mönche öffentlich erniedrigt. Der monastische Teil der tibetischen Kultur sollte völlig eliminiert werden.[20] Von ca. 6200 Klöstern existierten zu Beginn der Kulturrevolution im Jahre 1966 nur mehr etwa 550.[21]

Mit der «Großen Proletarischen Kulturrevolution» verstärkte sich der Druck ab 1966 noch weiter. Sämtliche Zeugnisse des Buddhismus als Sinnbild der feudalen Vergangenheit sollten vernichtet werden; mit ihnen zerstörte man jedoch auch den Kern der tibetischen Kultur. Die bedeutendsten Tempel in Lhasa wurden angegriffen und stark beschädigt, Skulpturen und Bilder zerschlagen, Fresken zerschnitten. Fünf Tage lang verbrannte man in den Innenhöfen der Tempel heilige Schriften und andere Dokumente aus vergangenen Jahrhunderten. Nur zwei Schreine von mehreren Hundert sollen die Zerstörungsorgie, deren wahres Ausmaß wir erneut nur vage ermessen können, überdauert haben. Hinzu kommt, dass zahllose Kunstwerke und religiöse Gegenstände systematisch eingesammelt, nach Peking verbracht und dort – im Falle von Metall – eingeschmolzen oder im Ausland auf dem Kunstmarkt verkauft wurden.[22] Wieder einmal gingen Kulturzerstörung und der Ausverkauf von Kulturerbe Hand in Hand.

Als 1950 der 14. Dalai Lama – der Mönch Tenzin Gyatso – mit Erreichen der Volljährigkeit im Alter von 15 Jahren als Oberhaupt eines unabhängigen Tibet ausgerufen wurde, besetzten chinesische Truppen das Land und annektierten es de facto für China. Nach den Zerstörungen während der Kulturrevolution, die auch den Tibetern nicht erspart blieb, begann in den frühen 1980er Jahren punktuell der Wiederaufbau von Tempel- und Klosteranlagen. Die Fotografie zeigt Bauarbeiten am Potala-Palast in Lhasa 1982, dem ehemaligen Sitz des Dalai Lama, dem spirituellen Oberhaupt des tibetischen Volkes. Er hatte nach der Niederschlagung eines Volksaufstands gegen die chinesischen Besatzer im Jahr 1959 aus seiner Heimat fliehen müssen und lebt bis heute im Exil.

Nach dem Tod Maos 1976 blickte Tibet auf eine Bilanz des Schreckens: Über eine Million Menschen waren durch Lagerhaft, Massaker oder Hunger ums Leben gekommen und die Landwirtschaft war ruiniert.[23] Nicht minder verheerend war die Auslöschung der tibetischen Kultur: Von fast 6000 buddhistischen Tempeln und Klöstern im Land, die hauptsächlichen Traditionskerne tibetischer Kultur, hatten nur 13 die Zerstörungen überstanden,[24] alle anderen waren dem Vernichtungswahn der Kulturrevolution zum Opfer gefallen. Mehr als solche spärlichen, aber dennoch eindrücklichen Zahlen wissen wir über die systematische Kulturzerstörung in Tibet nicht, vieles lässt sich nur erahnen. Es gibt außerdem Berichte darüber, dass man zunächst die verwertbaren Metalle und selbst hölzernen Baustoffe aus den Tempeln und Klöstern ausbaute, ehe die Reste schließlich gesprengt wurden.[25]

Dennoch ist nachweisbar, dass es sich bei diesen Verwüstungen nicht um spontane Aktionen von besonders fanatischen Anhängern der Kulturrevolution gehandelt hatte. Vielmehr wurde seit den 1950er Jahren von chinesischen Archäologen und Kulturwissenschaftlern das kulturelle Erbe Tibets sorgfältig registriert und in Listen erfasst. Diese Dokumentation diente quasi als ‹Gebrauchsanweisung› für den marxistisch-maoistischen Ikonoklasmus der 1960er und 1970er Jahre, die Listen musste letztlich nur ‹abgearbeitet› werden.

Vernichtet wurden nicht nur die Tempel und Klöster als architektonische Zeugnisse der tibetischen Kultur, sondern auch die in ihnen enthaltenen wertvollen Sammlungen: religiöse Literatur, Rollbilder, religiöse Skulpturen und Ritualgegenstände aus Kupfer, Silber und Gold. Edelmetalle wurden eingeschmolzen, um sie weiterführender Verwertung zuzuführen. Anderes, insbesondere Ritualobjekte, überschwemmte die Antikenmärkte in Hongkong und an anderen einschlägigen Umschlagplätzen für Kunst in Ostasien. Vieles davon findet sich heute auch in westlichen Museen und Privatsammlungen. Mit der Zerstörung dieser Kulturgüter ging über die Jahre auch das Wissen um ihre Herstellung verloren, wie etwa das spezielle tibetische Verfahren zum Buchdruck mittels Holzblöcken.[26]

Trotz einer gewissen Liberalisierung ab den 1980er und 1990er Jahren und dem teilweisen Wiederaufbau tibetischer Klöster und Tempel nach alten Vorbildern hat sich, was die Bewahrung und das Fortleben der tibetischen Kultur angeht, die bedrohliche Situation bis heute nicht grundlegend geändert, zu tiefgreifend waren die Verluste der vorangegangenen Jahrzehnte. Der maoistische Ikonoklasmus insbesondere während der Kulturrevolution hat tiefe Spuren hinterlassen.[27] Hinzu kam, dass man besonders in den 1990er Jahren eine andere Strategie im Kampf gegen die tibetische Kultur anzuwenden begann: die sogenannte Neuordnung der Stadt Lhasa. Bis Ende der 1990 Jahre waren bereits über 80 Prozent der historischen Gebäudesubstanz in der historischen Altstadt von Lhasa dem Abriss zum Opfer gefallen. Ein historisch und kulturell einzigartiges Stadtensemble ist – trotz Denkmalschutzgesetzen – damit unwiederbringlich verloren, ein schwerer Schlag für die kulturelle Identität der Tibeter; denn Modernisierung bedeutet in Tibet in der Regel immer auch «Sinisierung» auf Kosten der tibetischen Tradition.[28]

Der Kampf gegen Autonomiebestrebungen wird dabei heute noch auch auf kulturellem Gebiet fortgeführt, nicht nur in Tibet, sondern neuerdings auch gegen die mehrheitlich muslimische Bevölkerung der Uiguren in der nordwestchinesischen Provinz Xinjiang. Und wieder sind es vor allem religiöse Stätten wie Moscheen und Koranschulen, die bedroht sind und auch zerstört werden, diesmal unter dem Vorwand der Bekämpfung des islamistischen Fundamentalismus.

KAMBODSCHA UNTER DEN ROTEN KHMER

Ein vergleichbares Vorgehen wie in China während der Kulturrevolution wandten in Kambodscha die Roten Khmer während ihrer Schreckensherrschaft an. Dabei handelte es sich um eine maoistisch-nationalistische Guerillabewegung, die am 7. April 1975 unter ihrem Anführer Pol Pot die Hauptstadt Phnom Penh eroberte und den Staat «Kampuchea» ausrief. Die Roten Khmer beherrschten das Land bis 1979, als vietnamesische Truppen nach Kambodscha einmarschierten, das Terrorregime beseitigten und eine provietnamesische Regierung einsetzten. Daraufhin zogen sich die Roten Khmer in schwer zugängliche Dschungelgebiete des Landes zurück, insbesondere nahe den Grenzen zu Thailand und China, und führten dort eine Art Guerillakrieg weiter, ehe sich 1998 nach Pol Pots Tod ihre letzten Anführer ergaben.[29]

Pol Pot und die Roten Khmer glorifizierten das Bauerntum und deportierten die Stadtbevölkerung der großen Metropolen auf die Reisfelder des Landes; Phnom Penh wurde damals innerhalb kurzer Zeit zu einer weitgehend verlassenen Geisterstadt. Kambodscha verwandelte sich in ein riesiges Arbeits- und Gefangenenlager. Bücher wurden verbrannt, Tanz und Musik waren verboten, Geld hatte man abgeschafft und die intellektuelle Elite ermordet.[30] Die wirtschaftliche Tätigkeit der einheitlich in Schwarz gekleideten Bevölkerung sollte sich voll und ganz auf das Land verlagern. Es handelte sich um eine Art Agrarkommunismus, der vielfach auch als «Steinzeitkommunismus» bezeichnet wurde. Die Versorgung der Bevölkerung mit Nahrungsmitteln brach jedoch sehr bald schon zusammen und hatte eine enorme Hungersnot zur Folge. Hinzu kamen Massenexekutionen in unfassbarem Ausmaß, man rechnet mit weit über 2 Millionen Ermordeten («Killing Fields»). Es war ein Genozid am eigenen Volk, doch auch gezielte ethnische Säuberungen, die besonders religiöse Minderheiten betrafen, wurden durchgeführt.[31]

Die Roten Khmer verboten überdies jegliche Religionsausübung und zerstörten Hunderte von buddhistischen Tempeln, christlichen Kirchen und Moscheen.[32] Schätzungen zufolge wurden bis 1993 mindestens 80 Prozent der buddhistischen Tempel des Landes zerstört und geplündert, kaum einer blieb vollkommen unberührt.[33] Die Vernichtung der religiösen Traditionen Kambodschas war aber weniger ausschließlich ideologisch motiviert, vielmehr lag der Fokus der Roten Khmer auch auf der Ausplünderung der Denkmäler und dem Weiterverkauf ins Ausland. Mit der totalen Kontrolle über das Land während der knapp vier Jahre ihrer Herrschaft ermöglichten sie einen nahezu vollständigen Ausverkauf des buddhistischen Kulturerbes Kambodschas. Damit konnten sie die gesamte traditionelle Kultur des Landes auslöschen, um sie durch etwas grundsätzlich Neues zu ersetzen, und verdienten dabei auch noch gutes Geld.[34]

Auch vor der Herrschaft der Roten Khmer gab es bereits Raubgräber, die Antiken ins Ausland schmuggelten und dort über Händler weiterverkauften. Aber während ihres Schreckensregimes nahm die Intensität der Plünderung von Tempeln, Klöstern sowie zum Teil auch von mehrere Jahrtausende alten Gräberfeldern noch einmal erheblich zu. Waren Angkor Wat und andere Orte des Khmer-Reichs zunächst von den Roten Khmer noch ausdrücklich geschützt, weil sie sich in deren Tradition sahen (s. u.), so gerieten diese Plätze nach ihrer Niederlage 1979 und ihrem Rückzug in Dschungelgebiete ebenfalls in das Blickfeld von Raubgräbern.

Wie sich die Warlords der Roten Khmer dabei bereicherten, belegt das Beispiel eines Generals namens Ta Mok, einer ihrer Führungsfiguren, dessen Aktivitäten relativ gut bekannt sind. Aufgrund zahlreicher von ihm zu verantwortender Massaker an der Bevölkerung mit Tausenden von Toten trug er den Beinamen «Schlächter». Er machte bisweilen gemeinsame Sache mit Plünderern und Raubgräbern, ließ sie fallweise aber auch hinrichten, um ihre ‹Bestände› zu konfiszieren, mit denen er selbst dann weiterhandelte.[35] Als er 1999 gefasst wurde, befanden sich unter den von ihm verwahrten Kulturgütern auch 61 Statuen aus der Zeit der historischen Khmer.

Kambodscha war seit Mitte der sechziger Jahre mehr und mehr in den Vietnamkrieg hineingezogen worden, was schließlich zur völligen Destabilisierung des Landes führte. Schließlich gelang es den Roten Khmer das US-amerikanische Marionettenregime des Generals Lon Nol zu stürzen und am 17. April 1975 die Hauptstadt Phnom Penh einzunehmen. Unter dem Namen *Volksrepublik Demokratisches Kampuchea* errichteten sie ein Terrorregime, dem bis zu seinem Ende am 7. Januar 1979 rund 2 Millionen Menschen zum Opfer fielen. Die Roten Khmer entweihten und zerstörten während ihrer Herrschaft religiöse Stätten in Kambodscha. Alles, was mit Religion, Kultur und Bildung zu tun hatte, war ihnen ein Dorn im Auge. Sie strebten danach, einen Staat zu errichten, in dem es keine städtische, sondern nurmehr eine bäuerliche Gesellschaft geben sollte. Die Städte wurden entvölkert, ihre Einrichtungen zerstört, die in den Augen der roten Khmer nutzlosen Kulturgüter dienten günstigstenfalls zur Devisenbeschaffung, wenn es gelang, sie ins Ausland zu verkaufen.

Das Terrorregime der Roten Khmer sah sich zunächst in der Tradition des großen historischen Khmer-Reichs, das vom 9. bis zum 15. Jahrhundert einen Großteil Südostasiens beherrschte und eine blühende Kultur hervorbrachte. Ihre Hauptstadt Angkor Wat war eine weitläufige, von Bewässerungsanlagen und Stauseen durchzogene Stadt, in der die bedeutendsten Tempel des Reichs errichtet wurden. Auch die skulpturale und die Reliefkunst waren von herausragender Bedeutung und zierten Tempelwände und anderes. Enorme landwirtschaftliche Erträge durch künstliche Bewässerung, zum Beispiel mehrere Reisernten pro Jahr, führten zu riesigen Überschüssen und ließen die Bevölkerung stark anwachsen. Umgekehrt dehnten erfolgreiche Feldzüge die Macht des Reichs, das im 12. Jahrhundert seinen Höhepunkt erlebte, immer weiter aus.[36] Die ersten Europäer, die im 16. Jahrhundert Angkor Wat erreichten, waren Portugiesen, und diese zeigten sich noch immer überwältigt von Schönheit, Pracht und Reichtum der Stadt, die damals bereits ihren Zenit überschritten hatte.[37]

Dieser Mythos des alten Khmer-Reichs wirkte offenbar noch bei den «Steinzeitkommunisten» um Pol Pot nach. Ihrer Vorstellung zufolge sollte ihre maoistisch-nationalistische revolutionäre Utopie wieder zu solch blühenden Zuständen führen, wie sie einst herrschten. Schon der von ihnen gewählte Name «Rote Khmer» bringt diesen historischen Bezug zum Ausdruck.[38] Die schlimmsten Massenmörder Südostasiens stellten sich damit in die Tradition einer der bedeutendsten Kulturen in der Geschichte dieses Raumes, eine geschmacklosere Indienstnahme von Geschichte und Kultur ist kaum vorstellbar. Immerhin bewahrte dies Angkor Wat und die anderen Zentren des Khmer-Reichs, welche die Roten Khmer unter Schutz stellten, vor dem Schicksal, das so viele buddhistische Tempel und Klöster und andere historische Orte Kambodschas ereilte: ihre völlige Ausplünderung und totale Zerstörung.

BOSNIEN UND KOSOVO

Neben China, Tibet und Kambodscha finden sich in der Zeit nach 1945 noch viele andere Beispiele für Kulturzerstörungen im Kontext kriegerisch ausgetragener ethnischer Konflikte und ethnischer Säuberungen. Auch Europa blieb davon nicht verschont, trotz aller leidvollen Erfahrungen aus dem Zweiten Weltkrieg. Im neu geschaffenen Staat Israel kam es schon 1948/49 zur Zerstörung von Moscheen: In Aschkelon sprengte das Militär die angeblich von einem Enkel des Propheten gegründete und im 11. Jahrhundert errichtete Moschee Nabi Husein, und das war keine Ausnahme. Aber auch die Altstädte von Haifa oder Tiberias wurden schwer in Mitleidenschaft gezogen.[39] Dabei stand der Konflikt dort damals erst am Anfang.

Auf der Insel Zypern reichen die Anfänge der Auseinandersetzungen zwischen der griechischen und der türkischen Bevölkerung bis ins 19. Jahrhundert zurück, zumal es seit jener Zeit immer wieder Bestrebungen gab, die Insel mit dem griechischen Mutterland zu vereinigen. Nachdem es 1974 zu einem Militärputsch gegen den zyprischen Staatspräsidenten Makarios gekommen war, der erneut die Vereinigung mit Griechenland zum Ziel hatte, folgten die türkische Invasion des Nordteils von Zypern mit seiner mehrheitlich türkischen Bevölkerung und die bis heute andauernde Teilung der Insel. Im Zuge dieser Ereignisse und der nachfolgenden Grenzziehung kam es nicht nur zu Umsiedlungen, sondern auch zu Verwüstungen des kulturellen Erbes beider Seiten. Im türkisch besetzten Norden wurden in diesen Jahren über 550 griechisch-orthodoxe Kirchen geplündert und zerstört und danach in Moscheen, Depots oder Ställe umgewandelt. Etliche Wandmalereien wurden aus den Kirchengebäuden herausgebrochen und zusammen mit Ikonen und anderen Ritualgegenständen auf dem internationalen Antikenmarkt verkauft.[40]

Nach dem Zerfall des jugoslawischen Vielvölkerstaates in den frühen 1990er Jahren wurde erstmals seit 1945 in Teilen Mitteleuropas wieder Krieg geführt.[41] Darüber hinaus kam es auch zu «ethnischen Säuberungen», ein Begriff, der gerade im Zusammenhang mit den Vertreibungen während der Jugoslawienkrise ab 1992 so häufig verwendet wurde, dass ihn die Gesellschaft für Deutsche Sprache noch im selben Jahr 1992 zum «Unwort des Jahres» kürte. Begleitet waren die Jugoslawienkriege zudem von einer derart systematischen Vernichtung von Kultur und kulturellen Denkmälern, wie man sie in Europa gerade nach den Erfahrungen der NS-Zeit nicht mehr für möglich gehalten hätte. Dabei handelte es sich wohlgemerkt nicht um Zerstörungen, die durch rücksichtsloses militärisches Vorgehen allein, also gleichsam als «Kollateralschaden», das «Unwort des Jahres 1999», entstanden waren. Vielmehr ging es um bewusst geplante Maßnahmen, die Teil der ethnischen Säuberungen waren.

Kriege in multiethnisch besiedelten Gebieten können sich sehr schnell zu Kriegen gegen kulturelle Identitäten und Traditionen entwickeln. Sprache, Religion, Landschaft und eben Kulturerbe werden zu Waffen wie auch zu Zielen. Aufgrund ihrer großen linguistischen Nähe wurden die in lateinischem Alphabet geschriebene kroatische und die mit kyrillischen Buchstaben verfasste serbische Sprache, beide der südslawischen Sprachfamilie zugehörig, schon im 19. Jahrhundert zum Serbokroatischen zusammengefasst, der offiziellen Sprache im alten Jugoslawien. Nach Ausbruch des Kriegs setzten die jeweiligen Akademien der Wissenschaften in Zagreb und Belgrad Kommissionen von Linguisten ein, die die Unterschiede beider Sprachen wieder deutlicher herausarbeiten sollten.[42]

In einem solchen Krieg genügt die Eroberung bestimmter fremder Gebiete allein nicht, um einen dauerhaften Anspruch darauf durchsetzen zu können. Vielmehr gilt es, die historischen und kulturellen Bindungen, die eine andere Ethnie an diese Region hat, zu unterbrechen bzw. im Idealfall sogar für immer zu zerstören.[43] Gerade die Brutalität, mit der insbesondere in Bosnien, aber auch anderswo gegen das Eigentum der ethnisch bzw. religiös als ‹anders› betrachteten Bevölkerungsgruppe vorgegangen wurde, war erschreckend.[44] Diese Strategie war im Jugoslawienkrieg immer wieder zu beobachten, und alle beteiligten Seiten wandten sie an. Die primären Ziele bildeten die Architektur gewordenen Symbole der verschiedenen Ethnien, waren sie doch am deutlichsten zu erkennen und auch am einfachsten zu zerstören. In diesem Krieg aller gegen alle wurden deshalb Moscheen bevorzugte Ziele für Serben und Kroaten, orthodoxe Kirchen für Kroaten und Bosnier und katholische Gotteshäuser für Serben und Bosnier; selbst vor der Verwüstung von Friedhöfen schreckte man nicht zurück.[45]

Die Zerstörungen kultureller Denkmäler im Jugoslawienkrieg zogen sich über Jahre hin und erfassten alle Landesteile. In Bosnien und Herzegowina gab es zu Ende des Kriegs kaum eine Stadt, deren historischer Kern keine schweren Schäden aufwies. In Mostar wurden alle 291 Häuser der denkmalgeschützten Altstadt schwer beschädigt. Der schwerste Verlust war die absichtliche und für beide Seiten symbolträchtige Zerstörung der 1566 errichteten steinernen Brücke über die Neretva. In Mostar wurden aber auch die orthodoxe Kirche, die größte in ganz Bosnien und Herzegowina, der orthodoxe Bischofspalast mit einer 50 000 Bände umfassenden Bibliothek sowie die katholische Kathedrale Sveti Petar i Pavao schwer in Mitleidenschaft gezogen.[46]

Es war gewiss kein Zufall, dass in Sarajevo die Bauten der österreichisch-ungarischen Zeit weit weniger stark betroffen waren als muslimische Gebäude, Moscheen und der Basar im Zentrum der muslimischen Altstadt.[47] Insgesamt wurden wohl weit über 50 Prozent der bekannten Moscheen auf dem Westbalkan schwer beschädigt oder sogar völlig zerstört. Darunter befanden sich auch solche von herausragender architektur- und kunsthistorischer Bedeutung, wie etwa die 1448 errichtete Moschee in Ustikolina oder die um 1500 erbaute Sultan Bayezid-Moschee in Foča.[48] Der Verlust für das islamische Kulturerbe dieses Teils Südosteuropas war enorm, auch wenn nach dem Krieg so manches Gebäude wiederaufgebaut werden konnte.[49]

In der im Hinblick auf die historische Bausubstanz osmanisch geprägten Stadt Banja Luka wurden alle 16 Moscheen zerstört.

Der serbische Bürgermeister hatte Moscheen als «Monumente der grausamen türkischen Besatzung» bezeichnet.[50] Die 1579 im klassisch osmanischen Stil erbaute Ferhadija-Moschee, die größte der Stadt und eine der schönsten von Bosnien-Herzegowina, wurde 1993 dem Erdboden gleichgemacht: Erst wurde sie gesprengt, die Steinblöcke wurden abtransportiert, noch einmal zertrümmert und als Aufschüttung verwendet, die übrigen Reste landeten auf einer Müllkippe. Nichts mehr sollte an diesen muslimischen Sakralbau erinnern, ein Wiederaufbau mit originalen Bauteilen musste unmöglich gemacht werden.[51] Der Jugoslawienkrieg war also ein Kampf um ethnische, nationale und religiöse Identitäten, der auch gegen das diese Identitäten repräsentierende Kulturerbe geführt wurde.[52]

Die vorerst letzte militärische Auseinandersetzung, die aus dem Zerfall des ehemaligen Staates Jugoslawien resultierte, und in die am Ende sogar die NATO und die Bundesrepublik Deutschland aktiv involviert waren, war der Kosovokrieg 1999. Kosovo wurde nach dem Ersten Balkankrieg 1912, in dem das Osmanische Reich weitere Territorien auf dem Balkan verlor, weitgehend Serbien zugeschlagen. Nach dem Zweiten Weltkrieg wurde die Autonome Region «Kosovo und Metochien» ein Teil Serbiens innerhalb der Sozialistischen Bundesrepublik Jugoslawien; grundsätzlich hatte Kosovo also einen anderen Status als Bosnien-Herzegowina oder Kroatien. Dieser wurde 1963 erneut verändert, als Kosovo-Metochien zur Autonomen Provinz erhoben wurde, was eine stärkere Unabhängigkeit von Serbien bedeutete. 1989 veränderte der serbische Präsident Slobodan Milošević die Situation des Kosovo von neuem, indem er das Gebiet wieder stärker an Serbien band und auf den Status von vor 1963 zurückführte.[53]

Diese Maßnahme hatte zwangsläufig Unruhen zur Folge, da für die Serben Kosovo das ehemalige Kerngebiet ihres Staates auf dem Westbalkan war. In der berühmten Schlacht auf dem Kosovo Polje («Amselfeld») erlitt ein serbisches Heer im Jahre 1389 eine vernichtende Niederlage gegen die Osmanen, woraufhin Serbien für Jahrhunderte seine Unabhängigkeit verlor. In der kollektiven

Diese Pressefotografie aus dem Jahr 1999 zeigt eine zerstörte Moschee am Stadtrand von Banja Luka in Bosnien-Herzegowina. Im Jugoslawienkrieg zielte man mit der Zerstörung kultureller und religiöser Symbole auf die kulturelle Identität des Gegners und untermauerte zugleich eigene nationale Gebietsansprüche. Im bosnischen Banja Luka wurden von Serben, die einen groß-serbischen Staat errichten wollten, Kirchen und Moscheen zerstört, um Kroaten und Muslime dort einzuschüchtern und zu vertreiben. – Bei Kriegsende 1995 sollte in Banja Luka von 32 Moscheen, die es am Ende des Zweiten Weltkriegs noch gab, keine einzige mehr stehen. – Auf diese Weise wurde der Boden bereitet für die mörderischen «ethnischen Säuberungen», deren grausamer Höhepunkt das Massaker von Srebrenica war, dem 1995 8000 bosnische Muslime zum Opfer fielen. Zu den demoralisierendsten Gewalttaten des Jugoslawienkriegs, die gleichfalls auf die kulturelle Identität zielten, gehören die Massenvergewaltigungen an Frauen und Mädchen der gegnerischen Volksgruppe, manche der Opfer nicht älter als 12 bis 15 Jahre; die EU geht von etwa 20 000 vergewaltigten Frauen und Mädchen im Bosnienkrieg aus.

Erinnerung der Serben lebt diese Schlacht bis heute fort, und besonders in nationalgesinnten Kreisen kommt ihr hohe Bedeutung im Hinblick auf die nationale Identität und das historische Selbstverständnis der Serben zu; die traumatische Niederlage wurde zum Mythos einer ganzen Nation. Tatsache ist aber auch, dass sich nach dieser verheerenden Niederlage gegen die Osmanen das Hauptsiedlungsgebiet der Serben und damit auch des späteren serbischen Staates weiter nach Norden verlagerte. Die von den Serben aufgegebenen Gebiete des Kosovo wurden daraufhin von überwiegend muslimischen Albanern besiedelt, die auch heute noch die Bevölkerungsmehrheit bilden.[54]

Beim Kosovo handelt es sich also um eine Region, die von Serben wie Albanern gleichermaßen als mythisches Ursprungsgebiet ihrer jeweiligen Nation in Anspruch genommen wird:[55] «Kosovo is important for many people. The cradle of Serbia. The cradle of Albania. The lost heart of the Balkans».[56] Als 1999 Serbien mit der schrittweisen Vertreibung der albanischen Bevölkerung aus dem Kosovo begann und umgekehrt die albanische Untergrundarmee des Kosovo die serbischen Bewohner attackierte, führte dies zum Kosovokrieg und zum Eingreifen der NATO. 2008 erklärte Kosovo die Unabhängigkeit von Serbien, doch ist der völkerrechtliche Status dieses Gebietes bis heute nicht endgültig geklärt und von der Staatenwelt anerkannt.[57]

Die besondere historische Bedeutung, die Serben und Kosovo-Albaner dieser Region beimaßen, führte dazu, dass ihr kulturelles Erbe besonders in das Fadenkreuz des jeweiligen Gegners geriet. Moscheen einerseits und orthodoxe Kirchen andererseits manifestierten für jedermann sichtbar die Ansprüche einer bestimmten Religion und damit Bevölkerungsgruppe. Damit wurden sie zum bevorzugten Ziel eines nationalistisch-religiösen Ikonoklasmus beider Seiten und Opfer systematischer Zerstörung.[58] Wenn also religiöse Architektur den territorialen Anspruch Serbiens auf das Kosovo unterstreicht, dann muss man genau diese Architektur zerstören, um dem Anspruch seine Grundlage zu entziehen, und umgekehrt. Das war die Denkweise.[59] Und die ikonoklastischen Maßnahmen waren nicht auf die Zeit des Kosovokriegs oder die Jahre davor begrenzt, sondern erfolgten noch lange danach.

Das berühmte Dečani-Kloster aus dem frühen 14. Jahrhundert gehört zu den bedeutendsten und symbolträchtigsten Monumenten der serbisch-orthodoxen Kirche. 2004 wurde es in die Welterbeliste der UNESCO aufgenommen, weil es den Höhepunkt der byzantinisch-romanischen Kirchenkunst auf dem Balkan repräsentiert. Im Jahre 2007 wurde das Kloster Opfer eines Granatenangriffs, der es zwar nicht zerstörte, aber doch beträchtliche Schäden anrichtete.[60] Umgekehrt wurde die aus dem 16. Jahrhundert stammende Hadum-Moschee in Gjakova schon 1999 bei mehrfachen Angriffen stark beschädigt, wobei auch eine zugehörige Bibliothek aus dem 18. Jahrhundert, eine Koranschule und der sich anschließende Basar in Mitleidenschaft gezogen wurden.[61]

Das waren zwei besonders symbolträchtige Denkmäler. Neueren Schätzungen zufolge wurden im Kosovo zwischen 1999 und 2005 ungefähr 150 orthodoxe Kirchen und Klöster zerstört.[62] Allein in den Jahren 1998 und 1999 kamen 207 von über 600 Moscheen des Kosovo zu Schaden oder wurden dem Erdboden gleichgemacht.[63] Das kulturelle und insbesondere architektonische Erbe dieser Region war zu einem symbolischen Schlachtfeld geworden.

Islamistische Fundamentalisten berufen sich bei der Vernichtung von Bildwerken, die Menschen und Götter zeigen, auf ihre Interpretation des sogenannten islamischen Bilderverbots. Sie folgen damit nach ihrer Auffassung dem Vorbild des Propheten Mohammed, der, als er 630 nach Mekka kam, Hunderte von Götzenbildern, die um die Kaaba standen, zerstört habe. Dass es auch im Islam eine differenzierte Sichtweise auf das sogenannte Bilderverbot gab und gibt, interessiert sie nicht. So kennt man beispielsweise in der islamischen Malerei selbst Darstellungen des Propheten Mohammed mit und ohne Schleier vor dem Gesicht. Auf dem oben zu sehenden Bild bearbeitet ein IS-Mitglied mit einem Presslufthammer eine assyrische Statue aus dem 7. Jahrhundert v. Chr.; dies geschah im Frühjahr 2015, als IS-Truppen die Statuen und Reliefs der antiken Stadt Nimrud in der Nähe von Mossul zerstörten und anschließend die Anlage sprengten. Der Bildausschnitt stammt aus dem im April 2015 veröffentlichten Propaganda-Videomaterial des IS.

11. DER ISLAMISTISCHE IKONOKLASMUS

DIE ANFÄNGE DER BILDERFEINDLICHKEIT IM ISLAM

Der Koran als heiligste Schrift des Islam enthält zwar kein Bilderverbot, bestimmte Stellen wurden aber schon früh als gegen Götzendienst gerichtet interpretiert. Gerade aus der Zeit der Umayyaden im 7. Jahrhundert sind zahlreiche bildliche Darstellungen bekannt: auf Mosaiken von Wüstenschlössern, Badeanlagen, seltener auch Moscheen; hinzukamen bis zu Beginn des 8. Jahrhunderts Herrscherportraits auf Münzen.[1] Die spätantike Tradition ist hier also noch sehr deutlich spürbar. Selbst im Innenraum der Kaaba sollen im 8. Jahrhundert noch Skulpturen aufgestellt gewesen sein.[2] Auch in der Frühzeit der die Umayyaden um 750 ablösenden Abbasiden sind bis ins 10. Jahrhundert hinein immer wieder Darstellungen von Menschen belegt.[3] Zu einem Höhepunkt der Buchmalerei mit bildlichen Motiven kam es in Mesopotamien noch im 12. und 13. Jahrhundert.[4] Auch in den islamischen Gebieten Zentral- und Südasiens finden sich figürliche Darstellungen, ja sogar Abbildungen des Propheten Mohammed, bis ins 13. Jahrhundert, in der Buchmalerei sogar bis ins 16. Jahrhundert.[5]

Allerdings tauchten im späten 8. Jahrhundert mit der Hadith-Literatur auch erste Stellungnahmen gegen bildliche Darstellungen auf, sogar Aussagen über eine Abneigung Mohammeds gegen Bilder soll es geben.[6] Ein eindeutiges Bilderverbot wird jedoch auch in den Hadith-Schriften nicht ausgesprochen. Das Edikt eines Kalifen der Umayyaden von 721/22 zur Zerstörung von Bildern in christlichen Kirchen ist im Kontext des gleichzeitig ausbrechenden byzantinischen Ikonoklasmus zu sehen und blieb auf Kirchen beschränkt.[7] Dennoch wurde dieses Thema in der Folgezeit von islamischen Rechtsgelehrten mehrfach diskutiert, ohne allerdings eindeutige Verbote auszusprechen. Bildliche Darstellungen im religiösen Bereich, etwa in Moscheen oder in Koranhandschriften, vermied man jedoch zunehmend.[8]

Der Beginn einer militanten Bilderfeindlichkeit im Islam ist deutlich später anzusetzen und eng mit der Bewegung des Wahhabismus verbunden.[9] Der im 18. Jahrhundert lebende Muhammad ibn Abd al-Wahhab stellte die möglichst wortgetreue Umsetzung aller im Koran und anderen frühislamischen Quellen enthaltenen Vorschriften in den Mittelpunkt und wandte sich damit strikt gegen deren Anpassung oder Weiterentwicklung aufgrund sich verändernder Zeiten.[10] In durchaus ähnlicher Weise wie im Calvinismus argumentierte ibn Abd al-Wahhab, dass es nur den einen Gott gebe, insofern sei die Abbildung oder gar Verehrung dessen, was er auf Erden geschaffen habe, Blasphemie.[11] Jegliche Unterscheidungsmöglichkeit zwischen der Verehrung Gottes mit Hilfe von Bildern und der Anbetung dieser Bilder selbst wies er zurück.[12]

Mit dieser radikalen Haltung begründete er eine Lehre, die sich selbst als einzig wahr islamisch betrachtete und beispielsweise den Sufismus oder den schiitischen Islam vehement ablehnte. All jene Auffassungen der islamischen Religion, die nicht streng den Vorgaben des Wahhabismus folgten, galten als unislamisch.[13] Der Absolutheitsanspruch dieser Lehre kannte nur die Anhänger des wahren Gottes auf der einen Seite sowie die Verdorbenen auf der anderen Seite und formulierte damit eine scharfe Trennlinie, die auch soziale und politische Implikationen hatte, weil religiöse Einheit zugleich als politische Einheit gesehen und gelebt wurde.[14]

Der Schwerpunkt des Wahhabismus lag zunächst auf der Arabischen Halbinsel, wo der erste saudische König Abd al-Aziz ibn

Der Sieg der Araber im Jahre 642 über die Sassaniden bedeutete für Persien eine Zeitenwende. Der politische, religiöse und kulturelle Bruch, der damit einherging, hätte radikaler nicht sein können – seine Folgen wirken bis heute nach. Das bereits im frühen Islam immer wieder durchexerzierte «Bilderverbot» führte auch zur Zerstörung zahlreicher Skulpturen. So zeigt dieses Bild das Resultat des Sturzes und der Zerschlagung der Statue des Sassanidenkönigs Schapur I. in Bischapur. Zweifellos ging es bei diesem Akt nicht nur um religiös-theologische Fragen; vielmehr transportierte die Zerstörung von Herrscherfiguren auch eine politische Botschaft.

Saud, der 1932 das Königreich Saudi-Arabien gründete, die Lehre der Wahhabiten zur Staatsdoktrin erklärte.[15] Schon früh verbreitete sich die Bewegung nach Pakistan und Nordindien[16] und erreichte um die Mitte des 20. Jahrhunderts schließlich auch Westafrika, wo insbesondere in Mali ein weiteres Zentrum entstand, das in die Nachbarländer ausstrahlte.[17] Insbesondere in Indien kam es immer wieder zu Zerstörungen von hinduistischen Tempeln und Götterbildern.[18]

Nach der extrem puristischen wahhabitischen Lehre sind unter anderem jegliche Form von Heiligenverehrung, Wallfahrten zu Gräbern und die Feierlichkeiten zum Prophetengeburtstag verboten. Muhammad ibn Abd al-Wahhab konnte bereits um die Mitte des 18. Jahrhunderts Muhammad ibn Saud, den Stammesführer und ersten Imam der saudischen Dynastie, für seine Lehre begeistern. Dieser wiederum erhoffte sich eine Einigung der beduinischen Stämme Arabiens unter seiner Führung, wobei die wahhabitische Auslegung des Islam die geistig-religiöse Klammer bilden sollte. Durch die schrittweisen Eroberungen der Saudis in der zweiten Hälfte des 18. Jahrhunderts fand der Wahhabismus immer weitere Verbreitung, auch wenn zu diesem Zeitpunkt eine Vereinigung der Arabischen Halbinsel unter saudischer Führung noch in weiter Ferne lag.

Zu ersten Kulturzerstörungen kam es zu Beginn des 19. Jahrhunderts, als die Wahhabiten 1802 das südlich von Bagdad gelegene Kerbela eroberten, eines der wichtigsten Wallfahrtszentren der Schiiten. Dabei wurden nicht nur Tausende Einwohner ermordet, sondern auch der Imam-Husain-Schrein, eine der bedeutendsten Moscheen des Irak, verwüstet und geplündert. Wenige Jahre später fielen die Wahhabiten in die Städte Mekka und Medina ein und zerstörten dort zahlreiche Heiligengräber.[19] Die Mausoleen der von den Wahhabiten so verhassten schiitischen Imame wurden völlig dem Erdboden gleichgemacht.[20] Weil Mekka und Medina aber unter dem besonderen Schutz des Osmanischen Reichs standen, kam es daraufhin zum osmanisch-saudischen Krieg, in dessen Verlauf die heiligen Stätten wieder befreit wurden und der erste saudische Staat ein Ende fand.[21] Zu diesem Zeitpunkt war das wahhabitische Gedankengut auf der Arabischen Halbinsel jedoch bereits fest verankert.

Anfang des 20. Jahrhunderts wurde ein neuer und diesmal erfolgreicherer Versuch zur Gründung eines saudischen Staates unternommen. Die Ausgangslage war dieses Mal durch die Unterstützung Großbritanniens und den Zerfall des Osmanischen Reichs als Folge des Ersten Weltkriegs erheblich günstiger.[22] Erneut eroberten die Saudis Mekka und Medina und verwüsteten die Heiligengräber von Medina.[23] Nach der Ausrufung des Königreichs Saudi-Arabien kam es noch mehrfach zu schweren Zerstörungen von islamischem Kulturerbe auf der Arabischen Halbinsel, die bis heute anhalten, nimmt man die Bereiche um die heiligen Städte Medina und Mekka hinzu, wo die mit den Pilgerfahrten in Zusammenhang stehende moderne Infrastruktur mit Hotels usw. immer weiter auf Kosten historischer Denkmäler ausgedehnt wird.

BAMIYAN UND DIE TALIBAN

Spätestens mit der Sprengung der beiden gigantischen Buddha-Statuen im afghanischen Bamiyan kam der islamistische Ikonoklasmus in der Gegenwart an. Der Wahhabismus hatte sich von der Arabischen Halbinsel aus schon früh Richtung Pakistan und Nordindien ausgebreitet, und die damals in Afghanistan regierenden Taliban sympathisierten mit der radikalen Lehre des Wahhabismus. Die Buddha-Statuen von Bamiyan galten als die berühmtesten und weithin bekannten Denkmäler vorislamischer Zeit im Land. Ihre Errichtung soll bereits im 2. Jahrhundert während der Herrschaft des Kuschan-Herrschers Kanischka begonnen haben, ihre Vollendung wird jedoch gemeinhin ins 6./7. Jahrhundert datiert, eine Einordnung, die inzwischen auch Radiokarbondaten bestätigen. Die beiden aus dem Konglomeratgestein herausgearbeiteten und 55 m bzw. 38 m hohen Figuren waren ursprünglich mit einer Lehmputzschicht überzogen, die die äußere Feinmodellierung über dem groben Gesteinsuntergrund ermöglichte und eine bunte Bemalung trug, von der noch Teile erhalten waren.[24] Beide galten als die weltweit größten Buddha-Figuren. Sie standen in diesem 2500 m hoch gelegenen Tal in Zentralafghanistan, durch das seit der Antike wichtige Handelswege zwischen Europa und China bzw. Indien verliefen. Der chinesische buddhistische Pilger Xuan Zang beschrieb die Statuen 632 zum ersten Mal voller Bewunderung.

Über ein Jahrtausend muslimischer Herrschaft ließ die beiden kolossalen Buddha-Statuen von Bamiyan relativ unbeschadet die Zeiten überstehen, auch wenn es immer wieder zu Attacken kam, bei denen zuerst Schmuck, Gesichter und Hände verloren gingen. Möglicherweise begannen bilderstürmerische Attacken auf die beiden Buddha-Figuren sogar schon vor der Islamisierung dieser Region. Im 5. und 6. Jahrhundert nämlich griffen die Hephthaliten, auch Weiße Hunnen genannt, buddhistische Klöster im Tal an und sollen eine Mönchssiedlung bei Bamiyan selbst verwüstet haben.[25] Von den Saffariden wurden die Klöster dieser Gebiete im 9. Jahrhundert erneut zerstört. Es ist also gut möglich, dass die massive Zerstörung der Gesichter der beiden Buddhas von Bamiyan bereits in vorislamischer Zeit erfolgte.[26] In arabischen und persischen Schriftquellen des 10. bis 13. Jahrhunderts werden die monumentalen Buddha-Statuen von Bamiyan jedenfalls gerühmt.[27]

Nachdem schon Ende des 19. Jahrhunderts mit Artillerie auf sie gefeuert worden war, wobei man besonders auf den Bereich der Geschlechtsteile gezielt hatte,[28] begann 1994 schließlich der ‹Kreuzzug› der Taliban gegen die buddhistische Kultur Afghanistans. Im ganzen Land, insbesondere in Städten wie Kabul, Herat u. a., vernichteten sie immer wieder sowohl Skulpturen als auch wunderbare kalligraphische Zeugnisse.

In den späten 1990er Jahren dann gab es in den Führungskreisen der Taliban eine intensive Diskussion darüber, ob die Buddha-Figuren von Bamiyan gesprengt oder bewahrt werden sollten. Mullah Omar, der Kalif der Taliban, erließ 1999 Dekrete zum Schutz des kulturellen Erbes, die auch als Schritt hin zu mehr internationaler Anerkennung verstanden werden konnten.[29] Scheinbar erst, nachdem die Vereinten Nationen 1999 umfassende Handelssanktionen gegen das Land erlassen hatten, die eine Hungersnot unter der Bevölkerung auslösten, änderten die Taliban ihre Politik.[30]

Nachdem das oberste Gericht der Taliban angeordnet hatte, sämtliche Statuen zu zerstören, gab Mullah Omar am 26. Februar 2001 den Befehl, die Statuen zu vernichten. Am 2. März 2001 begannen Einheiten der Taliban schließlich mit Sprengladungen, Flugabwehrkanonen und anderen schweren Waffen ihr Vernichtungswerk.[31] Parallel dazu wurden noch weitere, weniger bekannte Buddha-Figuren der Umgebung gesprengt und die Bestände buddhistischer Kultur im Nationalmuseum von Kabul und an anderen Orten, derer man habhaft werden konnte, geplündert und zerstört.

Die ganze Aktion wurde auch noch filmisch dokumentiert und verbreitet, was sie zu einem besonders barbarischen Akt von performativem Ikonoklasmus machte, der sich letztendlich auch gegen das als ‹westlich› empfundene Konzept von Weltkulturerbe richtete.[32] Auf jeden Fall sollte die Welt von der Entschlossenheit der Taliban zur Durchsetzung ihrer religiösen Vorstellungen beeindruckt werden, was durchaus gelang, denn der Schock saß tief.[33] Der Zeitpunkt der Zerstörung war dabei kein Zufall, fand aber im Westen kaum Beachtung: Er fiel nämlich mit der heiligsten Periode im islamischen Mondkalender jenes Jahres zusammen, mit dem sogenannten Opferfest, das jedes Jahr zum Höhepunkt des Haddsch, des Wallfahrt nach Mekka, über einige Tage begangen wird.

In den internationalen Reaktionen und Medienberichten wurde dieser barbarische Akt der Auslöschung eines «Weltwunders»[34] einhellig auf das Schärfste verurteilt.[35] Eine solch absichtsvolle Vernichtung von Kulturdenkmälern ohne jede militärische Notwendigkeit wider jegliche den Islam seit Jahrhunderten kenn-

Die im Film festgehaltene und anschließend weltweit verbreitete Zerstörung der Buddha-Statuen von Bamiyan war ein besonders brutaler und verabscheuungswürdiger Akt von religiös begründetem performativem Ikonoklasmus. Der propagandistische Missbrauch dieser barbarischen Vernichtung erreichte ein bis dahin noch nicht gekanntes Ausmaß. Die Fotos mit den Sprengwolken der Zerstörung zeigen die Wucht und Gewalt dieser Tat; dadurch gruben sich diese Bilder in besonderer Weise in das kollektive Gedächtnis der Weltöffentlichkeit ein.

zeichnende religiöse Toleranz wurde fortan als «Bamiyasation-Phänomen» bezeichnet.[36] Die UNESCO geißelte die Aktion als «Verbrechen gegen das gemeinsame Erbe der Menschheit».[37]

Mullah Omar rechtfertigte die Sprengung mit dem Hinweis, es habe sich nur um Götzen und Gottheiten von Ungläubigen gehandelt, weshalb er die ganze Aufregung in der Welt nicht verstehe; schließlich habe man nur «Steine gebrochen».[38] Für die Taliban war die Vernichtung der Buddha-Statuen jedoch auch eine Gelegenheit, ihre eigenen Landsleute und den Rest der ganzen islamischen Welt von ihrer religiösen Entschlossenheit zu überzeugen.

In diesem Kontext war es in der Sorge um den Erhalt dieser Monumente einerseits zwar verständlich, andererseits aber auch wenig hilfreich, als das New Yorker Metropolitan Museum of Art während des Höhepunkts des Haddsch den Taliban das Angebot unterbreitete, für den Abtransport sämtlicher beweglicher Kulturgüter aus Afghanistan zu bezahlen, um diese sicherzustellen und später dem Land evtl. wieder zurückzugeben.[39] In Wahrheit dürfte sich die Situation dadurch noch verschärft haben.[40] Denn Mullah Omar stellte daraufhin seinen Leuten im afghanischen Radio die suggestive Frage, ob man ein Zerstörer oder ein Verkäufer von Götzen sein wolle.[41]

Während es im Afghanistan der Taliban keine Presse gab, die darauf hätte reagieren können, ist ein Blick in die pakistanischen Medien durchaus interessant. Dabei ist wichtig zu wissen, dass es zwischen den Taliban und dem extrem religiös-konservativen Teil der pakistanischen Gesellschaft bis heute sehr enge Verbindungen gibt. In den fast ausschließlich in Urdu verfassten Medien, welche die Meinung dieser Kreise der pakistanischen Bevölkerung wiedergaben, wurde der Protest gegen den barbarischen Zerstörungsakt von Bamiyan deutlich übertönt von Vorwürfen an die westliche Hypokrisie. Mangelnde Betroffenheit bei der Vernichtung islamischer Denkmäler wie überhaupt die fehlende Solidarisierung, was die Unterdrückung muslimischer Bevölkerungsanteile von Kaschmir über Palästina bis Bosnien anging, standen dabei im Vordergrund.[42]

Mit dem Hinweis darauf, dass es in Afghanistan gar keine Buddhisten mehr gebe, die diese Statuen anbeten könnten, widersprachen die Taliban vehement dem Vorwurf, dieser Akt sei eine Verletzung der vom Islam garantierten Toleranz gegenüber Angehörigen einer anderen Religionsgemeinschaft. In den Rechtfertigungsversuchen Mullah Omars klang durchaus an, dass man die Zerstörung als rituelle Opferhandlung betrachtete. Die Präsenz der Buddha-Statuen bedeutete für sie eine gravierende Unreinheit auf dem Boden des islamischen Afghanistan, die nicht nur leibhaftig zu entfernen, sondern auch symbolisch zu entsühnen gewesen sei. Mit dem Hinweis auf die Tatsache, dass die Statuen überhaupt so lange geduldet worden seien, machten sie die Degeneration und Verwestlichung der islamischen Gegenwartsgesellschaft deutlich, die zu bekämpfen sie sich schließlich zum Ziel gesetzt hatten.[43]

Überdies beklagten die Taliban, dass es umgekehrt keine weltweiten Proteste gegeben habe, als militante Hindus 1992 die Babri-Moschee im indischen Ayodhya zerstörten und bei den anschließenden Unruhen über 2000 Menschen zu Tode kamen.[44] Die Sprengung der Buddhas von Bamiyan sei auch Vergeltung dafür.[45] In diesem Kontext ist jedoch die Tatsache in Erinnerung zu rufen, dass es sich bei der Babri-Moschee ursprünglich wiederum um einen Hindu-Tempel gehandelt hatte, der im Zuge der muslimischen Eroberung dieser Region dem Erdboden gleichgemacht worden war; auf seinen Überresten war dann auf Befehl des Mogulherrschers Babur 1528 die Babri-Moschee errichtet worden.[46]

Durch die geschickte Verknüpfung von Bamiyan mit der Babri-Moschee gelang es den Taliban, einen Teil der radikaleren muslimischen Öffentlichkeit für sich einzunehmen und den dramatischen ikonoklastischen Akt mit dem Kampf der Muslime gegen Unterdrückung und Zerstörung ihres religiösen Lebens zu verweben. Die Beispiele zeigen, dass sich diese Region an der nordwestlichen Peripherie des Indischen Subkontinents zu fast allen Zeiten in einer gefährlichen Gemengelage ethnischer, religiöser und politischer Interessen und Gegensätze befand.

Zweifellos verstärkte die fehlende internationale Anerkennung der Taliban, ja ihr regelrechter Ausschluss aus der internationalen Gemeinschaft, ihre Radikalität. Der Vorwurf der Selbstgerechtigkeit des Westens, sich um «Steine» zu sorgen, aber die durch die Wirtschaftssanktionen des Westens ausgelösten Hungersnöte der afghanischen Bevölkerung zu ignorieren, war immer wieder zu hören. Die von den Taliban als wahrhafte «Ikonisierung» empfundene Wahrnehmung der Buddha-Figuren im Westen verstärkte ihren Zorn noch.[47] Ihre Zerstörung kann als eine Abwehrreaktion auf die politisch, ökonomisch und kulturell als hegemonial empfundene Tradition aufklärerischen Denkens des Westens gesehen werden, weswegen auch das Museum als Institution in den Fokus der Taliban geraten war.[48]

Des Weiteren ist zu berücksichtigen, dass die Region um Bamiyan von den Hazara besiedelt war, einer von den Taliban besonders verfolgten ethnischen Minderheit. Die Hazara hatten sich der Angriffe lange erfolgreich zu erwehren gewusst, ehe sie letztlich unterlagen und es im Januar 2001, kurz vor der Sprengung der Buddha-Statuen, bei Yakaolang zu einem Massaker an den Hazara kam, das dem Westen übrigens keiner Erwähnung wert war.[49] Obwohl die Hazara schiitischen Glaubens sind, hatten die Buddha-Figuren von Bamiyan für sie eine enorme symbolische Bedeutung. Deshalb bedeutete die Vernichtung der Statuen auch einen wirkmächtigen Angriff auf ihre kulturelle Identität. Ein weiterer Grund für die Sprengung der Statuen könnte darin liegen, dass die Hazara sie als männliche und weibliche Figur betrachteten, für die radikalislamischen Taliban aber die Darstellung alles Weiblichen in der Öffentlichkeit zu bekämpfen war.[50]

Afghanistan wurde – unabhängig von der bewussten und gezielten Zerstörung von Kulturgütern und Denkmälern – in den Jahrzehnten des Kriegs und Bürgerkriegs seit der sowjetischen Invasion 1979 vollständig ausgeplündert. Dabei handelte es sich zwar nicht um ikonoklastische Akte, jedoch um eine Bereicherung auf Kosten der kulturellen Überlieferung des Landes. Die Not der Bevölkerung machte sie vielfach zwangsläufig zu Mittätern bei der Plünderung von Museen, Grab- und anderen Ausgrabungsstätten. Die Drahtzieher des großen Geschäfts waren jedoch andere, die im Ausland, meist in Pakistan, saßen und von dort aus den internationalen Antiken- und Kunsthandel bedienten. Seit der Bronzezeit war Baktrien ein Durchgangsgebiet wichtiger Handelsrouten und ein Schmelztiegel von Kulturen, Völkern und Religionen. Griechen, Perser und Sogdier prägten die Entwicklung geistig und materiell, hinzu kommen die eindrucksvollen Spuren der Kuschan-Zeit, der Gandhara-Kultur, der Moghul-Herrschaft und der islamischen Zeit.

Vieles von den materiellen Hinterlassenschaften dieser Epochen verbrannte in zerbombten Museen oder wurde heimlich dem Boden entrissen, um auf dem illegalen Antikenmarkt zu landen.[51] Auch im benachbarten Nordpakistan begann in jenen Jahren, von der Weltöffentlichkeit weitgehend unbeachtet, die Zerstörung buddhistischer Denkmäler, Felsbilder und Stupas, vielfach wurden sie gesprengt und im Falle der Stupas, wo man im Inneren wertvolle Weihegaben vermutete, schlicht geplündert.[52]

Nach der Sprengung der Buddha-Figuren von Bamiyan 2001 und dem nachfolgenden, durch eine internationale Militärintervention herbeigeführten Ende der Taliban-Herrschaft begann man ab 2002 mit der Dokumentation und Sicherung der Schuttkegel der beiden gesprengten Statuen. Zwar gab es Meinungen, denen zufolge dieser Ort der Zerstörung quasi als Mahnmal so belassen werden sollte, wie er war, vieles sprach jedoch dagegen. So mussten einerseits die brüchig gewordenen Felsnischen gegen weiteren Einsturz gesichert werden, andererseits erbrachte die Beräumung der Trümmerhaufen in den Nischen große Mengen zum Teil tonnenschwerer Fragmente, die sich noch bestimmten Partien der beiden Figuren zuordnen ließen.[53]

Dieser Bestand muss auf Dauer gesichert werden; verbliebe er in den Schuttkegeln, würde er im Laufe der Jahre aufgrund der Klimaeinwirkungen zu Sand und Staub zerfallen. Überdies ließen die Bruchstücke viele wertvolle Details in der Außengestaltung der Buddhas erkennen, die so noch nicht bekannt waren, etwa mit welcher Technik der Lehmverputz aufgebracht und befestigt worden war, ehe er eine detailliertere Ausarbeitung der Bekleidungsdetails mit Faltenwürfen usw. ermöglichte. Ob diese Fragmente künftig in Hallen oder unter Schutzdächern ausgelegt werden oder vielleicht eines Tages in der Tat bei einer Anastylose Verwendung finden könnten, bei der vorhandene, aber aus dem ursprünglichen Zusammenhang gelöste Bestandteile wieder zusammengesetzt werden, wird die Zukunft zeigen. Der Verlust bleibt schmerzhaft und ist unwiederbringlich.

TIMBUKTU UND DIE EREIGNISSE IN MALI

Mit Bamiyan vom Ansatz her vergleichbare ikonoklastische Aktionen gab es 2012 in Mali, die von den islamistischen Milizen Ansar Dine und einem nordafrikanischen Al-Qaida-Ableger durchgeführt wurden. Beträchtlichen Nachschub erhielten diese Gruppierungen durch plötzlich ‹arbeitslos› gewordene Söldner, die nach dem Sturz Gaddafis aus dem zerfallenen Libyen zurückkehrten. Nachdem es im Januar 2012 in der malischen Hauptstadt Bamako zu einem Militärputsch gegen die im Amt befindliche Regierung gekommen war, versuchten die Tuareg im Norden einen eigenen, unabhängigen Staat zu gründen. Zwar gelang es ihnen, mehrere wichtige Städte wie Kidal, Gao und Timbuktu zu erobern, doch kurz darauf wurden sie von Ansar Dine und Al-Qaida im Islamischen Maghreb wieder aus diesen Zentren vertrieben. Die Islamisten errichteten daraufhin ihr eigenes Regime, das mit beträchtlichen Kulturzerstörungen, insbesondere in der alten Metropole Timbuktu, verbunden war.[54]

Timbuktu entstand zu Beginn des 12. Jahrhunderts als Handelsstadt am Niger. Aufgrund seiner herausgehobenen strategischen Lage an einer der Haupthandelsachsen für den Transsahara-Handel zwischen Mittelmeer im Norden und tropischem Afrika im Süden gewann die Stadt schnell an Bedeutung und entwickelte sich zu einer der blühendsten Metropolen dieses Teils von Afrika.

Nach seiner Gründung stand Timbuktu vom 11. bis 16. Jahrhundert nacheinander unter der Herrschaft der westafrikanischen Reiche von Ghana, Mali und Songhai. Die Blütezeit der Stadt fällt in das 14./15. Jahrhundert, als das alte Königreich Mali Europa mit wichtigen Goldlieferungen versorgte. In dieser Zeit erreichte auch der in Granada geborene Forschungsreisende Leo Africanus (1485–1556?), von dem die ältesten Berichte stammen, im Auftrag des marokkanischen Sultans die Region.[55]

Aus dieser Zeit datieren auch die bedeutendsten Bauwerke Timbuktus. Im 14. Jahrhundert waren die Djinger-ber- und die Sankoré-Moschee errichtet worden. Hinzu kamen etliche weitere Moscheen und zahlreiche Mausoleen berühmter Persönlichkeiten. Die meisten dieser Denkmäler stehen auf der Welterbeliste der UNESCO. Immer mehr entwickelte sich die Stadt zu einem Zentrum der Wissenschaft und Sitz einer überregionalen Verwaltung. Timbuktu zog Gelehrte aus vielen Ländern an, überwiegend der muslimischen Welt, und galt schließlich als intellektuelles Zentrum, das weit über die Subsahara-Region und Westafrika hinauswirkte.

Neben ihrer Bedeutung für den Transsahara-Handel wurde die Stadt aber auch bis nach Europa als Buchhandelszentrum bekannt. Muslimische Gelehrte aus dem Maghreb und dem subsaharischen Afrika brachten nicht nur Handschriften aus verschiedenen islamischen Ländern und Epochen nach Timbuktu, sondern kopierten und verfassten dort auch zahllose Texte, die inhaltlich von islamischem Recht sowie Mathematik bis zu Chroniken und religiöser Dichtung reichten. Die ca. 300 000 Bände umfassenden sogenannten Timbuktu-Manuskripte entstanden zwischen dem 12. und 20. Jahrhundert und sind als eine erst in Anfängen erfasste Quelle von unschätzbarem Wert für die Geistesgeschichte des Maghreb, Westafrikas und der gesamten islamischen Welt. Der riesige Bestand wurde bis 2012 in 35 privaten Bibliotheken sowie in den Archiven des staatlichen Ahmed-Baba-Instituts verwahrt.[56]

Als Ansar Dine und Al-Qaida im Islamischen Maghreb im April 2012 nach Kidal und Gao auch Timbuktu eroberten, begannen sie umgehend mit der Zerstörung von Kulturdenkmälern. Von insgesamt 16 auf der Welterbeliste der UNESCO stehenden Mausoleen wurden elf vernichtet.[57] Hinzu kamen Verwüstungen von Sufi-Schreinen, und auch eine in religiöser Hinsicht sehr bedeutsame Tür in der aus dem 15. Jahrhundert stammenden Sidi Yahya-Moschee, die dort als eine Art Reliquie verwahrt wurde, fand keine Schonung.[58] Ein Sprecher von Ansar Dine ließ die Welt überdies wissen, dass alles, was außerhalb Malis als «Welterbe» gelte, sofort ausgelöscht werden würde. Die Terroristen wussten also sehr genau, was sie taten, und ihnen war bewusst, dass sie diese Zerstörungen im Blickfeld der öffentlichen Aufmerksamkeit duchführten. Auch hier kann man also, ähnlich wie im Falle von Bamiyan, durchaus von einem performativen Ikonoklasmus sprechen, der nicht nur barbarische religiöse Ansichten umsetzte, sondern auch als Provokation einer für machtlos gehaltenen westlichen Welt gedacht war.

Als den Terroristen bewusst wurde, dass die Timbuktu-Manuskripte ebenfalls zum UNESCO-Welterbe zählten und in der westlichen Welt für außerordentlich wichtig gehalten wurden, versuchten sie auch diese zu vernichten. Es gelang jedoch, die wertvollen Handschriften und historischen Drucke nach und nach in Metallkisten verpackt und mit Hilfe von unauffälligen Kleintransportern versteckt zwischen anderen Waren nach Süden ins sichere Bamako zu evakuieren. Jedes Fahrzeug hatte höchstens zwei Kisten mit Manuskripten geladen, um im Falle einer Entdeckung den Verlust möglichst gering zu halten. Dies bedeutete umgekehrt, dass im Laufe von acht Monaten über 1200 Fahrten notwendig waren, ehe über 95 Prozent der Manuskripte vor der sicheren Zerstörung gerettet waren.[59]

Allerdings ist nach der Verlagerung vom trockenen Norden in den feuchteren Süden auch die Klimaveränderung zu einer Gefahr für diesen herausragenden Bestand geworden, der nun mit westlicher Hilfe umfassend konservatorisch und restauratorisch behandelt sowie erschlossen und erforscht wird. Die Texte liefern dabei nicht nur wichtige und oft auch ganz neue Einblicke in Wis-

Die intellektuelle Geschichte der mittelalterlichen und neuzeitlichen Handels- und Wissenschaftsmetropole Timbuktu spiegelt sich in Zehntausenden von bedeutenden Manuskripten aus dem 12. bis 20. Jahrhundert, die von unschätzbarem kulturellem Wert sind und zum UNESCO-Welterbe zählen wider. Nur durch findige Retter, die sie unauffällig in Metallkisten verpackt und zwischen anderen Handelswaren in Kleinlastern gestapelt nach Süden brachten, wurden sie vor der Vernichtung durch Islamisten der Terrorgruppe Ansar Dine bewahrt. Die Abbildungen zeigen unter anderem die Sicherung einer Manuskriptseite und Dr. Abdel Kader Haïdara vor den verpackten Schätzen.

senschaft und Geistesleben dieser Region, sondern enthalten zudem wichtige Belege für Papierherstellung und Papierhandel. Interessanterweise bestanden nämlich die meisten Manuskripte aus europäischem Wasserzeichenpapier,[60] was weitere Einblicke in die Qualität und Vielfalt der Fernbeziehungen jener Jahrhunderte bietet.

Timbuktu und die Ereignisse im Norden Malis sind unter den Beispielen von performativem islamistischem Ikonoklasmus aus zweierlei Gründen jedoch ein Sonderfall: Erstens konnte der Schatz der Timbuktu-Manuskripte für die Nachwelt gerettet werden und zweitens gelang es erstmals, einen für die Zerstörungen der Mausoleen und anderer Denkmäler in Timbuktu hauptverantwortlichen Anführer von Ansar Dine, Ahmad al-Faqi al-Mahdi, zur Rechenschaft zu ziehen. Er wurde im September 2016 vom Internationalen Strafgerichtshof zu neun Jahren Haft verurteilt, weil seine Kulturzerstörungen in Timbuktu als Kriegsverbrechen gewertet wurden.

DIE VERHEERUNGEN DES IS IN SYRIEN UND IRAK

Das kulturelle Erbe Mesopotamiens gilt zu Recht als Wiege der Zivilisation. Doch schon vor den systematischen Zerstörungen durch den sogenannten Islamischen Staat (IS) waren Raubgräberei und illegaler Antikenhandel zu einer ernsthaften Bedrohung der Überlieferung Vorderasiens geworden. Hinzu traten in den letzten Jahren und Jahrzehnten Plünderungen und Zerstörungen antiker Stätten, die im Zusammenhang mit militärischen Auseinandersetzungen standen. Dies galt schon für den Krieg zwischen Iran und Irak von 1980 bis 1988 sowie für den Golfkrieg 1990/91 zur Befreiung Kuwaits, erst recht aber für die sogenannten Kollateralschäden bei der Invasion des Irak durch US-amerikanische Truppen im Jahre 2003,[61] als unter anderem inmitten der antiken Stadt Babylon ohne Rücksicht auf die historische Bedeutung dieser Stätte ein Hubschrauberlandeplatz des US-Militärs eingerichtet wurde. Die Sandsäcke dazu füllte man mit Kulturschutt aus der Ruine Babylon selbst.

Einen ersten Höhepunkt erreichte der Verlust von Kulturgut in der Plünderung des Nationalmuseums von Bagdad 2003, die keineswegs nur als ein spontaner Akt von plötzlichem Vandalismus bewertet werden darf, sondern offenbar genau geplant war. Vor den Augen des US-Militärs hatten die Plünderer mehrere Tage Zeit, wertvollste Objekte aus dem Gebäude des Museums herauszutragen.[62] Gleichzeitig war dies erst der Anfang, denn der Raub der wertvollsten Stücke dieses Museums, von denen etliche glücklicherweise später zurückgewonnen werden konnten, stellte in gewisser Weise das Fanal dar für die zum Teil vollständigen und quasi in industriellem Ausmaß durchgeführten Plünderungen vieler antiker Orte und auch die Zerstörung von Museen und Bibliotheken mit Sammlungen und Beständen von Weltrang.[63]

Bedeutende Grabungsplätze, wie beispielsweise die altorientalische Metropole Isin südöstlich von Bagdad, waren nicht mehr wiederzuerkennen: Sie ähnelten Baustellen mit Baggern, Bulldozern und Lastwagen, übersät von riesigen Trichtern und Löchern, in denen Grabräuber nach Wertvollem suchten. So erging es unzähligen antiken Orten im Irak. Bis zur US-Intervention waren nur etwa 15 Prozent des Staatsgebietes archäologisch erfasst. Man zählte ca. 15 000 Fundstätten, doch Schätzungen von Fachleuten zufolge lag ihre Zahl im ganzen Land bei mehreren Hunderttausend.[64] Sie alle, sofern obertägig erkennbar, waren potentiell durch Raubgrabungen gefährdet und unzählige wurden tatsächlich in Mitleidenschaft gezogen. Ganze Lastwagenladungen von Antiken verließen in diesen Jahren wöchentlich den Irak, um dem weltweiten illegalen Antikenmarkt zugeführt zu werden.[65] Im Jahre 2005 wurden von US-Truppen im nordwestlichen Irak mehrere Aufständische festgenommen, in deren Bunkern sich nicht nur Waffen und Kampfausrüstung befanden, sondern eben auch unzählige Antiken, darunter Stücke, die zwei Jahre zuvor aus dem Nationalmuseum von Bagdad gestohlen worden waren.[66] Dies unterstreicht, wie eng Terrorismus und illegaler Vertrieb von geraubten Antiken im Nahen Osten miteinander verbunden sind.

Mit der Barbarei des sogenannten Islamischen Staats (IS) erreichte die Zerstörung des kulturellen Erbes im Nahen Osten jedoch eine neue Dimension. Diese seit 2003 aktive, aber zunächst keine große Rolle spielende Terrormiliz, auch als ISIS (Islamischer Staat in Irak und Syrien), ISIL (Islamischer Staat in Irak und der Levante) oder – auf Arabisch – als «Daesch» bezeichnet, wurde über die Jahre aufgrund ihrer Radikalität, ihrer Grausamkeit und Rücksichtslosigkeit zu einem immer größeren Machtfaktor im Nahen Osten. War der IS anfangs ideologisch noch enger mit Al-Qaida verbunden, so suchte er bald seinen eigenen Weg.[67]

Ab 2014 wurde der IS zu einer immer ernsteren Bedrohung für das kulturelle Erbe in Irak und Syrien. Zu den Gründungsgestalten dieser Terror-Organisation, die sich nur ‹Staat› nannte, ohne jemals einer zu sein, gehörte der Jordanier Abu Musab al-Zarqawi, der schon 1989 in Afghanistan gegen die Sowjets gekämpft hatte, danach zurückkehrte, sich 1999 bis 2000 erneut in Afghanistan aufhielt und dort Ausbildungscamps für Mudschahidin gründete.[68] Nach dem US-Einmarsch im Irak 2003 fiel al-Zarqawi, der al-Qaida nahestand, dort durch zahlreiche schwere Anschläge auf, etwa gegen die schiitische Hauptmoschee in Bagdad mit über 125 ermordeten Betenden. In den Folgejahren tat er sich immer wieder durch auch persönlich vorgenommene und gefilmte Enthauptungen westlicher Geiseln und weitere blutige Attentate auf Schiiten hervor. 2005 gab es erste Überlegungen zur Gründung einer eigenen Terror-Organisation, aus der später der IS hervorging. Am 2. Februar beging al-Zarqawi einen seiner folgenschwersten Anschläge auf die Goldene Moschee von Samarra, eines der bedeutendsten Heiligtümer der Schiiten im Irak. Der Angriff führte im Gegenzug im ganzen Land zu Angriffen von Schiiten auf die sunnitische Bevölkerung und zu ersten ethnischen Säuberungen, im Zuge derer Sunniten aus ganzen Stadtvierteln vertrieben wurden; genau das sollte mit dieser Attacke erreicht werden. Am 5. Oktober 2006 schließlich erfolgte die Ausrufung des «Islamischen Staat im Irak» als Vorgänger von ISIL, ISIS bzw. IS, nachdem al-Zarqawi einige Monate zuvor bei einem Luftangriff ums Leben gekommen war.[69]

Der eigentliche Aufstieg des späteren IS begann aber erst in den Jahren danach, nachdem ab 2010 Abu Bakr al-Baghdadi die Führung übernommen hatte und mit seiner Organisation in Konkurrenz zu al-Qaida trat. Als Folge des syrischen Bürgerkriegs und des Staatszerfalls im Irak, beides wirkte als Brandbeschleuniger, nahm die Zahl seiner Anhänger aus aller Herren Länder 2014 stark zu, die – fanatisch und zur Radikalisierung bereit – bis 2017 große Teile Syriens und des Nordirak eroberten. Bereits 2014 war in Mossul ein Kalifat des IS unter Führung von Abu Bakr al-Baghdadi ausgerufen worden.[70] In seinem Herrschaftsbereich bildete der IS, der erst 2017 vernichtend geschlagen werden konnte, staatsähnliche Strukturen aus, war aber nie ein Staat im Sinne des Völkerrechts, sondern wurde von Anfang an als terroristische Vereinigung betrachtet und bekämpft.[71] Seine Mitglieder machten sich zahlreicher Anschläge, Massenhinrichtungen, der Zerstörung des kulturellen Erbes der Menschheit, des Völkermords, zum Beispiel an den Jesiden, und anderer grausamer Kriegsverbrechen gegen Turkmenen und Christen schuldig.[72]

Neben schwersten Menschenrechtsverletzungen sind es vor allem die kulturellen Hassverbrechen, welche die kruden Vorstellungen des IS widerspiegeln. Diesen zufolge musste jegliche Vielfalt, ethnische, kulturelle wie religiöse, bis aufs Äußerste bekämpft und vernichtet werden. Seit 2014 wurden von den IS-Terroristen systematisch die Hinterlassenschaften und Zeugnisse der assyrischen und christlichen Kunst und Kultur in Syrien zerstört: Kirchen, Schreine und Gräber.[73] Dabei waren der menschlichen Vorstellungskraft kaum Grenzen gesetzt; hinzu kam jedoch auch die Habgier skrupelloser Händler, die all das für den IS zu verwerten suchten, was nicht der Vernichtung anheimfiel.[74]

Direkt nach der Eroberung der nordirakischen Stadt Mossul 2014 wurde durch den IS die Bibliothek zerstört, wobei wertvolle Manuskripte verbrannten.[75] Überraschend daran ist, dass die Terrororganisation sogar solche Denkmäler und Kulturgüter vernichtete, die dem eigenen islamischen Kulturkreis entstammten. So ließen die radikalsunnitischen Terroristen in Mossul sogar ganze Bibliotheken sunnitischer Theologen im Feuer aufgehen. Dies könnte darauf hindeuten, dass der IS letztlich unklare religiöse Ziele verfolgte.[76] Seine Schergen sprengten Moscheen, zerstörten Heiligengräber und erklärten die archäologische Wissenschaft für unislamisch und verboten sie. Teilweise wurden diese Maßnahmen sogar noch zu einer heiligen Pflicht erhoben.[77] Die Ermordung und Vertreibung der Christen von Mossul folgte einer gängigen Strategie: Die Auslöschung von Kulturerbe war immer verbunden mit der Vernichtung der diese Denkmäler tragenden Menschen, und die schockierenden Menschenrechtsverletzungen reichten bis zu Enthauptungen, Verstümmelungen, Verbrennungen und Versklavungen.[78]

Die systematischen Zerstörungen und Sprengungen in Ninive, Nimrud und Hatra, drei herausragende antike Stätten des Irak, überraschten die Weltöffentlichkeit ebenso wie das Wüten im Museum von Mossul. Ein im Internet verbreitetes Video zeigte, wie Extremisten des IS eine im Museum stehende assyrische Türhüterfigur aus Ninive,[79] der im Stadtgebiet von Mossul gelegenen assyrischen Königsstadt, mit Vorschlaghämmern zertrümmerten. Die Assyrer verehrten diese Mischwesen aus Tierkörper und menschlichem Gesicht aus dem 7. Jahrhundert v. Chr. als Schutzgottheiten, für die Terroristen des IS war die Türhüterfigur nicht mehr als ein Götze, dessen Verehrung verboten war und der deshalb zerstört werden musste. Dies war jedoch insofern bemerkenswert, als die vom IS zerstörten Zeugnisse altorientalischer Kulturen heute gar nicht mehr angebetet wurden und damit gar keine Bedrohung des wahren Islam darstellen konnten; dennoch wurden sie vernichtet.[80]

Der ca. 5 Minuten lange Film des IS zeigte, wie auch andere übermenschengroße Skulpturen zerschlagen oder so umgestürzt wurden, dass sie in viele Fragmente zersprangen. Dazu wurde erklärt, dass diese Statuen der Vielgötterei gedient hätten, weshalb sie im Namen Allahs und des Propheten zerstört worden seien. Geschickt bedienten sich die IS-Terroristen modernster Kommunikationsmittel, um ihre Botschaft zu verbreiten, die Wirkung ihrer Angriffe auf spektakuläre Weise zu maximieren, ihre uneingeschränkte Macht für jedermann sichtbar zu machen und den Hass auf allen Kanälen global zu verbreiten.[81]

Auch das Grab des biblischen Propheten Jonas innerhalb der Mauern des antiken Ninive und die später darüber errichtete Moschee mitsamt dem Schrein des Propheten Seth, des dritten Sohnes von Adam und Eva, wurden vor den Augen der Anwohner in die Luft gesprengt.[82] Vor der Zerstörung hatte man den Schrein noch geplündert und wertvolle Gegenstände aus der Moschee an einen unbekannten Ort verbracht. Darunter gruben Angehörige des IS später mehrere Tunnel, offenbar, um an wertvolle Antiken zu gelangen. Nachdem Anfang 2017 Mossul zurückerobert worden war und Archäologen auf diese Tunnel aufmerksam wurden, bemerkten sie, dass der IS dort auf einen unberührten assyrischen Palast und eine Grabstätte gestoßen war, die nun systematisch erforscht werden sollen. Wie viele Objekte der IS dort für den illegalen Antikenmarkt jedoch bereits geraubt hatte, bleibt offen. Der Palast ist vermutlich dem assyrischen König Sanherib zuzuweisen, der Ninive im 7. Jahrhundert v. Chr. zur Hauptstadt seines assyrischen Großreichs gemacht hatte.

Im Anschluss an Ninive attackierten IS-Schergen auch die ca. 30 km südöstlich von Mossul gelegene, im 13. Jahrhundert v. Chr. gegründete Königsstadt Nimrud.[83] Berichten zufolge fuhren die Terroristen mit Bulldozern durch die antike Stätte und transportierten mit Lastwagen wertvolle Antiken für den Verkauf ab. Auch hier wurden die Schandtaten des IS per Video dokumentiert und im April 2015 zu Propagandazwecken im Internet weltweit verbreitet. Dabei ist zu sehen, wie erneut Skulpturenschmuck und Reliefs mit Pressluft- und Vorschlaghämmern zertrümmert werden und, besonders schockierend, wie der assyrische Palast im Zentrum von Nimrud vollständig gesprengt wird. Ähnliche Informationen kamen im Frühjahr 2015 auch aus Hatra, einem bedeutenden Zentrum des Partherreichs aus dem 1. bis 3. Jahrhundert n. Chr. und Hauptstadt des ersten arabischen Königreichs.[84] 10 km südwestlich von Mossul gelegen, verfügte es – ähnlich wie Palmyra – noch über sehr gut erhaltene antike Architektur.[85]

Mossul, Ninive, Nimrud und Hatra sind die bekanntesten Namen, die für den barbarischen Vernichtungswillen des IS in seinem nordirakischen Machtbereich während der Jahre 2014 und 2015 standen.[86] Das wahre Ausmaß des Kulturgutverlustes, den der IS dort verursachte, ist immer noch nicht annähernd abzuschätzen. Die filmisch dokumentierte Vernichtung antiker Stätten war religiös motivierter performativer Ikonoklasmus in seiner perfidesten Ausprägung und eine Kampfansage an das westliche Konzept von Kulturerbe sowie an das kollektive Gedächtnis der Menschen im Irak. Die Zerstörung von Denkmälern und die systematische Ausplünderung von historischen Orten gingen dabei stets Hand in Hand. Der IS beförderte die Raubgräberei, kontrollierte gleichzeitig das Netzwerk der Plünderer und illegalen Händler und bereicherte sich an jenem schwunghaften Antikenhandel, der von Irak und Syrien aus wertvolle Kulturgüter in alle Welt vertrieb. Auch wenn illegaler Antikenhandel in dieser Region auf eine lange Tradition zurückblickt, so erreichte er unter dem IS eine neue Dimension.[87]

Das Schlimmste sollte jedoch noch folgen. Nicht genug mit den Zerstörungen in Mossul, Ninive, Nimrud und Hatra, auch Palmyra wurde bald von den Schergen des IS heimgesucht und steht heute gleichsam symbolhaft für das bedrohte und zerstörte Weltkulturerbe der Menschheit. Ihre Blütezeit erlebte die Stadt nach ihrer Eingliederung in das Römische Reich im 1. Jahrhundert n. Chr., aus dieser Zeit und den Jahrhunderten danach stammten auch die meisten noch stehenden oder teilweise rekonstruierten Bauwerke. Palmyra genoss eine gewisse Autonomie innerhalb der römischen Provinz Syria und erkämpfte sich im 3. Jahrhundert unter der legendären Königin Zenobia zeitweise auch eine gewisse Unabhängigkeit, weshalb die Römer die Stadt 273 eroberten und zerstörten. Die Lage an wichtigen Karawanenstraßen – eine Trasse der Seidenstraße endete hier – und bedeutende Wasserquellen inmitten eines Wüstengebietes bescherten Palmyra eine blühende Entwicklung; es entstand eine wohlhabende Metropole mit prachtvollen öffentlichen Bauten.[88]

Das Schicksal dieser antiken Handelsstadt, die multikulturell, multiethnisch und multireligiös geprägt war und dadurch wie kaum ein anderer Ort im Nahen Osten für friedliches Zusammenleben und Toleranz stand, war nach der Einnahme durch den IS am 20. Mai 2015 absehbar. Man rechnete mit systematischen Zerstörungen, aber die schlimmsten Befürchtungen wurden hier noch einmal übertroffen.[89] Die syrische Antikendirektion konnte glücklicherweise vor dem Fall Palmyras alle beweglichen Kulturgüter evakuieren und dadurch vor ihrer Vernichtung retten, darunter über 400 Skulpturen und figürlich verzierte Reliefs, die den Bilderstürmern des IS auf jeden Fall zum Opfer gefallen wären.

Das antike Theater der Stadt wurde zur Kulisse für gefilmte Hinrichtungen, wobei die Gesichter der Opfer wie auch der Täter deutlich zu erkennen waren. Eine öffentliche Hinrichtung wurde als rituelles Fest organisiert, als Auftakt zur Zerstörung der Kunstwerke.[90] Der Kulminationspunkt der Barbarei war die barbarische Hinrichtung des Archäologen von Palmyra, Khaled al-Asaad: Nach endlosen Torturen in der Gefangenschaft des IS wurde er enthauptet, sein Körper an den Füßen aufgehängt und sein vom Körper getrennter Kopf aufrecht darunter positioniert, man machte ihn «zum verkehrten Bild seiner selbst».[91] Damit war ein klares Zeichen an die Weltöffentlichkeit gesendet, dass es in der Vernichtung des antiken Palmyra keine Grenzen geben würde.

Die systematisch durchgeführten und erneut zu Propagandazwecken gefilmten Zerstörungen des IS konzentrierten sich auf die bekanntesten und zugleich bedeutendsten Monumente, die in römischer Zeit errichtet worden waren. Als Erstes wurde die Cella des Baalshamin-Tempels gesprengt, eines der Hauptwerke von Palmyra, dessen Geschichte verschiedene Kulturen und Religionen in sich vereinte: Ursprünglich einer phönizischen Gottheit geweiht, diente er in der Folgezeit als Tempel römischer Göt-

Im Jahr 2015 folterten und enthaupteten IS-Terroristen den syrischen Archäologen Khaled al-Asaad. Er hatte von 1963 bis 2003 als Generaldirektor von Palmyra die Geschicke dieser einzigartigen Ausgrabungsstätte geleitet und war der versierteste Forscher auf diesem Gebiet. Seine Mörder versuchten, dem alten Mann Auskunft über verborgene Schätze abzupressen, die sie dann im illegalen Antikenhandel verhökern wollten, um sich und ihre Untaten auf diesem Wege weiter zu finanzieren. Das Bild zeigt die Sprengung des 2000 Jahre alten Bel-Tempels in der antiken Stadt Palmyra. Dieses UNESCO-Welterbe fiel wie der größte Teil Palmyras dem IS zum Opfer. Die Stadt Palmyra lag in der Antike an einem Schnittpunkt der römischen und orientalischen Welt. Die Zerstörung dieser Stätte, in der über Jahrhunderte Vertreter unterschiedlichster Kulturen friedlich miteinander auskamen, bedeutet einen ungeheuren Verlust für die Menschheit.

ter, danach als christliche Kirche und zuletzt als Moschee; doch auch das rettete ihn nicht vor der Zerstörung. Der Bel-Tempel, das größte, bedeutendste und am besten erhaltene antike Gebäude der ganzen Stadt, wurde danach ebenfalls Opfer des IS.[92] Mit der erneut per Video dokumentierten Sprengung dieser nach Qualität und Ausmaß einzigartigen Anlage wollte man nicht nur den Willen zur endgültigen Vernichtung aller vorislamischen Kulturen unterstreichen, sondern – im Rausch der eigenen Selbstüberschätzung – verkünden, dass selbst ein Angriff auf den Petersdom in Rom nur mehr eine Frage der Zeit sei.[93]

Die Stadt Palmyra wurde in ihrer Geschichte mehrfach erobert und zerstört, doch den Bel-Tempel und das ihn umgebende Areal hatte man stets respektiert, sowohl bei der Eroberung durch die Römer als auch bei der Christianisierung und der späteren Islamisierung dieser Region. Nicht so der IS, der dieses ‹Weltwunder der Antike› dem Erdboden gleichmachte.

Weitere Zerstörungen erstreckten sich auf die berühmten Grabtürme in der Westmetropole von Palmyra, die dort in den ersten Jahrhunderten nach Christus entstanden waren. Grabmonumente repräsentieren Ewigkeit, doch auch diese Aussage sollte bewusst ausgelöscht werden. Darüber hinaus wurden der antike Triumphbogen von Palmyra, ein dreibogiges Monumentaltor, sowie etliche Säulen entlang der bekannten Säulenstraße zerstört.[94] An einigen Säulen hatte der IS zuvor Menschen aufgehängt, die dann zusammen mit den Säulen in die Luft gejagt wurden.[95]

In den barbarischen Aktionen des IS in Palmyra taucht immer wieder die Verbindung zwischen Hinrichtung und Ikonoklasmus auf, Mensch und Kunstwerk werden hier in gewisser Weise gleichermaßen der Vernichtung ausgesetzt. Zwischen der Misshandlung von Menschen und der Verwüstung von Denkmälern und Kunstwerken wurde bewusst kein Unterschied mehr gemacht.[96] Das Grauenhafte im Vorgehen des IS bestand darin, dass auf den im Internet verbreiteten Bildern nicht bereits ermordete ‹Feinde› zur Schau gestellt wurden, sondern man den Vorgang ihrer Verstümmelung und Hinrichtung gezielt zum Bild machte.[97] Palmyra stellte den vorläufigen Höhepunkt in der schlimmsten Barbarei gegen Menschen und Kulturgüter dar.

Ein wichtiger Bereich, der zu einer vielleicht noch größeren Zerstörung von Kulturerbe führt, ist die illegale Archäologie mit Raubgrabungen und der illegale Antikenhandel. Letzterer war – Schätzungen der UNESCO zufolge – inzwischen vor allem durch die Aktivitäten des IS in Syrien und Nordirak zu einem bedeutenden Zweig der organisierten Kriminalität geworden.[98]

Charakteristisch für die neue Qualität der illegalen Archäologie ist die Professionalität, mit der sie insbesondere von extremistisch-terroristischen Gruppen dschihadistischer Ausrichtung betrieben wird. Der IS profitierte in erheblichem Maße von den Einkünften, die er durch Raubgrabungen und illegalen Antikenhandel erzielte. Die damit verbundenen Strukturen und Netzwerke sind außerordentlich komplex und noch kaum bekannt, sicher ist aber, dass sie ein globales Ausmaß besitzen.[99]

Berichten zufolge ließ der IS nicht selbst graben, sondern ermutigte die Bevölkerung dazu, der angesichts ihrer Not aufgrund von Krieg und Bürgerkrieg oft kaum andere Einkunftsquellen zur Verfügung standen. Die Erlöse aus den Verkäufen flossen direkt in die Kriegskasse des IS zum Erwerb von Waffen und Munition.[100] Zeitweise sollen nach Geheimdienstinformationen die illegale Ausfuhr und der unerlaubte Verkauf von Antiken mit 15 bis 20 Prozent die zweitgrößte Einnahmequelle für den IS gewesen sein.[101] Die Angaben zum Wert der geschmuggelten Objekte variieren allerdings sehr stark. Allein im Jahre 2013 soll der Wert der aus Syrien stammenden und in die USA eingeführten und dort deklarierten Antiken um 134 Prozent auf über 11 Millionen Dollar gestiegen sein. Dies gibt eine ungefähre Vorstellung von der Dimension des Kulturgutverlustes, zumal die Dunkelziffer sogar noch erheblich höher gelegen haben dürfte.[102]

Satellitenbilder zeigten nicht nur den Einsatz von Lastwagen und Baggern, wie man das im Irak schon seit vielen Jahren kannte, sondern auch regelrechte Lager zum Sortieren der Kunstbeute, von wo aus sie dann – zum Teil auf regelrechte Bestellung hin – ins

Ausland verkauft wurde.[103] Zur Wahrheit gehört, dass an diesem schwunghaften illegalen Handel mit Antiken neben dem IS auch viele andere Akteure beteiligt sind.

Tatsache ist, dass der IS eben nicht nur aus religiös-ideologischen Gründen antike Kunstwerke öffentlichkeitswirksam vernichtete, sondern gleichzeitig die Fundstätten auch systematisch plünderte, um sich am weltweiten illegalen Verkauf von beweglichem Kulturgut zu bereichern und seine Kriege zu finanzieren. So wurden vermutlich ohnehin nur solche Monumente gesprengt, die man nicht ohne weiteres hätte abtransportieren können.[104]

Einen wichtigen Schritt im Kampf gegen die illegale Archäologie stellte in Deutschland die Novellierung des Kulturgutschutzgesetzes im Jahre 2016 dar, das neue Einfuhrregelungen beschloss. Danach können in Deutschland nur mehr solche Antiken legal verhandelt werden, die über eine Ausfuhrgenehmigung des Ursprungslandes und einen Herkunftsnachweis verfügen. Ferner sind weitreichende Sorgfalts- und Auskunftspflichten für den Handel festgeschrieben. Doch das eigentliche Problem ist weniger der offizielle Kunst- und Antikenhandel, der sich an diese Vorgaben hält, sondern der graue Markt, der vielfach über das Internet und andere, weniger bekannte Wege agiert und Antiken in alle Welt vertreibt.

Um dem besser begegnen zu können, müssten die Rahmenbedingungen in Deutschland verbessert werden: So wären etwa Bundes- und Landeskriminalämter sowie Zollbehörden personell aufzustocken und im Hinblick auf die besonderen Anforderungen zur Unterbindung illegalen Antikenhandels entsprechend zu schulen. Ferner ist es unabdingbar, sogenannte Dunkelfeldforschung zu betreiben, um auf diese Weise mehr über den illegalen Handel mit Kulturgütern zu erfahren: Wie funktioniert dieser Handel, wer sind die Akteure, wieweit reichen ihre Netzwerke und wie ist ihr *modus operandi*? Solche Untersuchungen sollten interdisziplinär angelegt sein und die Zusammenarbeit archäologischer Forschungseinrichtungen mit Ermittlungsbehörden ermöglichen. Nur so lassen sich wirksame Strategien entwickeln und Gegenmaßnahmen treffen. Dafür braucht es belastbares Zahlenmaterial, einen Praxisleitfaden mit Handlungsempfehlungen im Kulturgüterhandel, eine Datenbank von legal und illegal gehandeltem Kulturgut, eine Speicherung verdächtiger Auktionen und eine App zur Unterstützung von Ermittlern.[105]

12. SCHLUSSBETRACHTUNG

FORMEN VON IKONOKLASMUS

In der Ikonoklasmus-Forschung werden vor allem drei Motive unterschieden: Kulturzerstörung aus ökonomischen, ideologischen und religiösen Gründen.[1] Beim ökonomischen Ikonoklasmus geht es darum, sich mit den Verkaufserträgen der aus Kulturstätten und anderen Denkmälern geplünderten Objekte zu bereichern – wohl wissend, dass der historisch bedeutsame Kontext damit unwiederbringlich zerstört wird. Der ideologische Ikonoklasmus zielt hingegen darauf ab, Symbole und repräsentative Zeichen einer vergangenen Zeit und eines für verwerflich erachteten und aus «Gründen des Fortschritts» dringend zu überwindenden Systems zu zerstören, um jegliche Erinnerung daran auszulöschen. Demgegenüber speist sich der religiöse Ikonoklasmus aus dem Hass gegen Bilder einer anderen Religion sowie aus dem Kampf gegen Idolatrie und Götzendienst.

Dieses Schema ist einerseits zwar auf die in diesem Buch vorgestellten Fälle zwar prinzipiell anwendbar, wird andererseits aber deren Komplexität nicht vollständig gerecht, weshalb der Autor eine differenziertere Betrachtung bevorzugt. Eine wichtige Frage lautet, ob es sich bei einem Ikonoklasmus lediglich um eine Politik der ungezügelten Gewalt gehandelt oder ob er sich zu einer politischen Theologie und damit zu einer Form von Macht und

Herrschaft entwickelt hat. In einem solchen Rahmen können ikonoklastische Aktionen auch zu einem Ordnungsphänomen werden.[2]

In der Antike waren bewusste Kulturzerstörungen nicht ausschließlich, aber doch in erster Linie politisch motiviert, weshalb wir von *politischem Ikonoklasmus* sprechen können. Das galt auch für die Zerstörung des Tempels von Jerusalem im Jahre 70, mit der die Römer das Zentrum der jüdischen Identität und damit auch des jüdischen Widerstands ausschalten wollten. Zugleich begann damit aber auch etwas, das sich in der Spätantike nicht nur nahtlos fortsetzte, sondern im Kontext von Kulturzerstörungen geradezu prägend wurde: die Konfiszierung und Verwertung der Tempelschätze. Dies war mehr als nur eine Begleiterscheinung.

Bei dem für die Spätantike vor allem im Osten des Reichs so charakteristischen Kampf zwischen Christentum und Paganismus wurden die Tempelzerstörungen zu einem religiös konnotierten politischen Programm, weshalb man von einem *antipaganen Ikonoklasmus* sprechen kann. Durch die Plünderung und Neuverwendung der in den heidnischen Heiligtümern gehorteten Werte – insbesondere Edelmetall, aber auch Grundbesitz spielte eine Rolle – kam es zu einer erheblichen Vermögensumverteilung. Der Zugriff auf diese Ressourcen bedeutete nicht nur wirtschaftliche, sondern am Ende auch politische Macht. Dabei spielten gerade christliche Bischöfe eine herausgehobene Rolle – brachte ihnen die Güterumverteilung doch auch Einfluss am Kaiserhof in Konstantinopel. Insofern würde es zu kurz greifen, die Vorgänge jener Zeit als ausschließlich religiös motiviert zu verstehen.

Im byzantinischen Bilderstreit ging es zunächst um eine bildtheologische Frage: War es zulässig, Gott und Heilige menschengleich darzustellen und im Bild zu verehren? Bei Lichte betrachtet erweist sich diese religiöse Kontroverse als eher vordergründig. Zentrales Anliegen des byzantinischen Bildersturms im 8. und 9. Jahrhundert war die Bekämpfung der stark angewachsenen wirtschaftlichen und dadurch letztlich auch politischen Macht der Kirche und insbesondere der Klöster. In einem quasi *antiklerikalen bzw. antimonastischen Ikonoklasmus* zerstörte man ihre Bilder, raubte ihr Vermögen und enteignete ihren Grundbesitz zu Gunsten des Staates.

Im 15. Jahrhundert verbanden sich ähnliche bildtheologische Fragen mit einer fundamentalen Kritik an der Verweltlichung des Papsttums sowie an der Bereicherung der römisch-katholischen Kirche durch den Ablasshandel und das System des Seelgeräts, wodurch der Klerus gleichermaßen Wohlhabenden und auch der ärmeren Landbevölkerung hohe Abgaben für ihr Seelenheil abverlangte. In Zusammenschau damit bildeten die Hussitenkriege in Böhmen und der grausame ‹Gottesstaat› des Savonarola in Florenz nur Präludien der ungleich weiter ausgreifenden Bilderstürme der Reformation des 16. Jahrhunderts; nicht zufällig betrachtete Martin Luther Jan Hus und Girolamo Savonarola als seine Wegbereiter. Die Reformation ist auch als Reaktion darauf zu verstehen, dass in den Jahrhunderten zuvor ein Großteil der erwirtschafteten Erträge der Kirche zufiel bzw. in den Kult investiert wurde. Bei der Plünderung und Zerstörung von Bildern und Altären ging es daher vor allem um einen Angriff auf den Katholizismus des römischen Papstes und um eine Umverteilung seines Vermögens zu Gunsten des protestantischen Staates, weshalb man von einem *antirömischen bzw. antipapalen Ikonoklasmus* sprechen könnte. Der Bildersturm der Reformation barg aber auch eine sozialrevolutionäre Unterströmung, deren Gedankengut indes im 16. Jahrhundert noch nicht weiter zur Entfaltung kam. Die Gelegenheit dazu, diese Strömung zu stärken, hätte sich im Bauernkrieg 1524 bis 1526 geboten, der Luther aber zutiefst suspekt war.

Als später die Ideen der Aufklärung im Zuge der Französischen Revolution politisch und gesellschaftlich gestaltend wirkten und ein über Jahrhunderte gewachsenes System erschütterten und schließlich zu Fall brachten, begann eine neue Epoche der europäischen Geschichte. In Form eines wahrhaft *revolutionären Ikonoklasmus* zielte die damit verbundene und zeitweise geradezu hemmungslose Kulturzerstörung auf die Vernichtung der vermeintlichen und tatsächlichen Symbole des Ancien Régime. Erstmals wurden dabei nicht nur die Bilder des alten Systems zerstört, sondern endeten auch viele seiner Träger auf der Guillotine.

Eng damit verbunden war ein quasi *säkularer Ikonoklasmus*, zu dem es in anderen europäischen Ländern schon vor und dann besonders nach der Französischen Revolution im Zuge der Verstaatlichung von Kircheneigentum gekommen war. Sofern es sich dabei um Kunstwerke handelte, wurden sie der religiösen Sphäre entzogen, wodurch sich die Kunst endgültig vom Glauben emanzipieren konnte.

Das 19. Jahrhundert gilt nicht zuletzt als die Zeit, in der der Kolonialismus seinen Höhepunkt erreichte und die europäischen Mächte die Welt unter sich aufteilten, sofern sie nicht schon in den vorangegangenen Jahrhunderten von ihnen in Besitz genommen worden war: Die spanischen Konquistadoren, die im Laufe des 16. Jahrhunderts die Hochkulturen der Azteken und Maya im heutigen Mexiko sowie das Inka-Reich im andinen Südamerika vernichteten, gingen ebenso gnadenlos wie verheerend vor. Dabei war ihr Ziel nicht nur die völlige Ausbeutung dieser Gebiete, sondern auch die Auslöschung von Kultur, Religion und damit der Identität der indigenen Bevölkerung. Hinzu kam deren radikale Dezimierung durch zahllose Massaker; den Rest besorgten von den Eroberern eingeschleppte Infektionskrankheiten. Insofern kann man von einem *kulturellen Ikonoklasmus von genozidalem Ausmaß* sprechen.

Gemetzel an der Zivilbevölkerung sowie die völlige Ausplünderung und Vernichtung von kulturell besonders bedeutsamen Stätten kennzeichneten auch das Vorgehen westlicher Kolonialmächte in China am Ende des Zweiten Opiumkriegs 1860 sowie vor allem bei der Niederschlagung des Boxeraufstands 1900/01. Plünderung und Zerstörung waren aber auch für die britische Eroberung des Königreichs Benin in Westafrika 1897 charakteristisch. Dabei ging es allerdings nicht darum, die jeweiligen Kulturen auszulöschen und die Bevölkerung zu dezimieren, vielmehr betrachteten die Kolonialmächte Zerstörung, Raub und Weiterverkauf der Beute sowie gelegentliche Exekutionen als legalen Teil der offiziellen Kriegsführung in Kolonialgebieten außerhalb Europas. Man sah sich nicht veranlasst, die 1899 in der Haager Landkriegsordnung erstmals festgeschriebenen Rücksichten auch in diesen Europa fernen Gebieten zu nehmen; dies fiel umso leichter, als man diese Aktionen schlicht zu «Strafexpeditionen» deklarierte. Deshalb könnte man in diesem Fall von einem *kolonialen Ikonoklasmus* sprechen. Allerdings erregte dieses durch und durch grausame Vorgehen in Übersee – weil es eben doch längst nicht mehr den Gepflogenheiten europäischer Kriege entsprach –, in der Heimat gleichwohl zunehmende öffentliche Kritik.

Der Erste Weltkrieg – die oft beschworene Urkatastrophe des 20. Jahrhunderts – präsentierte sich als erste industriell durchorganisierte militärische Auseinandersetzung: Entsprechend dem hohen Technisierungsgrad forderte sie Millionen Todesopfer und mündete in einer vollständig destabilisierten Welt. Gezielte Kulturzerstörungen, auch verbunden mit Massakern an der Zivilbevölkerung, spielten indes nur zu Beginn des Kriegs im Herbst 1914 eine Rolle. Die wahren Gründe für die Angriffe der deutschen Armee auf emblematische historische Gebäude und Bibliotheken in Belgien sind bis heute nicht vollends geklärt. Da das deutsche Militär das kulturelle Erbe der historischen Zentren des belgischen Katholizismus offenbar absichtlich ins Visier nahm, muss man wohl von einem *kulturellen Ikonoklasmus* sprechen, der möglicherweise Teil einer psychologischen Kriegsführung war, die auf die Demoralisierung der gegnerischen Seite abzielte. Sollte das tatsächlich die Strategie gewesen sein, so ging sie jedenfalls nicht auf.

Obschon die russische Oktoberrevolution von 1917 gewisse Parallelen zur Französischen Revolution von 1789 aufwies, auch was Verfolgung und Hinrichtung ihrer Gegner betraf, bestand der fundamentale Unterschied in einem grundsätzlich anderen Umgang mit dem kulturellen Erbe. Zwar kam es im Zuge von Unruhen und revolutionärem Chaos in den ersten Wochen zur

Zerstörung von Kulturgütern – besonders Symbole des zaristischen Regimes wurden absichtlich zerstört –, doch verfolgten die Bolschewiken keine gezielte ikonoklastische Strategie. Im Gegenteil, man erkannte den in der Kunst gebundenen materiellen Wert, verstaatlichte sie und bewahrte sie als Volkseigentum, um danach so viel wie möglich davon ins Ausland zu verkaufen. Dies erfolgte in der Regel auf Kosten und auch gegen den Wunsch und Willen der betroffenen Kultureinrichtungen. Auf diese Weise sollten die Devisenkassen für die bevorstehende Weltrevolution gefüllt werden. Das Entfernen von Kunstwerken aus ihrem Kontext, ob Kirche oder Museum, war – durch Beschlagnahme und Ausverkauf – ebenfalls eine Art von Kulturzerstörung, eine Art von *merkantilem* oder *Verwertungs-Ikonoklasmus*.

Den absoluten Tiefpunkt im Umgang mit Kunst, Kultur und kulturellem Erbe bildeten der Nationalsozialismus in Deutschland und seine Eroberungs- und Vernichtungskriege in Europa. Die Nazis praktizierten die radikalste vorstellbare Negation der Moderne auf allen Gebieten künstlerischen Schaffens. Ihr Vernichtungsfeldzug richtete sich dabei jedoch nicht nur gegen die Moderne, sondern auch gegen ihre Urheber und Träger. Die rückblickend immer noch unfassbar erscheinende Räumung von Tausenden von Werken sogenannter «entarteter Kunst» aus sämtlichen öffentlichen Sammlungen und deren gezielte Zerstörung bzw. deren späterer Ausverkauf zur Devisenbeschaffung zeugten vom erbarmungslosen Vernichtungswillen der Nationalsozialisten. Dies galt auch für die Auslöschung jüdischen Lebens und jüdischer Kultur in ihrem Machtbereich sowie für die begonnene Zerstörung der polnischen und russischen Kultur in den besetzten Gebieten Osteuropas. Gezielte Kulturzerstörungen gingen einher mit dem Holocaust, dem Massenmord an den europäischen Juden, und der als Plan bereits bestehenden, umfassenden Dezimierung und ‹Germanisierung› der slawischen Völker Osteuropas. Insofern handelte es sich um einen zutiefst *rassistischen Ikonoklasmus von genozidalem Ausmaß*, der in der Geschichte seinesgleichen sucht.

Die Kulturzerstörungen im maoistischen China richteten sich von Anfang an gegen Tempel, Kultbilder und andere Relikte der feudalen Vergangenheit, und zwar im chinesischen Mutterland ebenso wie im nach 1949 wieder angegliederten Tibet, und waren begleitet von Verfolgungen, Hinrichtungen und Massakern. Die von Mao zu seinem Machterhalt mobilisierten Roten Garden verantworteten in der von Mao initiierten sogenannten Kulturrevolution zwischen 1966 und 1976 so manchen Exzess dieses *ideologischen Ikonoklasmus*. Ähnliche Maßnahmen gegen Religion und Kultur ergriffen die Roten Khmer unter der Führung von Pol Pot während ihrer nur wenige Jahre dauernden Schreckensherrschaft in Kambodscha, wobei Millionen von Menschen, insbesondere Angehörige der Eliten und der Stadtbevölkerung, grausam ermordet wurden.

Der Zerfall des ehemaligen Jugoslawiens in den 1990er Jahren führte zu langjährigen militärischen Auseinandersetzungen, die zahllose Opfer unter der Zivilbevölkerung forderten. Wie so oft in ethnischen Konflikten, die auch mit Vertreibungen bzw. ethnischen Säuberungen verbunden waren, wurde das kulturelle Erbe aufgrund seiner Bedeutung für die Identität der verschiedenen Bevölkerungsgruppen gezielt zerstört. Dabei geriet insbesondere das architektonische Erbe ins Fadenkreuz, weil katholische Kirchen für Kroaten, orthodoxe Gotteshäuser für Serben und Moscheen für muslimische Bosnier, Herzegowiner und später auch Kosovaren standen. Trotzdem war es kein religiöser, sondern ein ethnischer Konflikt. Entsprechend handelte es sich bei den damit verbundenen Kulturzerstörungen um keinen religiösen, sondern um einen *ethnischen Ikonoklasmus*.

Die auf den Wahhabismus zurückgehende militante islamistische Haltung gegenüber Bildern, die ähnlich wie von den Ikonoklasten der europäischen Reformation als Götzen diffamiert wurden, schockierte im frühen 21. Jahrhundert die Weltöffentlichkeit. Dazu gehörten die Sprengung der kolossalen Buddha-Figuren von Bamiyan durch die Taliban, die Zerstörung der bedeutenden Heiligengräber von Timbuktu durch islamistische Terrorgruppen aus Nordmali und die kulturellen Hassverbrechen des sogenannten Islamischen Staats (IS) in Mossul, Ninive, Nimrud, Hatra und Palmyra. In allen diesen Fällen hatten wir es mit der Vernichtung von Weltkulturerbe zu tun, die von den Tätern als rituelle Opferhandlung inszeniert wurde. Es waren Attacken auf das als hegemonial empfundene aufklärerische Denken des Westens und dessen Konzept von Welterbe – Attacken, die regelmäßig mit schwersten Menschenrechtsverletzungen, insbesondere im Machtbereich des IS einhergingen. Die filmische Dokumentation der Zerstörungen und ihre weltweite Verbreitung über das Internet ließen diese von Terrorgruppen verübten Schandtaten zu besonderen Akten eines *performativen, quasi-religiösen Ikonoklasmus* werden. Er war vielfach, wie im Falle der Hazara in Afghanistan oder der Jesiden im Irak, mit ethnischen Säuberungen bzw. Massakern verbunden.

Wenn man so will, gehört auch die Zerstörung der Twin Towers des World Trade Center in New York am 11. September 2001 in eben diesen Kontext – standen sie doch symbolhaft für die bis dato ungebrochene und unantastbare wirtschaftliche und politische Vorherrschaft der einzig verbliebenen Supermacht USA. Ihre Zerstörung durch zwei entführte und in die Türme gelenkte Verkehrsflugzeuge erzeugte wirkmächtige und immer noch allgegenwärtige Bilder, die ihresgleichen suchen.[3]

Die Ikonoklasmen des 20. und frühen 21. Jahrhunderts richteten sich dabei nicht nur gegen Symbole und Bilder, sondern auch gegen Menschen. Die Religionen und Konfessionen früherer Epochen wurden durch Ideologien im Sinne ‹politischer Religionen› abgelöst, die totalitäre Züge annahmen. Deren Symbole konnten fast wieder einen ähnlichen Kultwert wie religiöse Bilder früherer Zeiten erreichen. Die Träger dieser totalitären Ideologien – Nationalsozialismus, Bolschewismus, Maoismus oder die Gedankenwelt der Roten Khmer – übten ihre gegen Kulturgüter wie Menschen gerichteten Gewalttaten nie mit dem Ziel auf jenseitige, sondern stets auf irdische ‹Erlösung› aus. Das unterscheidet ihr Handeln grundsätzlich vom performativen, quasireligiösen Ikonoklasmus des islamistischen Extremismus zu Beginn des 21. Jahrhunderts, bediente dieser sich doch einer wahrlich archaisch-religiösen Komponente. Dabei sind es nicht Staaten, sondern zunehmend nichtstaatliche Akteure wie der IS, die bestimmte kulturelle Identitäten oder religiöse Gemeinschaften unterdrücken oder vernichten[4].

Die Konflikte des ausgehenden 20. und des 21. Jahrhunderts, in denen es zu intentionellen Kulturzerstörungen gekommen ist (Bosnien, Kosovo, Afghanistan, Irak, Syrien u. a.), sind Begleiterscheinung einer neuartigen Konfliktform, nämlich interner, innerstaatlicher Auseinandersetzungen oder auch Bürgerkriege. Diese nahmen seit dem letzten Jahrzehnt des vergangenen Jahrhunderts deutlich zu, während gleichzeitig zwischenstaatliche Kriege seltener wurden. Im Zuge solcher Konflikte werden Kulturgüter in zweierlei Hinsicht in Mitleidenschaft gezogen und zerstört: Zum einen geht es bei solchen Auseinandersetzungen massiv um die Manifestierung von Identität miteinander ringender ethnischer oder religiöser Gruppen, was Kulturgüter zu einem wichtigen und bevorzugten Ziel werden lässt und Teil der psychologischen Kriegsführung ist. Dabei handelt es sich um die intentionelle Vernichtung von Kulturgütern, die aus rein militärischen Gründen selten zwingend wäre. Zum anderen werden gerade solche nichtstaatlichen Konflikte in der Regel durch sogenannte Schatten- oder auch Kriegsökonomien am Laufen gehalten, und dazu gehört das Plündern von archäologischen Stätten und anderen Kulturdenkmälern und der illegale Weiterverkauf der dabei entdeckten und aus dem historischen Kontext gerissenen Objekte; dies ist die indirekte Vernichtung von Kulturgütern, die für Kriminelle und Aufständische zunehmend attraktiv geworden ist[5].

Aufgrund dieser Begleiterscheinungen von Konflikten seit den 1990er Jahren spricht man inzwischen auch von «neuen Kriegen» oder «neuen Nationalismen»[6], die dadurch gekennzeichnet sind, dass es vermehrt um Nationalität, Identität und Gruppenzugehörigkeit geht, wobei diese Gruppen ethnisch, sozial, religiös, politisch, territorial und auch sprachlich definiert sein können. Kulturgüter sind dabei eine enorm wichtige symbolische Ressource, die erstens das Zusammengehörigkeitsgefühl und den Zusammenhalt einer Gemeinschaft stärken kann, die ihr zweitens ein verbindendes und gleichzeitig klar von anderen Gruppen zu unterscheidendes symbolisches Repertoire zur Verfügung stellt, und die drittens auch in der Lage ist, mit Hilfe von Erinnerung, Ritualen und Mythen eine Kontinuität zu zurückliegenden Generationen herzustellen oder wiederzubeleben.

Das Ziel solcher «neuen Kriege» zwischen nichtstaatlichen Akteuren ist häufig die Zerstörung von tradierter Geschichte und kollektiver Erinnerung – was bis zu ethnischen Säuberungen reichen kann – sowie deren Ersetzung durch neue Konstrukte. Solche Prozesse werden insbesondere in schwachen, gescheiterten oder zerfallenden Nationalstaaten möglich, die dabei selbst gar nicht mehr als Akteure in Erscheinung treten, sondern durch kriminelle oder terroristische Gruppen unterwandert und letztlich ersetzt werden. Diese bestimmen dann immer mehr die militärische und politische Agenda[7]. Derartige Auseinandersetzungen, die in den letzten zwei bis drei Jahrzehnten erheblich zugenommen haben, sind für Kulturgüter inzwischen erheblich bedrohlicher geworden als die klassischen früheren Konflikte um Machtgleichgewicht und Hegemonie, selbst wenn es sich dabei um Stellvertreterkriege während des Kalten Kriegs gehandelt hat.

KULTURZERSTÖRUNG VERSUS VERMÖGENSUMVERTEILUNG UND AUSVERKAUF

Trotz der unterschiedlichen historischen, religiösen, politischen, sozialen und kulturellen Kontexte der jeweiligen Beispiele von intentionellem Ikonoklasmus quer durch die Zeiten lässt sich die ökonomische Verwertung als bemerkenswerte Gemeinsamkeit und Konstante herausarbeiten. Stets waren Kulturzerstörungen und Bilderstürme auch mit Vermögensumverteilungen verbunden. Je weitreichender ein Ikonoklasmus angelegt war, desto drastischer gestalteten auch sie sich. Das ging so weit, dass sich mitunter die Frage nach den eigentlichen Gründen aufdrängt.

Es begann mit der Zerstörung des jüdischen Tempels von Jerusalem 70 n. Chr., bei der es auch um die Beschlagnahme des Tempelschatzes und dessen Verbringung nach Rom ging. Auch im antipaganen Ikonoklasmus der Spätantike spielte die Konfiszierung der mitunter sagenhaft reichen Ausstattungen der Heiligtümer mit Gold, Silber, Edelsteinen und anderen Kostbarkeiten eine entscheidende Rolle.

Der antiklerikale bzw. antimonastische Ikonoklasmus im Byzanz des 8. und 9. Jahrhunderts gründete sich wesentlich auf den Kampf gegen die wirtschaftliche Stärke der Klöster. Die Hussitenbewegung in Böhmen und die Schreckensherrschaft des Savonarola in Florenz richteten sich gegen Verweltlichung und Bereicherung des Papstes. Die Reformation des 16. Jahrhunderts in weiten Teilen Mittel- und Nordeuropas entzog der Kirche riesige Vermögenswerte und führte sie dem protestantischen Staat zu.

Der revolutionäre Ikonoklasmus der Französischen Revolution führte zunächst auch zu einem weitreichenden Ausverkauf von Kunstwerken und Erzeugnissen des Kunsthandwerks aus der Zeit des Ancien Régime, ehe die Kulturgüter schließlich in Museen zusammengezogen und geschützt wurden. Die Säkularisation des späten 18. und 19. Jahrhunderts war ohnehin eine klassische Enteignung von Kirchenbesitz und dessen Überführung in das Eigentum des Staates. Gemälde und andere Kunstwerke konnten sowohl in staatliche Museen übergeben als auch verkauft werden.

Koloniale Eroberungen waren unter dem Deckmantel von Zivilisierung und Missionierung in erster Linie mit Unterdrückung, Ausbeutung und Ausplünderung verbunden. Die Gier nach Gold der spanischen Konquistadoren war sprichwörtlich. Die in China einfallenden Truppen der Kolonialmächte im Zweiten Opiumkrieg oder bei der Niederschlagung des Boxeraufstands trugen die Verantwortung für Plünderungen ungeahnten Ausmaßes. Vieles aus dem Beutegut wurde später auf dem europäischen Kunstmarkt weiterverkauft. Nach der Eroberung des westafrikanischen Königreichs Benin refinanzierten die Briten auf diese Weise sogar einen Teil der Kosten ihrer «Strafexpedition».

Nach der Oktoberrevolution 1917 begannen die Bolschewiken mit dem Ausverkauf der in Kirchen, Palästen und Adelssitzen befindlichen Kulturgüter, der ab den späten 1920er Jahren auch auf die Sammlungen und Bestände von bedeutenden Museen, Schlössern und Bibliotheken ausgedehnt wurde, die zuvor als Volkseigentum verstaatlicht worden waren. Erforderten doch der Bürgerkrieg und die Modernisierung der jungen Sowjetunion riesige Summen an Devisen.

Einen ähnlichen Weg gingen die Nationalsozialisten bei der Verwertung der von ihnen beschlagnahmten «entarteten Kunst», die – sofern nicht vernichtet – über Kunsthändler des Regimes ins Ausland verkauft wurde, um an unverzichtbare Devisen für die Kriegswirtschaft zu kommen. Hinzu kam die verbrecherische Ausplünderung der entrechteten jüdischen Bevölkerung, die auch den Entzug ihrer Kunstwerke und Kulturgüter einschloss.

Der ideologische Ikonoklasmus im maoistischen China mit seinem Höhepunkt während der Jahre der Kulturrevolution führte nicht nur zu enormen Zerstörungen; zudem wurden zahllose Kunstwerke ins Ausland verkauft. Die Roten Khmer bauten während ihrer Schreckensherrschaft in Kambodscha sogar ein regelrechtes Netzwerk von Raubgräbern und Schmugglern auf, um geplünderte Kulturgüter auf internationalen Antiken- und Kunstmärkten zu verhökern.

Eine neue Dimension erreichte die systematische Plünderung antiker Stätten und anderer kulturell bedeutsamer Orte in Afghanistan sowie im ehemaligen Machtbereich des IS in Syrien und Irak. Die Taliban verkauften bevorzugt antike und buddhistische Altertümer aus den Museen des Landes ins Ausland. Der vom IS zu verantwortende performative, quasi-religiöse Ikonoklasmus führte nicht nur zu unfassbaren Kulturzerstörungen; vielmehr entstand durch den Ausverkauf von Antiken eine regelrechte Schattenwirtschaft, die auch zur Finanzierung des Terrorkriegs des IS beitragen sollte. Die dadurch angerichteten Verwüstungen kultureller Stätten verursachten wahrscheinlich größere Schäden am historischen Erbe als selbst die propagandistisch inszenierten und durchgeführten Sprengungen.

Bemerkenswert ist in so vielen dieser Fälle folgende Feststellung: Einerseits wurde die unbedingte Notwendigkeit der Vernichtung bestimmter Kunst- und Kulturgüter aus ideologischen oder religiösen Gründen propagiert, um Gefolgsleute an sich zu binden. Andererseits zögerte man nicht, solche Objekte stillschweigend in geheimen Depots zu sammeln und dadurch vor der Zerstörung zu bewahren, um sie schließlich im Ausland gegen dringend benötigte Devisen einzutauschen. Im eigenen Machtbereich, der ideologisch auf Linie gehalten werden musste, hängte man Letzteres jedoch ungern an die große Glocke. Dies haben NS-Verbrecher und IS-Terroristen in besonderer Weise gemeinsam; ähnliche Beobachtungen ließen sich jedoch auch bei vielen anderen Beispielen machen, die in diesem Buch vorgestellt wurden.

WEGE DER REGULIERUNG UND KULTURGUTSCHUTZ

Seit jeher war es das zentrale Anliegen von staatlichen Ordnungsorganen, Bilderstürme unter Kontrolle zu behalten. Während der Reformation sorgten diese Organe, die in der Regel selbst die ikonoklastischen Aktionen anordneten und organisierten, nicht selten dafür, dass vorher genaue Verzeichnisse der zu stürmenden Kirchen und Klöster angefertigt wurden. Die Gründe lagen auf der Hand: Zerstörungen sollten nicht in anarchische Vernichtungsorgien ausarten und dadurch jegliche öffentliche Ordnung ins Chaos stürzen. Ferner war bei Plünderungen durchaus entscheidend, wer welche Schätze unbeschadet davontrug und anschließend über sie verfügte. Überdies trug der antirömische bzw. antipapale Ikonoklasmus des 16. Jahrhunderts durchaus auch sozialrevolutionäre Ansätze in sich, an deren erfolgreicher Weiterentwicklung die neu entstandene protestantische Staatlichkeit nicht das geringste Interesse hatte.

Der revolutionäre Ikonoklasmus der Französischen Revolution verursachte ab 1789 zunächst enorme Schäden und Verluste an Kunst- und Kulturgütern, doch dann erließ die Nationalversammlung entsprechende Dekrete und setzte Kunst- und Denkmalkommissionen ein, die für eine neue Phase der französischen Kulturpolitik standen. Konfiszierte und in das Eigentum des Staates übergegangene Kunstwerke sollten nun nicht mehr zerstört, sondern stattdessen erhalten werden. Das war die Geburtsstunde eines neuen Verständnisses von Kulturerbe (franz. *patrimoine*), das in seinen Grundzügen bis heute gilt. Dieses neue Konzept war eng verbunden mit der Entstehung einer neuartigen Institution: des Museums.

Einerseits war die Kunst dadurch von der Religion und anderen kontextuellen Zwängen emanzipiert, andererseits war sie vorerst vor sinnloser Zerstörung geschützt – damit wurde der Weg in die Moderne beschritten. Gleichzeitig mussten jedoch die kulturellen Verheerungen, die im Zuge von Kolonialkriegen außerhalb Europas während des gesamten 19. Jahrhunderts angerichtet wurden, in scharfem und für jedermann sichtbarem Gegensatz zu diesem neuen Verständnis von Kulturerbe stehen.

Im Krimkrieg (1853–1856) waren erstmals nach 1815 wieder europäische Großmächte in einen militärischen Konflikt miteinander verwickelt, in dem Großbritannien und Frankreich das Osmanische Reich gegen Russland unterstützten. Die Verbesserung der Nachrichtentechnik und die verstärkte Verbreitung von Zeitungen führten dazu, dass die Öffentlichkeit in Großbritannien und Frankreich den Krieg, auch wenn er sich in der Ferne abspielte, intensiver wahrnahm als frühere Konflikte. Deshalb wurde die sich dort abzeichnende humanitäre Katastrophe auch in der Heimat zum Gegenstand des öffentlichen Diskurses.

Mit dem Indischen Aufstand (*Indian Mutiny*) 1857/58 und dem Zweiten Opiumkrieg (1856–1860) rückten schließlich außereuropäische Konflikte, die bislang eher als Kampf gegen Ungläubige oder als Einsatz für den zivilisatorischen Fortschritt und für Freihandel angesehen wurden, stärker in das europäische Bewusstsein. Eine solche christlich konnotierte *civilizing mission* rechtfertigte nach damaligem Verständnis den Einsatz militärischer Mittel.[8] Dazu gehörte auch das Beuterecht, zumal es in der zweiten Hälfte des 19. Jahrhunderts noch kein international kodifiziertes Landkriegsrecht gab, das entsprechende Regeln festgelegt hätte. In Europa wurde dieses Beuterecht im Zuge der Napoleonischen Kriege im frühen 19. Jahrhundert abgeschafft, nicht jedoch außerhalb Europas, wo es noch bis ins späte 19. Jahrhundert zur Anwendung kam. Insofern galten die Regeln einer zivilisatorischen Kriegsführung nur für die europäische Völkerfamilie. Mit ihr gleichberechtigt konnte nur betrachtet werden, wer nach entsprechenden abendländisch-christlichen Wertmaßstäben lebte und damit eine ähnliche Religion und Gesellschaftsstruktur vorweisen konnte.[9]

In der zweiten Hälfte des 19. Jahrhunderts kam es zu ersten Versuchen, den Schutz von Kulturgütern festzuschreiben. Am Anfang stand der *Lieber Code* des in Berlin geborenen und später in die USA emigrierten Francis Lieber von 1863. Zwar galt dieser nur für die amerikanische Armee, war also rein innerstaatlicher Natur, doch enthielt er bereits Passagen zum Schutz des Privateigentums, von Kulturwerten, Museumsgut und Kirchenschätzen.[10]

Im Jahre 1874 wurde auf Initiative des russischen Zaren Alexander II. in Brüssel eine internationale Konferenz einberufen, während der erstmals versucht wurde, das Landkriegsrecht zu kodifizieren und dabei auch entsprechende Schutzbestimmungen für Kulturgüter vorzusehen. Da keine Ratifizierung erfolgte, erlangte es jedoch nie völkerrechtliche Wirksamkeit, sollte aber immerhin eine wichtige Grundlage für die Haager Landkriegsordnungen von 1899 und 1907 bilden.[11]

Erneut war es das russische Zarenreich – diesmal auf Betreiben von Nikolaus II. –, das 1899 zu einer Ersten Haager Friedenskonferenz einlud, an der 26 Staaten teilnahmen. Man einigte sich auf den Schutz von Privateigentum sowie das Verbot von Plünderung und traf umfangreiche Regelungen zum Schutz jeglicher Art von

Kulturgütern: Danach sollten Denkmäler und Werke von Kunst und Wissenschaft weder entfernt noch zerstört oder beschädigt werden dürfen. Auf der Zweiten Haager Friedenskonferenz von 1907 wurden diese Bestimmungen zum Kulturgüterschutz weitgehend wortgleich übernommen und noch einmal von 44 Staaten unterzeichnet.[12]

Die großen Kulturzerstörungen im Sommerpalast Yuanmingyuan bei Peking 1860 und in der Hauptstadt des Königreichs Benin erfolgten vor der Ersten Haager Landkriegsordnung von 1899, die hemmungslosen Verwüstungen bei der Niederschlagung des Boxeraufstands in China 1900/01 jedoch danach. Dennoch fühlten sich die Invasionsmächte auch im letzteren Fall nicht an jene Regelungen gebunden, die sie gerade erst unterzeichnet hatten. Die Bezeichnung «Strafexpedition» war offenbar der Freibrief für Massaker und ungezügeltes Plündern und Zerstören. Je mehr man versuchte, militärische Auseinandersetzungen zwischen «zivilisierten» Staaten in Europa und Amerika zu regeln und dabei Kunst- und Kulturgüter vor absichtlicher Zerstörung und Plünderung zu bewahren, desto weniger fühlte man sich offenbar an den Geist dieser Konvention gebunden, wenn es um Kolonialkriege in Afrika oder Asien ging, die gegen «unzivilisierte» Völker geführt wurden, die man gar nicht als völkerrechtliche Subjekte anerkannte. Dies galt ebenso für das Königreich Benin, obwohl dieses seit dem 15. Jahrhundert geschätzter Handelspartner europäischer Mächte war. Da es die Haager Landkriegsordnung nicht unterzeichnet hatte, war es nicht geschützt. Zum Vereinigten Königreich, das diese Konvention immerhin auch für seine überseeischen Besitzungen unterschrieben hatte, gehörte Benin allerdings erst nach der Eroberung und Plünderung. Das führte zu der absurden Situation, dass Benin theoretisch erst dann geschützt war, nachdem es durch die Briten seiner Kulturschätze beraubt worden war.

Aber selbst in Europa hielten die guten Vorsätze nicht in jedem Fall, denn die Kulturzerstörungen der deutschen Armee in Löwen und anderen belgischen Städten zu Beginn des Ersten Weltkriegs im Sommer und Herbst 1914 stellten einen klaren Bruch der Haager Landkriegsordnung von 1907 dar.[13] In der Folge kam es 1935 in Washington zur Unterzeichnung des sogenannten Roerich-Paktes, der ersten ausschließlich der Bewahrung kultureller Werte vor Kriegsschäden gewidmeten zwischenstaatlichen Abmachung aller 21 Mitglieder der Panamerikanischen Union.[14]

Gerade die verheerenden Erfahrungen des Zweiten Weltkriegs mit einer noch nicht dagewesenen Dimension in der Vernichtung von Kunst- und Kulturgütern jeglicher Art führten 1954 in Den Haag zu einer Konferenz unter Federführung der gerade gegründeten UNESCO. Diese hatte zum Ziel, ein umfassendes Kulturschutzabkommen auszuarbeiten, das von den meisten der 56 Teilnehmerstaaten dann auch unterzeichnet wurde.[15] Diese Haager Konvention von 1954 zum Schutze von Kulturgut bei bewaffneten Konflikten ergänzte die Konventionen von 1899 und 1907, die weiterhin gültig blieben. Schutzobjekt und zugleich Leitbegriff der Konvention von 1954 ist das «Kulturgut»: Mobilien und Immobilien von großer Bedeutung für das kulturelle Erbe der ganzen Menschheit. Dazu zählen Denkmäler der Kunst, Architektur und Geschichte ebenso wie Kunstwerke in Form von Manuskripten oder Büchern sowie Gegenstände von künstlerischem, historischem oder archäologischem Interesse.

Alle diese Kulturgüter sind durch die Konvention von 1954 umfassend vor Zerstörung und Plünderung geschützt.[16] Die großen Kulturzerstörungen der Zeit nach 1945 ereigneten sich jedoch nicht mehr im Zuge zwischenstaatlicher Konflikte, sondern waren entweder innerstaatlicher Natur (China, Kambodscha, ehemaliges Jugoslawien, Afghanistan) oder wurden von Terrorgruppen ausgeführt (Mali, Irak, Syrien), weshalb diese Konvention keine Schutzwirkung entfalten konnte und die restliche Welt wieder nur zum Zuschauer degradiert wurde.

Unter der Federführung der UNESCO wurden in der Folgezeit weitere wichtige Konventionen erarbeitet, die sich mit unterschiedlichen Aspekten des Kulturgutschutzes befassten und diese effizienter zu regeln versuchten. So zielt die UNESCO-Übereinkunft über Maßnahmen zum Verbot und zur Verhütung der unzulässigen Einfuhr, Ausfuhr und Übereignung von Kulturgut von 1970 auf die Unterbindung des weltweiten illegalen Handels mit Kunst- und Kulturgütern, der im Kontext schwacher oder zerfallender Staaten in den letzten Jahrzehnten zu einer immer größeren Bedrohung für das kulturelle Erbe der Menschheit geworden ist. Weitere UNESCO-Konventionen traten ergänzend hinzu: etwa zum Schutz des Kultur- und Naturerbes der Welt (1972), zum Schutz des Unterwassererbes (2001), zur Erhaltung des immateriellen Kulturerbes (2003) sowie zum Schutz und zur Förderung der kulturellen Ausdrucksformen (2005). Alle diese Abkommen widmen sich jedoch dem Kulturgutschutz in Friedenszeiten.[17] Entscheidend aber ist, dass diese Konventionen von den Unterzeichnerstaaten erst noch ratifiziert und in nationales Recht umgesetzt werden müssen, ehe sie überhaupt Wirkkraft entfalten können. Selbst Deutschland hat bis heute noch nicht alle Übereinkommen ratifiziert, und jene von 1970 erfuhr erst mit dem Kulturgutschutzgesetz von 2016 angemessene nationale Umsetzung.

Inzwischen scheint sich auf der Ebene der Vereinten Nationen die Einsicht durchzusetzen, dass der Erhalt des kulturellen Erbes integraler Bestandteil des Minderheiten- und Menschenrechtsschutzes ist,[18] weil der Schutz von Menschenleben und die Bewahrung des identitätsstiftenden kulturellen Erbes ineinandergreifen. Damit könnte unter dem Einfluss der Menschenrechte eine deutliche Verbesserung des Kulturgutschutzes erreicht werden. Entscheidend ist dabei auch, dass es bei schützenswertem kulturellem Erbe nicht auf dessen außergewöhnlichen Wert für die gesamte Menschheit ankommt, sondern es vielmehr alles umfasst, was für Individuen und Gemeinschaften im Sinne einer menschlichen Dimension von Kulturerbe von Bedeutung ist.[19] Diese Erweiterung ist entscheidend, weil es den Interpretationsspielraum bei der Frage, was schützenswert ist, erheblich einschränkt.

Den Staaten kommt dabei eine doppelte Pflicht zu: Einerseits dürfen sie kulturelles Erbe nicht zerstören oder beschädigen, andererseits müssen sie durch wirkungsvolle Maßnahmen verhindern, dass Dritte dies tun.[20] Allerdings bleibt die Frage offen, wer diesen Schutz im Falle von schwachen, zerfallenden oder scheiternden Nationalstaaten sicherstellt, wenn etwa kriminelle oder terroristische Gruppen in ein Machtvakuum vorstoßen und Kunst- und Kulturgüter vernichten.

Die jüngsten Ereignisse haben immerhin dazu geführt, dass es Diskussionen darüber gibt und völkerrechtliche Instrumente identifiziert werden, um absichtliche Zerstörungen von Kulturerbe bekämpfen und strafrechtlich verfolgen zu können – und zwar im Vorfeld ebenso wie im Anschluss einer Krise. Bei einer strafrechtlichen Würdigung eines Zerstörungsvorganges von Kulturgut kommt es ganz entscheidend auf den Tatbestand der Absicht oder des Vorsatzes an.[21] In diesem Zusammenhang war es zukunftsweisend, dass es dem Internationalen Strafgerichtshof erstmals gelang, einen der für die Zerstörungen der Mausoleen und anderer Denkmäler in Timbuktu hauptverantwortlichen Anführer der Terrorgruppe Ansar Dine zur Rechenschaft zu ziehen und ihn im September 2016 zu neun Jahren Haft zu verurteilen. Seine Kulturzerstörungen in Timbuktu wurden dabei als Kriegsverbrechen gewertet.

13. AUSBLICK

DIE INTERNATIONALE DIMENSION

Wagen wir am Ende dieses Buches einen Ausblick auf das, was uns erwarten könnte, so ist zu befürchten, dass gezielte Kulturzerstörungen kein Thema der Vergangenheit sind, sondern sie uns auch in Zukunft begegnen werden. Im Januar 2020 drohte ausgerechnet ein US-amerikanischer Präsident Iran im Falle einer weiteren Eskalation des Konflikts mit der Vernichtung von 52 herausragenden Kulturerbestätten. Der unmittelbare weltweite Aufschrei war so groß, dass Donald Trump diese Drohung später wieder zurücknahm. Und trotzdem bedeutete es einen geradezu unfassbaren Tabubruch des mächtigsten Mannes der Welt und Anführers einer Nation, die sich stets als Vorkämpferin und Verteidigerin für Demokratie und Menschenrechte verstand. Jedem musste klar gewesen sein: Die gezielte strategische Vernichtung von Kulturerbe ist ein Kriegsverbrechen.

Immer wieder war in den letzten Jahrzehnten die Zerstörung von kulturellem Erbe mit der Eliminierung von Menschen bzw. ganzen Bevölkerungsgruppen verbunden. Die geplante Vernichtung eines Volkes, wie auch immer dies definiert sein mag, scheint stets mit der gezielten Auslöschung seiner Kunst- und Kulturgüter einherzugehen, weil sich Gemeinschaften zu allen Zeiten mit ihrem kulturellen Erbe identifizierten. Systematische Kulturzerstörungen sind also fast regelhaft mit Völkermord verknüpft, und der Satz ist umkehrbar.

Eine erste Konvention über die Verhütung und Bestrafung von Völkermord wurde 1948 in Genf beschlossen und in den folgenden Jahren von insgesamt 147 Staaten ratifiziert.[1] Explizite Regelungen zum Schutz des kulturellen Erbes waren jedoch nicht Teil dieser Übereinkunft, allenfalls indirekt. Seit den späten 1990er Jahren ist ein stärkerer politischer Wille der internationalen Gemeinschaft erkennbar, im Falle von Gräueltaten an der Zivilbevölkerung, ethnischen Säuberungen oder Völkermord einzugreifen, wobei der Zusammenhang zwischen dem Schutz der Menschenrechte und dem Schutz des Kulturerbes allmählich deutlicher gesehen wurde.[2] Die International Commission on Intervention and State Sovereignty (ICISS) hatte 2001 das Konzept der Internationalen Schutzverantwortung (Responsibility to Protect, abgekürzt R2P) entwickelt. Die damit verbundenen Maßnahmen können von Sanktionen über die internationale Strafgerichtsbarkeit bis hin zu militärischem Eingreifen reichen.

Die R2P wurde entwickelt, nachdem es 1994 in Ruanda und noch einmal 1995 im bosnischen Srebrenica direkt vor den Augen von UN-Blauhelmsoldaten zu grausamen Massakern an der Zivilbevölkerung gekommen war. Einige Elemente dieser Internationalen Schutzverantwortung sind Bestandteil des geltenden Völkerrechts, insgesamt aber handelt es sich um eine politische Norm oder Rechtsregel im Entstehen.[3]

Schwerste Menschenrechtsverletzungen stellen völkerrechtliche Tatbestände dar und rufen nach einem Eingreifen der internationalen Gemeinschaft, auch wenn nicht jeder Bürgerkrieg ein Völkermord ist. Eine Intervention von außen ist jedoch ohne Mandat des UN-Sicherheitsrates nicht zulässig. Genauso wenig gibt es eine grundsätzliche Verpflichtung zum Eingreifen. Die Internationale Schutzverantwortung kann allerdings den politischen Druck erhöhen, zu handeln und wirksame Schutzmaßnahmen einzuleiten. Insofern existieren, wenn denn der politische Wille dazu besteht, ausreichend rechtliche Regelungen, um gegen Völkermord vorzugehen.

Was allerdings noch immer fehlt, ist ein entsprechend robuster Schutz für das kulturelle Erbe, der eindeutiger in solche Regelungen integriert ist. Nachdem Gräueltaten an der Zivilbevölkerung inzwischen nicht mehr als nationale Angelegenheiten betrachtet werden und die internationale Staatengemeinschaft ihre Bereitschaft gezeigt hat, Verantwortung zu übernehmen, sollte Entsprechendes auch für die gezielte Auslöschung von Kulturerbe gelten,[4] zumal bereits von «kulturellem Genozid» gesprochen wird.[5]

Schon in Heinrich Heines berühmter, 1821 erstmals veröffentlichter Tragödie «Almansor» heißt es im Hinblick auf die von den christlichen Eroberern des maurischen Granadas vorgenommenen Koran-Verbrennungen: «... dort wo man Bücher verbrennt, verbrennt man am Ende auch Menschen».[6] Dieses berühmte Zitat hat sich so oft in der Geschichte bewahrheitet, dass man mit Recht die Schlussfolgerung ziehen kann: Wer die Kultur und damit die Identität einer Gruppe bewusst und systematisch vernichtet, macht am Ende auch vor den Menschen nicht halt. Die Geschichte ist voller schrecklicher Beispiele dafür.

DIE INNERE, NATIONALE DIMENSION

Kulturzerstörungen besitzen jedoch auch eine andere, nach innen gerichtete, nationale Dimension. Wieder müssen wir mit einem aktuellen Beispiel aus den USA beginnen. Während dieses Buch zu Ende geschrieben wurde, wurde am 25. Mai 2020 der Afroamerikaner George Floyd in Minneapolis von einem weißen Polizisten brutal ermordet. Daraufhin kam es in den USA zu den schwersten Ausschreitungen der letzten Jahrzehnte. Präsident Trump wirkte dabei in irritierender Weise nicht etwa als befriedender Versöhner, sondern als Brandstifter, der die Lage noch weiter zu eskalieren suchte.

Im Kontext dieser Unruhen wurden im Bundesstaat Alabama etliche Denkmäler zerstört, die an im amerikanischen Bürgerkrieg für den Süden gefallene Soldaten und an deren General Robert E. Lee erinnerten. Als Zeichen gegen Polizeigewalt und Rassismus gegenüber Afroamerikanern stürzten Demonstranten im Linn Park von Birmingham, Alabama, einen zu Ehren von Soldaten und Seeleuten der Konföderierten Staaten von Amerika errichteten Obelisken,[7] werden diese Monumente doch als Verherrlichung der früheren Sklavenhaltergesellschaft im US-amerikanischen Süden angesehen.

Ähnliche Vorgänge kennen wir auch aus anderen historischen Kontexten. Doch die Frage, was erinnert werden darf und was nicht, spiegelt auch den inneren Zustand einer Gesellschaft wider und bedarf komplexer Aufarbeitung und Aushandlungsprozesse. Davon scheint man in den USA derzeit weiter entfernt denn je.

Doch in immer mehr Gesellschaften geht es heute auch wieder verstärkt um die Frage, was als Kultur allgemein anerkannt wird, was zerstört werden kann oder sogar sollte. Diese Entwicklungen sind umso bedrohlicher, wenn sie staatlich protegiert werden. In Russland zerstörten orthodoxe Christen einer extrem fundamentalistischen Richtung in den letzten Jahren zunehmend eine von ihnen als provozierend empfundene zeitgenössische Kunst. Sie begründeten ihre Taten mit einer Art von Notwehr gegen Blasphemie und Gotteslästerung und konnten dabei mit dem Wohlwollen der Staatsmacht rechnen. Im Jahre 2008 musste die Staatliche Tretjakow-Galerie in Moskau ihren Kurator für zeitgenössische Kunst, Andrej Jerofejev, entlassen. Schon 2003 hatten orthodoxe Bilderstürmer seine Ausstellung «Vorsicht, Religion!» zertrümmert. Die Präsentation «Verbotene Kunst – 2006» zog erneut den Zorn religiöser Eiferer auf sich: Im privaten Sacharow-Zentrum hatte Jerofejev Werke versammelt, die als Opfer von Zensur und Selbstzensur aus anderen Ausstellungen entfernt worden waren. Doch mehr als 100 Ankläger, darunter Priester, Betschwestern und wehrhafte Kosaken, fühlten sich dadurch in ihren religiösen Gefühlen verletzt und zeigten Jerofejev an. Das

Gericht sprach ihn daraufhin der «Erregung von Hass und religiösem Zwist» schuldig und verurteilte ihn zu drei Jahren Lagerhaft, was später in eine hohe Geldstrafe umgewandelt wurde.[8]

Neben der absichtsvollen Zerstörung von Kunst und Kultur hat aber auch die direkte Bedrohung ihrer Schöpfer zugenommen. So haben wir uns schon an die Verhängung der Fatwa über Salman Rushdie, den Verfasser der «Satanischen Verse», und die Tatsache, dass dieser sich schon seit Jahrzehnten versteckt halten muss, gewöhnt. Hinzu kamen der Mord an dem niederländischen Regisseur Theo van Gogh, der die Unterdrückung der Frau im Islam filmisch aufgearbeitet hatte, die Morddrohungen gegen den dänischen Karikaturisten Knut Westergaard und schließlich im Januar 2015 der Anschlag auf die Mitarbeiter des französischen Satiremagazins Charlie Hebdo, bei dem zwölf Menschen den Tod fanden, als Reaktion auf ihre islamkritischen Beiträge.[9] Die Empfindungen bestimmter Gemeinschaften dürfen nicht Maßstab dafür sein, welche Kunst und Kultur bestehen darf und welche nicht. Und schon gar nicht dürfen sie zu einer Bedrohung der Urheber werden.

In einem völlig anderen Sinnzusammenhang steht die bisweilen von Künstlern praktizierte Zerstörung von Kunst, die nicht destruktiv gedacht ist, sondern dem alleinigen Ziel dient, neue, produktive Kräfte freizusetzen. Sie begann bereits im frühen 20. Jahrhundert, war zunächst aber vor allem metaphorisch gemeint. Radikale Verneinung, Übermalung, Umwidmung und auch Zerstörung prägten bestimmte Bereiche der Kunst nach dem Zweiten Weltkrieg. Wenn etwa Robert Rauschenberg in seiner Arbeit «Erased de Kooning Drawing» von 1953 die Zeichnung eines älteren Künstlerkollegen – mit dessen Einverständnis – tilgt, dann geht es dabei um den Wechsel von Aggregatzuständen und ein Oszillieren von destruktiven und produktiven Kräften.[10] Entsprechendes gilt für Ai Weiweis dreiteilige Fotoarbeit von 1995 mit dem Titel «Dropping A Han Dynasty Urn», wobei der Künstler ein 2000 Jahre altes Kultgefäß der Han-Dynastie fallen lässt. Nicht der Scherbenhaufen, sondern das mediale Dokument seiner Entstehung schafft einen neuen Sinnzusammenhang und transformiert eine ikonoklastische Handlung zu einem Akt produktiver Zerstörung.[11] Mit purer Destruktivität hat das nichts zu tun.

Man muss wahrlich kein ausgeprägter Pessimist sein, um zu der Feststellung zu gelangen, dass die Geschichte der intentionellen Kulturzerstörungen wohl noch nicht zu Ende geschrieben sein dürfte. Sie bleibt komplex und vielschichtig und zeigt vereinzelt wiederkehrende Muster. Für eine wirklich demokratische Gesellschaft sind Freiheit und Schutz von Kunst und Kultur ebenso wie Freiheit und Schutz der Meinung nicht verhandelbar. Andernfalls unterwerfen wir uns dem Diktat von radikalen politischen, religiösen oder gesellschaftlichen Gruppen. Das sollte man sich auch in unserem Land immer wieder aufs Neue bewusst machen. Die Anfänge der Zerstörung von Kultur liegen in ihrer Diffamierung durch extremistische Haltungen. Diktatorische politische Systeme oder schwache, zerfallende Demokratien sind ein guter Nährboden dafür. Deshalb: Wehret den Anfängen!

ANHANG

ANMERKUNGEN

EINFÜHRUNG

1 Ähnlich auch Gamboni 1997, 17 ff.
2 Demandt 1997, 23: Hier wird jegliche Form von Kulturzerstörung als Vandalismus bezeichnet.
3 Tauber 2009.
4 Wescher 1976.
5 Fleckner 2011.
6 Hillerbrand 2010; Parzinger 2016.

1. DIE ANFÄNGE IM ALTERTUM

1 Demandt 1997, 272.
2 Demandt 1997, 272.
3 Pickshaus 1988, 10; 35 ff.
4 Demandt 1997, 101.
5 Waldherr 2005, 214 f.
6 Shaw 2015.
7 Casson 2001, 36.
8 Casson 2001, 46.
9 Casson 2001, 47.
10 Empereur 2008, 75.
11 Holz 2011, 35 ff.
12 Treue 1957, 9 ff.; Deuchler 2015, 36 ff.; Heftner 2005, 407 ff.
13 Münzer 1933; Yarrow 2006.
14 Bagnall 1995; Deuchler 2015, 36 ff.; Heftner 2005, 421 ff.; Hansen 2008; Hoyos 2011; Zimmermann 2010; 2013, 140 ff.
15 Wirth 1993, 173 ff.; Demandt 1997, 97.
16 Lehmann 2015.

17 Razmjou 2015, 125 ff.
18 Razmjou 2015, 128.
19 Treue 1957, 17 ff.; Bernardino u. a. 2012.
20 Meier 2007; Meier/Patzold 2010; Kulikowski 2009; Heather 2007.
21 Lipps u. a. 2013; Wolff 2013; Ghilardi/Pilara 2010; Moorhead/Stuttard 2010.
22 Hedrick 2000.
23 Parzinger u. a. 2010.
24 Parzinger u. a. 2009.
25 Demandt 1997, 85.
26 Desroches-Noblecourt 2007; Schnittger 2008; Nadig 2014.
27 Bryan 2012, 365 f.; Cooney 2014.
28 Reeves 2002, 176 f.; Wilson 2006, 118 f.
29 Hornung 2003; Priskil 2001; Schlögl 2008.
30 Maciejewski 2010, 257.
31 Wilson 2006, 129 f.
32 Metzler 1973, 19 f.; Bryan 2012, 369 ff.
33 Bryan 2012, 373 ff.
34 Wilson 2006, 113 ff.
35 May 2012.
36 Woods 2012, 33 ff.; Schaudig 2012.
37 Kiilerich 2014, 58.
38 Westenholz 2012, 89 ff. 103.
39 Maul 2006, 163.
40 Andrae 1977, 201.
41 Maul 2006, 165 f.
42 Reade 1976, 97 ff.; Maul 2006, 165 f.
43 Maul 2006, 170.
44 Grayson 1975, 94; Maul 2006, 167.
45 Maul 2006, 168.
46 Metzler 1973, 15.
47 Demandt 1997, 100.
48 Baicu 2006.
49 Kiilerich 2014, 60 f.
50 Sauer 2014.
51 Bredekamp 1975, 71 f.; Frankfurter 2008; Prusac 2014.
52 Metzler 1973, 18 f.
53 Berlin/Overman 2002; Bieberstein 2017, 132 ff.; Bringmann 2005; Deuchler 2015, 50 f.; Goodman 1987; Groves 2015; MacLaren/Goodman 2016; Sasse 2004; Schall 2002.
54 Schwier 1989, 308.
55 Schwier 1989, 390 ff.
56 Schwier 1989, 321 ff.

2. DIE UMBRÜCHE IN DER SPÄTANTIKE

1 Wilkinson 2005, 102 f.; Kleibl 2009; Sabottka 2008.
2 Ammianus Marcellinus, Res Gestae XXII, 16; Wagner 1793, 149 f.
3 Hahn 2004, 22.
4 Hahn 2004, 26.
5 Sabottka 2008; Hahn 2004, 28.
6 Hahn 2004, 78 ff.
7 Hahn 2004, 82 ff.
8 Hahn 2008, 344.
9 Hahn 2006.
10 Hahn 2004, 92.
11 Bauer/Strzygowski 1906, 71; 122 Taf. VI.
12 Bredekamp 1975, 88 f.; Hahn 2004, 86 ff.; Hahn 2008, 351 ff.; Kristensen 2009, 162 ff.
13 Hahn 2008, 356.
14 Hahn 2008, 356; Dijkstra 2015; Gotter 2008, 80 f.; Grossmann 2008, 300 f.; Kristensen 2009, 164 f.
15 Ronchey 2001; Deakin 2007; Kristensen 2009, 162; Watts 2017.
16 Hahn 2004, 96 f.
17 Baynes 1955, 107 f.; Favale 1958, 127 ff.
18 von Lasaulx 1854, 102.
19 Cameron/Hall 1999.
20 Bonamente 2011, 55 ff.
21 Kofsky 2002; Wallraff 2011, 7 ff.
22 Bredekamp 1975, 75; Wallraff 2011, 12 f.
23 Eus. l.C. 8,2–4; Bonamente 2011, 57 ff.
24 Dagron 1974; Klein 1995; De Giovanni 2003.
25 Bonamente 2011, 61 ff.
26 Anon. de rebus bell. 2,4; Bonamente 2011, 63.
27 von Lasaulx 1854, 30 ff.
28 Bonamente 2011, 65 ff.
29 von Lasaulx 1854, 46; Dagron 1984, 128 ff.
30 Förster 1906, 80 ff.; Norman 1977, 91 ff.
31 Wiemer 2011, 162 ff.
32 Hahn 2004, 131 f.
33 Leppin 1999; Hahn 2004, 68 ff.
34 von Lasaulx 1854, 32.
35 Hahn 2002, 173 ff.; Wiemer 2011, 161.
36 Bonamente 1986; Hahn 2004, 131 f.
37 Errington 1997; Leppin 2003, 67 ff., 153 ff.
38 Hahn 2004, 276 ff.
39 Wiemer 2011, 167 ff.
40 V. Porph. 20 ff.; Hahn 2004, 208 ff.

41 von Lasaulx 1854, 116; Hahn 2004, 212 ff.
42 Hahn 2011, 79 f.
43 von Lasaulx 1854, 118; Klein 1995, 149.
44 Grossmann 2008, 309 f.
45 Hahn 2004, 223 ff.
46 Cod. Theod. 16, 10, 22 f.
47 Cod. Theod. 16, 10, 25.
48 Bonamente 2011, 83 f.; Grossmann 2008, 307 f.; Hahn 2008.
49 Hahn 2004, 274 f.; Gotter 2008.
50 Gotter 2008, 50 ff.
51 Hahn 2004, 276 ff.
52 Bredekamp 1975, 80 f.
53 Hahn 2011, 207.
54 Hahn 2011, 207.
55 Bredekamp 1975, 74 f.
56 Hahn 2004, 290 f.
57 Metzler 1973, 26 f.

3. DER BYZANTINISCHE BILDERSTREIT

1 Grabar 1957; Auzépy 1999; Frederiksen 2001; Barber 2002; Brubaker 2011; 2012; Brubaker/Haldon 2001; 2011; Campagnolo u. a. 2014.
2 Besançon 1994, 91 ff.
3 Michalski 1993, 179 ff.
4 Feld 1990, 11 ff., 277 ff.
5 Feld 1990, 16 ff., 278 f.
6 Brock 1973, 30 ff.
7 Bredekamp 1975, 163.
8 Bredekamp 1975, 164.
9 Brock 1973, 30 f.; Bredekamp 1975, 166 f.
10 Bredekamp 1975, 171 f.
11 Baicu 2006, 169 f.
12 Brock 1973, 30 f.; Bredekamp 1975, 172 f.
13 Ribak 2012, 1 ff.
14 Bredekamp 1975, 175.
15 Brubaker 2013, 13 ff.
16 Bredekamp 1975, 177; Baicu 2006, 170; 188 f.
17 Bredekamp 1975, 181 f.
18 Brock 1973, 30; Baicu 2006, 161 ff.
19 Bredekamp 1975, 184 f., 229 f.
20 Brock 1973, 32; Elsner 2014.
21 Baicu 2006, 167.
22 Ribak 2012; Brubaker 2013; Elsner 2012.
23 Baicu 2006, 181 f.; Belting 2002, 22.

24 Baicu 2006, 183 f.
25 Baicu 2006, 189 f., 201.
26 Baicu 2006, 199 f.

4. DAS SPÄTMITTELALTER UND DIE PRÄLUDIEN DER REFORMATION

1 Seibt 1965; 1993; Kaminsky 1967; Šmahel, 1985; 1998; 2002; Schnitzler 1996, 88 ff.
2 Bredekamp 1975, 231 f.; Michalski 1993, 173 ff.; Machilek 2012; Šmahel 1985; 1998; 2002.
3 Bredekamp 1975, 250.
4 Seibt 1965; 1993; Kaminsky 1967; Michalski 1993, 173 ff.; Šmahel, 1985; 1998; 2002; Schnitzler 1996, 88 ff.
5 Michalski 1993, 173 ff.; Machilek 2012.
6 Schnitzler 1996, 89.
7 Michalski 2000, 287.
8 Bredekamp 1975, 253–255.
9 Bredekamp 1975, 297 ff. 300; Schnitzler 1996, 89.
10 Bredekamp 1975, 255.
11 Bredekamp 1975, 260 f.
12 Schnitzler 1996, 89 ff.
13 Bredekamp 1975, 265 f.
14 Schnitzler 1996, 94.
15 Bredekamp 1975, 267.
16 Bredekamp 1975, 269; Schnitzler 1996, 93 ff.
17 Bredekamp 1975, 271.
18 Bredekamp 1975, 273 f.
19 Schnitzler 1996, 88.
20 Feld 1990, 105 ff.
21 Piper 1979; 2009; Bernhardt 2016.
22 Bredekamp 1973, 44 ff.
23 Bredekamp 1973, 46 ff.; Jaritz 1990, 48 ff.
24 Bredekamp 1973, 52 ff.; Jaritz 1990, 49 f.
25 Bredekamp 1973, 56 ff.
26 Bredekamp 1973, 58 f.
27 Bredekamp 1973, 60 f.

5. DIE FRÜHE NEUZEIT UND DIE REFORMATION

1 Schnitzler 1996, 17 f.; Wirth 2007, 197 f.
2 Michalski 1990, 69.
3 Michalski 1990, 70 f.
4 Feld 1990, 122 f.
5 Belting 2002, 16 f.

6 Scribner 1990, 11.
7 Matthäus 19, 21.
8 Jezler 2000, 20 f.
9 Jezler 2000, 20 ff.
10 Jezler 2000, 22.
11 Michalski 1993, 1 ff.
12 Jezler 2000, 23.
13 Eire 1986, 55 ff.; Feld 1990, 118 ff.; Michalski 1993, 43 ff.
14 Schnitzler 1996, 32.
15 Michalski 2000, 47 f.; Jezler 2000, 25; Belting 2002, 14.
16 Eire 1986, 73 ff.; Feld 1990, 123 ff.; Michalski 1993, 43 ff.
17 Schnitzler 1996, 32 f.; Jezler 2000, 25.
18 Noyes 2016, 14 ff.
19 Eire 1986, 28 ff.; Feld 1990, 110 ff.
20 Wirth 2007, 210 f.
21 Jezler 2000, 25.
22 Schnitzler 1996, 29 ff.
23 Feld 1990, 138 ff.; Michalski 2000, 50.
24 Eire 1986, 105 ff.; Michalski 1993, 82 ff.; Schnitzler 1996, 145 ff.; Gisi 2002; Michalski 2000, 50 f.; 2002; Palmer Wandel 1995; 2002; Wegmann 2016.
25 Michalski 1990, 77.
26 Michalski 1990, 81.
27 Michalski 1990, 81.
28 Michalski 1990, 85 ff.
29 Michalski 1990, 88 ff.
30 Michalski 1990, 107 f.
31 Michalski 1990, 88; 110 f.; Jezler 2000, 79.
32 Michalski 1990, 110.
33 Warnke 1990, 302.
34 Palmer Wandel 1990; Jezler 1990; Jezler 2000.
35 Jezler 1990, 145.
36 Jezler 2000, 77.
37 Jezler 1990, 146 ff.; Jezler 2000, 77 f.
38 Jezler 1990, 156 ff.
39 Schindling 1980, 68 ff.; Jezler 1990, 13 ff.
40 Jezler 1984, 75 ff.
41 Jezler 1990, 168 ff.; Schnitzler 1996, 313 ff.
42 Jezler 1990, 168 f.; Jezler 2000, 80 ff.
43 Schnitzler 1996, 316 f.
44 Jezler 2000, 83.
45 Feld 1990, 182 ff.
46 Litz 2000, 90 ff., 95.
47 Warnke 1973, 67 ff.
48 Warnke 1973, 76 ff.; Belting 2002, 12.

49 Goertz 1980; Seifert 1993.
50 Michalski 2000, 50 f.
51 Vanhaelen 1992; Michalski 1993, 86 ff.; Schnitzler 1996, 154 ff.
52 Freedberg 1972; Mack Crew 1978; Christin 2000, 57.
53 Christin 2000, 58.
54 Christin 2000, 58.
55 Christin 2000, 66.
56 Christin 2000, 60.
57 Christin 2000, 61.
58 Michalski 1990, 82.
59 Michalski 1990, 79; Christin 2000, 62.
60 Freedberg 1972; Christin 2000, 62.
61 Michalski 1990, 100 f.; Schnitzler 1996, 230 ff.
62 Michalski 1990, 102 f.; Christin 2000, 64.
63 Philipps 1976; Aston 1990; Duffy 1992, 377 ff.; Eales 1992; Schnitzler 1996, 149 ff.; Chieffo Raguin 2010; Simpson 2010, 49 ff.
64 Schnitzler 1996, 149 f.
65 Demandt 1997, 137.
66 Schnitzler 1996, 152.
67 Schnitzler 1996, 152 f.; Demandt 1997, 138.
68 Phillips 1976; Schnitzler 1996, 153 f.
69 Spraggon 2003; Simpson 2010, 85 ff.
70 Michalski 1993, 84 f.; Demandt 1997, 138.
71 Belting 1991, 27; Belting 2002, 22 f.; Blickle 2002, 4.

6. DIE FRANZÖSISCHE REVOLUTION UND IHRE FOLGEN

1 Griewank 1984; Kuhn 1999; Lagenicht 2016; Schulin 2004; Thamer 2013.
2 Gueniffey 2017; Herre 2006; Müchler 2019; Zamoyski 2018.
3 Treue 1957, 192 ff.; Réau 1959; Sprigath 1980; Feld 1990, 253 ff.; Souchal 1993; Wrigley 1993; Bernard-Griffiths 1994; Gamboni 1997, 31 ff.
4 Demandt 1997, 156; Gamboni 1997, 32 ff.
5 Demandt 1997, 154 f.
6 Poulot 1988; 1997; Pommier 1991; McClellan 1994.
7 Clay 2012, 7 f.
8 Treue 1957, 197 ff.
9 Paas 2003, 130.
10 Wescher 1976, 27; Demandt 1997, 154; Gamboni 1997, 32.
11 Gautherot 1914; Leroux 1989.
12 Idzerda 1954, 20 ff.; Paas 2003, 130.
13 Wescher 1976, 28.
14 Wescher 1976, 30 f.; Clay 2012, 202 f.
15 Clay 2012, 39 ff.
16 Idzerda 1954, 200 ff.; Wescher 1976, 31.

17 Wescher 1976, 32; Clay 2012, 70.
18 Wescher 1976, 27; Clay 2013.
19 Demandt 1997, 156; Paas 2003, 130.
20 Clay 2012, 67 f.
21 Poulot 1997, 128.
22 Gamboni 1997, 35.
23 Idzerda 1954, 15; Wescher 1976, 28; Harten 1994.
24 Clay 2012, 70.
25 Tauber 2009.
26 Tauber 2009.
27 Janzing 2011, 57.
28 Wescher 1976, 33; Paas 2003, 131.
29 Treue 1957, 194; Wescher 1976, 27.
30 Poulot 1997, 128.
31 Wescher 1976, 31 f.
32 Wescher 1976, 31; Beurdeley 1981.
33 Wescher 1976, 31.
34 Demandt 1997, 154.
35 Wescher 1976, 31 f.
36 Wescher 1976, 32.
37 Beurdeley 1981; Paas 2003, 132.
38 Poulot 1997, 136 f.
39 Wescher 1976, 27, 30 f.; Paas 2003, 132.
40 Wescher 1976, 27 f.
41 Demandt 1997, 157.
42 Wescher 1976, 29 ff.
43 Feld 1990, 273; Demandt 1997, 155 ff.
44 Paas 2003, 133.
45 Demandt 1997, 158.
46 Poulot 1997, 160 f.
47 Poulot 1997, 162.
48 Poulot 1997, 118.
49 Wescher 1976, 33.
50 Wescher 1976, 33; Gamboni 1997, 36.
51 Treue 1957, 194 f.
52 Paas 2003, 133.
53 Poulot 1997, 179.
54 Wescher 1976, 31 ff.
55 Idzerda 1954 14 ff.
56 Deloche/Leniaud 1989; Janzing 2011, 57 f.; Greenhalgh 2015.
57 Wescher 1976, 33.
58 Wescher 1976, 34.
59 Wescher 1976, 35.
60 Noyes 2016, 111 f.

61 Idzerda 1954, 24.
62 Treue 1957, 195 ff.; Wescher 1976, 26; Poulot 1988, 211 ff.; Savoy 2003.
63 Wescher 1976, 35 f.; Paas 2003, 136.
64 Savoy 2003, 137.
65 Idzerda 1954, 26; Wescher 1976, 37.
66 Idzerda 1954, 25 f.; Wescher 1976, 26; Demandt 1997, 159; Savoy 2003, 137.
67 Gaehtgens 2003, 178 f.
68 Gaehtgens 2003, 180.
69 Gaehtgens 2003, 180 f.
70 Savoy 2003; 2011.
71 Gaehtgens 2003, 182 f.
72 Gaehtgens 2003, 183.
73 McClellan 1994.
74 Gaehtgens 2003, 185.
75 Gaehtgens 2003, 185; Savoy 2003, 144.
76 Savoy 2003, 142.
77 Hinz 1973, 108.
78 Hinz 1973, 109.
79 Hinz 1973, 109 f.
80 Hinz 1973, 110 f.
81 Demandt 1997, 160.
82 Demandt 1997, 160 f.
83 Hinz 1973, 114 f.
84 Hinz 1973, 118 f.

7. DAS ZEITALTER KOLONIALER EROBERUNGEN

1 Elliot 1984, 149 ff.; Linke/Wendt 2006, 24 ff.; Pietschmann 2011, 83 ff.; Huber 2019, 36 ff.
2 Elliot 1984, 212 ff.
3 Hickling Prescott 1984; Hassig 2006; Rinke 2019; Carballo 2020.
4 León-Portilla/Heuer 1962.
5 Wood 2003, 56 ff.
6 León-Portilla/Heuer 1962, 99; Cowley 2000, 153.
7 Hill Boone 2000, 1.
8 Rinke 2019, 264 ff.
9 Demandt 1997, 143; O'Neil 2013, 48.
10 Solodkow 2014, 211; Rinke 2019, 262 ff.
11 León-Portilla/Heuer 1962, 43.
12 Elliot 1984, 212 f.; Linke/Wendt 2006, 55 f.
13 Lebrun 1867, 26; Demandt 1997, 143; Rozental 2017, 142.
14 Rinke 2019, 312 f.
15 Hill Boone 2000, 1.
16 Hill Boone 2000, 1.

17 Völger/von Welck 1987, 20.
18 Völger/von Welck 1987, 20 f.
19 Rinke 2019, 317 f.
20 Huber 2019, 90.
21 Anders/Jansen 1988, 21; O'Neil 2013, 48.
22 Anders/Jansen 1988, 21.
23 O'Neil 2013, 47 ff.
24 Elliot 1984, 183 ff.; Pietschmann 2011, 85 ff.; Huber 2019, 58 ff.
25 Huber 2019, 67 ff.
26 Hemming 2012; Thomas 2014; Huber 2019.
27 Tölle 1992, 29.
28 Tölle 1992, 29.
29 Hemming 2012, 82.
30 Völger/von Welck 1987, 22 f.
31 Rambelli/Reinders 2014, 86–88; Winfield 2013.
32 Rambelli/Reinders 2014, 92 ff.
33 Rambelli/Reinders 2014, 95 ff.
34 Kuhn 1995; Platt 2012; Parodi 2014.
35 Rambelli/Reinders 2014, 105.
36 Rambelli/Reinders 2014, 106.
37 Rambelli/Reinders 2014, 107 ff.
38 Spence 2008; Lovell 2011; Haijian 2016; Platt 2018.
39 Bourgerie/Lesouef 1995; Brizay 2003; von Racknitz 2012; Spence 2008; Lovell 2011; Wong 1998; Platt 2018.
40 Hevia 1994; 1999; von Racknitz 2012.
41 Howald 2018, 243 f.
42 Treue 1957, 274 f.
43 Treue 1957, 275 ff.; Bourgerie/Lesouef 1995; Brizay 2003; von Racknitz 2012; Wong 2016; Howald 2018, 243 f.
44 Howald/Saint-Raymond 2018, 1.
45 Howald 2018, 245 ff.
46 von Racknitz 2012, 287.
47 Howald 2018, 248 f.
48 Howald 2018, 252 ff.; Howald/Saint-Raymond 2018; Tythacott 2018.
49 Howald/Saint-Raymond 2018, 4.
50 von Racknitz 2012, 395 f.
51 Howald/Saint-Raymond 2018, 16; Tythacott 2018.
52 Scheibert 1901; Cohen 1997; Michels 2011, 401 ff.
53 Linke/Wendt 2006, 245 f.; Michels 2011.
54 Michels 2011, 401.
55 Klein 2013.
56 Michels 2011, 406.
57 Hooker 1987; Preston 2001; Michels 2011, 407; Wendorff 2016.
58 Michels 2011, 413.

59 Spurny 2007, 13 ff.
60 Preston 2001, 359 f.
61 Spurny 2007, 46 ff.
62 Spurny 2007, 54 ff.
63 Spurny 2007, 54 ff.
64 Spurny 2007, 15 f.
65 Preston 2001, 359 ff.; Spurny 2007, 17 ff., 79 ff.
66 Howald 2018, 259.
67 Spurny 2007, 94 ff.
68 Davidson 1964, 95 ff.
69 Igbafe 2007, 41 ff.
70 Eisenhofer 2007.
71 Igbafe 2007, 49 f.
72 Jones 1998.
73 Osadolor 2007; Harding 2010.
74 Layiwola 2007.
75 Plankensteiner 2007, 25; Igbafe 2007, 51; Harding 2010.
76 Plankensteiner 2007, 199; Hicks 2020.
77 Jones 1998.
78 Plankensteiner 2007, 28.
79 Coombes 1994, 11 ff.; Plankensteiner 2007, 199 f.
80 Coombes 1994, 7 ff.; Girshick 1995; Inneh 2007; Plankensteiner 2007, 25 ff.
81 Lundén 2016.
82 Plankensteiner 2007, 32 ff.
83 Junge 2007.
84 Heymer 2007.

8. DIE UMBRÜCHE IM FRÜHEN 20. JAHRHUNDERT

1 Kramer 2007, 159 ff.; Derez 2014, 83 ff.
2 Derez 2014, 81.
3 Kramer 2007, 7.
4 Derez 2014, 81.
5 Horne/Kramer 2004, 65 ff.; Kramer 2007, 8 f.; Lipkes 2007.
6 Derez 2014, 81 ff.
7 Kramer 2007, 13; Derez 2014, 85.
8 Derez 2014, 82.
9 Derez 2014, 85.
10 Horne/Kramer 2004, 72 ff.; Kramer 2007, 15 ff.
11 Kunst 1988; Kramer 2007, 18 f.; Sauerländer 2013; Noyes 2016, 130; Gaehtgens 2018
12 Derez 2014, 86 ff.
13 Derez 2014, 84.

14 Kramer 2007, 20 f.
15 Kramer 2007, 23.
16 Kramer 2007, 29.
17 Derez 2014, 84 f.
18 Derez 2014, 86.
19 Kramer 2007, 29 f.
20 Kramer 2007, 23 f.
21 Hildermeier 2004; Baberowski/Kindler/Teichmann 2007; Rabinowitch 2012; Smith 2017.
22 Baberowski 2014; Fitzpatrick 1994; Günther 1990; Grosset/Werth 2008; Heller/Plamper 2004; Schlögel 2008.
23 Antonova 2011, 102.
24 Treue 1957, 336; Semyonova/Iljine 2013, 14.
25 Treue 1957, 336.
26 Semyonova/Iljine 2013, 15.
27 Semyonova/Iljine 2013, 14.
28 Kuhr-Korolev u. a. 2019, 43 f.
29 Baberowski 2014, 109.
30 Gamboni 1997, 55.
31 Gamboni 1997, 55.
32 Gamboni 1997, 57.
33 Hernando Garrido 2009, 555, 557.
34 Gamboni 1997, 56.
35 Chram 2001; Demin 2006, 181 ff.
36 Treue 1957, 337.
37 Treue 1957, 338.
38 Treue 1957, 340.
39 Semyonova/Iljine 2013.
40 Semyonova/Iljine 2013, 24.
41 Semyonova/Iljine 2013, 17 ff.
42 McMeekin 2009.
43 Kuhr-Korolev u. a. 2019, 55.
44 Kuhr-Korolev u. a. 2019, 56.
45 Semyonova/Iljine 2013, 18 f.
46 Semyonova/Iljine 2013, 20.
47 Semyonova/Iljine 2013, 60 ff.
48 Pyatnitsky 2013, 70 ff.
49 Semyonova/Iljine 2013, 62.
50 Semyonova/Iljine 2013, 22 f.
51 Semyonova/Iljine 2013, 28 ff., 45.
52 Gafifullin 2013, 96 ff.
53 Emelianova 2013, 244 ff.
54 Antonova 2011, 102 f.
55 Antonova 2011, 106.

56 Antonova 2011, 104 ff.
57 Petukhov 2013, 224 ff.
58 Petukhov 2013, 226 ff.
59 Solomakha 2013, 128 ff.
60 Solomakha 2013, 131.
61 Kuhr-Korolev u. a. 2019, 58.
62 Solomakha 2013, 132.
63 Kuhr-Korolev u. a. 2019, 58.
64 Solomakha 2013, 136 ff.
65 Solomakha 2013, 141.
66 Semyonova/Iljine 2013, 22 ff.
67 Piotrovsky 2013, 7 f.
68 Semyonova/Iljine 2013.

9. DER NATIONALSOZIALISMUS UND SEINE FOLGEN

1 Speer 1969, 56; Bollenbeck 2001, 322.
2 Rosenberg 1930.
3 Brenner 1963; Müller-Mehlis 1976; Adam 1992.
4 Nordau 2013.
5 Caspar 2001; von Flocken 2001; Lehnert 1998.
6 Paul 2001; Parzinger 2016, 39 ff.
7 Neliba 1992; Bergmann 2001; Raßloff 2015.
8 Fogarasi 1946.
9 Parzinger 2016, 43 ff.
10 Sauder 1983; 2010; Lischeid 2001; Lübbers 2017; Schoeps/Treß 2008.
11 du Closel 2010; Dümling/Girth 1993.
12 Struwe 1973, 123.
13 Brenner 1963; Struwe 1973, 123.
14 Struwe 1973, 125 f.
15 Struwe 1973, 122.
16 Fleckner 2007.
17 Fogarasi 1946; Struwe 1973, 133; Schuster 1998.
18 Hoffmann/Kuhn 2016, 174.
19 Schuster 1998.
20 Hoffmann/Kuhn 2016, 180 f.
21 Struwe 1973, 133 f.
22 Struwe 1973, 133; Hoffmann/Kuhn 2016, 181.
23 Struwe 1973, 134.
24 Zuschlag 2012, 37 ff.
25 Hoffmann/Kuhn 2016, 181 f.
26 Kellein 2007.
27 Hoffmann 2012, 85 ff.
28 Wemhoff u. a. 2012.

29 Hüneke 2006; Zuschlag 2012, 37 ff.; Berger 2012, 73 ff.
30 Fleckner 2009.
31 Rave 1949; Schneede 1987, 124; Struwe 1973, 135; Hoffmann 2016, 88.
32 Kellein 2007, 26.
33 Koldehoff 2014; Ronald 2015; Hoffmann/Kuhn 2016, 184.
34 Koldehoff 2014; Ronald 2015; Hoffmann/Kuhn 2016.
35 Hoffmann/Kuhn 2016, 191.
36 Hoffmann/Kuhn 2016, 312 ff.
37 Pohlmann 1998, 173 f.
38 Pohlmann 1998, 123 ff.; Erler/Ehrlich 2000.
39 Meinl/Zwilling 2004; Friedenberger 2008.
40 Feliciano 1998; Beker 2001; Lillie 2003; von Klitzing/Simmons 2006; Schnabel/Tatzkow 2007; Koldehoff 2009; Rydell 2014; Schleusener 2016; Rother 2017.
41 Obst 1991; Friedländer 1998; Steinweis 2013; Gross 2013; Benz 2018.
42 Pätzold/Runge 1988, 55.
43 Genschel 1966, 182; Döscher 2000, 131.
44 Mairgünther 1987, 132.
45 Graml 1988; Pehle 1988; Benz 2018.
46 Roxan/Wanstall 1966; Kurz 1989; Haase 1991; de Vries 2000; Jungblut 2007; Liechtenhan 2017.
47 Hartmann u. a. 2009.
48 Müller 1980; Kozłowski/Matusak 1986; Kurz 1989; Matuszewski/Kozimor 2007; Hartung 1997; Eichwede/Hartung 1998; Syssoeva 2004; Kunst im Konflikt 2006; Hartmann 2007; Klemann/Kudryashov 2012; Kuhr-Korolev u. a. 2019.
49 Madajczyk 1987, 333.
50 Roxan/Wanstall 1966, 66; Madajczyk 1987, 335.
51 Madajczyk 1987, 335; Noyes 2016, 136 f.
52 Noyes 2016, 135 ff.
53 Noyes 2016, 145.
54 Madajczyk 1987, 336.
55 Madajczyk 1987, 336 ff.
56 Kuhr-Korolev u. a. 2019, 27.
57 Hartung 1997; Eichwede/Hartung 1998; Syssoeva 2004; Kunst im Konflikt 2006; Hartmann 2007; Klemann/Kudryashov 2012; Kuhr-Korolev u. a. 2019.
58 Kuhr-Korolev u. a. 2019, 29.
59 Syssoeva 2004, 37.
60 Syssoeva 2004, 38.
61 Wermusch 1991; Akinscha/Koslov 1995; Musial 2010.
62 Lehmann/Schauerte 2004.
63 Parzinger 2010.
64 Fiedler 1995; Syssoeva 2004.
65 Becker 2009; Parzinger 2010; 2011; 2012; 2013.

10. DIE ZEIT NACH 1945

1 Dabringhaus 2015, 91 ff.; Hermanns 2016, 17 ff.
2 Rambelli/Reinders 2014, 119 ff.
3 Pennington Heaslet 1972; Blecher 1986; Corell 2009; Hermanns 2016; Leese 2016; Yang 2016.
4 Rambelli/Reinders 2014, 121 ff.
5 Gamboni 1997, 107 f.; Knuth 2014, 225.
6 Rambelli/Reinders 2014, 123.
7 Knuth 2014, 225.
8 Pennington Heaslet 1972, 1032 ff.
9 Pennington Heaslet 1972, 146.
10 Knuth 2014, 225.
11 Knuth 2014, 228 f.
12 Knuth 2014, 229.
13 Gamboni 1997, 108.
14 Bronger 2001, 4 ff.
15 Ludwig 1997/98, 117.
16 Kolrud/Prusac 2014, 160.
17 Ludwig 1997/98, 118 ff.; Kolrud/Prusac 2014, 160.
18 Ludwig 1997/98, 122; Bronger 2001, 39 ff.
19 Slobodník 2004, 8; Kolrud/Prusac 2014, 161.
20 Slobodník 2004, 9.
21 Bronger 2001, 63; Knuth 2014, 231.
22 Knuth 2014, 231.
23 Ludwig 1997/98, 122; Slobodník 2004, 9 f.
24 Ludwig 1997/98, 122 f.; Kolrud/Prusac 2014, 162.
25 Kolrud/Prusac 2014, 162.
26 Kolrud/Prusac 2014, 162.
27 Ludwig 1997/98, 123 f.; Bronger 2001, 62 ff.; Slobodník 2004, 10.
28 Bronger 2001, 65.
29 Jackson 1989; Kiernan 2002.
30 Davis/Mackenzie 2015, 296; Bultmann 2017; Goeb/Jarvis 2016.
31 Barth u. a. 1980; Kiernan 2002.
32 Kolrud/Prusac 2014, 155.
33 Kolrud/Prusac 2014, 157; Davis/Mackenzie 2015, 292.
34 Davis/Mackenzie 2015, 295.
35 Davies/Mackenzie 2015, 300 ff.
36 Falser 2020.
37 Kolrud/Prusac 2014, 155.
38 Freeman/Jacques 1999; Petrotchenko 2011; Falser 2015, 26.
39 Rapoport 2008.
40 Demetriou 2015.
41 Melčić 2007.

42 Chapman 1994, 120.
43 Filipović u. a. 1995.
44 von Schorlemer 2016, 111.
45 von Schorlemer 2016, 111 f.; Noyes 2016, 147 ff.
46 Chapman 1994, 122; Riedlmayer 2002.
47 Chapman 1994, 122 f.
48 Chapman 1994, 123.
49 Walasek 2015; Strahl 2016.
50 Noyes 2016, 158.
51 Noyes 2016, 156 f.
52 von Schorlemer 2016.
53 Herscher/Riedlmayer 2000, 110 f.
54 Malcolm 1998.
55 Hiso 2007; Clewing 2015.
56 Hiso 2007, 1.
57 Hofbauer 2008.
58 Defreese 2009.
59 Herscher/Riedlmayer 2000, 111.
60 Defreese 2009, 262.
61 Defreese 2009, 262.
62 Defreese 2009, 263.
63 Herscher/Riedlmayer 2000, 112.

11. DER ISLAMISTISCHE IKONOKLASMUS

1 Grierson 1960, 243 ff.; Flood 2002, 643.
2 Motzki 1991, 70 ff.
3 Griffith 2007.
4 Baer 1999, 32.
5 Flood 2016, 644 ff.
6 Paret 1968; 1976/77; King 2002; Baicu 2006, 220 ff.
7 Vasilicv 1955/56; Demandt 1997, 123; Khalek 2011; Brubaker 2013.
8 Paret 1968; 1976/77.
9 Noyc3 2016, 60 ff.
10 Noyes 2016, 16 ff.
11 Noyes 2016, 16 f.
12 Noyes 2016, 92 f.
13 Brenner 1993, 60.
14 Noyes 2016, 92 f.
15 Steinberg 2003.
16 Ahmad 1966.
17 Kaba 1974; Amselle 1985; Brenner 1993.
18 Demandt 1997, 124.
19 Bredekamp 2016, 12 f.

20 Hartmann 1924; Ende 2012, 189; Elias 2013, 158 f.
21 Peskes 1993, 42 f.
22 Steinberg 2003.
23 Ende 2012, 189 ff.; Sardar 2014.
24 Petzet 2009.
25 Flood 2002, 648.
26 Flood 2002, 649.
27 Flood 2002, 649.
28 Schetter 2003, 220 ff.; Clammer 2007, 116; Adamec 2012, 190.
29 Falser 2010, 84.
30 Falser 2010, 83; Flood 2002, 651.
31 Ball 2008; Falser 2010; Flood 2002; 2016; Elias 2013, 145; Noyes 2016, 168 ff.
32 Falser 2010, 85 ff.
33 Kolrud/Prusac 2014, 167; Flood 2016, 120 f.
34 Morgan 2012.
35 Elias 2013, 146; Staudigl 2014, 281.
36 von Schorlemer 2016, 89.
37 von Schorlemer 2016, 119.
38 Elias 2013, 148 ff.
39 Falser 2010, 84 f.
40 Staudigl 2014, 282.
41 Flood 202, 651.
42 Elias 2013, 152 f.
43 Staudigl 2014, 284.
44 Staudigl 2014, 280.
45 Flood 2002, 652.
46 Elias 2013, 153.
47 Staudigl 2014, 286 ff.
48 Noyes 2016, 171.
49 Falser 2010, 87.
50 Staudigl 2014, 289 f.
51 Feltham 2001; Wessel 2015, 41.
52 Parzinger 2001.
53 Petzet 2009.
54 Elias 2013, 157 f.; Apostos 2012; von Schorlemer 2016, 841 f.
55 Miner 1965; Hunwick 2000; 2002; Saad 2010.
56 Bondarev u. a. 2014, 3 ff.
57 von Schorlemer 2016, 842.
58 Elias 2013, 157.
59 Bondarev u. a. 2014, 7 ff.
60 Bondarev u. a. 2014, 17.
61 von Schorlemer 2016, 66.
62 Bahrani 2003; Bogdanos 2005; 2016; Polk/Schuster 2005; Rothfield 2009; von Schorlemer 2016, 67.

63 von Schorlemer 2016, 67.
64 von Schorlemer 2016, 41.
65 Bahrani 2003; Stone 2008; Stone/Bajjaly 2008; Rothfield 2008; 2009; Bernhardsson 2005; Emberling/Hanson 2008; Woodbridge 2008; Baker 2010; Isakhan 2011; 2015; Bodganos 2016.
66 Bogdanos 2016, 122.
67 Buchta 2015, 289 ff.; Heine 2015; Abu Hanieh 2016; Cockburn 2015; Gerges 2016.
68 Heine 2015, 167 f.; Buchta 2015, 289 ff.
69 Heine 2015, 175 ff.
70 Buchta 2015, 301 ff.
71 Buchta 2015, 308 ff.
72 Buchta 2015, 289 ff.; Cockburn 2015; Gerges 2016; von Schorlemer 2016, 76.
73 von Schorlemer 2016, 77.
74 von Schorlemer 2016, 36 f.
75 Buchta 2015, 11 ff.
76 von Schorlemer 2016, 133 ff.
77 von Schorlemer 2016, 55.
78 von Schorlemer 2016, 77 f.
79 Matthiae 1999; Kertai 2015.
80 von Schorlemer 2016, 130 ff.
81 von Schorlemer 2016, 130, 139; Rutelli 2016, 147.
82 Rutelli 2016, 145 f.
83 Damerji 1999; Englund 2003; Kertai 2015.
84 Hauser 1998; Edwell 2008; Dirven 2013.
85 von Schorlemer 2016, 64.
86 Rutelli 2016, 145; Flood 2016, 116 ff.
87 von Schorlemer 2016, 54 ff.
88 Degeorge 2002; Schmidt-Colinet 2005; Edwell 2008; Meyer 2017; Sommer 2017; Krischke 2017; Intagliata 2018.
89 Flood 2016, 120; Greenhalgh 2017, 409 ff.
90 Bredekamp 2016, 14 ff.
91 Bredekamp 2016, 17; von Schorlemer 2016, 68 f.
92 Bredekamp 2016, 18 f.
93 Bredekamp 2016, 19.
94 Bredekamp 2016, 19 f.
95 Bredekamp 2016, 22.
96 Bredekamp 2016, 21 ff.
97 Bredekamp 2016, 24.
98 Kila 2013; Stevenson 2016; Wessel 2015, 40, 141 ff.
99 Compagnon 2010; Brodie/Walker Tubb 2002; Brodie/Renfrew 2005; Brodie u. a. 2001; 2006; Rothfield 2005; Manacorda 2011; Kila/Balcells 2014; Charney 2016; Hauser-Schäublin/Prott 2016; Rutelli 2016.
100 Cothren 2000; Wessel 2015, 40 ff.; von Schorlemer 2016, 72 f.
101 von Schorlemer 2016, 74; Rutelli 2016, 146.

102 von Schorlemer 2016, 75.
103 von Schorlemer 2016, 73.
104 Wessel 2015, 44.
105 Hemeier/Hilgert 2020.

12. SCHLUSSBETRACHTUNG

1 Kolrud/Prusac 2014, 153 ff.
2 Baicu 2006, 234 f.
3 Gamboni 2011.
4 von Schorlemer 2016, 100.
5 van der Auwera 2012, 49 f.
6 Kaldor 1999; Münkler 2005.
7 van der Auwera 2012, 61.
8 von Racknitz 2012, 31 ff.
9 von Racknitz 2012, 38 f.
10 Engstler 1964, 200 ff.
11 Engstler 1964, 202 f.; Gornig 2006, 32 ff.
12 Engstler 1964, 205 ff.; Heintschel von Heinegg 1998, 132 ff.; Dülffer 1981; Wagner 2012, 26 ff.
13 Engstler 1964, 207 f.
14 Engstler 1964, 209.
15 Engstler 1964, 210 ff.
16 Engstler 1964, 210 ff.
17 von Schorlemer 2016, 204 ff.; in diesem Standardwerk auch ausführlicher zu allen Fragen des völkerrechtlichen Kulturgutschutzes in Friedens- und Kriegszeiten.
18 von Schorlemer 2016, 103.
19 von Schorlemer 2016, 201.
20 von Schorlemer 2016, 200.
21 von Schorlemer 2016, 91.

13. AUSBLICK

1 Grundlegend dazu: von Schorlemer 2016, 158 ff.
2 von Schorlemer 2016, 167 ff., 687 ff.
3 Evans 2008; Bellamy 2008; Rausch 2011; Etzersdorfer/Janik 2016.
4 Weiss/Connelly 2017; Cuno/Weiss 2020; Cuno/Weiss im Druck.
5 von Schorlemer 2016, 687 f.; Walasek 2015, 307 ff., 322.
6 Windfuhr 1994, 381 ff.
7 Angeleti 2020.
8 Parzinger 2016, 54.
9 Parzinger 2016, 52 f.
10 Fleckner u. a. 2011, 3 ff.
11 Fleckner u. a. 2011, 9 Abb. 6.

BIBLIOGRAPHIE

EINFÜHRUNG

A. Demandt, Vandalismus. Gewalt gegen Kultur (Berlin 1997).

U. Fleckner, Aus dem Gedächtnis verbannt. Funktion und Ästhetik zerstörter Bildnisse. In: U. Fleckner/M. Steinkamp/H. Ziegler (Hrsg.), Der Sturm der Bilder. Zerstörte und zerstörende Kunst von der Antike bis in die Gegenwart (Berlin 2011) 15–33.

D. Gamboni, The Destruction of Art. Iconoclasm and Vandalism since the French Revolution (London 1997).

H. J. Hillerbrand, Verbrannte Bücher, verbrannte Menschen. Über die Macht und Ohnmacht der Ideen. In: J. H. Schoeps/W. Treß (Hrsg.), Verfemt und verboten. Vorgeschichte und Folgen der Bücherverbrennungen 1933 (Hildesheim, Zürich, New York 2010) 15–29.

H. Parzinger, Wider die Barbarei. Kunst-, Kultur- und Meinungsfreiheit sind für Demokraten nicht verhandelbar. In: M. Rutz (Hrsg.), Der Freiheit eine Gasse. Was es heute zu verteidigen gilt (Freiburg 2016) 27–60.

Ch. Tauber, Bilderstürme der Französischen Revolution. Die Vandalismusberichte des Abbé Grégoire (Freiburg i. Br. 2009).

P. Wescher, Kunstraub unter Napoleon (Berlin 1976).

1. DIE ANFÄNGE IM ALTERTUM

W. Andrae, Das wiedererstandene Assur (München 1977^{2}).

N. Bagnall, Rom und Karthago. Der Kampf ums Mittelmeer (Berlin 1995).

O. Baicu, Bilderstreit und Bilderzerstörung. Die politische Theologie des Ikonoklasmus. Krisen und autoritäre Strukturen in der Vormoderne. Reihe Politisches Denken 10 (Neuried 2006).

A. M. Berlin/J. A. Overman (Hrsg.), The First Jewish Revolt. Archaeology, History and Ideology (London 2002).

A. Bernardino/G. Pilara/L. Spera (Hrsg.), Roma e il sacco del 410: Realtà, interpretazione, mito (Roma 2012).

K. Bieberstein, A Brief History of Jerusalem: From the Earliest Settlement to the Destruction of the City in AD 70 (Wiesbaden 2017).

H. Bredekamp, Kunst als Medium sozialer Konflikte. Bilderkämpfe von der Spätantike bis zur Hussitenrevolution (Frankfurt am Main 1975).

K. Bringmann, Geschichte der Juden im Altertum. Vom babylonischen Exil bis zur arabischen Eroberung (Stuttgart 2005).

B. M. Bryan, Episodes of Iconoclasm in the Egyptian New Kingdom. In: N. N. May (Hrsg.), Iconoclasm and Text Destruction in the Ancient Near East and Beyond. Oriental Institute Seminars 8 (Chicago 2012) 363–394.

L. Casson, Libraries in the Ancient World (New Haven, London 2001).

K. Cooney, The Woman Who Would be King: Hatshepsut's Rise to Power in Ancient Egypt (Birmingham 2014).

A. Demandt, Vandalismus. Gewalt gegen Kultur (Berlin 1997).

C. Desroches-Noblecourt, Hatschepsut. Die geheimnisvolle Königin auf dem Pharaonenthron (Bergisch Gladbach 2007).

F. Deuchler, Beute und Triumph. Zum kulturgeschichtlichen Umfeld antiker und mittelalterlicher Kriegstrophäen (Berlin 2015).

J.-Y. Empereur, The Destruction of the Library of Alexandria. An Archaeological Viewpoint. In: O. M. Fathallah (Hrsg.), What Happened to the Ancient Library of Alexandria? (Leiden 2008) 75–88.

D. Frankfurter, Iconoclasm and Christianization in Late Antique Egypt. Christian Treatments of Space and Image. In: J. Hahn/S. Emmel/U. Gotter (Hrsg.), From Temple to Church. Destruction and Renewal of Local Cultic Topography in Late Antiquity. Religions in the Graeco-Roman World 163 (Leiden, Boston 2008) 135–159.

M. Ghilardi/G. Pilara, I barbari che presero Roma. Il sacco del 410 e le sue conseguenze (Roma 2010).

M. Goodman, The Ruling Class of Judaea. The Origins of the Jewish Revolt against Rome A. D. 66–70 (Cambridge 1987).

A. K. Grayson, Assyrian and Babylonian Chronicles. Texts from Cuniform Sources 5 (Locust Valley 1975).

B. Groves, The Destruction of Jerusalem in Early Modern English Literature (Cambridge 2015).

O. Hansen, Der Dritte Römisch-Karthagische Krieg. Die Zerstörung Karthagos 146 v. Chr. (Saarbrücken 2008).

P. Heather, Der Untergang des Römischen Weltreichs (Stuttgart 2007).

C. Hedrick, History and Silence. Purge and Rehabilitation in Late Antiquity (Austin 2000).

H. Heftner, Der Aufstieg Roms. Vom Pyrrhoskrieg bis zum Fall von Karthago (280–146 v. Chr.) (Regensburg 2005[2]).

S. Holz, Das Kunstwerk als Beute. Raub, Re-Inszenierung und Restitution in der römischen Antike. In: U. Fleckner/M. Steinkamp/H. Ziegler (Hrsg.),

Der Sturm der Bilder. Zerstörte und zerstörende Kunst von der Antike bis in die Gegenwart (Berlin 2011) 35–54.

E. Hornung, Echnaton. Die Religion des Lichts (München 2003).

D. Hoyos (Hrsg.), A Companion to the Punic Wars (Chichester 2011).

B. Kiilerich, Defacement and Replacement as Political Strategies in Ancient and Byzantine Ruler Images. In: K. Kolrud/M. Prusac (Hrsg.), Iconoclasm from Antiquity to Modernity (Surrey 2014) 57–73.

M. Kulikowski, Die Goten vor Rom (Darmstadt 2009).

G. A. Lehmann, Alexander der Große und die «Freiheit der Hellenen». Studien zu der antiken historiographischen Überlieferung und den Inschriften der Alexander-Ära. Abhandlungen der Akademie der Wissenschaften zu Göttingen 36 (Berlin, Boston 2015[6]).

J. Lipps/C. Machado/Ph. von Rummel (Hrsg.), The Sack of Rome in 410 AD. The Event, its Context and its Impact. Palilia 28 (Wiesbaden 2013).

F. Maciejewski, Echnaton oder die Erfindung des Monotheismus. Zur Korrektur eines Mythos (Berlin 2010).

J. MacLaren/M. Goodman, The Importance of Perspective: The Jewish-Roman Conflict of 66–70 CE as a Revolution. In: J. J. Collins/J. G. Manning (Hrsg.), Revolt and Resistance in the Ancient Classical World and the Near East. Culture and History of the Ancient Near East 85 (Leiden, Boston 2016) 234–252.

S. Maul, Zerschlagene Denkmäler. Die Zerstörung von Kulturschätzen im eroberten Zweistromland im Altertum und in der Gegenwart. In: Bildersturm. Sammelband der Vorträge des Studium Generale der Ruprecht-Karls-Universität Heidelberg (Heidelberg 2006) 163–176.

N. N. May (Hrsg.), Iconoclasm and Text Destruction in the Ancient Near East and Beyond. Oriental Institute Seminars 8 (Chicago 2012).

M. Meier, Alarich und die Eroberung Roms im Jahr 410. Der Beginn der «Völkerwanderung». In: M. Meier (Hrsg.), Sie schufen Europa. Historische Portraits von Konstantin bis Karl dem Großen (München 2007) 45–62.

M. Meier/S. Patzold, August 410 – Ein Kampf um Rom (Stuttgart 2010).

D. Metzler, Bilderstürme und Bilderfeindlichkeit in der Antike. In: M. Warnke (Hrsg.), Bildersturm. Die Zerstörung des Kunstwerks (Frankfurt 1973) 14–29.

S. Moorhead/D. Stuttard, AD 410. The Year that Shook Rome (London 2010).

F. Münzer, Mummius 7a. In: Paulys Realencyclopädie der classischen Altertumswissenschaft XVI,1 (Stuttgart 1933) Spalten 1195–1206.

P. Nadig, Hatschepsut (Mainz 2014).

H. Parzinger/A. Nagler/N. Leont'ev/V. Zubkov, Das mehrperiodige Gräberfeld von Suchanicha bei Minusinsk. Eurasia Antiqua 15, 2009, 67–208.

H. Parzinger/A. Nagler/A. Gotlib, Der tagarzeitliche Großkurgan von Barsučij Log in Chakassien. Ergebnisse der deutsch-russischen Ausgrabungen 2004–2006. Eurasia Antiqua 16, 2010, 169–282.

P. M. Pickshaus, Kunstzerstörer. Fallstudien: Tatmotive und Psychogramme (Hamburg 1988).

P. Priskil, Echnaton – Träumer, Fanatiker oder Revolutionär? (Freiburg 2001).
M. Prusac, *Presence* and the Image Controversies in the Third and Fourth Centuries AD. In: K. Kolrud/M. Prusac (Hrsg.), Iconoclasm from Antiquity to Modernity (Surrey 2014) 41–56.
S. Razmjou, Plundering Macedonians. A Shattered Penelope and the Sack of Persepolis. In: S. Settis/A. Anguissola/D. Gasparotto (Hrsg.), The Greek Canon and its Mutations. Serial/Portable Classic (Milan 2015) 125–128.
J. Reade, Elam and Elamites in Assyrian Sculpture. Archäologische Mitteilungen aus Iran, Neue Folge 9, 1976, 97–105.
N. Reeves, Echnaton. Ägyptens falscher Prophet. Kulturgeschichte der Antiken Welt 91 (Mainz 2002).
M. Sasse, Geschichte Israels in der Zeit des Zweiten Tempels. Historische Ereignisse, Archäologie, Sozialgeschichte, Religions- und Geistesgeschichte (Neukirchen-Vluyn 2004).
E. W. Sauer, Disabling Demonic Images: Regional Diversity in Ancient Iconoclasts' Motives and Targets. In: K. Kolrud/M. Prusac (Hrsg.), Iconoclasm from Antiquity to Modernity (Surrey 2014) 15–40.
U. Schall, Die Juden im Römischen Reich (Regensburg 2002).
H. Schaudig, Death of Statues and Rebirth of Gods. In: N. N. May (Hrsg.), Iconoclasm and Text Destruction in the Ancient Near East and Beyond. Oriental Institute Seminars 8 (Chicago 2012) 123–150.
H. A. Schlögl, Echnaton (München 2008).
M. Schnittger, Hatschepsut. Eine Frau als König von Ägypten (Mainz 2008).
H. Schwier, Tempel und Tempelzerstörung. Untersuchungen zu den theologischen und ideologischen Faktoren im ersten jüdisch-röm. Krieg (66–74 n. Chr.). Novum Testamentum et Orbis Antiquus 11 (Freiburg, Göttingen 1989).
B. D. Shaw, The Myth of the Neronian Persecution. The Journal of Roman Studies 105, 2015, 73–100.
W. Treue, Kunstraub. Über die Schicksale von Kunstwerken in Krieg, Revolution und Frieden (Düsseldorf 1957).
G. Waldherr, Nero. Eine Biografie (Regensburg 2005).
J. G. Westenholz, *Damnatio Memoriae*: The Old Akkadian Evidence for Destruction of Name and Destruction of Person. In: N. N. May (Hrsg.), Iconoclasm and Text Destruction in the Ancient Near East and Beyond. Oriental Institute Seminars 8 (Chicago 2012) 89–122.
P. Wilson, Naming Names and Shifting Identities in Ancient Egyptian Iconoclasm. In: A. McClanan/J. Johnson (Hrsg.), Negating the Image. Case Studies in Iconoclasm (Aldershot 2006) 113–135.
G. Wirth, Der Brand von Persepolis. Folgerungen zur Geschichte Alexanders des Großen (Amsterdam 1993).
E. Wolff, La prise de Rome de 410, une étape dans la christianisation de la ville. In: H. Harich-Schwarzbauer/K. Pollmann (Hrsg.), Der Fall Roms und seine Wiederauferstehungen in Antike und Mittelalter. Millenium-Studien 40 (Berlin, Boston 2013) 195–208.

C. Woods, Mutilation of Image and Text in Early Sumerian Sources. In: N. N. May (Hrsg.), Iconoclasm and Text Destruction in the Ancient Near East and Beyond. Oriental Institute Seminars 8 (Chicago 2012) 33–56.
L. M. Yarrow, Lucius Mummius and the Spoils of War. Scripta Classica Israelica 25, 2006, 57–70.
K. Zimmermann, Karthago. Aufstieg und Fall einer Großmacht (Stuttgart 2010).
K. Zimmermann, Rom und Karthago (Darmstadt 2013[3]).

2. DIE UMBRÜCHE IN DER SPÄTANTIKE

A. Bauer/J. Strzygowski, Eine alexandrinische Weltchronik. Text und Miniaturen eines griechischen Papyrus der Sammlung W. Goleniscev (Wien 1906).
N. H. Baynes, Alexandria and Constantinople: A Study in Ecclesiastical Diplomacy. In: N. H. Baynes, Byzantine Studies and Other Essays (London 1955) 97–115.
G. Bonamente, Giuliano l'Apostata e il Breviario di Eutropio (Roma 1986).
G. Bonamente, Einziehung und Nutzung von Tempelgut durch Staat und Stadt in der Spätantike. In: J. Hahn (Hrsg.), Spätantiker Staat und religiöser Konflikt. Imperiale und lokale Verwaltung und die Gewalt gegen Heiligtümer. Millenium-Studien zu Kultur und Geschichte des ersten Jahrtausends n. Chr. 34 (Berlin, New York 2011) 55–92.
H. Bredekamp, Kunst als Medium sozialer Konflikte. Bilderkämpfe von der Spätantike bis zur Hussitenrevolution (Frankfurt am Main 1975).
A. Cameron/S. G. Hall (Hrsg.), Eusebius, Life of Constantine (Oxford 1999).
G. Dagron, Naissance d'une capitale. Constantinople et ses institutions de 330 à 451 (Paris 1974).
G. Dagron, Constantinople imaginaire. Études sur le recueil des Patria (Paris 1984).
L. De Giovanni, L'imperatore Constantino e il mondo pagano (Napoli 2003).
M. A. B. Deakin, Hypatia of Alexandria. Mathematician and Martyr (New York 2007).
J. H. F. Dijkstra, Religious Violence in Late Antique Egypt Reconsidered. The Cases of Alexandria, Panopolis and Philae. Journal of Early Christian History 5/2, 2015, 24–48.
M. Errington, Church and State in the First Years of Theodosius I. Chiron 27, 1997, 21–72.
A. Favale, Teofilo d'Alessandria. Biblioteca del «Salesianum» 41 (Torino 1958).
R. Förster (Hrsg.), Libanius. Opera III (Leipzig 1906).
U. Gotter, Rechtgläubige – Pagane – Häretiker. Tempelzerstörungen in der Kirchengeschichtsschreibung und das Bild der christlichen Kaiser. In: J. Hahn/S. Emmel/U. Gotter (Hrsg.), From Temple to Church. Destruction and Renewal of Local Cultic Topography in Late Antiquity. Religions in the Graeco-Roman World 163 (Leiden, Boston 2008) 43–89.
P. Grossmann, Modalitäten der Zerstörung und Christianisierung pharaoni-

scher Tempelanlagen. In: J. Hahn/S. Emmel/U. Gotter (Hrsg.), From Temple to Church. Destruction and Renewal of Local Cultic Topography in Late Antiquity. Religions in the Graeco-Roman World 163 (Leiden, Boston 2008) 299–327.

J. Hahn, Gewalt und religiöser Konflikt. Studien zu den Auseinandersetzungen zwischen Christen, Heiden und Juden im Osten des Römischen Reichs (von Konstantin bis Theodosius II.). Klio Beihefte Neue Folge 8 (Berlin 2004).

J. Hahn, *Vetustus error extinctus est* – Wann wurde das Sarapeion von Alexandria zerstört? Historia. Zeitschrift für Alte Geschichte 55 (3), 2006, 368–383.

J. Hahn, Die Zerstörung der Kulte von Philae. Geschichte und Legende am ersten Nilkatarakt. In: J. Hahn/S. Emmel/U. Gotter (Hrsg.), From Temple to Church. Destruction and Renewal of Local Cultic Topography in Late Antiquity. Religions in the Graeco-Roman World 163 (Leiden, Boston 2008) 203–241.

J. Hahn, The Conversion of Cult Statues: The Destruction of the Serapeum 392 A. D. and the Transformation of Alexandria into the «Christ-Loving» City. In: J. Hahn/S. Emmel/U. Gotter (Hrsg.), From Temple to Church. Destruction and Renewal of Local Cultic Topography in Late Antiquity. Religions in the Graeco-Roman World 163 (Leiden, Boston 2008) 335–365.

J. Hahn, Gesetze als Waffe? Die kaiserliche Religionspolitik und die Zerstörung der Tempel. In: J. Hahn (Hrsg.), Spätantiker Staat und religiöser Konflikt. Imperiale und lokale Verwaltung und die Gewalt gegen Heiligtümer. Millenium-Studien zu Kultur und Geschichte des ersten Jahrtausends n. Chr. 34 (Berlin, New York 2011) 201–219.

K. Kleibl, Iseion. Raumgestaltung und Kultpraxis in den Heiligtümern graecoägyptischer Götter im Mittelmeerraum (Worms 2009).

R. Klein, Distruzione dei templi nella tarda antichità. Un problema politico, culturale e sociale. Atti del X Convegno internazionale, Accademia Romanistica Costantiniana 1991 (Perugia 1995) 127–152.

A. Kofsky, Eusebius of Caesarea against Paganism. Jewish and Christian Perspectives 3 (Leiden 2002).

T. M. Kristensen, Religious Conflict in Late Antique Alexandria: Christian Responses to «Pagan» Statues in the Fourth and Fifth Centuries CE. In: G. Hinge/J. A. Krasilnikoff (Hrsg.), Alexandria, A Cultural and Religious Melting Pot (Aarhus 2009) 158–175.

H. Leppin, Constantius II. und das Heidentum. Athenaeum 87, 1999, 457–480.

H. Leppin, Theodosius der Große (Darmstadt 2003).

D. Metzler, Bilderstürme und Bilderfeindlichkeit in der Antike. In: M. Warnke (Hrsg.), Bildersturm. Die Zerstörung des Kunstwerks (Frankfurt 1973) 14–29.

A. F. Norman, Libanius. Selected Works II (London 1977).

S. Ronchey, Hypatia the Intellectual. In: A. Fraschetti (Hrsg.), Roman Woman (Chicago, London 2001) 160–189.

M. Sabottka, Das Serapeum in Alexandria. Untersuchungen zur Architektur und Baugeschichte des Heiligtums von der frühen ptolemäischen Zeit bis zur Zerstörung 391 n. Chr. Études Alexandrines 15 (Kairo 2008).

E. von Lasaulx, Der Untergang des Hellenismus und die Einziehung seiner Tempelgüter durch die christlichen Kaiser. Ein Beitrag zur Philosophie der Geschichte (München 1854).

J. A. Wagner, Ammian Marcellin aus dem Lateinischen übersetzt und mit erläuternden Anmerkungen begleitet. Band 2 (Frankfurt am Main 1793).

M. Wallraff, Die antipaganen Maßnahmen Konstantins in der Darstellung des Euseb von Kaisareia. In: J. Hahn (Hrsg.), Spätantiker Staat und religiöser Konflikt. Imperiale und lokale Verwaltung und die Gewalt gegen Heiligtümer. Millenium-Studien zu Kultur und Geschichte des ersten Jahrtausends n. Chr. 34 (Berlin, New York 2011) 7–18.

E. J. Watts, Hypatia. The Life and Legend of an Ancient Philosopher (Oxford 2017).

H.-U. Wiemer, Für die Tempel? Die Gewalt gegen heidnische Heiligtümer aus der Sicht städtischer Eliten des spätrömischen Ostens. In: J. Hahn (Hrsg.), Spätantiker Staat und religiöser Konflikt. Imperiale und lokale Verwaltung und die Gewalt gegen Heiligtümer. Millenium-Studien zu Kultur und Geschichte des ersten Jahrtausends n. Chr. 34 (Berlin, New York 2011) 159–185.

R. H. Wilkinson, Die Welt der Tempel im Alten Ägypten (Darmstadt 2005).

3. DER BYZANTINISCHE BILDERSTREIT

M.-F. Auzépy, L'Hagiographie et l'iconoclasme byzantine. Le cas de la Vie d'Ètienne le Jeune. Birmingham Byzantine and Ottoman Monographs 5 (Birmingham 1999).

O. Baicu, Bilderstreit und Bilderzerstörung. Die politische Theologie des Ikonoklasmus. Krisen und autoritäre Strukturen in der Vormoderne (Neuried 2006).

C. Barber, Figure and Likeness. On the Limits of Representation in Byzantine Iconoclasm (Princeton, Oxford 2002).

H. Belting, Macht und Ohnmacht der Bilder. In: P. Blickle/A. Holenstein/H. R. Schmidt/F.-J. Sladeczek (Hrsg.), Macht und Ohnmacht der Bilder. Reformatorischer Bildersturm im Kontext der europäischen Geschichte (Oldenbourg, München 2002) 11–32.

A. Besançon, L'Image interdite. Une histoire intellectuelle de l'iconoclasme (Paris 1994).

H. Bredekamp, Kunst als Medium sozialer Konflikte. Bilderkämpfe von der Spätantike bis zur Hussitenrevolution (Frankfurt am Main 1975).

B. Brock, Der byzantinische Bilderstreit. In: M. Warnke (Hrsg.), Bildersturm. Die Zerstörung des Kunstwerks (Frankfurt am Main 1973) 30–54.

L. Brubaker, Byzantium in the Iconoclast Era c. 680–850. A History (Cambridge 2011).

L. Brubaker, Inventing Byzantine Iconoclasm (London 2012).

L. Brubaker, Making and Breaking Images and Meaning in Byzantium and Early Islam. In: S. Boldrick/L. Brubaker/R. Clay (Hrsg.), Striking Images, Iconoclasms Past and Present (Surrey 2013) 13–24.

L. Brubaker/J. Haldon, Byzantium in the Iconoclast Era c.680–850. The Sources, an Annotated Survey (Cambridge 2001).
L. Brubaker/J. Haldon, Byzantium in the Iconoclast Era c.680–850. A History (Cambridge 2011).
M. Campagnolo/P. Magdalino/M. Martiniani-Reber/A.-L. Rey (Hrsg.), L'Aniconisme dans l'art religieux byzantin. Actes du colloque de Genève 1–3 octobre 2009 (Genève 2014).
J. Elsner, Iconoclasm as Discourse: From Antiquity to Byzantium. The Art Bulletin 94 (3), 2012, 368–394.
H. Feld, Der Ikonoklasmus des Westens (Leiden 1990).
H. J. Frederiksen, Kunst & Religion fra Byzans til Per Kirkeby (Aarhus 2001).
A. Grabar, L'Iconoclasme byzantine. Dossier archéologique (Paris 1957).
S. Michalski, The Reformation and the Visual Arts. The Protestant image question in Western and Eastern Europe (London, New York 1993).
E. Ribak, Archaeological Evidence from the Byzantine Holy Land on the Origins of the Iconoclastic Movement. Journal of the British Archaeological Association 165, 2012, 1–21.

4. DAS SPÄTMITTELALTER UND DIE PRÄLUDIEN DER REFORMATION

O. Bernhardt, Gestalt und Geschichte Savonarolas in der deutschsprachigen Literatur. Von der Frühen Neuzeit bis zur Gegenwart (Würzburg 2016).
H. Bredekamp, Renaissancekultur als «Hölle»: Savonarolas Verbrennungen der Eitelkeiten. In: M. Warnke (Hrsg.), Bildersturm. Die Zerstörung des Kunstwerks (Frankfurt am Main 1973) 41–64.
H. Bredekamp, Kunst als Medium sozialer Konflikte. Bilderkämpfe von der Spätantike bis zur Hussitenrevolution (Frankfurt am Main 1975).
H. Feld, Der Ikonoklasmus des Westens (Leiden 1990).
G. Jaritz, Von der Objektkritik bis zur Objektzerstörung. Methoden und Handlungsspielräume im Spätmittelalter. In: B. Scribner (Hrsg.), Bilder und Bildersturm im Spätmittelalter und in der Frühen Neuzeit (Wiesbaden 1990) 37–50.
H. Kaminsky, A History of the Hussite Revolution (Berkeley 1967).
F. Machilek (Hrsg.), Die hussitische Revolution: religiöse, politische und regionale Aspekte (Köln 2012).
S. Michalski, The Reformation and the Visual Arts. The Protestant Image Question in Western and Eastern Europe (London, New York 1993).
S. Michalski, Jan Hus wird in Konstanz verbrannt: Der hussitische Bildersturm bricht aus. In: C. Dupeux/P. Jezler/J. Wirth (Hrsg.), Bildersturm. Wahnsinn oder Gottes Wille? Katalog zur Ausstellung Bernisches Historisches Museum, Musée de l'Oeuvre Notre-Dame, Strassburg, (Zürich 2000) 286–287.
E. Piper, Savonarola. Umtriebe eines Politikers und Puritaners im Florenz der Medici (Berlin 1979).
E. Piper, Savonarola. Prophet der Diktatur Gottes (München 2009).

F. Seibt, Hussitica. Zur Struktur einer Revolution (Köln, Graz 1965).
F. Seibt, Deutschland und die Tschechen. Geschichte einer Nachbarschaft in der Mitte Europas (München 1993).
N. Schnitzler, Ikonoklasmus – Bildersturm. Theologischer Bilderstreit und ikonoklastisches Handeln während des 15. und 16. Jahrhunderts (München 1996).
F. Šmahel, La Révolution hussite: une anomalie historique (Paris 1985).
F. Šmahel, Häresie und vorzeitige Reformation im Spätmittelalter. Schriften des Historischen Kollegs. Kolloquien 39 (Oldenburg 1998).
F. Šmahel, Die Hussitische Revolution. Schriften der Monumenta Germaniae Historica 43 (Hannover 2002).

5. DIE FRÜHE NEUZEIT UND DIE REFORMATION

M. Aston, Iconoclasm in England: Rites of Destruction by Fire. In: B. Scribner (Hrsg.), Bilder und Bildersturm im Spätmittelalter und in der Frühen Neuzeit. Wolfenbütteler Forschungen 46 (Wiesbaden 1990) 175–202.
H. Belting, Bild und Kunst. Eine Geschichte des Bildes vor dem Zeitalter der Kunst (München 1991[2]).
H. Belting, Macht und Ohnmacht der Bilder, In: P. Blickle/A. Holenstein/H. R. Schmidt/F.-J. Sladeczek (Hrsg.), Macht und Ohnmacht der Bilder. Reformatorischer Bildersturm im Kontext der europäischen Geschichte (Oldenbourg, München 2002) 11–32.
P. Blickle, Bilder und ihr gesellschaftlicher Rahmen. In: P. Blickle/A. Holenstein/H. R. Schmidt/F.-J. Sladeczek (Hrsg.), Macht und Ohnmacht der Bilder. Reformatorischer Bildersturm im Kontext der europäischen Geschichte (Oldenbourg, München 2002) 1–7.
P. Blickle/A. Holenstein/H. R. Schmidt/F.-J. Sladeczek (Hrsg.), Macht und Ohnmacht der Bilder. Reformatorischer Bildersturm im Kontext der europäischen Geschichte (Oldenbourg, München 2002).
V. Chieffo Raguin (Hrsg.), Art, Piety and Destruction in the Christian West, 1500–1700 (Burlington 2010).
O. Christin, Frankreich und die Niederlande. Der zweite Bildersturm. In: C. Dupeux/P. Jezler/J. Wirth (Hrsg.), Bildersturm. Wahnsinn oder Gottes Wille? Katalog zur Ausstellung Bernisches Historisches Museum, Musée de l'Œuvre Notre-Dame, Strassburg, (Zürich 2000) 57–66.
A. Demandt, Vandalismus. Gewalt gegen Kultur (Berlin 1997).
E. Duffy, The Stripping of the Altars. Traditional Religion in England c. 1400 – c. 1580 (New Haven, London 1992).
J. Eales, Iconoclasm, Iconography, and the Altar in the English Civil War. In: D. Wood (Hrsg.), The Church and the Arts, Studies in Church History 28 (Oxford 1992) 313–327.
C. M. N. Eire, War Against the Idols. The Reformation of Worship from Erasmus to Calvin (Cambridge, New York, New Rochelle, Melbourne, Sydney 1986).
H. Feld, Der Ikonoklasmus des Westens (Leiden 1990).

D. Freedberg, Iconoclasm and Painting in the Revolt of the Netherlands 1566–1609 (Oxford 1972).

L. M. Gisi, Niklaus Manuel und der Berner Bildersturm 1528. In: P. Blickle/A. Holenstein/H. R. Schmidt/F.-J. Sladeczek (Hrsg.), Macht und Ohnmacht der Bilder. Reformatorischer Bildersturm im Kontext der europäischen Geschichte (Oldenbourg, München 2002) 143–164.

H.-J. Goertz, Die Täufer. Geschichte und Deutung (München 1980).

P. Jezler, Tempelreinigung oder Barbarei? Eine Geschichte vom Bild des Bilderstürmers. In: D. Altendorf/P. Jezler (Hrsg.), Bilderstreit. Kulturwandel in Zwinglis Reformation (Zürich 1984) 75–82.

P. Jezler, Etappen des Zürcher Bildersturms. Ein Beitrag zur soziologischen Differenzierung ikonoklastischer Vorgänge in der Reformation. In: B. Scribner (Hrsg.), Bilder und Bildersturm im Spätmittelalter und in der Frühen Neuzeit. Wolfenbütteler Forschungen 46 (Wiesbaden 1990) 143–174.

P. Jezler, Von den guten Werken zum reformatorischen Bildersturm. Eine Einführung In: C. Dupeux/P. Jezler/J. Wirth (Hrsg.), Bildersturm. Wahnsinn oder Gottes Wille? Katalog zur Ausstellung Bernisches Historisches Museum, Musée de l'Oeuvre Notre-Dame, Strassburg, (Zürich 2000) 20–27.

P. Jezler, Der Bildersturm in Zürich 1523–1530. In: C. Dupeux/P. Jezler/J. Wirth (Hrsg.), Bildersturm. Wahnsinn oder Gottes Wille? Katalog zur Ausstellung Bernisches Historisches Museum, Musée de l'Oeuvre Notre-Dame, Strassburg, (Zürich 2000) 75–83.

G. Litz, Nürnberg und das Ausbleiben des «Bildersturms». In: C. Dupeux/P. Jezler/J. Wirth (Hrsg.), Bildersturm. Wahnsinn oder Gottes Wille? Katalog zur Ausstellung Bernisches Historisches Museum, Musée de l'Oeuvre Notre-Dame, Strassburg, (Zürich 2000) 90–96.

Ph. Mack Crew, Calvinist Preaching and Iconoclasm in the Netherlands 1544–1569 (Cambridge 1978).

S. Michalski, Das Phänomen Bildersturm. Versuch einer Übersicht. In: B. Scribner (Hrsg.), Bilder und Bildersturm im Spätmittelalter und in der Frühen Neuzeit. Wolfenbütteler Forschungen 46 (Wiesbaden 1990) 69–124.

S. Michalski, The Reformation and the Visual Arts. The Protestant Image Question in Western and Eastern Europe (London, New York 1993).

S. Michalski, Die Ausbreitung des reformatorischen Bildersturms 1521–1537. In: C. Dupeux/P. Jezler/J. Wirth (Hrsg.), Bildersturm. Wahnsinn oder Gottes Wille? Katalog zur Ausstellung Bernisches Historisches Museum, Musée de l'Oeuvre Notre-Dame, Strassbourg, (Zürich 2000) 46–51.

S. Michalski, Der Bildersturm im Ostseeraum. In: P. Blickle/A. Holenstein/H. R. Schmidt/F.-J. Sladeczek (Hrsg.), Macht und Ohnmacht der Bilder. Reformatorischer Bildersturm im Kontext der europäischen Geschichte (Oldenbourg, München 2002) 223–238.

J. Noyes, The Politics of Iconoclasm. Religion, Violence and the Culture of Image-Breaking in Christianity and Islam (London, New York 2016[2]).

L. Palmer Wandel, Iconoclasts in Zurich. In: B. Scribner (Hrsg.), Bilder und

Bildersturm im Spätmittelalter und in der Frühen Neuzeit. Wolfenbütteler Forschungen 46 (Wiesbaden 1990) 125–142.

L. Palmer Wandel, Voracious Idols and Violent Hands. Iconoclasm in Reformation Zurich, Strasbourg and Basel (Cambridge 1995).

L. Palmer Wandel, Bildersturm im Elsaß. In: P. Blickle/A. Holenstein/H. R. Schmidt/F.-J. Sladeczek (Hrsg.), Macht und Ohnmacht der Bilder. Reformatorischer Bildersturm im Kontext der europäischen Geschichte (Oldenbourg, München 2002) 165–176.

J. Phillips, The Reformation of Images: Destruction of Art in England, 1535–1660 (Berkeley 1976).

A. Schindling, Die Reformation in den Reichsstädten und die Kirchengüter. Straßburg, Nürnberg und Frankfurt im Vergleich. In: J. Sydow (Hrsg.), Bürgerschaft und Kirche. Stadt in der Geschichte 7 (Sigmaringen 1980) 68–88.

N. Schnitzler, Ikonoklasmus – Bildersturm. Theologischer Bilderstreit und ikonoklastisches Handeln während des 15. und 16. Jahrhunderts (München 1996).

B. Scribner (Hrsg.), Bilder und Bildersturm im Spätmittelalter und in der Frühen Neuzeit. Wolfenbütteler Forschungen 46 (Wiesbaden 1990).

Th. Seifert, Die Täufer zu Münster (Münster 1993).

J. Simpson, Under the Hammer. Iconoclasm in the Anglo-American Tradition (Oxford 2010).

J. Spraggon, Puritan Iconoclasm during the English Civil War (Woodbridge 2003).

A. Vanhaelen, The Wake of Iconoclasm. Painting the Church in the Dutch Republic (Pennsylvania 1992).

M. Warnke, Durchbrochene Geschichte? Die Bilderstürme der Wiedertäufer in Münster 1534/1535. In: M. Warnke (Hrsg.), Bildersturm. Die Zerstörung des Kunstwerks (Frankfurt am Main 1973) 65–92.

M. Warnke, Ansichten über Bilderstürmer: Zur Wertbestimmung des Bildersturms in der Neuzeit. In: B. Scribner (Hrsg.), Bilder und Bildersturm im Spätmittelalter und in der Frühen Neuzeit. Wolfenbütteler Forschungen 46 (Wiesbaden 1990) 299–305.

S. Wegmann, Der sichtbare Glaube. Das Bild in den lutherischen Kirchen des 16. Jahrhunderts (Tübingen 2016).

J. Wirth, Die Bestreitung des Bildes vom Jahr 1000 bis zum Vorabend der Reformation. In: R. Hoeps (Hrsg.), Handbuch der Bildtheologie 1: Bild-Konflikte (Paderborn 2007) 175–213.

6. DIE FRANZÖSISCHE REVOLUTION UND IHRE FOLGEN

S. Bernard-Griffiths (Hrsg.), Révolution française et «vandalisme révolutionnaire» (Paris 1994).

M. Beurdeley, La France à l'encan 1789–1799. Exode des objets d'art sous la Révolution (Paris 1981).

R. Clay, Iconoclasm in Revolutionary Paris. The Transformation of Signs (Oxford 2012).

R. Clay, Saint Geneviève, Iconoclasm and the Transformation of Signs in Revolutionary Paris. In: S. Boldrick/L. Brubaker/R. Clay (Hrsg.), Striking Images, Iconoclasms Past and Present (Burlington 2013) 97–112.

B. Deloche/J.-M. Leniaud (Hrsg.), La culture des sans-culottes. Le premier dossier du patrimoine 1789–1798 (Paris 1989).

A. Demandt, Vandalismus. Gewalt gegen Kultur (Berlin 1997).

H. Feld, Der Ikonoklasmus des Westens (Leiden 1990).

Th. Gaehtgens, Das Musée Napoléon und seine Bedeutung für die europäische Kunstgeschichte. In: S. Paas/S. Mertens (Hrsg.), Beutekunst unter Napoleon. Die «französische Schenkung» an Mainz 1803 (Mainz 2003) 177–186.

D. Gamboni, The Destruction of Art. Iconoclasm and Vandalism since the French Revolution (London 1997).

G. Gautherot, Le Vandalisme jacobin. Destructions administratives d'archives, d'objets d'art, de monuments religieux à l'époque révolutionnaire (Paris 1914).

M. Greenhalgh, Destruction of Cultural Heritage in 19th Century France. Heritage and Identity. Issues in Cultural Heritage Protection 4 (Leiden 2015).

K. Griewank, Die Französische Revolution (Köln 1984[8]).

P. Gueniffey, Bonaparte. 1769–1802 (Berlin 2017).

H.-C. Harten, Transformation und Utopie des Raums in der Französischen Revolution: Von der Zerstörung der Königsstatuen zur republikanischen Idealstadt (Braunschweig 1994).

F. Herre, Napoleon Bonaparte. Eine Biographie (München 2006).

B. Hinz, Säkularisation als verwerteter «Bildersturm». Zum Prozeß der Aneignung der Kunst durch die bürgerliche Gesellschaft. In: M. Warnke (Hrsg.), Bildersturm. Die Zerstörung des Kunstwerks (Frankfurt 1973) 108–120.

S. Idzerda, Iconoclasm during the French Revolution. The American Historical Review 60, 1954, 13–26.

G. Janzing, Der «Vandaliste» und sein Werk. In: U. Fleckner/M. Steinkamp/H. Ziegler (Hrsg.), Der Sturm der Bilder. Zerstörte und zerstörende Kunst von der Antike bis in die Gegenwart (Berlin 2011) 55–76.

A. Kuhn, Die Französische Revolution (Ditzingen 1999).

S. Lagenicht, Die Französische Revolution. 1789–1795 (Darmstadt 2016[2]).

S. Leroux, Tendences iconoclastes dans la pensée jacobine. Les Cahiers scientifiques 72, 1989, 322–342.

A. McClellan, Inventing the Louvre: Art, Politics, and the Origins of the Modern Museum in Eighteenth-Century Paris (Cambridge 1994).

G. Müchler, Napoleon. Revolutionär auf dem Kaiserthron (Darmstadt 2019).

J. Noyes, The Politics of Iconoclasm. Religion, Violence and the Culture of Image-Breaking in Christianity and Islam (London, New York 2016[2]).

S. Paas, Vernichtung oder Verehrung? Die Konfiszierung von Kunstwerken in Frankreich zwischen 1789 und 1815. In: S. Paas/S. Mertens (Hrsg.), Beute-

kunst unter Napoleon. Die «französische Schenkung» an Mainz 1803 (Mainz 2003) 130–136.
É. Pommier, L'art de la liberté. Doctrines et débats de la Révolution francaise (Paris 1991).
D. Poulot, La naissance du musée. In: Ph. Bordes/R. Michel (Hrsg.), Aux armes & aux arts! Les arts de la Révolution 1789–1799 (Paris 1988) 201–231.
D. Poulot, Musée, Nation, Patrimoine 1789–1815 (Paris 1997).
L. Réau, Histoire du vandalisme. Les monuments détruits de l'art français (Paris 1959).
B. Savoy, Erzwungener Kulturtransfer – Die französische Beschlagnahmung von Kunstwerken in Deutschland 1794–1815. In: S. Paas/S. Mertens (Hrsg.), Beutekunst unter Napoleon. Die «französische Schenkung» an Mainz 1803 (Mainz 2003) 137–144.
B. Savoy, Kunstraub. Napoleons Konfiszierungen in Deutschland und die europäischen Folgen (Wien, Köln, Weimar 2011).
E. Schulin, Die Französische Revolution (München 2004[4]).
F. Souchal, Le Vandalisme de la Révolution (Paris 1993).
G. Sprigath, Sur le vandalisme révolutionnaire (1792–1794). Annales historiques de la Révolution française 52/242, 1980, 510–535.
Ch. Tauber, Bilderstürme der Französischen Revolution. Die Vandalismusberichte des Abbé Grégoire (Freiburg i. Br. 2009).
H.-U. Thamer, Die Französische Revolution (München 2013[4]).
W. Treue, Kunstraub. Über die Schicksale von Kunstwerken in Krieg, Revolution und Frieden (Düsseldorf 1957).
P. Wescher, Kunstraub unter Napoleon (Berlin 1976).
R. Wrigley, Breaking the Code. Interpreting French Revolutionary Iconoclasm. In: A. Yarrington/K. Everest (Hrsg.), Reflections of Revolution. Images of Romanticism (London 1993) 182–195.
A. Zamoyski, Napoleon. Ein Leben (München 2018).

7. DAS ZEITALTER KOLONIALER EROBERUNGEN

F. Anders/M. Jansen, Schrift und Buch im alten Mexiko (Graz 1988).
R. Bourgerie/P. Lesouef, PALIKAO (1860). Le sac du Palais d'Été et la prise de Pékin (Paris 1995).
B. Brizay, Le sac du Palais d'Été. L'Expédition anglo-française de Chine en 1860 (Monaco 2003).
T. Bührer/Chr. Stachelbeck/D. Walter (Hrsg.), Imperialkriege von 1500 bis heute (Paderborn, München, Wien, Zürich 2011).
D. Carballo, Collision of Worlds: A Deep History of the Fall of Aztec Mexico and the Forging of New Spain (Oxford, New York 2020).
P. A. Cohen, History in Three Keys. The Boxers as Event, Experience, and Myth (New York 1997).
A. E. Coombes, Reinventing Africa. Museums, Material Culture and Popular

Imagination in Late Victorian and Edwardian England (New Haven, London 1994).
R. Cowley (Hrsg.), Was wäre gewesen, wenn? Wendepunkte der Weltgeschichte (München 2000).
B. Davidson, The African Past. Chronicles from Antiquity to Modern Times (London 1964).
A. Demandt, Vandalismus. Gewalt gegen Kultur (Berlin 1997).
S. Eisenhofer, Die Boten Olokuns. Die Portugiesen und das Reich Benin. In: B. Plankensteiner (Hrsg.), Benin, Könige und Rituale. Höfische Kunst aus Nigeria (Wien 2007) 55–64.
J. H. Elliot, The Spanish Conquest and Settlement of America. In: L. Bethell (Hrsg.), The Cambridge History of Latin America 1 (Cambridge 1984) 149–206.
P. Fleming, Die Belagerung zu Peking. Zur Geschichte des Boxer-Aufstandes (Frankfurt 1997).
P. B.-A. Girshick, The Art of Benin (London 1995[2]).
M. Haijian, The Qing Empire and the Opium War. The Collapse of the Heavenly Dynasty (Cambridge 2016).
L. Harding, Das Königreich Benin. Geschichte, Kultur, Wirtschaft (München 2010).
R. Hassig, Mexico and the Spanish Conquest (Norman, Oklahoma 2006[2]).
J. Hemming, The Conquest of the Incas (Boston 2012).
J. Hevia, Loot's Fate. The Economy of Plunder and the Moral Life of Objects ‹From the Summer Palace of the Emperor of China›. History and Anthropology 6, 1994, 319–345.
J. Hevia, Looting Beijing: 1860, 1900. In: L. Liu (Hrsg.), Tokens of Exchange. The Problem of Translation in Global Circulation (Durham, London 1999) 192–213.
K. Heymer, Die Kunst von Benin im deutschsprachigen Raum. Hinweise zur Rezeptionsgeschichte im Kontext der Avantgardekunst, 1910–1930. In: B. Plankensteiner (Hrsg.), Benin, Könige und Rituale. Höfische Kunst aus Nigeria (Wien 2007) 247–254.
W. Hickling Prescott, Die Eroberung von Mexiko. Der Untergang des Aztekenreiches (München 1984).
D.Hicks, The Brutish Museum. The Benin Bronzes, Colonial Violence and Cultural Restitution (London 2020).
E. Hill Boone, Stories in Red and Black. Pictoral Histories of the Aztecs and Mixtecs (Texas 2000).
M. Hooker, Behind the Scenes in Peking (Hong Kong, Oxford, New York 1987).
Ch. Howald, The Power of Provenance. Marketing and Pricing of Chinese Looted Art on the European Market (1860–1862), in: B. Savoy/Ch. Guichard/ Ch. Howald (Hrsg.), Acquiring Cultures. Histories of World Art on Western Markets (Berlin, Boston 2018) 241–259.
Ch. Howald/L. Saint-Raymond, Tracing Dispersal: Auction Sales from the Yuanmingyuan Loot in Paris in the 1860s. Journal for Art Market Studies 2, 2018, 1–23.

V. Huber, Die Konquistadoren. Cortés, Pizarro und die Eroberung Amerikas (München 2019).
Ph. A. Igbafe, Die Geschichte des Königreichs Benin. In: B. Plankensteiner (Hrsg.), Benin, Könige und Rituale. Höfische Kunst aus Nigeria (Wien 2007) 41–54.
D. Inneh, Die Gilden im Dienst des Palastes. In: B. Plankensteiner (Hrsg.), Benin, Könige und Rituale. Höfische Kunst aus Nigeria (Wien 2007) 103–118.
A. Jones, Olfert Dapper's Description of Benin (1668) (Madison 1998).
P. Junge, Die Datierung von Gedenkköpfen. Das Beispiel der Berliner Sammlung. In: B. Plankensteiner (Hrsg.), Benin, Könige und Rituale. Höfische Kunst aus Nigeria (Wien 2007) 185–198.
Th. Klein, Sühnegeschenke: Der Boxerkrieg. In: U. van der Heyden/J. Zeller (Hrsg.), «... Macht und Anteil an der Weltherrschaft». Berlin und der deutsche Kolonialismus (Münster 2005) 208–214.
Th. Klein, Die Hunnenrede (1900). In: J. Zimmerer (Hrsg.), Kein Platz an der Sonne. Erinnerungsorte der deutschen Kolonialgeschichte (Frankfurt 2013) 164–176.
Ph. Kuhn, The Taiping Rebellion. In: J. K. Fairbank/D. C. Twitchett (Hrsg.), Late Ching, 1800–1911. The Cambridge History of China 10,1 (Cambridge 1995) 264–317.
A. Layiwola, Das Benin-Massaker: Erinnerungen und Erfahrungen. In: B. Plankensteiner (Hrsg.), Benin, Könige und Rituale. Höfische Kunst aus Nigeria (Wien 2007) 83–90.
H. Lebrun, Ferdinand Cortez, oder: Die Eroberung von Mexiko (Regensburg 1867).
M. León-Portilla/R. Heuer, Rückkehr der Götter. Die Aufzeichnungen der Azteken über den Untergang ihres Reiches (Köln 1962).
M. Leutner/K. Mühlhahn (Hrsg.), Kolonialkrieg in China. Die Niederschlagung der Boxerbewegung 1900–1901 (Berlin 2007).
J. Linke/R. Wendt, Europäische Expansion und Globalisierung (Hagen 2006)
J. Lovell, The Opium War. Drugs, Dreams and the Making of China (London 2011).
S. Lundén, Displaying Loot. The Benin Objects and The British Museum (Göteborg 2016).
B. Martin, Soldatische Radikalisierung und Massaker. Das deutsche Erste und Zweite Seebataillon im Einsatz im «Boxeraufstand» in China 1900. Militärgeschichtliche Zeitschrift 69, 2010, 221–241.
E. Michels, Das «Ostasiatische Expeditionskorps» des Deutschen Reiches in China 1900/01. In: T. Bührer/Chr. Stachelbeck/D. Walter (Hrsg.), Imperialkriege von 1500 bis heute (Paderborn, München, Wien, Zürich 2011) 401–418.
M. E. O'Neil, Marked Faces, Displaced Bodies: Monument Breakage and Reuse Among the Classic-Period Maya. In: S. Boldrick/L. Brubaker/R. Clay (Hrsg.), Striking Images, Iconoclasms Past and Present (Surrey 2013) 47–64.
O. B. Osadolor, Kriegsführung, Militärhierarchie und Waffen im präkolonia-

len Königreich Benin. In: B. Plankensteiner (Hrsg.), Benin, Könige und Rituale. Höfische Kunst aus Nigeria (Wien 2007) 73–82.

F. Parodi, The Taiping Rebellion in the Letters of the Catholic Fathers in China. Ming Qing Studies 2014, 143–179.

H. Pietschmann, Frühneuzeitliche Imperialkriege Spaniens. In: T. Bührer/Chr. Stachelbeck/D. Walter (Hrsg.), Imperialkriege von 1500 bis heute (Paderborn, München, Wien, Zürich 2011) 73–92.

B. Plankensteiner, Einleitung. In: B. Plankensteiner (Hrsg.), Benin, Könige und Rituale. Höfische Kunst aus Nigeria (Wien 2007) 21–40.

B. Plankensteiner, Die «Benin-Angelegenheit» und ihre Folgen. In: B. Plankensteiner (Hrsg.), Benin, Könige und Rituale. Höfische Kunst aus Nigeria (Wien 2007) 199–212.

S. R. Platt, Autumn in the Heavenly Kingdom: China, the West, and the Epic Story of the Taiping Civil War (Vintage 2012).

S. R. Platt, Imperial Twilight. The Opium War and the End of China's Last Golden Age (New York 2018).

D. Preston, Rebellion in Peking. Die Geschichte des Boxeraufstands (Stuttgart, München 2001).

F. Rambelli/E. Reinders, Buddhism and Iconoclasm in East Asia. A History (London, New York 2014).

S. Rinke, Conquistadoren und Azteken. Cortés und die Eroberung Mexikos (München 2019).

S. Rozental, Unearthing *patrimonio*: Treasure and Collectivity in San Miguel Coatlinchán. In: O. Kaltmeier/M. Rufer (Hrsg.), Entangled Heritages: Postcolonial Perspectives on the Uses of the Past in Latin America (New York 2017) 137–152.

J. Scheibert, Der Krieg in China 1900–1901 nebst einer Beschreibung der Sitten, Gebräuche und Geschichte des Landes (Berlin 1901).

D. M. A. Solodkow, Etnógrafos coloniales. Alteridad y escritura en la Conquista de América (siglo XVI). Textos y estudios coloniales y de la Independencia 23 (Frankfurt, Madrid 2014).

J. D. Spence, Chinas Weg in die Moderne. Bundeszentrale für Politische Bildung. Schriftenreihe 704 (München 2008).

T. Spurny, Die Plünderung von Kulturgütern in Peking 1900/1901 (Berlin 2007).

H. Thomas, World Without End. Spain, Philip II, and the First Global Empire (New York 2014).

M. Tölle, Gold und Macht der Inka (Amsterdam 1992).

W. Treue, Kunstraub. Über die Schicksale von Kunstwerken in Krieg, Revolution und Frieden (Düsseldorf 1957).

L. Tythacott, Exhibiting and Auctioning Yuanmingyuan («Summer Palace») Loot in 1860s and 1870s London: The Elgin and Negroni Collections. Journal for Art Market Studies 3, 2018, 1–15.

G. Völger/K. von Welck (Hrsg.), Gold und Macht. Spanien in der Neuen Welt. Führer zur Ausstellung (Köln 1987).

E. von Racknitz, Die Plünderung des Yuanming Yuan. Imperiale Beutenahme im britisch-französischen Chinafeldzug von 1860 (Stuttgart 2012).
J.-J. Wendorff, Der Boxeraufstand in China 1900/1902 als deutscher und französischer Erinnerungsort. Ein Vergleich ausgewählter Quellengruppen (Frankfurt am Main 2016).
P. D. Winfield, Icons and Iconoclasm in Japanese Buddhism. Kukai and Dogen on the Art of Enlightenment (Oxford 2013).
J. Y. Wong, Deadly Dreams. Opium, Imperialism and the Arrow War (1856–1860) in China (Cambridge 1998).
Y. T. Wong, A Paradise Lost. The Imperial Garden Yuanming Yuan (Honolulu 2016).
M. Wood, Auf den Spuren der Konquistadoren (Stuttgart 2003).

8. DIE UMBRÜCHE IM FRÜHEN 20. JAHRHUNDERT

C. Antonova, Re-Contextualizing Holy Images. Pavel Florensky's Reaction to Lenin's «Plan for Monumental Progaganda». In: U. Fleckner/M. Steinkamp/H. Ziegler (Hrsg.), Der Sturm der Bilder. Zerstörte und zerstörende Kunst von der Antike bis in die Gegenwart (Berlin 2011) 101–118.
J. Baberowski, Der rote Terror. Die Geschichte des Stalinismus (Frankfurt am Main 2014³).
J. Baberowski/R. Kindler/C. Teichmann, Revolution in Russland 1917–1921 (Erfurt 2007).
Chram Christa Spasitelja (Moskva 2001).
A. Demin, Zolotoe kol'co Moskvy (Moskva 2006).
M. Derez, The Burning of Leuven. In: J. Tollebeek/E. van Assche (Hrsg.), Ravaged. Art and Culture in Times of Conflict (Leuven, Brussels 2014) 81–85.
M. Derez, Reims: The Bombarded Cathedral. In: J. Tollebeek/E. van Assche (Hrsg.), Ravaged. Art and Culture in Times of Conflict (Leuven, Brussels 2014) 86–91.
E. Emelianova, Books for Sale. In: N. Semyonova/N. V. Iljine (Hrsg.), Selling Russia's Treasures. The Soviet Trade in Nationalized Art (New York, London 2013) 244–257.
Sh. Fitzpatrick, Stalin's Peasants. Resistance and Survival in the Russian Village after Collectivization (New York, Oxford 1994).
Th. W. Gaehtgens, Die brennende Kathedrale. Eine Geschichte aus dem Ersten Weltkrieg (München 2018).
R. Gafifullin, The Palace-Museums. In: N. Semyonova/N. V. Iljine (Hrsg.), Selling Russia's Treasures. The Soviet Trade in Nationalized Art (New York, London 2013) 96–121.
D. Gamboni, The Destruction of Art. Iconoclasm and Vandalism since the French Revolution (London 1997).
M. Grosset/N. Werth, Die Ära Stalin. Leben in einer totalitären Gesellschaft (Stuttgart 2008).

H. Günther (Hrsg.), The Culture of the Stalin Period (New York, London 1990).
K. Heller/J. Plamper (Hrsg.), Personality Cults in Stalinism (Göttingen 2004).
J. L. Hernando Garrido, Patrimonio histórico e ideología. Sobre vandalismo e iconoclastia en España: del siglo XIX al XXI. Colección Patrimonios 3 (Murcia 2009).
M. Hildermeier, Russische Revolution (Frankfurt 2004).
J. Horne/A. Kramer, Deutsche Kriegsgreuel 1914. Die umstrittene Wahrheit (Hamburg 2004).
A. Kramer, Dynamic of Destruction. Culture and Mass Killing in the First World War (Oxford 2007).
C. Kuhr-Korolev/U. Schmiegelt-Rietig/E. Zubkova/W. Eichwede, Raub und Rettung. Russische Museen im Krieg. Studien zu kriegsbedingt verlagerten Kulturgütern 1 (Wien, Köln, Weimar 2019).
H.-J. Kunst, Die Kathedrale von Reims: Architektur als Schauplatz politischer Bedeutungen (Frankfurt am Main 1988).
J. Lipkes, Rehearsals. The German Army in Belgium, August 1914 (Leuven 2007).
S. McMeekin, History's Greatest Heist. The Looting of Russia by the Bolsheviks (Yale 2009).
J. Noyes, The Politics of Iconoclasm. Religion, Violence and the Culture of Image-Breaking in Christianity and Islam (London, New York 2016[2]).
A. Petukhov, Museum of Modern Western Art. Bargain Sales of the 1920s-1930s. In: N. Semyonova/N. V. Iljine (Hrsg.), Selling Russia's Treasures. The Soviet Trade in Nationalized Art (New York, London 2013) 224–233.
M. B. Piotrovsky, The Lessons of the Museum Sales. In: N. Semyonova/N. V. Iljine (Hrsg.), Selling Russia's Treasures. The Soviet Trade in Nationalized Art (New York, London 2013) 7–9.
Y. Pyatnitsky, Russian Icons and Art Market. In: N. Semyonova/N. V. Iljine (Hrsg.), Selling Russia's Treasures. The Soviet Trade in Nationalized Art (New York, London 2013) 70–93.
A. Rabinowitch, Die Sowjetmacht. Die Revolution der Bolschewiki 1917 (Essen 2012).
W. Sauerländer, Reims – die Königin der Kathedralen: Himmelsstadt und Erinnerungsort (Berlin 2013).
K. Schlögel, Terror und Traum. Moskau 1937 (München 2008).
N. Semyonova/N. V. Iljine (Hrsg.), Selling Russia's Treasures. The Soviet Trade in Nationalized Art (New York, London 2013).
S. A. Smith, Die Russische Revolution (Stuttgart 2017).
Y. Solomakha, The Destruction of the Hermitage. In: N. Semyonova/N. V. Iljine (Hrsg.), Selling Russia's Treasures. The Soviet Trade in Nationalized Art (New York, London 2013) 128–141.
W. Treue, Kunstraub. Über die Schicksale von Kunstwerken in Krieg, Revolution und Frieden (Düsseldorf 1957).

9. DER NATIONALSOZIALISMUS UND SEINE FOLGEN

P. Adam, Kunst im Dritten Reich (Hamburg 1992).

K. Akinscha/G. Koslov, Beutekunst. Auf Schatzsuche in russischen Geheimdepots (München 1995).

H. Becker (Hrsg.), Schattengalerie – Symposium zur Beutekunst. Forschung, Recht und Praxis (Aachen 2009).

A. Beker (Hrsg.), The Plunder of Jewish Property During the Holocaust: Confronting European History (London 2001).

W. Benz, Gewalt im November 1938: Die «Reichskristallnacht» – Initial zum Holocaust (Berlin 2018).

U. Berger, Kurator Zufall. In: M. Wemhoff/M. Hoffmann/D. Scholz, Der Berliner Skulpturenfund. «Entartete Kunst» im Bombenschutt. Entdeckung – Deutung – Perspektive. Begleitband zur Ausstellung mit den Beiträgen des Berliner Symposiums 15.-16. März 2012 (Berlin 2012) 73–83.

J. Bergmann, Die innenpolitische Entwicklung Thüringens in der Zeit von 1918 bis 1932 (Lauf an der Pegnitz 2001).

H. Brenner, Die Kunstpolitik des Nationalsozialismus. Rowohlts Deutsche Enzyklopädie 167/168 (Reinbek 1963).

G. Bollenbeck, Das unrühmliche Ende einer widersprüchlichen Geschichte. Hitler als Exekutor der bildungsbürgerlichen Kunstsemantik. In: G. Raulet (Hrsg.), Historismus, Sonderweg und dritte Wege (Frankfurt a. M. 2001) 311–327.

H. Caspar (Hrsg.), Die Beine der Hohenzollern, interpretiert an Standbildern der Siegesallee in Primaneraufsätzen aus dem Jahre 1901, versehen mit Randbemerkungen Seiner Majestät Kaiser Wilhelm II. (Berlin 2001).

A. du Closel, Erstickte Stimmen. «Entartete Musik» im Dritten Reich (Wien, Köln 2010).

W. de Vries, Kunstraub im Westen 1940–1945. Alfred Rosenberg und der «Sonderstab Musik» (Frankfurt am Main 2000).

H.-J. Döscher, «Reichskristallnacht». Die Novemberpogrome 1938 (Düsseldorf, Berlin 2000).

A. Dümling/P. Girth (Hrsg.), Entartete Musik. Dokumentation und Kommentar zur Düsseldorfer Ausstellung von 1938 (Düsseldorf 1993[3]).

W. Eichwede/U. Hartung (Hrsg.), «Betr.: Sicherstellung». NS-Kunstraub in der Sowjetunion (Bremen 1998).

H. Erler/E. L. Ehrlich, Jüdisches Leben und jüdische Kultur in Deutschland. Geschichte, Zerstörung und schwieriger Neubeginn (Frankfurt 2000).

H. Feliciano, Das verlorene Museum. Vom Kunstraub der Nazis (Berlin 1998).

W. Fiedler, Kulturgüter als Kriegsbeute? Rechtliche Probleme der Rückführung deutscher Kulturgüter aus Rußland (mit den Verhandlungsprotokollen). Heidelberger Forum 95 (Heidelberg 1995).

U. Fleckner (Hrsg.), Angriff auf die Avantgarde. Kunst und Kunstpolitik im Nationalsozialismus. Schriften der Forschungsstelle «Entartete Kunst» 1 (Berlin 2007).

U. Fleckner (Hrsg.), Das verfemte Meisterwerk. Schicksalswege moderner Kunst im «Dritten Reich». Schriften der Forschungsstelle «Entartete Kunst» 4 (Berlin 2009).

B. Fogarasi, Die Zerstörung der Kultur in Deutschland unter der Herrschaft des Faschismus (Berlin 1946).

M. Friedenberger, Fiskalische Ausplünderung. Die Berliner Steuer- und Finanzverwaltung und die jüdische Bevölkerung 1933–1945. Dokumente – Texte – Materialien 69 (Berlin 2008).

S. Friedländer, Das Dritte Reich und die Juden 1: Die Jahre der Verfolgung: 1933–1939 (München 1998).

H. Genschel, Die Verdrängung der Juden aus der Wirtschaft im Dritten Reich (Göttingen 1966).

H. Graml, Reichskristallnacht. Antisemitismus und Judenverfolgung im Dritten Reich (München 1988).

R. Gross, November 1938. Die Katastrophe vor der Katastrophe (München 2013).

G. Haase, Kunstraub und Kunstschutz. Eine Dokumentation (Hamburg 1991).

Ch. Hartmann/J. Hürter/P. Lieb/D. Pohl, Der deutsche Krieg im Osten 1941–1944. Facetten einer Grenzüberschreitung (München 2009).

U. Hartmann (Hrsg.), Kulturgüter im Zweiten Weltkrieg. Verlagerung – Auffindung – Rückführung. Veröffentlichungen des Zentrums für Kulturgutverluste 4 (Magdeburg 2007).

U. Hartung, Raubzüge in der Sowjetunion. Das Sonderkommando Künsberg 1941–1943 (Bremen 1997).

M. Hoffmann, Rolf Hetsch und die Verwaltung der Restbestände «Entarteter Kunst». In: M. Wemhoff/M. Hoffmann/D. Scholz, Der Berliner Skulpturenfund. «Entartete Kunst» im Bombenschutt. Entdeckung – Deutung – Perspektive. Begleitband zur Ausstellung mit den Beiträgen des Berliner Symposiums 15.-16. März 2012 (Berlin 2012) 85–99.

M. Hoffmann/N. Kuhn, Hitlers Kunsthändler. Hildebrand Gurlitt 1895–1956. Die Biographie (München 2016).

A. Hüneke, Verhöhnt – verkauft – vernichtet. Die «Entartete Kunst» und die Radikalisierung der NS-Kunstpolitik. Osteuropa 56, 2006, 223–234.

M.-P. Jungblut (Hrsg.), Ausgeraubt! Aktuelle Fragen zum nationalsozialistischen Kulturgutraub in Europa (Luxemburg 2007).

Th. Kellein (Hrsg.), 1937. Perfektion und Zerstörung (Bielefeld 2007).

H. Klemann/S. Kudryashov, Occupied Economies. An Economic History of Nazi-Occupied Europe, 1939–1945 (London/New York 2012).

S. Koldehoff, Die Bilder sind unter uns: Das Geschäft mit der NS-Raubkunst (Frankfurt am Main 2009).

S. Koldehoff, Die Bilder sind unter uns: Das Geschäft mit der NS-Raubkunst und der Fall Gurlitt (Berlin 2014).

E. Kozłowski/P. Matusak, Eksplotacja siły roboczej i grabież ziem Polskich przez Wehrmacht w końcowym okresie II Wojny Światowej. Documenta Occupationis 12 (Poznań 1986).

C. Kuhr-Korolev/U. Schmiegelt-Rietig/E. Zubkova/W. Eichwede, Raub und Rettung. Russische Museen im Krieg. Studien zu kriegsbedingt verlagerten Kulturgütern 1 (Wien, Köln, Weimar 2019).

Kunst im Konflikt. Kriegsfolgen und Kooperationsfelder in Europa. Osteuropa 56 (Berlin 2006).

J. Kurz, Kunstraub in Europa 1938–1945 (Hamburg 1989).

K.-D. Lehmann/G. Schauerte (Hrsg.), Kulturschätze – verlagert und vermisst. Eine Bestandsaufnahme der Stiftung Preußischer Kulturbesitz 60 Jahre nach Kriegsende (Berlin 2004).

U. Lehnert, Der Kaiser und die Siegesallee. *Réclame Royale* (Berlin 1998).

F.-D. Liechtenhan, Le grand pillage. Du butin des Nazis aux trophées des Soviétiques (Rennes 2017).

S. Lillie, Was einmal war. Handbuch der enteigneten Kunstsammlungen Wiens (Wien 2003).

Th. Lischeid, Symbolische Politik. Das Ereignis der NS-Bücherverbrennung 1933 im Kontext seiner Diskursgeschichte (Heidelberg 2001).

B. Lübbers, Die Bücherverbrennung 1933 in Regensburg (Regensburg 2017).

C. Madajczyk, Die Okkupationspolitik Nazideutschlands in Polen 1939–1945 (Berlin 1987).

W. Mairgünther, Reichskristallnacht. Hitlers Kriegserklärung an die Juden (Kiel 1987).

R. Matuszewski/J. Kozimor, Plundered and Rebuilt. The Polish Military Museum During the Second World War and After (Warsaw 2007).

S. Meinl/J. Zwilling, Legalisierter Raub. Die Ausplünderung der Juden im Nationalsozialismus durch die Reichsfinanzverwaltung in Hessen (Frankfurt, New York 2004).

N. Müller (Hrsg.), Okkupation, Raub, Vernichtung. Dokumente zur Besatzungspolitik der faschistischen Wehrmacht auf sowjetischem Territorium 1941 bis 1944 (Berlin 1980).

R. Müller-Mehlis, Die Kunst im Dritten Reich (München 1976).

B. Musial, Stalins Beutezug. Die Plünderung Deutschlands und der Aufstieg der Sowjetunion zur Weltmacht (Berlin 2010).

G. Neliba, Wilhelm Frick: Der Legalist des Unrechtsstaates. Eine politische Biographie (Paderborn 1992).

M. Nordau, Entartung. Herausgegeben von K. Trebben (Berlin, Boston 2013).

J. Noyes, The Politics of Iconoclasm. Religion, Violence and the Culture of Image-Breaking in Christianity and Islam (London, New York 2016[2]).

D. Obst, «Reichskristallnacht». Ursache und Verlauf des antisemitischen Pogroms vom November 1938 (Frankfurt am Main 1991).

K. Pätzold/I. Runge, Kristallnacht. Zum Pogrom 1938 (Köln 1988).

H. Parzinger, Deutsch-Russische Kulturbeziehungen unter dem Eindruck der Zerstörung und Verlagerung von Kunstwerken im und nach dem Zweiten Weltkrieg. Jahrbuch Preußischer Kulturbesitz 45, 2008/09 (2010), 291–306.

H. Parzinger, Geraubt, erbeutet, illegal gegraben – Kulturgüter auf Abwegen. Jahrbuch Preußischer Kulturbesitz 46, 2011, 313–342.
H. Parzinger, Die deutsch-russischen Kulturbeziehungen der letzten Jahrzehnte. Neue Wege in eine gemeinsame Zukunft. Ausstellungskatalog Russen und Deutsche – 1000 Jahre Kunst, Geschichte und Kultur. Essays zur Ausstellung (Berlin 2012) 488–492.
H. Parzinger, «Beutekunst». Von Aufklärung und freiem Zugang. Ars pro toto 4, 2013, 21–22.
H. Parzinger, Wider die Barbarei. Kunst-, Kultur- und Meinungsfreiheit sind für Demokraten nicht verhandelbar. In: M. Rutz (Hrsg.), Der Freiheit eine Gasse. Was es heute zu verteidigen gilt (Freiburg 2016) 27–60.
B. Paul, Hugo von Tschudi und die moderne französische Kunst im Deutschen Kaiserreich (Mainz 2001).
W. H. Pehle (Hrsg.), Der Judenpogrom 1938: Von der «Reichskristallnacht» zum Völkermord (Frankfurt am Main 1988).
F. Pohlmann, Politische Herrschaftssysteme der Neuzeit. Absolutismus – Verfassungsstaat – Nationalsozialismus (Opladen 1998)
S. Raßloff, Der «Mustergau». Thüringen zur Zeit des Nationalsozialismus (München 2015).
P. O. Rave, Kunstdiktatur im Dritten Reich (Berlin 1949).
S. Ronald, Hitler's Art Thief: Hildebrand Gurlitt, the Nazis, and the Looting of Europe's Treasures (New York 2015).
A. Rosenberg, Der Mythos des 20. Jahrhunderts (Berlin 1930).
L. Rother, Kunst durch Kredit. Die Berliner Museen und ihre Erwerbungen von der Dresdner Bank 1935 (Berlin 2017).
D. Roxan/K. Wanstall, Der Kunstraub. Ein Kapitel aus den Tagen des Dritten Reichs (München 1966).
A. Rydell, Hitlers Bilder. Kunstraub der Nazis – Raubkunst in der Gegenwart (Frankfurt am Main 2014).
G. Sauder, Die Bücherverbrennung. Zum 10. Mai 1933 (München, Wien 1983).
G. Sauder, Vorgeschichte und Folgen der Bücherverbrennung im Mai 1933. In: J. H. Schoeps/W. Treß (Hrsg.), Verfemt und verboten. Vorgeschichte und Folgen der Bücherverbrennungen 1933 (Hildesheim, Zürich, New York 2010) 31–45.
J. Schleusener, Raub von Kulturgut. Der Zugriff des NS-Staats auf jüdischen Kunstbesitz in München und seine Nachgeschichte (Berlin 2016).
G. Schnabel/M. Tatzkow, Nazi Looted Art. Handbuch Kunstrestitutionen weltweit (Berlin 2007).
U. M. Schneede (Hrsg.), Paul Ortwin Rave, Kunstdiktatur im Dritten Reich. Nachdruck der Ausgabe Berlin 1949 (Berlin 1987).
J. H. Schoeps/W. Treß (Hrsg.), Orte der Bücherverbrennungen in Deutschland 1933 (Hildesheim 2008).
P.-K. Schuster (Hrsg.), Die «Kunststadt» München 1937. Nationalsozialismus und «Entartete Kunst» (Darmstadt 1998).

A. Speer, Erinnerungen (Frankfurt am Main, Berlin, Wien 1969).
A. E. Steinweis, Kristallnacht 1938. Ein deutscher Pogrom (Stuttgart 2013).
M. Struwe, «Nationalsozialistischer Bildersturm». Funktion eines Begriffs. In: M. Warnke (Hrsg.), Bildersturm. Die Zerstörung des Kunstwerks (Frankfurt 1973) 121–141.
E. Syssoeva, Kunst im Krieg. Eine völkerrechtliche Betrachtung der deutsch-russischen Kontroverse um kriegsbedingt verbrachte Kulturgüter. Schriften zum Völkerrecht 152 (Berlin 2004).
J. von Flocken, Die Siegesallee. Auf den Spuren der brandenburgisch-preußischen Geschichte (Berlin 2001).
I. von Klitzing/L. J. Simmons, Die Zerstörung einer Kultur. Von Sammlern, Mäzenen und Räubern. Osteuropa 56, 2006, 43–54.
M. Wemhoff/M. Hoffmann/D. Scholz, Der Berliner Skulpturenfund. «Entartete Kunst» im Bombenschutt. Entdeckung – Deutung – Perspektive. Begleitband zur Ausstellung mit den Beiträgen des Berliner Symposiums 15.-16. März 2012 (Berlin 2012).
G. Wermusch, Tatumstände (un)bekannt. Kunstraub unter den Augen der Alliierten (Braunschweig 1991).
Ch. Zuschlag, 75 Jahre Ausstellung «Entartete Kunst». In: M. Wemhoff/M. Hoffmann/D. Scholz, Der Berliner Skulpturenfund. «Entartete Kunst» im Bombenschutt. Entdeckung – Deutung – Perspektive. Begleitband zur Ausstellung mit den Beiträgen des Berliner Symposiums 15.-16. März 2012 (Berlin 2012) 37–51.

10. DIE ZEIT NACH 1945

A. Barth/T. Terzani/A. Rashatusavan, Holocaust in Kambodscha (Reinbek 1980).
M. J. Blecher, China. Politics, Economics and Society – Iconoclasm and Innovation in a Revolutionary Socialist Country (London 1986).
D. Bronger, Lhasa. Vom Zentrum des Tibetischen Buddhismus zu einem Chinesischen Regionalzentrum. Historische, strukturelle und funktionale Entwicklung 633–1998. Bochumer Geographische Arbeiten 67 (Bochum 2001).
D. Bultmann, Kambodscha unter den Roten Khmer. Die Erschaffung des perfekten Sozialisten (Paderborn 2017).
J. Chapman, Destruction of a Common Heritage: the Archaeology of War in Croatia, Bosnia and Hercegovina. Antiquity 68, 1994, 120–126.
K. Clewing, Die anderen sind fehl am Platz. Albanische und serbische Anciennitätsdiskurse um Kosovo. In: M. Asche/U. Niggemann (Hrsg.), Das leere Land. Historische Narrative von Einwanderergesellschaften (Stuttgart 2015) 47–69.
R. Corell, Die große proletarische Kulturrevolution. Chinas Kampf um den Sozialismus (Frankfurt 2009).

S. Dabringhaus, Geschichte Chinas 1279–1949. Oldenbourg Grundriss der Geschichte 35 (Berlin, Boston 2015).

T. Davis/S. Mackenzie, Crime and Conflict: Temple Looting in Cambodia. In: J. D. Kila/M. Balcells (Hrsg.), Cultural Property Crime. An Overview and Analysis of Contemporary Perspectives and Trends (Leiden, Boston 2015) 292–306.

M. Defreese, Kosovo: Cultural Heritage in Conflict. Journal of Conflict Archaeology 5/1, 2009, 257–269.

O. Demetriou, Grand Ruins: Ledra Palace Hotel and the Rendering of ‹Conflict› as Heritage in Cyprus. In: M. L. Stig Sorensen/D. Viejo-Rose (Hrsg.), War and Cultural Heritage. Biographies of Place (Cambridge Mass. 2015) 183–207.

M. Falser, Cultural Heritage as Civilizing Mission: Methodological Considerations. In: M. Falser (Hrsg.), Cultural Heritage as Civilizing Mission. From Decay to Recovery (Cham, Heidelberg, New York, Dordrecht, London 2015) 1–34.

M. Falser, Angkor Wat. A Transcultural History of Heritage 1–2 (Berlin 2020).

Z. Filipović/H. Koschnick/C. Leggewie, Entseeltes Land. Über Bosnien, Kulturzerstörung und unsere Zukunft (Freiburg im Breisgau 1995).

M. Freeman/C. Jacques, Ancient Angkor (Bangkok 1999).

D. Gamboni, The Destruction of Art. Iconoclasm and Vandalism since the French Revolution (London 1997).

A. Goeb/H. Jarvis, Das Kambodscha-Drama: Gottkönige, Pol Pot und der Prozess der späten Sühne. Berichte, Kommentare, Dokumente (Hamburg 2016).

C. Hermanns, China und die Kulturrevolution. Der letzte lange Marsch (Esslingen 2016).

A. Herscher/A. Riedlmayer, Monument and Crime: The Destruction of Historic Architecture in Kosovo. Grey Room Massachusetts Institute of Technology 1, 2000, 108–122.

S. Hiso, For an Albanian Kosovo: Overview of Diplomatic History (Tirana 2007).

H. Hofbauer, Experiment Kosovo (Wien 2008).

K. D. Jackson (Hrsg.), Cambodia 1975–1978: Rendezvous with Death (Princeton 1989).

B. Kiernan, The Pol Pot Regime. Race, Power, and Genocide in Cambodia under the Khmer Rouge 1975–79 (New Haven 2002[2]).

R. Knuth, China's Cultural Revolution. In: J. Tollebeek/E. van Assche (Hrsg.), Ravaged. Art and Culture in Times of Conflict (Leuven, Brussels 2014) 225–231.

K. Kolrud/M. Prusac (Hrsg.), Iconoclasm from Antiquity to Modernity (Surrey 2014).

D. Leese, Die chinesische Kulturrevolution 1966–1976 (München 2016).

K. Ludwig, Kulturzerstörung und Widerstand – Tibet unter der Herrschaft

Pekings. Komitee für Grundrechte und Demokratie. Jahrbuch 1997/98, 117–128.
N. Malcolm, Kosovo. A Short History (New York 1998).
D. Melčić, Der Jugoslawien-Krieg. Handbuch zur Vorgeschichte, Verlauf und Konsequenzen (Wiesbaden 2007).
J. Noyes, The Politics of Iconoclasm. Religion, Violence and the Culture of Image-Breaking in Christianity and Islam (London, New York 2016[2]).
J. Pennington Heaslet, The Red Guard: Instruments of Destruction in the Cultural Revolution. Asia Survey 12/12, 1972, 1032–1047.
M. Petrotchenko, Focusing on the Angkor Temples (Bangkok 2011).
F. Rambelli/E. Reinders, Buddhism and Iconoclasm in East Asia. A History (London, New York 2014).
M. Rapoport, Special Document: History Erased the IDF and the Post-1948 Destruction of Palestinian Monuments. Journal of Palestine Studies 37/2, 2008, 82–88.
A. J. Riedlmayer, Destruction of Cultural Heritage in Bosnia-Hercegovina, 1992–1996. A Post-War Survey of Selected Municipalities. International Criminal Tribunal for the Former Yugoslavia. Kosovo Cultural Heritage Project (Cambridge 2002).
M. Slobodník, Destruction and Revival: The Fate of the Tibetan Buddhist Monastery Labrang in the People's Republic of China. Religion, State and Society 32/1, 2004, 7–19.
T. Strahl, Kulturerbezerstörung in den Postjugoslawischen Kriegen. 1991–1999 und 2004 Kroatien, Bosnien-Herzegovina, Kosovo: eine kritische Diskursanalyse (Dresden 2016).
S. von Schorlemer, Kulturgutzerstörung. Die Auslöschung von Kulturerbe in Krisenländern als Herausforderung für die Vereinten Nationen. The United Nations and Global Change 11 (Baden-Baden 2016).
H. Walasek (Hrsg.), Bosnia and the Destruction of Cultural Heritage (Ashgate 2015).
G. Yang, The Red Guard Generation and Political Activism in China (New York 2016).

11. DER ISLAMISTISCHE IKONOKLASMUS

H. Abu Hanieh, IS und Al-Qaida. Die Krise der Sunniten und die Rivalität im globalen Dschihad (Bonn 2016).
M. Apostos, Timbuktu in Terror: Architecture and Iconoclasm in Contemporary Africa. International Journal of Islamic Architecture 6/3, 2012, 97–120.
L. W. Adamec, Historical Dictionary of Afghanistan (Lanham 2012).
Q. Ahmad, The Wahhabi Movement in India (New Dehli 1966).
J.-L. Amselle, Le Wahhabisme à Bamako (1945–1985). Canadian Journal of African Studies 19, 1985, 345–357.

E. Baer, The Human Figure in Early Islamic Art: Some Preliminary Remarks. Muqarnas 16, 1999, 31–54.
Z. Bahrani, Iraq's Cultural Heritage: Monuments, History, and Loss. Art Journal 62/4, 2003, 10–17.
O. Baicu, Bilderstreit und Bilderzerstörung. Die politische Theologie des Ikonoklasmus. Krisen und autoritäre Strukturen in der Vormoderne (Neuried 2006).
R. W. Baker (Hrsg.), Cultural Cleansing in Iraq: Why Museums were Looted, Libraries Burnt, and Academics Murdered (London 2010).
W. Ball, The Monuments of Afghanistan History, Archaeology and Architecture (London, New York 2008).
M. P. Bernhardsson, Reclaiming a Plundered Past. Archaeology and Nation Building in Modern Iraq (Austin 2005).
M. Bogdanos, Thieves of Baghdad: One Marine's Passion for Ancient Civilizations and the Journey to Recover the World's Greatest Stolen Treasures (New York 2005).
M. Bogdanos, Thieves of Baghdad: And the Terrorists They Finance. In: N. Charney (Hrsg.), Art Crime. Terrorists, Tomb Raiders, Forgers and Thieves (London 2016) 118–131.
D. Bondarev/E. Brozowsky/M. Jacoby/D. Ogorodnikova, Rettung der Manuskripte aus Timbuktu (Hamburg 2014).
H. Bredekamp, Das Beispiel Palmyra (Köln 2016).
L. Brenner, Constructing Muslim Identities in Mali. In: L. Brenner (Hrsg.), Muslim Identity and Social Change in Sub-Saharan Africa (London 1993) 59–78.
N. Brodie/C. Renfrew, Looting and the World's Archaeological Heritage: The Inadequate Response. Annual Review of Anthropology 34, 2005, 343–361.
N. Brodie/K. Walker Tubb (Hrsg.), Illicit Antiquities. The Theft of Culture and the Extinction of Archaeology (London, New York 2002).
N. Brodie/J. Doole/C. Renfrew (Hrsg.), Trade in Illicit Antiquities: The Destruction of the World's Archaeological Heritage (Cambridge 2001).
N. Brodie/M. M. Kersel/Ch. Luke/K. Walker Tubb (Hrsg.), Archaeology, Cultural Heritage, and the Antiquities Trade (Gainesville 2006).
L. Brubaker, Making and Breaking Images and Meaning in Byzantium and Early Islam. In: S. Boldrick/L. Brubaker/R. Clay (Hrsg.), Striking Images, Iconoclasms Past and Present (Burlington 2013) 13–24.
W. Buchta, Terror vor Europas Toren. Der Islamische Staat, Iraks Zerfall und Amerikas Ohnmacht (Frankfurt am Main 2015).
N. Charney (Hrsg.), Art Crime. Terrorists, Tomb Raiders, Forgers and Thieves (London 2016).
P. Clammer, Afghanistan (London 2007).
P. Cockburn, The Rise of Islamic State: ISIS and the New Sunni Revolution (London, Brooklyn 2015).
G. Compagnon, Halte au pillage! (Paris 2010).

R. Cothren, A Model of Plunder and Economic Growth. Journal of Macroeconomics 22, 2000, 385–407.
M. S. B. Damerji, Gräber assyrischer Königinnen aus Nimrud (Mainz 1999).
G. Degeorge, Palmyra (München 2002).
A. Demandt, Vandalismus. Gewalt gegen Kultur (Berlin 1997).
L. Dirven (Hrsg.), Hatra. Politics, Culture and Religion between Parthia and Rome. Oriens et Occidens 21 (Stuttgart 2013).
P. M. Edwell, Between Rome and Persia. The Middle Euphrates, Mesopotamia and Palmyra under Roman Control (London 2008).
J. J. Elias, The Taliban, Bamiyan, and Revisionist Iconoclasm. In: S. Boldrick/L. Brubaker/R. Clay (Hrsg.), Striking Images. Iconoclasm Past and Present (Surrey 2013) 145–163.
G. Emberling/K. Hanson (Hrsg.), Catastrophe! The Looting and Destruction of Iraq's Past (Chicago 2008).
E. Emmerling, Kulturvandalismus und die Restaurierung der Buddha-Figuren in Bamiyan. In: T. Matern (Hrsg.), Augenblick Afghanistan. Angst und Sehnsucht in einem versehrten Land (München 2012) 69–76.
W. Ende, Steine des Anstoßes. Das Mausoleum der Ahl al-bayt in Medina. In: H. Biesterfeldt/V. Klemm (Hrsg.), Differenz und Dynamik im Islam. Festschrift für Heinz Halm zum 70. Geburtstag (Würzburg 2012) 181–200.
K. Englund, Nimrud und seine Funde. Der Weg der Reliefs in die Museen und Sammlungen (Rahden 2003).
E. Falser, Die Buddhas von Bamiyan, performativer Ikonoklasmus und das «Image» von Kulturerbe. Zeitschrift für Kulturwissenschaft 1, 2010, 82–93.
H. Feltham, Death of the Great Buddha. Open Museum Journal 4, 2001.
F. B. Flood, Between Cult and Culture: Bamiyan, Islamic Iconoclasm, and the Museum. The Art Bulletin 84/2, 2002, 641–659.
F. B. Flood, Debate: Religion and Iconoclasm, Idol-Breaking as Image-Making in the ‹Islamic State›. Religion and Society 7, 2016, 116–138.
F. A. Gerges, Isis. A History (Princeton 2016).
Ph. Grierson, The Monetery Reform of Abd al-Malik. Journal of the Economic and Social History of the Orient 3, 1960, 241–264.
M. Greenhalgh, Syria's Monuments. Their Survival and Destruction (Leiden, Boston 2017).
S. H. Griffith, Christians, Muslims and the Image of the One God: Iconophilia and Iconophobia in the World of Islam in Umayyad and Early Abbasid Times. In: B. Groneberg/H. Spiekermann (Hrsg.), Die Welt der Götterbilder. Beihefte zur Zeitschrift für die alttestamentliche Wissenschaft 376 (Berlin, New York 2007) 347–362.
R. Hartmann, Die Wahhabiten. Zeitschrift der Deutschen Morgenländischen Gesellschaft 78, 1924, 176–198.
S. Hauser, Hatra und das Königreich der Araber. In: J. Wiesehöfer (Hrsg.), Das Partherreich und seine Zeugnisse. Historia Einzelschriften 122 (Stuttgart 1998) 493–528.

B. Hauser-Schäublin/L. Prott, Cultural Property and Contested Ownership: The Trafficking of Artefacts and the Quest for Restitution (New York 2016).

P. Heine, Terror in Allahs Namen. Hintergründe der globalen islamistischen Gewalt (Freiburg 2015).

B. Hemeier/M. Hilgert (Hrsg.), Transparenz – Provenienz – Verbraucherschutz. Fakten und Handlungsempfehlungen zum Handel mit antiken Kulturgütern in Deutschland. Ergebnisse des BMBF-Verbundprojektes «Verfahren zur Erhellung des Dunkelfeldes als Grundlage für Kriminalitätsbekämpfung und -prävention am Beispiel antiker Kulturgüter» (ILLICID) (Berlin 2020).

J. Hunwick, Timbuktu. In: Encyclopaedia of Islam. New Edition 10 (Leiden 2000) 508–510.

J. Hunwick (Hrsg.), Timbuktu and the Songhay Empire: Al-Sa'di's Ta'rikh Al-Sudan down to 1613 and Other Contemporary Documents (Leiden 2002).

E. Intagliata, Palmyra after Zenobia, AD 273–750 (Oxford 2018).

B. Isakhan, Targeting the Symbolic Dimension of Baathist Iraq: Cultural Destruction, Historical Memory and National Identity. Middle East Journal of Culture and Communication 4/3, 2011, 257–281.

B. Isakhan, Creating the Iraq Cultural Property Destruction Database: Calculating a Heritage Destruction Index. International Journal of Heritage Studies 21/1, 2015, 1–21.

L. Kaba, The Wahhabiya. Islamic Reform and politics in French West Africa (Evanston 1974).

D. Kertai, The Architecture of Late Assyrian Royal Palaces (Oxford 2015).

N. Khalek, Damascus after the Muslim Conquest. Text and Image in Early Islam (Oxford, New York 2011).

J. D. Kila, Inactive, Reactive, or Pro-Active? Cultural Property Crimes in the Context of Contemporary Armed Conflicts. Journal of Eastern Mediterranean Archaeology and Heritage Studies 1/4, 2013, 319–342.

J. D. Kila/M. Balcells (Hrsg.), Cultural Property Crime. An Overview and Analysis of Contemporary Perspectives and Trends (Leiden, Boston 2014).

G. R. D. King, The Prophet Muhammad and the Breaking of the *Jahiliyyah* Idols. In: J. F. Healey/V. Porter (Hrsg.), Studies on Arabia in Honour of Professor G. Rex Smith (Oxford, New York 2002) 91–122.

K. Kolrud/M. Prusac (Hrsg.), Iconoclasm from Antiquity to Modernity (Surrey 2014).

R. Krischke (Hrsg.), Palmyra. Zerstörte Erinnerungen (Altenburg 2017).

S. Manacorda, Crime in the Art and Antiquities World: Illegal Trafficking in Cultural Property (New York 2011).

P. Matthiae, Ninive, glanzvolle Hauptstadt Assyriens (München 1999).

J. Ch. Meyer, Palmyrena. Palmyra and the Surrounding Territory from the Roman to the Early Islamic Period (Oxford 2017).

H. Miner, The Primitive City of Timbuctu (New York 1965^2).

L. Morgan, The Buddhas of Bamiyan. Wonders of the World (Cambridge Mass. 2012).

H. Motzki, Die Anfänge der islamischen Jurisprudenz. Ihre Entwicklung in Mekka bis zur Mitte des 8. Jahrhunderts. Abhandlungen für die Kunde des Morgenlandes 50,2 (Stuttgart 1991).

J. Noyes, The Politics of Iconoclasm. Religion, Violence and the Culture of Image-Breaking in Christianity and Islam (London, New York 2016).

R. Paret, Das islamische Bilderverbot und die Schia. In: E. Gräf (Hrsg.), Festschrift Werner Caskel (Leiden 1968) 65–78.

R. Paret, Die Entstehung des islamischen Bilderverbots. Kunst des Orients 11/1–2 (Wiesbaden 1976/77).

H. Parzinger, Götterdämmerung in Pakistan. In: G. Graichen (Hrsg.), Schliemanns Erben 4. Von den Herrschern der Hethiter zu den Königen der Khmer (Bergisch Gladbach 2001) 132–191.

E. Peskes, Muhammad B. ʿAbdalwahhab (1703–92) im Widerstreit. Untersuchungen zur Rekonstruktion der Frühgeschichte der Wahhabiya (Beirut 1993).

M. Petzet (Hrsg.), The Giant Buddhas of Bamiyan 1 (Berlin 2009).

M. Polk/A. M. H. Schuster (Hrsg.), The Looting of the Iraq Museum, Baghdad. The Lost Legacy of Ancient Mesopotamia (New York 2005).

L. Rothfield, Antiquities under Siege: Cultural Heritage Protection after the Iraq War (Lanham 2008).

L. Rothfield, The Rape of Mesopotamia. Behind the Looting of the Iraq Museum (Chicago, London 2009).

F. Rutelli, The Return of Iconoclasm: Barbarian Ideology and Destruction by ISIS as a Challenge for Modern Culture, Not Only for Islam. In: N. Charney (Hrsg.), Art Crime. Terrorists, Tomb Raiders, Forgers and Thieves (London 2016) 143–149.

E. N. Saad, Social History of Timbuctu: The Role of Muslim Scholars and Notables, 1400–1900 (Cambridge 2010).

Z. Sardar, Mecca. The Sacred City (Bloomsbury 2014).

C. Schetter, Ethnizität und ethnische Konflikte in Afghanistan (Berlin 2003).

A. Schmidt-Colinet (Hrsg.), Palmyra. Kulturbegegnungen im Grenzbereich. Sonderhefte Antike Welt (Mainz 2005).

M. Sommer, Palmyra. Biographie einer verlorenen Stadt (Darmstadt 2017).

M. Staudigl, Unbedingte Ansprüche im Widerstreit. Der Zerstörung der Buddhas von Bamiyan als Fallbeispiel. In: B. Liebsch (Hrsg.), Bedingungslos? Zum Gewaltpotential unbedingter Ansprüche im Kontext politischer Theorie (Baden-Baden 2014) 275–298.

G. Steinberg, Religion und Staat in Saudi-Arabien. Die wahhabitischen Gelehrten 1902–1953. Mitteilungen zur Sozial- und Kulturgeschichte der islamischen Welt 10 (Würzburg 2003).

A. Stevenson, Conflict Antiquities and Conflicted Antiquities: Addressing Commercial Sales of Legally Excavated Artifacts. Antiquity 90, 2016, 229–236.

E. C. Stone, Patterns of Looting on Southern Iraq. Antiquity 82, 2008, 125–138.

P. G. Stone/J. F. Bajjaly (Hrsg.), The Destruction of Cultural Heritage in Iraq (Woodbridge 2008).
A. A. Vasiliev, The Iconoclastic Edict of the Caliph Yazid II. A. D. 721. Dumbarton Oaks Papers 9/10, 1955/67, 23–47.
S. von Schorlemer, Kulturgutzerstörung. Die Auslöschung von Kulturerbe in Krisenländern als Herausforderung für die Vereinten Nationen. The United Nations and Global Change 11 (Baden-Baden 2016).
G. Wessel, Das schmutzige Geschäft mit der Antike. Der globale Handel mit illegalen Kulturgütern (Berlin 2015).
S. Woodbridge, The Destruction of Cultural Heritage in Iraq (London 2008).

12. SCHLUSSBETRACHTUNG

O. Baicu, Bilderstreit und Bilderzerstörung. Die politische Theologie des Ikonoklasmus. Krisen und autoritäre Strukturen in der Vormoderne (Neuried 2006).
J. Dülffer, Regeln gegen den Krieg? Die Haager Friedenskonferenzen von 1899 und 1907 in der internationalen Politik (Wien 1981).
L. Engstler, Die territoriale Bindung von Kulturgütern im Rahmen des Völkerrechts. Schriftenreihe Annales Universitatis Saraviensis. Rechts- und wirtschaftswissenschaftliche Abteilung 8 (Köln, Berlin, Bonn, München 1964).
D. Gamboni, Targeting Architecture. Iconoclasm and the Asymmetry of Conflicts. In: U. Fleckner/M. Steinkamp/H. Ziegler (Hrsg.), Der Sturm der Bilder. Zerstörte und zerstörende Kunst von der Antike bis in die Gegenwart (Berlin 2011) 119–135.
G. H. Gornig, Der internationale Kulturgüterschutz. In: G. H. Gornig/H.-D. Horn/D. Murswiek (Hrsg.), Kulturgüterschutz – internationale und nationale Aspekte. Staats- und völkerrechtliche Abhandlungen der Studiengruppe für Politik und Völkerrecht 24 (Berlin 2006) 17–64.
W. Heintschel von Heinegg, Entstehung und Folgen der Haager Landkriegsordnung. Osnabrücker Jahrbuch Frieden und Wissenschaft 5, 1998, 132–146.
M. Kaldor, New and Old Wars. Organized Violence in a Global Era (Cambridge 1999).
K. Kolrud/M. Prusac (Hrsg.), Iconoclasm from Antiquity to Modernity (Surrey 2014).
H. Münkler, The New Wars (Cambridge 2005).
E. von Racknitz, Die Plünderung des Yuanming Yuan. Imperiale Beutenahme im britisch-französischen Chinafeldzug von 1860 (Stuttgart 2012).
S. van der Auwera, Contemporary Conflict, Nationalism, and the Destruction of Cultural Property During Armed Conflict: A Theoretical Framework. Journal of Conflict Archaeology 7 (1), 2012, 49–65.
S. von Schorlemer, Kulturgutzerstörung. Die Auslöschung von Kulturerbe in Krisenländern als Herausforderung für die Vereinten Nationen. The United Nations and Global Change 11 (Baden-Baden 2016).

N. B. Wagner (Hrsg.), Archiv des Humanitären Völkerrechts in bewaffneten Konflikten 2/I (Brühl/Wesseling 2012[3]).

13. AUSBLICK

G. Angeleti, Monuments across the US are toppled, damaged as protests over George Floyd's death continue. The Art Newspaper, 3th June 2020.
A. J. Bellamy, Responsibility to Protect (Cambridge 2008).
J. Cuno/Th. G. Weiss (Hrsg.), Cultural Heritage under Siege: Laying the Foundation for a Legal and Political Framework to Protect Cultural Heritage at Risk in Zones of Armed Conflict. Occasional Papers in Cultural Heritage Policy 4 (Los Angeles 2020).
J. Cuno/Th. G. Weiss (Hrsg.), Cultural Heritage and Mass Atrocities: Legal, Political, and Humanitarian Perspectives (im Druck).
I. Etzersdorfer/R. Janik, Staat, Krieg und Schutzverantwortung (Wien 2016).
G. Evans, The Responsibility to Protect. Ending Mass Atrocities Once and For All (Washington 2008).
U. Fleckner/M. Steinkamp/H. Ziegler, Produktive Zerstörung. Konstruktion und Dekonstruktion eines Forschungsgebiets. In: U. Fleckner/M. Steinkamp/H. Ziegler (Hrsg.), Der Sturm der Bilder. Zerstörte und zerstörende Kunst von der Antike bis in die Gegenwart (Berlin 2011) 1–11.
H. Parzinger, Wider die Barbarei. Kunst-, Kultur- und Meinungsfreiheit sind für Demokraten nicht verhandelbar. In: M. Rutz (Hrsg.), Der Freiheit eine Gasse. Was es heute zu verteidigen gilt (Freiburg 2016) 27–60.
A. Rausch, Responsibility to Protect. Eine juristische Betrachtung (Frankfurt a. M. 2011).
T. Strahl, Kulturerbezerstörung in den Postjugoslawischen Kriegen. 1991–1999 und 2004 Kroatien, Bosnien-Herzegovina, Kosovo: eine kritische Diskursanalyse (Dresden 2016).
S. von Schorlemer, Kulturgutzerstörung. Die Auslöschung von Kulturerbe in Krisenländern als Herausforderung für die Vereinten Nationen. The United Nations and Global Change 11 (Baden-Baden 2016).
H. Walasek (Hrsg.), Bosnia and the Destruction of Cultural Heritage (Ashgate 2015).
Th. G. Weiss/N. Connelly (Hrsg.), Cultural Cleansing and Mass Atrocities: Protecting Heritage in Armed Conflicts. Occasional Papers in Cultural Heritage Policy 1 (Los Angeles 2017).
M. Windfuhr (Hrsg.), Heinrich Heine. Historisch-kritische Gesamtausgabe der Werke 5 (Hamburg 1994).

BILDNACHWEIS

S. 18, 42, 129, 236: akg-images/Erich Lessing | S. 26: akg-images/Andrea Jemolo | S. 38: akg-images/De Agostini Pict. Lib./A. Rizzi | S. 44: ullstein bild/Heritage Images/Werner Forman Archiv | S. 46: akg-images/De Agostini Pict. Lib./ G. dagli Orti | S. 66: akg-images/Heritage-Images/Art Media | S. 73: Mauritius images/ART Collection/Alamy | S. 78, 82, 94, 105, 114, 118, 154: akg-images | S. 86: Aus: Horst Bredekamp, Kunst als Medium sozialer Konflikte. Bilderkämpfe von der Spätantike bis zur Hussitenrevolution (Frankfurt am Main 1975) S. 299, Abb. 19 | S. 124: Aus: Der Sturm der Bilder. Zerstörte und zerstörende Kunst von der Antike bis in die Gegenwart, hrsg. von Uwe Fleckner, Maike Steinkamp und Hendrik Ziegler (Berlin 2011) S. 57, Abb. 1 | S. 138. 194: ullstein bild | S. 145: Aus: Striking Images, Iconoclasms Past and Present, hrsg. von Stacy Boldrick, Leslie Brubaker, Richard Clay. Ashgate (Farnham/Burlington 2013) S. 49, Abb. 5.1 (Glasgow University Library, MS Hunter 242, fol. 242r) | S. 148: akg-images/De Agostini Pict. Lib./M. Seemuller | S. 158, 168: Bettmann/ getty images | S. 171: Aus: Ravaged. Art and Culture in Times of Conflict, hrsg. v. Jo Tollebeek und Eline van Assche, Mercator Fonds, Brüssel, M – Museum Leuven (Leuven 2014) Abb. 27 | S. 180: Aus: Selling Russia's Treasures. The Soviet Trade in Nationalized Art. 1917–1938, hrsg. v. Natalya Semyonova und Nicolas V. Iljine (New York/London 2013) S. 21 oben | S. 182: Aus: ebd., S. 61 | S. 184: Fine Arts Images/Heritage Images/getty images | S. 193: Aus: Selling Russia's Treasures. The Soviet Trade in Nationalized Art, a. a. O., S. 137 | S. 203: ullstein bild/Heinrich Hoffmann | S. 208: bpk | S. 214: ullstein bild/United Archives | S. 218: William Vandivert/The Life Images Collection/getty images| S. 220, 228, 241, 250, 276: akg-images/Pictures from History | S. 222: ullstein bild/ PAI-Foto.pl | S. 233: akg-images/Sputnik | S. 247: INTERFOTO/Wolfgang Maria Weber | S. 253: Aus: Alexander Demandt, Vandalismus. Gewalt gegen Kultur (Berlin 1997) S. 122 | S. 258: Aus: Iconoclasm from Antiquity to Modernity, hrsg. von Kristine Kolrud und Marina Prusac (Farnham/Burlington VT 2014) S. 169, Abb. 10.9 | S. 266*f.*: Centre for the Study of Manuscript Cultures, Universität Hamburg

PERSONENREGISTER

Ai Weiwei 305
Aitzing, Michael von 114
al-Asaad, Khaled 275 f.
al-Baghdadi, Abu Bakr 271
al-Mahdi, Ahmad al-Faqi 268
al-Zarqawi, Abu Musab 270 f.
Alarich 23
Alexander VI., Papst 90 f.
Alexander I., Zar 181
Alexander II., Zar 181, 295
Alexander III., Zar 181
Alexander III. der Große, König von Makedonien 22 f.
Alexios I. Komnenos, byzantinischer Kaiser 75
Allman, Robert 138
Amenophis III., König von Ägypten 28
Ammianus Marcellinus 43
Arkadius, oströmischer Kaiser 57
Arkesilaos IV., König von Kyrene 33
Assurbanipal, assyrischer König 31 f.
Atahualpa, König der Inka 146–148
Augustus, Gaius Octavius 34
Aurelian, römischer Kaiser 20

Babur, Mogul Zahir ad-Din Muhammad 260
Baltasar, Lord 143
Bar Kochba, Simon 36
Barlach, Ernst 195, 200 f.
Bayezid, Sultan 245
Beato, Felice 154
Beckmann, Max 201, 203
Benedikt von Nursia 42, 59
Birmann, Peter 126
Bode, Wilhelm von 190
Bodenstein, Andreas 98 f.
Böcklin, Arnold 195
Böhmer, Bernhard A. 207
Bonifaz IV., Papst 60
Bonnard, Pierre 189
Botticelli, Sandro 91, 100
Brennus 23
Bucharin, Nikolai 178
Buchholz, Karl 207

Caesar, Gaius Iulius 20
Calvin, Johannes 99 f., 111
Camargo, Diego Muñoz 145
Caracalla, römischer Kaiser 33
Cézanne, Paul 189
Chagall, Marc 195, 201
Chiang Kai-shek 229
Chludow, Alexei 66, 73
Clemen, Paul 176
Clemens XIV., Papst 134
Cleopatra, Königin von Ägypten 20
Constantius II., römischer Kaiser 55

Corinth, Lovis 195, 201, 203
Cortés, Hernán 139–143, 146, 149
Cranach, Lukas 96
Cromwell, Oliver 117

Dareios I., König der Achämeniden 22
De Bourbon, Louis I., Prinz de Condé 112
de Bry, Theodor 148
Debussy, Claude 175
Denon, Vivant 131 f.
Diokletian, römischer Kaiser 44
Dix, Otto 201, 203
Dürer, Albrecht 109, 143

Echnaton, König von Ägypten 28 f.
Edward VI., König von England und Irland 116
Eisler, Hanns 199
Elgin, James Bruce, 6. Earl of 153
Elgin, Thomas Bruce, 7. Earl of 153
Elisabeth I., Königin von England 117
Erasmus von Rotterdam 100, 170
Ernst, Max 201, 203
Eugénie de Montijo, Kaiserin der Franzosen 156
Eusebius von Caesarea 52 f.
Eweka, König von Benin 163

Fainzilberg, Ilja Arnoldovich «Ilf» 184
Feininger, Lyonel 203
Feuerbach, Anselm 195
Firmicus Maternus, Iulius 53
Florus, Gessius 35
Floyd, George 303
Fouquet, Jean 126
Franco, Francisco 181
Frank, Hans 219 f.
Freundlich, Otto 201, 205 f.
Frick, Wilhelm 198, 200
Furtwängler, Wilhelm 200

Gaddafi, Muammar al- 263
Gauguin, Paul 189, 201
Geta, römischer Kaiser 33
Goebbels, Joseph 196, 200, 203, 213
Göring, Hermann 206, 213, 215, 218
Goethe, Johann Wolfgang von 132
Gorkij, Maksim 186
Goya, Francisco de 132
Grégoire, Henri 15, 123–125
Gregor I. der Große, Papst 68
Grimm, Hans 200
Grosz, George 195, 201, 203
Gulbenkian, Calouste 190
Gurlitt, Cornelius 207
Gurlitt, Hildebrand 200, 207
Gutenberg, Johannes 117, 189

Hadrian, römischer Kaiser 43
Hahn, Albert 171
Haïdara, Abdel Kader 267
Hatschepsut, Königin von Ägypten 26–28
Heine, Heinrich 303
Heinrich VIII., König von England und Irland 116, 134
Heinrich von Sachsen 134
Herostrat 19
Himmler, Heinrich 219
Hindemith, Paul 199
Hipparchos Charmidou 33
Hitler, Adolf 195 f., 199, 202–204, 209, 217
Hoffmann, Heinrich 203
Homer 23
Hong Xiuquan 151
Honorius, weströmischer Kaiser 58
Hugo, Victor 157
Humboldt, Alexander von 144
Humboldt, Wilhelm von 132
Hus, Jan 80–84, 283
Hypatia 50

ibn Abd Al-Wahhab, Muhammad 252, 254

ibn Saud, Abd al-Aziz 252, 254
ibn Saud, Muhammad 254
Irene, byzantinische Kaiserin 70, 74 f.
Isaac I. Komnenos, byzantinischer Kaiser 75
Itzcóatl 144

Janow, Matthias von 84 f.
Jelzin, Boris 183
Jerofejev, Andrej 304
Jesus von Nazareth 35, 68, 76 f., 84–86, 95, 98, 100, 151
Johannes Chrysostomos 51
Johannes der Täufer 49
Joseph II., Kaiser 121, 134
Jugurtha, König der Numider 33
Julian Apostata, römischer Kaiser 55 f.
Justinian, römischer Kaiser 55, 60
Justinian II., byzantinischer Kaiser 67

Kamenev, Lev 178
Kandinsky, Wassily 201, 203
Kanischka, Kaiser der Kuschan 255
Karl IV., Kaiser 79 f.
Karl VIII., König von Frankreich 90
Katharina II. die Große, Zarin 181
Kerenskij, Aleksandr 177
Kirchner, Ernst Ludwig 201, 203
Klee, Paul 200 f., 203
Klenze, Leo von 134
König, Gustav 94
Kokoschka, Oskar 200 f., 203
Kollwitz, Käthe 195, 201, 203
Kolumbus, Christoph 139
Konstantin, römischer Kaiser 52–55, 61–63
Konstantin VI., byzantinischer Kaiser 70, 72, 74
Krafft, Adam 109
Künsberg, Eberhard von 224
Kyaxares II., König der Meder 31
Kyrill von Alexandria 50, 58, 60

Ladislaus von Neapel 81
Landa, Diego de 144
Laubinger, Otto 200
Le Sueur, Jean-Baptiste 124
Lee, Robert E. 304
Lehmbruck, Wilhelm 201
Lenin, Valdimir Iljitsch 16, 177 f., 181, 189
Lenoir, Alexandre 130
Leo I., Papst 15
Leo III., byzantinischer Kaiser 69–71, 76 f.
Leo V., byzantinischer Kaiser 66
Leo Africanus 264
Leonardo da Vinci 220
Lepke, Rudolph 190
Libanios 55 f.
Lieber, Francis 295
Liebermann, Max 212
Lon Nol 241
Ludwig I., König von Bayern 134
Ludwig XIV., König von Frankreich 16, 118, 123, 153
Ludwig XV., König von Frankreich 123
Ludwig XVI., König von Frankreich 122
Luther, Martin 81, 91, 94, 96, 98 f., 102, 104, 109, 283

Makarios III. 243
Malevitsch, Kasimir 185 f.
Manteuffel, Walter von 175
Mao Zedong 152, 229–233, 237–239, 242, 286 f., 292
Marées, Hans von 195
Marius, Gaius 33
Matisse, Henri 175, 189
Menzel, Adolph von 195
Milošević, Slobodan 246

Moctezuma II., König der Azteken 140
Möller, Ferdinand 207
Mohammed 250 f.
Moll, Marg 206
Molotow, Wjatscheslaw 226
Mondrian, Piet 201
Montgelas, Maximilian von 134, 136
Morozov, Ivan 189 f.
Mueller, Otto 203
Mullah Omar 257, 259 f.
Mummius, Lucius 21

Napoleon I. Bonaparte, Kaiser der Franzosen 16, 120, 129, 131–133, 181, 217, 295
Napoleon III., Kaiser der Franzosen 156 f.
Nero, römischer Kaiser 20, 35, 37
Nikephoros I., byzantinischer Kaiser 70, 75
Nikephoros, Patriarch von Konstantinopel 66
Nikolaus II., Zar 176, 189, 295
Nikolaus von Dresden 84 f.
Nofretete 28
Nolde, Emil 195, 200
Nordau, Max 196

Ovonramwen, König von Benin 164

Pechstein, Max 201
Peisistratos 33
Peter I. der Große, Zar 181, 188
Petzet, Michael 263
Picasso, Pablo 189, 201
Pizarro, Francisco 144, 146 f., 149
Planck, Max 175
Plautianus, Gaius Fulvius 34
Plautilla, Fulvia 33
Pol Pot 239, 242, 287
Pompeius Magnus, Gnaeus 44
Pontius Pilatus 35
Porphyrios 57 f.
Ptolemaios I. 43, 45

Qin, chin. Kaiser 16

Raphael 186, 226
Rauschenberg, Robert 305
Rembrandt van Rijn 186
Robert, Hubert 129
Robespierre, Maximilien de 128
Rodin, Auguste 175
Roeder, Emy 205 f.
Röntgen, Wilhelm 175
Rosenberg, Alfred 195, 199, 224
Rufinus von Aquileia 49
Rushdie, Salman 305

Sanherib, assyrischer König 273
Sargon, König von Akkad 29
Savonarola, Girolamo 78, 89–93, 100, 283, 291
Schapur I., König der Sassaniden 253
Scharff, Edwin 205 f.
Schenute von Atripe 58–60, 64 f.
Schinkel, Karl Friedrich 134
Schlegel, Friedrich 127, 196
Schlemmer, Oskar 200 f.
Schmidt-Rottluff, Karl 195, 201, 203
Schönberg, Arnold 199
Schtschukin, Sergei 189 f.
Schultze-Naumburg, Paul 199 f., 202, 204
Scipio Aemilianus 22
Septimius Severus, römischer Kaiser 33
Serenus von Marseille 68
Sigismund, Kaiser 81, 83, 89
Sigismund III. Vasa, König von Polen 222
Songtsen Gampo, König von Tibet 234
Stalin, Josef 178, 181, 183 f., 191 f., 223, 229

Stoss, Veit 109
Strauss, Richard 200
Stüler, Friedrich August 197
Stumpf, Johannes 105
Sulla, Lucius Cornelius 33

Ta Mok 240
Talleyrand-Périgord, Charles de 121
Tenzin Gyatso, 14. Dalai Lama 235 f.
Te'umman, König von Elam 31
Theodoros Studites 66
Theodosius, römischer Kaiser 44, 48, 55 f.
Theodosius II., römischer Kaiser 59
Theodulf von Orléans 68
Theophilos, Patriarch von Alexandria 47–52, 59 f., 63
Theopomp 19
Thubten Gyatsho, 13. Dalai Lama 234
Thutmosis II., König von Ägypten 27
Thutmosis III., König von Ägypten 27
Tichon, Patriarch 187
Titus, römischer Kaiser 18, 35–40
Tolstoi, Leo 224 f.
Trajan, römischer Kaiser 43
Trotzkaja, Natalia 185
Trotzki, Leo 178, 185
Trump, Donald 301, 303
Tschaikowski, Peter 225
Turgenew, Iwan 225

Ulrich von Richental 82

Valens, oströmischer Kaiser 56
Valentinian III., weströmischer Kaiser 59
van de Velde, Henry 200
van Gogh, Theo 305
Vandivert, William 218
Vespasian, römischer Kaiser 35–38, 40
Victoria, Königin von Großbritannien und Irland 156

Waldersee, Alfred von 160
Wen Cheng 234
Wenzel IV., König von Böhmen 80 f., 83, 85
Wenzel von Böhmen, hl. 89
Westergaard, Knut 305
Wilhelm II., Deutscher Kaiser 157, 159, 197

Xuan Zang 256

Zenobia, Königin in Palmyra 274
Zetkin, Clara 189
Ziegler, Adolf 201
Zumárraga, Juan de 142, 144
Zwingli, Ulrich 99, 107

VERZEICHNIS DER STÄDTE, LÄNDER UND REGIONEN

Abakan 25
Achetaton 28
Ägypten 20, 27–29, 43, 45, 47, 63, 71, 132
Afghanistan 17, 255–261, 270, 288 f., 292, 297
Africa, röm. Provinz 58
Afrika 163, 167, 263, 296
Akkad 29 f.
Alabama 304
Alexandria 20, 43–52, 55 f., 58 f., 63
Altägypten 27, 30
Amerika 139, 143, 164, 188, 296
Andenne 173
Angkor Wat 240, 242
Antiochia 55
Arabische Halbinsel 252–255
Armenien 12
Aschkelon 243
Aserbaidschan 12
Asien 296
Assur 31 f.
Athen 13, 22, 33, 62, 153
Atripe 58 f.
Augsburg 103 f.
Autun 121
Ayodhya 260

Babij Jar 223
Babylon 32, 268 f.
Bagdad 254, 269 f.
Baktrien 262
Balkan 246, 248 f.
Baltikum 95, 177
Bamako 263, 265
Bamiyan 255–263, 265, 287
Banja Luka 245, 247
Barsučij Log 24 f.
Basel 101, 126
Bayern 85, 134, 136
Belgien 170–176, 285, 296
Belgrad 244
Benelux 216
Benin 13, 138, 162–167, 284, 291 f., 296
Berg-Karabach 12
Berlin 14, 16, 132–134, 144, 190, 192, 197 f., 201, 205–208, 210, 214, 226, 295
Bern 101
Birmingham 304
Bischapur 253
Böhmen 79–89, 283, 291
Bois 123
Bonn 176
Bosnien 244–247, 259, 289, 302
Braunschweig 132
Bremerhaven 157
Brüssel 127, 143, 295
Byzanz 15, 67–77, 116, 249, 252, 282, 291

Cajamarca 146
Cambrai 127
Chile 144
China 13, 25, 150–162, 229–234, 236, 239, 243, 256, 284, 286, 291 f., 296 f.
Copán 144
Cuzco 146 f., 149

Dänemark 183, 216
Dahomey 13, 164
Dečani 249
Deir el-Bahari 26
Den Haag 112, 155, 162, 175, 227, 285, 295–297
Dessau 226
Deutsch-Ostafrika 13
Deutschland 111, 132, 135, 157, 177, 187, 191, 193–215, 217 f., 221, 223 f., 227, 246, 279, 286, 298
Dijon 127
Dinant 173–175
Dresden 132, 226
Düsseldorf 199

Ecuador 146, 149
Elam 31 f.
Elsass 102
England 100, 116 f., 121, 126 f., 134, 166, 193
Ephesos 19
Estland 102
Europa 79, 95, 111, 119, 131–133, 138, 143 f., 155–157, 161 f., 166 f., 185, 188, 194, 209, 216, 227, 231, 243 f., 256, 264, 283–287, 291, 294–296

Finnland 177
Flandern 143
Florenz 78, 89–93, 283, 291
Foča 245
Fontainebleau 125, 156
Franken 83
Frankfurt am Main 148
Frankfurt an der Oder 227
Frankreich 111–113, 116, 119–133, 152 f., 157, 216 f., 294

Gao 263 f.
Gatchina 179
Gaza 57 f.
Genf 100 f., 302
Ghana 264
Gjakova 249
Glasgow 145
Göttingen 102
Gotha 226
Granada 264, 303
Griechenland 21–23, 33, 243
Großbritannien 152, 157, 166, 255, 294, 296
Guatemala 144

Haifa 243
Halle an der Saale 207
Hamburg 207
Hatra 272–274, 288
Herat 256
Herzegowina 245–247
Honduras 144
Hongkong 237

Indien 152, 235, 254–256, 294
Indischer Subkontinent 260
Irak 13, 254, 268–272, 274, 278, 288 f., 292, 297
Iran 36, 268, 301
Isin 269
Israel 243
Istra 225
Italien 21, 90, 132, 143
Ivanovo-Voznesensk 179

Japan 150, 157
Jasnaja Poljana 225
Jemen 13
Jerusalem 18, 34–41, 52, 282, 291

Judäa, röm. Provinz 18, 34–38, 40
Jugoslawien 243–247, 287, 297

Kabul 256 f.
Kambodscha 239–243, 287, 292, 297
Kamenný Ujezd 86
Kandal 228
Karlstadt 98 f.
Karnak 29
Karthago 21 f., 24, 58
Kaschmir 259
Kassel 132
Kempten 104
Kerbela 254
Kidal 263 f.
Kiew 221, 223
Klin 225
Königsberg 102
Kolumbien 144, 149
Konstantinopel 51, 54, 63, 66, 76, 282
Konstanz 81 f., 85
Korinth 13, 21, 24
Kosovo 246, 248 f., 289
Kosovo Polje 246
Krakau 219 f.
Krim 294
Kroatien 246
Kuwait 268

Leiden 112
Leipzig 226
Leningrad 189 f., 221, 223, 225
Lhasa 234–236, 238
Libyen 13, 263
Livland 102
Löwen 127, 170–176, 296
London 116, 153, 156 f., 166, 173, 191
Lüttich 127, 170
Luxor 29
Luzern 206
Lyon 112

Mähren 83
Magdeburg 212
Maghreb 263 f.
Mainz 100
Mali 254, 263–265, 268, 297
Marseille 68
Masada 34, 36
Medina 254 f.
Mekka 250, 254 f., 257
Memphis 45
Mesopotamien 29 f., 251, 268
Mexico-City 141
Mexiko 139–141, 144, 146, 284
Minneapolis 303
Mittelägypten 59
Mittelamerika 139, 141, 149
Mitteleuropa 79, 243, 291
Mittelitalien 90
Monte Cassino 42, 60
Moskau 178 f., 181, 184, 188–190, 221, 224–226, 304
Mossul 250, 271–274, 288
Most 83
Mostar 245
München 134, 202–204, 207
Münster 109 f.

Neapel 90
Neukirchen 85
New York 168, 259, 288
Niederlande 95, 100, 111–114, 116, 121, 125, 132
Niederösterreich 83
Niedersachsen 102
Nigeria 162
Nimrud 250, 272–274, 288
Ninive 31 f., 272–274, 288
Nordamerika 100, 138, 166, 187, 190
Nordchina 157
Nordeuropa 291
Nordindien 254 f.
Nordirak 271, 274, 278
Nordmali 288
Nordpakistan 262
Nordperu 146

Nordwestböhmen 83
Norwegen 216
Nowgorod 225
Nürnberg 109, 194, 198, 201

Oberägypten 26, 58 f., 64
Oberitalien 90
Oberpfalz 83
Österreich 134, 143, 194, 204
Orléans 112
Ostasien 237
Osteuropa 286
Oxford 170

Pakistan 254 f., 259, 262
Palästina 259
Palmyra 20, 274–278, 288
Panama 146
Paris 112, 118 f., 122 f., 125–128, 131 f., 156 f., 178, 206, 217
Peking 153 f., 157 f., 160–162, 232, 235, 296
Persepolis 22–24
Persien 253
Peru 146, 149
Peterhof 225
Petrograd 177 f.
Philae 60
Phnom Penh 239, 241
Piedras Negras 144
Polen 177, 216 f., 219–221, 225
Portugal 163
Potsdam 14, 226
Prag 79 f., 82–84, 87–89
Pskov 186

Quito 149

Reims 168, 173, 175 f.
Riga 179
Rom 13, 15, 18, 20–24, 33–41, 43, 45, 50 f., 54 f., 58, 62, 71, 81, 95, 98, 133, 135, 274, 277, 291
Rouen 112
Ruanda 302
Russland 176–192, 226 f., 294 f., 304

Sachsen 84, 134
Saint-Denis 15, 126 f., 130
Salbyk 25
Samarra 270
San Francisco 173
Sankt Petersburg 126, 179
Sarajevo 245
Saudi-Arabien 254 f.
Saverne 128
Schlesien 83, 104
Schottland 95, 111, 116
Schweden 183
Schweiz 95, 102, 105, 111, 177
Schwerin 226
Serbien 246–248
Sohag 58
Songhai 264
Sowjetunion 178, 181–183, 193, 216 f., 221, 223–227, 229, 292
Spanien 132, 142 f., 147, 181
Spasskoje-Lutowinowo 225
Srebrenica 247, 302
Stalingrad 223
Stettin 103
Straßburg 101, 103, 127 f.
Südamerika 139, 144, 146, 149, 284
Südasien 251
Südbaden 102
Südostasien 242
Südosteuropa 245
Südsibirien 24
Subsaharisches Afrika 162, 166, 264
Šuja 179
Susa 31 f.
Syria, röm. Provinz 34, 274
Syrien 13, 270 f., 274, 278, 289, 292, 297

Tenochtitlán 140–144
Texcoco 140, 144

Thailand 239
Thal 102
Theben 22, 26 f., 29
Thüringen 198, 200
Tiberias 243
Tibet 234–238, 243, 287
Tikal 144
Timbuktu 263–268, 287, 299
Tlacopán 140
Tlaxcala 145
Toskana 42
Tours 112
Transsahara 263 f.

Ulm 97
Ur 30
Uruk 30
USA 157, 173, 175 f., 278, 288, 295, 303 f.

Versailles 125, 131, 153
Voralpenland 136
Vorderasien 268
Vyšehrad 88

Warschau 217, 219, 222
Washington 210 f., 297
Waterloo 133
Weimar 96, 198, 200
Westafrika 163, 167, 254, 264, 28
Westbalkan 245 f.
Westeuropa 187, 190, 216
Westfalen 102, 110
Westschweiz 102
Wien 132
Wittenberg 94, 96, 98 f., 102

Xinjiang 238

Yakaolang 261
Yucatán 144

Żagań 104
Zagreb 244
Zarskoje Selo 225
Zentralafghanistan 256
Zentralasien 251
Zürich 101–108
Zwickau 200, 207
Zypern 243